FRANZ KUROWSKI

DIE SCHLACHT UM DEUTSCHLAND

Tatsachenbericht

Originalausgabe

WILHELM HEYNE VERLAG
MÜNCHEN

HEYNE-BUCH Nr. 5916
im Wilhelm Heyne Verlag, München

INHALT

ABKÜRZUNGEN

AA	Aufklärungs-Abteilung
»AH«	»Adolf Hitler« (Divisionsbezeichnung)
AK	Armeekorps
AOK	Armee-Oberkommando
AR	Artillerie-Regiment
ArtAbt.	Artillerie-Abteilung
BrigFhr.	Brigadeführer
DivGefStand	Divisionsgefechtsstand
DivStab	Divisionsstab
Div.	Division
»DF«	»Der Führer« (SS-Regiment)
»D«	»Deutschland« (SS-Regiment)
FA-Div.	Feld-Ausbildungs-Division
»FHH«	»Feldherrnhalle« (SS-Regiment)
FJD	Fallschirmjäger-Division
FJR	Fallschirmjäger-Regiment
Flak	Fliegerabwehrkanone
FPD	Fallschirm-Panzer-Division
FschAufklAbt.	Fallschirm-Aufklärungs-Abteilung
FschK	Fallschirmkorps
FschPD	Fallschirm-Panzer-Division
FKpt.	Fregattenkapitän
Fw.	Feldwebel
GebAK	Gebirgs-Armeekorps
GebDiv.	Gebirgs-Division
GA	Großadmiral
GD	Gebirgs-Division
GFM	Generalfeldmarschall
GendInf.	General der Infanterie
GendFschTr.	General der Fallschirmtruppe
GendPzTr.	General der Panzertruppe
GendGebTr.	General der Gebirgstruppe
GenOberst	Generaloberst
GefStand	Gefechtsstand

GenStdH.	Generalstab des Heeres
GenSt.	Generalstab
GenAdm.	Generaladmiral
»GD«	»Großdeutschland« (Division)
GenMaj.	Generalmajor
GenLt.	Generalleutnant
GR	Grenadier-Regiment
»HG«	»Hermann Göring« (Division)
HGrKdo.	Heeresgruppenkommando
HGr.	Heeresgruppe
HJ	Hitlerjugend
HKL	Hauptkampflinie
Hptm.	Hauptmann
HQ	Hauptquartier
ID	Infanterie-Division
i. G.	im Generalstab
InfBatl.	Infanterie-Bataillon
JD	Jäger-Division
JG	Jagdgeschwader
KGr.	Kampfgruppe
KolTr.	Kolonial-Truppen
KommGen.	Kommandierender General
KptzS.	Kapitän zur See
kroat.	kroatisch
KZ	Konzentrationslager
LLDiv.	Luftlande-Division
LwFeldDiv.	Luftwaffen-Feld-Division
Lt.	Leutnant
MID	Marine-Infanterie-Division
MOK	Marine-Oberkommando
OB	Oberbefehlshaber
Oblt.	Oberleutnant
ObdM	Oberbefehlshaber der Marine
Ofw.	Oberfeldwebel
OKH	Oberkommando des Heeres
OKW	Oberkommando der Wehrmacht
OrgAbt.	Organisations-Abteilung
OStuf.	Obersturmführer
PAR	Panzer-Artillerie-Regiment

PD	Panzer-Division
PGD	Panzer-Grenadier-Division
PGR	Panzer-Grenadier-Regiment
PJLehrAbt.	Panzerjäger-Lehr-Abteilung
PLD	Panzer-Lehr-Division
PzJägAbt.	Panzerjäger-Abteilung
Pi	Pioniere
PolBatl.	Polizei-Bataillon
PzArtRgt.	Panzer-Artillerie-Regiment
PzK	Panzerkorps
RAF	Royal Air Force
Rgt.	Regiment
Sfl.	Selbstfahrlafette
SichDiv.	Sicherungs-Division
Skl	Seekriegsleitung
SkJD	Skijäger-Division
sPzAbt.	schwere Panzerabteilung
StuGeschBrig.	Sturmgeschütz-Brigade
SPW	Schützenpanzerwagen
USchafü.	Unterscharführer
SS-FGD	SS-Freiwilligen-Grenadier-Division
SS-FPGD	SS-Freiwilligen-Panzergrenadier-Division
SS-FKD	SS-Freiwilligen-Kavallerie-Division
SS-WGD	SS-Waffen-Grenadier-Division
VGD	Volks-Grenadier-Division
VStD	Volkssturm-Division
z.b.V.	zur besonderen Verwendung

Vorwort

Als das Jahr 1944 zu Ende ging, war im Westen die Schlacht in den Ardennen bereits verloren. Die Alliierten hatten dort am 28. 12. den Beginn der Gegenoffensive in Richtung Houffalize auf den 3. 1. 1945 festgelegt.

Im Südwesten, bei der Heeresgruppe Südwest, lagen die alliierten Truppen vor Bologna; im Südosten auf dem Balkan stand die Front der Heeresgruppe Südost im Großraum zwischen Sarajevo und Agram, und in Ungarn hatte die Rote Armee bereits Budapest eingeschlossen, während die dort führende Heeresgruppe Süd vergeblich versuchte, die ungarische Hauptstadt zu entsetzen.

Allein an der Ostfront herrschte trügerische Ruhe, denn die Rote Armee bereitete dort aus den Brückenköpfen bei Pulawy, Magnuszew und Pultusk die große Winteroffensive vor, die auf der gesamten Front vom Baltikum bis zu den Karpaten bis zum 14. 1. 1945 in Gang gekommen war.

Noch hatte die Konferenz von Jalta zwischen Roosevelt, Churchill und Stalin nicht stattgefunden, doch was die Alliierten mit Deutschland zu tun beabsichtigten, das war bereits vorher, auf der Konferenz von Casablanca, von den militärischen Führungsstäben der USA und Grobritanniens beschlossen worden. Und zwar: die Formel der bedingungslosen Kapitulation.

Als schließlich im Januar 1945, in den letzten Tagen der Ardennenschlacht, die alliierten Planungen der Operation »Eclipse« (Sonnenfinsternis) in deutsche Hände fielen, waren die Absichten der Alliierten mit Deutschland klar.

In diesem 70 Seiten umfassenden Plan wurden minuziös die Besetzung Deutschlands nach der bedingungslosen Kapitulation dargelegt und auf zwei Landkarten die Besatzungszonen fixiert. In dem von Generalmajor F. W. de Guingard, Chef der 21. britischen Heeresgruppe, geschriebenen Vorwort heißt es:

1. Um die Deutschland auferlegten Übergabebedingungen durchzuführen, haben die Regierungen der Vereinigten Staaten, der UdSSR und des Vereinigten Königreiches (dieses auch im

Namen des Dominions) vereinbart, daß Deutschland durch die Streitkräfte der drei Mächte besetzt werden soll.

2. Das Deckwort »Eclipse« bedeutet:

Planungen und Vorbereitungen für die Operationen der Besetzungen Deutschlands.

3. Eine Besetzung hat bereits im Verlauf der Operationen begonnen und wird sehr wahrscheinlich stückweise fortgesetzt werden müssen, ehe Deutschland sich formell ergibt, oder bevor der größere Teil der den Alliierten gegenüberstehenden deutschen Truppen die Waffen gestreckt hat, oder überwältigt ist . . .

7. Von Anfang an muß es den Deutschen klargemacht werden, daß sie eine geschlagene Nation sind . . .

13. In Kürze: Das gesamte Deutschland wird in drei Hauptzonen eingeteilt, eine amerikanische, eine russische und eine britische . . .

(Siehe Institut für Zeitgeschichte, München: Az. 3552/65 Best. MA 660.)

Nach Studium dieses Planes schwanden bei der Obersten deutschen Führung alle Zweifel an der Absicht aller Alliierten, Deutschland restlos zu unterwerfen. Nach der Lektüre von »Eclipse« war das Wunschdenken vieler deutscher Politiker, daß die Alliierten sich hier, an den Grenzen Deutschlands entzweien würden, hinfällig geworden. Nun wußten es alle: Eine Kapitulation zu ehrenvollen Bedingungen gab es nicht, nur völlige bedingungslose Unterwerfung. Die Weichen für den Kampf bis zum bitteren Ende waren gestellt. »Eclipse« — der Sonnenuntergang — sollte zugleich auch zum Untergang eines ganzen Reiches werden.

Als schließlich Mitte April 1945 die US-Truppen an der Elbe stehenblieben, war dem letzten Soldaten ebenfalls klargeworden, daß man sich auf westalliierter Seite voll und ganz an die Abmachungen mit dem sowjetischen Kampfgefährten halten werde.

Daß Generalissimus Stalin diese Absicht nicht hatte und mit seinen Nordstreitkräften »so weit wie möglich nach Westen vorstoßen« wollte, wurde nicht offenbar, weil diese Kräfte in Ostpreußen aufgehalten wurden und den Durchstoß bis zum Rhein nicht antreten konnten.

Wie sich der Endkampf um Deutschland gestaltete, wie Schritt um Schritt die deutschen Heeresgruppen aus Europa hinaus und ins Reich zurückgedrängt und schließlich wie von einer riesigen

14

Sturzwoge überschwemmt wurden, wie der Kampf im Norden, Osten, Süden und Westen verlief und wie die 20 Tage der Regierung Dönitz bis zum Ende aussahen, das soll in dem vorliegenden Werk minuziös und korrekt dargestellt werden.

Etwa 1000 Soldaten aller Dienstgrade und aller Beteiligten vom Gefreiten bis zum Generalfeldmarschall und Großadmiral haben mit Unterlagen aller Art, offiziellen und persönlichen, an dieser Gestaltung Anteil.

Aus einer Unmenge von Fakten und menschlich-subjektiven Schilderungen wurde das Mosaik der viereinhalb Monate andauernden Endkämpfe auf deutschem Boden und die Zeit der Regierung Dönitz zusammengesetzt. Dieses Bild zeigt uns in überscharfer Schau den Umfang der Aufwendungen menschlicher Kraft und menschlichen Geistes und den daraus resultierenden massierten Einsatz hochtechnisierter Tötungsmechanismen für den einen Zweck: zu vernichten, niederzureißen, umzubringen, um am Ende alles ärmer zurückzulassen, weil der Krieg zwar Sieger und Besiegte kennt, aber nur Geschlagene zurückläßt. Dies auf beiden Seiten des Zaunes.

Von den Ardennen zum Ruhrkessel, vom Rhein zur Elbe, von Warschau zur Oder und von der Oder nach Berlin führt uns dieser Kampf. Von Riga bis Danzig und Königsberg, in den Kurlandkessel und nach Ostpreußen, nach Lauban und Schwedt, Breslau und Budapest, nach Bologna, Belgrad und Wien. Wo immer sich die Kriegsfurie in diesen gnadenlosen Monaten des Endkampfes in Europa austobte, dorthin führt dieses Buch seine Leser.

Wer dieses Werk gelesen hat, das von den Fakten berichtet — ohne Nachvollzug, aber auch ohne den Vorwitz vaterländischer Parolen, sondern so wie es war —, der weiß um die ganze Gnadenlosigkeit dieses fürchterlichen Ringens.

Dieses Ringen, dieses gnadenlose Dahinschlachten, das für die Welt und insbesondere für Deutschland so schreckliche Folgen hatte, darf nicht verschwiegen werden, es muß vielmehr in aller Deutlichkeit dargestellt werden, weil die Geschichte kein Vakuum kennt, weil sie selbst in ihrer bedrückendsten Phase dieses sechsjährigen Kampfes erfaßt, erkannt und aufgehellt werden muß.

Dortmund, im März 1981   *Franz Kurowski*

Das Ende im Westen

Von den Ardennen zum Ruhrkessel

Ende Dezember 1944 war in den Ardennen die letzte deutsche Offensive im Westen so gut wie beendet. Der Versuch, bis zur Maas vorzustoßen, war mißglückt. Der Endkampf um Bastogne war in eine entscheidende Phase getreten, und diese Schlacht fraß alle deutschen Divisionen. Sie war zum entscheidenden Faktor des alliierten Erfolges in den Ardennen geworden.

Am 27. 12. besprachen sich General Eisenhower, Oberbefehlshaber der Alliierten Streitkräfte in Europa, und Feldmarschall Montgomery, OB der 21. britischen Heeresgruppe. Es ging um die weiteren Operationen der Westalliierten nach Ende des Kampfes in den Ardennen, das sich bereits abzeichnete.

Man kam überein, daß nun zum entscheidenden Schlag gegen Deutschland ausgeholt werden sollte. Montgomery sollte diese Offensive nach Osten am 3. 1. 1945 beginnen und an der Nordflanke des deutschen Angriffskeils zum Angriff übergehen.

Dazu verfügten die Westalliierten über 90 voll ausgerüstete Divisionen, darunter 25 Panzer-Divisionen, in denen insgesamt 6000 Panzer versammelt waren. Zu diesen Panzerverbänden kamen noch eine größere Zahl selbständiger kanadischer und britischer Panzerverbände, sowie Panzer-Bataillone der Franzosen und Amerikaner.

Am 1. Januar 1945 um 01.05 Uhr richtete Adolf Hitler seine Neujahrsbotschaft an das deutsche Volk. Zum Schluß dieser Ansprache rief er in das Mikrofon:

»Dieses Volk und dieser Staat und seine führenden Männer sind unerschütterlich in ihrem Willen und unbeirrbar in ihrer fanatischen Entschlossenheit, den Krieg unter allen Umständen erfolgreich durchzukämpfen ...

Die Welt muß wissen, daß *dieser* Staat niemals kapitulieren wird.

So, wie der Phönix aus der Asche, hat sich zunächst aus den

Trümmern unserer Städte der deutsche Wille aufs neue erhoben. Wir werden kämpfen, bis das Beginnen unserer Feinde eines Tages ein Ende findet. Der deutsche Geist und der deutsche Wille werden dies erzwingen.

Das, meine Volksgenossen, wird einmal eingehen in die Geschichte als das Wunder des 20. Jahrhunderts. In dieser Stunde will ich daher als Sprecher Großdeutschlands das feierliche Gelöbnis ablegen, daß wir treu und unerschütterlich unsere Pflicht auch im neuen Jahr erfüllen werden, des festen Glaubens, daß die Stunde kommt, in der sich der Sieg endgültig demjenigen zuwenden wird, der seiner am würdigsten ist: dem Großdeutschen Reich.«

Am selben Tag erließ auch General Patton, Oberbefehlshaber der 3. US-Armee, einen Tagesbefehl. Er war nicht weniger pathetisch und nicht weniger lang. Und am Schluß hieß es darin:

»Ich kann keinen besseren Ausdruck für meine Gefühle finden, als euch die unsterblichen Worte zuzurufen, die General Scott bei Chapultepec sprach: ›Tapfere Gewehre, tapfere, kampferprobte Schützen! Ihr seid mit Feuer und Blut getauft und zu Stahl geworden.‹«

Das Unternehmen »Nordwind« — Straßburg in Gefahr!

In den ersten Morgenstunden des 1. 1. 1945 begann das Unternehmen »Nordwind«.

Acht Divisionen der 19. deutschen Armee traten aus dem Raum Bitsch an, um das nördliche Elsaß zurückzugewinnen und die vor ihr stehenden Divisionen der 7. US-Armee zu fesseln. Durch diesen Angriff wollte Hitler — 160 km südlich des Kampfplatzes in den Ardennen — die Initiative in diesem Raum wieder an sich reißen.

Der Angriff kam zunächst gut voran. Hagenau wurde genommen und nach Süden in Richtung Zaberner Senke schnell Raum gewonnen. Der Reichsführer SS, Himmler, der vorübergehend nach der Abkommandierung von Gen. Balck die Führung der HGr. G übernommen hatte, sah hier eine große Chance, zu Kriegsruhm zu kommen, und bestürmte Hitler, diesen Angriff zur »Schlacht im Elsaß« auszuweiten. Hitler stimmte zu, und ein Teil der westlich des Rheins stehenden Verbände des OB West wurde dazu abgezweigt. Dies trotz des energischen Protestes von GFM von Rundstedt. Mit diesen Verbänden wollte Himmler aus dem gehaltenen deutschen Brückenkopf Kolmar antreten und die feindliche Gruppierung in Richtung Norden aufrollen.

Damit war der Angriff in zwei Stoßrichtungen gelenkt und verzettelte sich. Wenngleich sich die 7. US-Armee schrittweise vor den deutschen Verbänden zurückzog, war ein durchschlagender Erfolg nicht in Sicht. Eisenhower hatte General Devers, dem OB der 7. US-Armee, befohlen, es auf keinen Fall zur Einschließung von Truppen kommen zu lassen.

Das von französischen Verbänden gehaltene Straßburg jedoch lag bald in greifbarer Nähe der deutschen Angriffs-Divisionen. Es stand zu befürchten, daß die Stadt wieder in deutsche Hand fallen würde.

Entsetzt durch das Ausweichen der US-Truppen erschien General de Gaulle am 3. 1. 1945 bei General Eisenhower in Reims und beschwor diesen, Straßburg nicht allein zu lassen.

»Straßburg«, so führte de Gaulle aus, »ist seit 1870—71 zu einem Symbol für die Franzosen geworden. Eine wenn auch nur vorübergehende Aufgabe dieser Stadt würde die französischen Truppen und ganz Frankreich entmutigen. — Wenn Sie uns nicht helfen können«, erklärte de Gaulle abschließend, »werden wir mit unseren Streitkräften Straßburg bis zum letzten Blutstropfen verteidigen müssen.«

General Eisenhower konterte eiskalt, daß die französische Armee nur dann Munition, Material und Verpflegung erhalten werde, wenn sie seinen — Eisenhowers — Befehlen nachkomme. Er wies darauf hin, daß es nicht zu dieser prekären Situation gekommen wäre, wenn es die Franzosen verstanden hätten, den Kolmarer Frontvorsprung der deutschen Truppen zu beseitigen.

Am Schluß kam es jedoch zu einem Kompromiß, indem Eisenhower de Gaulle die Zusicherung gab, daß General Devers Befehle erhalten würde, die nördlichen Frontvorsprünge aufzugeben und die solcherart freigewordenen Truppen in der Mitte um Straßburg herum einzusetzen und die Stadt zu halten.

Churchill, der während dieser Besprechung ebenfalls im alliierten Hauptquartier anwesend war, sich aber weise zurückhielt, äußerte sich erst, nachdem de Gaulle gegangen war:

»Ich glaube, das ist die beste Lösung!«

In den ersten Morgenstunden des 3. 1. 1945 begann die alliierte Gegenoffensive mit dem Ziel, in den Ardennen mit starken Kräften von Süden und Norden den Raum Houffalize zu erreichen und alle westlich dieser Linie stehenden deutschen Verbände abzuschneiden und zu kassieren.

Während die 1. US-Armee, mit dem VII. Korps vorn, aus Norden nach Süden antrat, griffen sechs Divisionen der 3. US-Armee von Süden nach Norden an. Gleichzeitig mit diesen amerikanischen Bemühungen hatte auch die 5. PzArmee, GendPzTr. von Manteuffel, am 3. 1. 1945 den Angriff auf Bastogne wieder aufgenommen. Beide Seiten prallten hart aufeinander. Bei Longchamps trafen die Panzer-Divisionen der 5. PzArmee auf die 101. LLDiv. und hielten sie auf. Nördlich Lutrebois, acht Kilometer südlich Bastogne, stieß die 1. SS-PD »AH« auf die 6. US-PD. Trotz Fehlens der Kampfgruppe Peiper, die noch weit westlich stand, wurden die Amerikaner geschlagen. Brennende und zerschossene Panzer zeigten den Rückzugsweg dieser US-PD an. GenMaj. Grow, ihr Kdr., ließ seine Panzer zurückrollen, und mitten in diese Rückzugsbewegungen stießen die Panzer der 1. SS-PD hinein. Tiger und Panther schossen die an Feuerkraft unterlegenen Feindpanzer zusammen. Die Nacht wurde zur Rettung für diese Division. Ebenso erging es der 17. LLDiv., drei Kilometer westlich Bastogne, die im Kampf etwa 40 Prozent Verluste erlitt. Am Abend dieses Tages saß General Patton, der OB der 3. US-Armee, an seinem Schreibtisch und notierte in seinem Tagebuch:

»Wir können den Krieg immer noch verlieren.«

Winston Churchill aber schrieb nach seinem Treffen mit Eisenhower an Marschall Stalin:

»Die Schlacht im Westen ist sehr schwer, ich wäre Ihnen äußerst dankbar, wenn Sie mich wissen ließen, ob wir im Laufe des Januars an der Weichselfront, oder an einer anderen Stelle, mit einer russischen Großoffensive rechnen können.«

Marschall Stalin teilte Churchill daraufhin mit, daß er die für den 20. 1. 1945 geplante Offensive vorziehen und schon am 12. 1. aus dem Baranow-Brückenkopf angreifen werde. Bis zum 14. 1. würden dann fünf sowjetische Heeresgruppen auf der gesamten Frontbreite zum Angriff gegen Deutschland übergehen.

Im Westen ging der Kampf weiter. Der Rückzug der Truppen des OB West war in vollem Gange. Die Panzer-Lehr-Division, die noch am Morgen des 5. 1. in Zilly stand, ging in Nachtmärschen schrittweise zurück und erreichte St. Hubert, das bereits am 31. 12. von US-Truppen genommen worden war. Das PGLehrRgt. 901 sollte die Stadt zurückgewinnen. Ihr Angriff am 6. und 7. 1. drang nicht durch. Das Regiment mußte sich kämpfend zurückziehen.

Der deutsche Angriff auf Straßburg hatte sich festgelaufen. Nunmehr versuchten die 7. US-Armee und die 1. französische Armee, die General Devers ebenso unterstellt war wie die 3. US-ID, den deutschen Frontvorsprung bei Kolmar auszuräumen. General Devers unterstellte zu diesem Auftrag der 1. franz. Armee die 2. PD und die 28. US-ID sowie die 12. PD. Damit standen General de Lattre de Tassigny elf Divisionen zur Verfügung, die er gegen den Frontvorsprung Kolmar ansetzte.

Hier stand GenLt. Rasp mit acht Divisionen, von denen er die 17 Kilometer südlich Straßburg stehende Division in Reserve behielt. Mit dem LXIV. AK, GenLt. Thumm, standen die 198. ID und die 16., 189. und 708. VGD südlich des Schluchtpasses bei Straßburg bis in den Raum Kembs am Rhein.

Das LXIII. AK, GendInf. Abraham, stand mit der 338. und 716. VGD und der 159. ID daran anschließend bei Kembs am Rhein. Armeereserve wurde die 2. GD, GenMaj. Degen, die aus Norwegen herangeführt worden war.

Im Hagenauer Forst kämpften noch immer die Divisionen der 7. US-Armee. Bei Gambsheim unterhielt die deutsche Führung einen Brückenkopf, der für den Gegner eine ernste Bedrohung darstellte.

Die deutschen Verbände hatten den Angriff auf Straßburg zwar nicht mit einem Erfolg krönen können, aber sie standen in den erreichten Stellungen abwehrbereit.

Hier begann am 20. 1. 1945 der Angriff des I. franz. Korps zwischen Mühlhausen und Thann mit der 9. ID (KolTr.) der 2. marok. ID und der 4. marok. GD. Die 1. PD unter General Sudres nahm zur Unterstützung der Infanterie am Angriff teil. Sie hatte den Auftrag, feindliche Widerstandsnester zusammenzuschießen.

Der Angriff, der im starken Schneesturm geführt wurde, drang ein Stück durch und führte deutscherseits zum Einsatz der Reserven im Süden des Frontbogens.

Dies war jedoch nur ein Seitenangriff. Der Hauptangriff wurde vom II. franz. Korps geführt, das erst am Morgen des 23. 1. unter

Führung von General de Mantsabert zwischen Kolmar und dem Illwald antrat. Die 3. US-ID rechts und die 1. ID (mot.) links, von den Panzern der 5. PD unterstützt, und durch eine Kampfgruppe der Division Leclerc verstärkt, rollte der Angriff in Richtung Neubreisach los. Er erzielte am ersten Tag einigen Geländegewinn. Ein paar Ortschaften wurden im Sturm genommen. Es gelang General Garbay, einen Brückenkopf auf dem Ostufer der Ill zu errichten, nachdem seine 1. freifranz. ID den Illwald durchfahren und die Ortschaft Illhäusern in Besitz genommen hatte.

Am 27. 1. erreichten die Spitzengruppen der 3. US-ID die nördlichen Vororte von Kolmar. Die 1. ID (mot.) und die 2. PD konnten die stark verteidigten Dörfer Jebsheim und Grusenheim erobern.

Doch das Ziel war noch fern, und schon zeigten sich die ersten Ermüdungserscheinungen, die General de Lattre de Tassigny dazu brachten, General Devers um Hilfeleistung anzugehen. Der OB der 7. US-Armee unterstellte dem General das XXI. AK, GenMaj. Milburn, der sich mit seinen Divisionen zwischen dem II. franz. Korps und der 10. ID einschob. Damit gewann das II. franz. Korps, dessen linker Flügel eng zusammengepreßt war, wieder Luft. Es eroberte Markolsheim und schnitt die Spitzenverbände der 19. deutschen Armee, die in Richtung Straßburg vorfühlten, ab. In der Nacht zum 30. 1. setzte die 3. US-ID bei Kolmar über den Kanal, und es sah bereits so aus, als würde die Stadt von der 28. US-ID erobert werden. Doch GenMaj. Cota blieb kurz davor stehen, um dem französischen General Schlesser den Vortritt zu lassen, der die 5. PD am 2. 2. 1945 nach Kolmar hineinführte.

Damit waren die Krisen überwunden. Alles drang zügig vorwärts, und am 4. 2. gewann General Béthouart Einsisheim, Sultz und Gebweiler. Die 1. PD erreichte Heiligenkreuz, acht Kilometer südlich Kolmar, und am 6. 2. fiel Niederbreisach mit der alten Festung in die Hand der 3. US-ID, die im Nachtangriff über Sturmleitern in die Festung eindrang.

Die Schlacht bei Kolmar ging mit einer Niederlage für die 19. Armee zu Ende, und bis zum 9. 2. wurden die letzten deutschen Truppen über das rechte Rheinufer zurückgeworfen.

Neben der moralischen Wertigkeit dieses Erfolges für die Franzosen waren die strategischen, operativen Folgen erheblich. Es wurde der 7. US-Armee nunmehr möglich, nach links auszuweichen und dem II. franz. AK Gelegenheit zu geben, sich an der Moder einzuschieben, einem idealen Startplatz für die weiteren Operationen, die auf den Rhein bei Speyer und auf Ulm zielten.

Die weitere Entwicklung in den Ardennen

Der Rückzug der deutschen Divisionen aus den Ardennen beschleunigte sich seit dem 5. 1. 1945. Bereits am 9. 1. 1945 wies der Chef des GenStabes, GenOberst Guderian, in der Führerlagebesprechung Hitler auf die bedrohliche Lage im Osten hin und erklärte, daß die Feindlagemeldungen auf eine Großoffensive der Roten Armee hindeuteten. Hitler wies Guderian in einem hysterischen Zornausbruch darauf hin, daß nach wie vor der Westen Vorrang habe.

»Wir müssen dort die Initiative behalten!« sagte er abschließend. »Weder werde ich die Ostfront verstärken noch in Zukunft irgendwelche Rückzüge zulassen ... Ich kriege immer einen Horror, wenn ich etwas höre, daß man sich irgendwo absetzen muß, um operieren zu können. Das kenne ich seit zwei Jahren, und das hat sich immer verheerend ausgewirkt.« (Siehe Guderian a. a. O.)

Am 10. 1. gab Hitler in der nächsten Lagebesprechung bekannt, daß er die 6. SS-PzArmee aus den Ardennen herausziehen und auffrischen werde. »Sie hat jedoch«, fuhr er fort, »zur Verfügung des Oberbefehlshabers West zu bleiben.«

Himmler selbst, der glaubte, ein besserer Kenner der Materie zu sein als die Führer der Armeen und Heeresgruppen, sagte nach der Führerlage zu GenOberst Guderian:

»Wissen Sie, lieber Generaloberst, ich glaube nicht, daß die Russen überhaupt angreifen, das ist alles nur ein Riesenbluff. Die Zahlen Ihrer Abteilung Fremde Heere Ost sind maßlos übertrieben. Sie selbst machen sich viel zu viel Gedanken. Ich bin fest davon überzeugt, daß im Osten nichts passieren wird.« (Siehe von Manteuffel: »Die Schlacht in den Ardennen«.)

Generaloberst Guderian aber wußte es besser, und so vertraute er seinem eigenen Tagebuch den Satz an:

»Hitler dachte in diesen schicksalsschweren Tagen nur an die eigene Westfront. Die ganze Tragik unserer militärischen Führung offenbarte sich am Schluß des Krieges noch einmal an diesem Beispiel der gescheiterten Ardennenoffensive.«

Am 13. 1. 1945 erreichte die PLD mit ihren Spitzengruppen Houffalize. Zur gleichen Zeit eröffneten die alliierten Bomberverbände ihre Bomben-Teppichwürfe auf diese Kreuzung, um den Rückzug deutscher Truppen hier zu stoppen. Bei meterhohem Schnee wurden die deutschen Divisionen von feindlichen Jabos gejagt. Die am selben Tag bei Bras zusammentreffende 1. und 3. US-Armee hatte den Sack noch vor der zurückmarschierenden 5. FJD zugemacht. Aber alle anderen deutschen Divisionen waren entkommen.

Am 16. 1. 1945 um 09.05 Uhr trafen auch bei Houffalize die 1. und 3. US-Armee zusammen. Damit war praktisch die Schlacht in den Ardennen zu Ende. Der Rückzug in die Siegfriedstellung und zum Rhein begann.

Schnell den weichenden deutschen Verbänden hinterherstoßend, erreichten diese beiden Armeen die deutsch-belgische Grenze und stießen durch den Westwall. Bei Schleiden war es das V. US-Korps mit der 1., 2. und 78. ID, das auf einer Breite von 40 Kilometern Geländegewinn erzielen konnte. Die Wasserkraftwerke an der Roer, Urft und Olef fielen diesem Korps zu.

Dennoch gelang es, das Gelände vor der 9. US-Armee unter Wasser zu setzen. Hier erstarrten alle Bewegungen. Erst am 23. 2. 1945 konnte der nächste Schritt getan werden.

In der Nacht zum 18. 1. 1945 war die 1. US-Armee wieder der 12. Heeresgruppe unterstellt worden, die sich von diesem Zeitpunkt an Heeresgruppe Mitte nannte.

Die 21. Heeresgruppe unter Feldmarschall Montgomery, die nunmehr die Bezeichnung HGr. Nord erhielt, bereitete sich zu einem Angriff vor, der dem Zweck diente, eine gute Ausgangsbasis für eine neue Großoffensive zu gewinnen. Dieser Angriff wurde vom XII. brit. Korps und dem XIII. US-Korps gemeinsam geführt. Letzteres bildete den linken Flügel der 9. US-Armee unter General Simpson, die Feldmarschall Montgomery weiterhin unterstellt blieb.

Der Angriff begann am 21. 1. 1945 und führte aus den Räumen Linnich–Geilenkirchen–Sittard–Maas bei Masseyck gegen den hier vorspringenden deutschen Frontbogen. Hier verteidigte die 176.

ID, die sich des Ansturmes der 43. und 42. brit. ID, der 7. brit. PD und der 102. ID der Amerikaner erwehren mußte. Bis zum 28. 1. wich sie kämpfend zurück und mußte dem Gegner das gesamte Gebiet des Dreiecks zwischen Roer und Maas, mit Ausnahme der Stadt Roermond, überlassen. Nach diesen vorbereitenden Gefechten begann am 8. 2. 1945 der Sturmangriff auf das Reich.

Verhandlungen in Moskau

Am 13. 1. 1945 trafen Air Chief Marshal (General der RAF) Tedder, GenMaj. Bull und BrigGen. Betts, in Moskau ein. Hier wurde das anglo-amerikanische Team, das die Koordinierung der nunmehr auf beiden Fronten laufenden Offensiven vornehmen sollte, von Marschall Stalin freundlich empfangen. General Tedder hatte die Ermächtigung Eisenhowers in der Tasche, die neuen alliierten Pläne vorzutragen. Die Absichten der westlichen Alliierten waren in einem Dreiphasenplan festgelegt, der vom Stab Eisenhowers ausgearbeitet worden war.

I. Phase: Vernichtung aller deutschen Streitkräfte, die noch westlich des Rheins standen, durch drei Großoperationen.

1. Großoperation: Großangriff der 21. Armeegruppe, Montgomery, mit dem Ziel der Gewinnung des unteren Rheinlandes von Nijmwegen bis Düsseldorf durch die 1. kan. Armee, Crerar, des Reichswaldes und des Roergebietes durch die 9. US-Armee, die dazu weiterhin unter dem Kommando der 21. Armeegruppe blieb.

2. Großoperation: Vorstoß der 1. US-Armee, General Bradley, in Richtung Köln–Bonn–Remagen und der 3. Armee in Richtung Koblenz.

3. Großoperation: Angriff der 3. und 7. US-Armee gegen die noch im Saargebiet haltenden deutschen Truppen mit dem Ziel: Erreichen des Rheins in der Linie Stuttgart–Mainz.

Der Kolmarer Sack sollte (wie im Vorabschnitt dargestellt) von der 1. franz. Armee ausgeräumt werden.

Stalin selbst teilte der Mission mit, daß er — selbst wenn die von ihm am Vortage begonnene Großoffensive nicht zum Durchbruch führen werde — dennoch eine Reihe weiterer Großoperationen durchführen lassen würde, um so viele Kräfte des Gegners wie möglich im Osten festzuhalten. Es sollte der deutschen Wehrmacht unmöglich gemacht werden, weitere Truppen aus dem Osten abzuziehen und nach dem Westen zu transportieren. Diese Koordination führte schließlich im Endergebnis zum Ende des Krieges binnen vier Monaten.

Die Kräftelage an der Westfront

Nachdem die 6. SS-PzArmee aus der Westfront herausgezogen worden war, standen nur noch sieben deutsche Armeen zur Abwehr der westalliierten Offensive bereit.

Im Bereich der HGr. G hielt die 19. Armee den Oberrhein und den Raum Kolmar, während die 1. Armee zwischen Rhein und Mosel stand. Zwischen der Mosel von Trier bis Roermond standen die 7. und 15. Armee, während die 5. Panzerarmee noch in den Ausgangsstellungen lag, die sie auch vor Beginn der Ardennenoffensive eingenommen hatte. Diese drei Armeen unterstanden der HGr. B.

Die neugebildete HGr. H, GenOberst von Blaskowitz, stand mit der 1. FJArmee an der Maas, während die 25. Armee in Holland und am Niederrhein ihre Stellungen bezogen hatte.

Der Kampf um Kolmar, der am 20. 1. 1945 mit dem Angriff der 1. franz. Armee von Süden begann, drang zunächst bei der 19. Armee nicht durch. Erst als General Eisenhower Devers den Befehl zum Einsatz des XXI. US-Korps gab, kam der Angriff vorwärts. Kolmar fiel am 3. 2. 1945. Der deutsche Brückenkopf wurde aufgespalten, die Alliierten erreichten am 9. 2. 1945 südlich von Straßburg den Rhein. Fast zur gleichen Zeit waren die alliierten Vorbereitungen zur Operation »Veritable« beendet. Ziel dieser Offensive war ein Großangriff gegen den Rhein bis in den Raum zwischen Rees und Wesel.

In den ersten Februartagen wurde die PLD, die im Raum südlich Neuerburg aufgefrischt hatte, in Richtung Köln in Marsch gesetzt. Ihr Kdr., GenLt. Bayerlein, hatte folgenden Befehl erhalten:

»Die PLD hat im Verein mit der 7. und 8. FJD den erwarteten Angriff der 21. brit. Armeegruppe durch den Reichswald auf Kalkar und Goch aufzuhalten und zu zerschlagen.«

Noch vor Beginn des Angriffs übergab GenLt. Bayerlein die PLD an GenMaj. Niemack und übernahm die Führung des LIII. PzK., das bis Kriegsschluß als »Korps Bayerlein« bekannt wurde. Die alliierte Gliederung zu dieser neuen Offensive war folgende:

Heeresgruppe Nord:	Feldmarschall Montgomery mit:
1. kan. Armee	GenLt. Crerar
2. brit. Armee	GenLt. Dempsey
9. US-Armee	GenLt. Simpson
1. LL-Armee	GenLt. Brereton
Heeresgruppe Mitte:	General Omar N. Bradley mit:
1. US-Armee	General Hodges
3. US-Armee	General Patton
Heeresgruppe Süd:	General Devers mit:
7. US-Armee	GenLt. Patch
1. franz. Armee	General de Lattre de Tassigny

Feldmarschall Montgomery hatte zusätzlich fünf englische und amerikanische Fallschirmjäger-Verbände erhalten, die unter der Bezeichnung 1. LLArmee unter General Brereton zusammengefaßt worden waren.

Als man am 2. 2. 1945 sicher war, daß die alliierte Groß-offensive kurz bevorstand, ließ der OB West, GFM von Rundstedt, alle Kommandeure der nördlichen Rheinfront zu sich in das HGrHQ kommen. Dort zeigte sich, daß es grundsätzliche Meinungsverschiedenheiten gab. Und zwar hatte GenOberst Blaskowitz vorgetragen, daß er den Angriff der britisch-kanadischen Streitkräfte bei Venlo erwarte.

»Hier allein«, führte er aus, »ist der englisch-kanadischen Armee eine unmittelbare Unterstützung durch die Amerikaner sicher, weil ja mit deren Vorstoß über die Roer in Richtung Köln jeden Tag gerechnet werden muß.«

General Schlemm war jedoch anderer Meinung. »Der Gegner wird an der Front im Reichswald angreifen und versuchen, über Kleve auf Wesel vorzustoßen und dort den Rhein zu gewinnen. Dieser Angriff bietet für die Alliierten den Vorteil, daß sie nicht über die Hochwasser führende Maas setzen brauchen. Außerdem umgehen sie mit dieser Stoßrichtung den Westwall, der sich parallel zur Maas aus dem Raum Goch–Geldern nach Aachen hinzieht. Wenn ein Angriff mit dieser Stoßrichtung gelingt, ist es dem Gegner möglich, von der nördlichen Flanke aus die gesamte Front aufzurollen.«

Trotz der Überzeugungskraft dieser Argumente schloß sich GFM von Rundstedt der Meinung von GenOberst Blaskowitz an. Die Reserven wurden nicht im Norden hinter dem Reichswald aufgestellt, sondern im Süden des Armeebereiches. Und zwar die 7. FJD ostwärts Venlo und das XXXXVIII. PzK mit der 15. PGD und der 116. PD im Raume Viersen–Kempen.

Teilschuld an dieser gegensätzlichen Beurteilung der Lage trug nicht zuletzt die Aversion von GenOberst Blaskowitz gegen die Tatsache, daß in seinem HGr.-Bereich eine Luftwaffendienststelle eine Armee befehligte. Dies sollte sich noch bitter rächen.

Der Angriff wurde am frühen Morgen des 8. 2. 1945 um 05.00 Uhr zwischen Maas und Rhein mit einem Trommelfeuer aus rund 1000 Geschützen begonnen. Fünf Stunden später stürmte das XXX. brit. AK, GenLt. Horrocks, mit drei britischen und zwei kanadischen Divisionen los. Der Hauptstoß dieses Angriffs traf allein die 84. ID, die im Reichswald verteidigte. GenOberst Blaskowitz hatte nicht mit einem Angriff aus Nijmwegen gerechnet, deshalb stand hier nur eine Division. Im Reichswald begann ein erbitterter Kampf.

Da der allgemeine Angriff bereits seit zwei Tagen bekannt war, ließen die deutschen Stellen die Deiche unterhalb von Emmerich bis Pannerden durchstechen. Durch diese Maßnahme lief das Hochwasser des Rheins in das linksrheinische Kampfgebiet nördlich der Reichsstraße Nijmwegen–Kleve–Kalkar.

Als sich gegen Morgen der hier herrschende Bodennebel hob, schossen die alliierten Geschütze in der Front Nebelgranaten. Der Reichswald verwandelte sich in eine Lärmhölle.

Mitten im Artilleriefeuer tauchten Bomber- und Jagdbomberverbände auf. Teilweise im Tiefflug warfen die Jabos Raketenbomben, während die Höhenbomber über der HKL ihre Bombenteppiche ausbreiteten. Dann rollten die Feindpanzer heran. Neben Kampfpanzern auch Flammpanzer zum Ausräuchern der Widerstandsnester. Als sich der Abend niedersenkte, war das Artilleriefeuer der Westalliierten noch immer nicht verstummt. Der Angriff aber war nicht durchgedrungen. Wie dieser erste Tag auf der deutschen Seite verlief, sei durch den Bericht aus dem Abschnitt der 1. Fallschirmjäger-Armee eingeblendet.

General der Fallschirmtruppe Schlemm, der mit dem Stab der 1. FschJägArmee in Dinxperlo, nahe Bocholt, an der deutsch-niederländischen Grenze lag, wurde von dem Trommelfeuer geweckt. Man wußte zwar, daß der Angriff beginnen würde, nur wann genau, war nicht klar gewesen. Nun hatte man Gewißheit.

Nach einem Schluck Kaffee fuhr General Schlemm im Kübelwagen an die Front. Es dauerte nicht lange, bis er einen ersten Eindruck von der Wucht dieses Trommelfeuers erhielt. Er hatte die Überzeugung: Dies ist der alliierte Großangriff! Die Alliierten hatten die Offensive im Reichswald westlich von Kleve begonnen.

Die eingehenden Aufklärungsmeldungen berichteten von Bewegungen im Raume Eindhoven in Richtung Nijmwegen und damit in Richtung zum Reichswald. Spähtrupps, die durch den niederschmetternden Stahlregen vorgingen, bestätigten diese Meldungen im einzelnen.

Die Front der 1. FschJägArmee lehnte sich an diesem 8. 2. 1945 im Norden ostwärts Millingen an den Rhein an, verlief über Kronenberg nach Gennep zur Maas, um dann — der Maas folgend — bis zur Mündung der Roer in die Maas zu gehen. Hier schloß sich die entlang der Roer verlaufende Front der 15. Armee an, während im Norden die 25. Armee die Rheinfront bis zu dessen Mündung hielt.

Am Nachmittag des 8. 2. meldete General Schlemm nach Rückkehr von der Front an die HGr. H, GenOberst von Blaskowitz, daß die alliierte Offensive im Reichswald gegen die hier allein stehende 84. ID begonnen habe. Er fügte an, daß er als erste Maßnahme die eigene Reserve, die 7. FJD, aus dem Raume Venlo alarmiert, auf Lkw verladen und in Richtung Gennep in Marsch gesetzt habe. Mit ihrer Hilfe sollte das im Reichswald verlorengegangene Gelände im Gegenstoß zurückgewonnen werden.

Beim HGrStab war man nicht der Ansicht von General Schlemm, daß dieser Angriff der Hauptstoß sei. Dort erwartete man einen weiteren Angriff, der mit Schwerpunkt Venlo jederzeit losbrechen könne. Aus diesem Grunde befahl GenOberst Blaskowitz den sofortigen Rücktransport der 7. FJD in ihren Bereitstellungsraum bei Venlo. Der Ic der HGr. war zu dieser Überzeugung gelangt, da man nur Soldaten der kanadischen Division eingebracht hatte. Daraus folgerte er, daß die übrigen Divisionen noch nicht im Kampf stünden und bei Venlo eingesetzt werden sollten.

Damit hatte GenOberst Blaskowitz seine bereits am 2. 2. vertretene Meinung durchgesetzt. Nun waren die Reserven eben nicht im Norden aufgestellt, wie General Schlemm dies gewollt hatte.

General Schlemm stand vor einer schwierigen Entscheidung. Sollte er dem Befehl des HGr Kdos. Folge leisten? Er entschloß sich zu einem Kompromiß und hielt die 7. FJD auf halbem Wege zum befohlenen Ziel an. Sie blieb bei Kevelaer stehen und kehrte nicht, wie GenOberst Blaskowitz befohlen hatte, nach Venlo zurück.

Am 9. 2. 1945 war klar: Die Alliierten hatten inzwischen alles in den Kampf geworfen, und ihr Ziel war der Reichswald. Gefangene von fünf britisch-kanadischen Divisionen wurden eingebracht. General Schlemm forderte nun die Freigabe seiner 7. FJD. Diesmal wurde sie ihm erteilt, und er war froh, daß er ihr das Hin und Her erspart hatte und daß sie nun bereits näher am Brennpunkt der Entscheidungen war. Die Division rollte dem Kampfgebiet entgegen.

Bis zum 9. 2. waren von seiten der Alliierten der 1. kan. Armee mit unterstellten Verbänden der britischen 2. Armee (das XXX. brit. AK) im Reichswald im Einsatz. Und zwar in Stärke von 5 Divisionen, 3 Panzer-Brigaden und 11 Spezialregimentern. Sie hatten Weisung, den Reichswald so rasch wie möglich zu durchstoßen und Wesel zu erreichen.

Im Zusammenwirken mit der Operation »Grenade«, dem Losschlagen der 9. Armee am 10. 2. über die Roer auf Köln–Neuß, sollten die westlich des Rheins stehenden deutschen Truppen mit einer großangelegten Zangenbewegung eingekesselt und vernichtet werden.

Die 15. ID durchstieß als Angriffsspitze den Nordrand des Reichswaldes und erreichte am 10. 2. gegen 16.45 Uhr den Westrand von Kleve. Die geplante Operation »Grenade« war noch nicht angelaufen. Zwar hatte General Simpson am 9. 2. mit der 9. US-Armee die letzten Staudämme der Roer erobert und stand nunmehr auf dem Westufer dieses lange umkämpften Flusses, aber an ein Überschreiten desselben konnte wegen des Hochwassers nicht gedacht werden. GFM Model hatte die Urft-Talsperren öffnen lassen und damit den Unterlauf der Roer zu einer unüberwindlichen Wasserschranke gemacht.

Die 84. ID, die im Zentrum des Angriffs, im Reichswald, kämpfte, hatte 48 Stunden lang dem Ansturm der Kanadier und Engländer standgehalten. Die Soldaten dieser Division gingen nur schrittweise zurück. Die nachdrückenden Feindpanzer, die sich nur auf den Waldschneisen bewegen konnten, rollten auf die hier geschickt angelegten Minensperren. Auch die beiden durch diesen Wald führenden Straßen waren vermint. Der Durchbruch der 15. brit. ID im Nordabschnitt auf Kleve konnte jedoch nicht verhindert werden.

Es gelang GenOberst von Blaskowitz, vom OB West die Freigabe des XXXXVII. PzK zu erreichen. Die 15. PGD und die 116. PD rollten nun in den Kampfraum. Mit ihnen auch Teile der 7. und 8. FJD. Der Angriffsschwung des Gegners erlahmte.

Im anschließenden Maasabschnitt bei und südlich Gennep sicherte das LXXXVI. AK, GenLt. Straube, mit der 180. und 190. ID. Zwischen der 84. ID und der 180. ID lag das FJR 2 der 2. FJD bei Siebengewald–Hammersum–Asperden westlich von Goch. Oberst Vorwerck führte es. Die beiden anderen Regimenter dieser Division standen noch im Befehlsbereich der 25. Armee zwischen Wal und Lek. Vorwärts und im Raume Goch kämpfte das FJR 2 mit nie erlahmendem Einsatz.

General Schlemm, der noch am 8. 2. seinen ArmeeGefStand von Dinxperlo in ein Bauerngehöft nahe Xanten vorverlegt hatte, um vorn bei den Frontkommandeuren führen und jeden sich bildenden Schwerpunkt binnen kürzester Zeit erreichen zu können, verlegte am 13. 2. seinen GefStand nach Rheinberg, da der Aufbau der Südfront den Vorrang erhalten hatte. Aus dem FHQ war der Befehl gekommen, den Brückenkopf unbedingt zu halten. Um diesen Befehl durchführen zu können, löste General Schlemm die 15. PGD, die PLD und die 84. ID aus der Nordfront heraus.

Am 14. 2. erreichten die Alliierten gegenüber Emmerich das linke Rheinufer. Die deutsche HKL war auf der Linie Uedem–Keppeln zurückgenommen worden. Hier standen die 7. FJD und ein Sicherungs-Batl. Es war zu erwarten, daß der Gegner im zweiten Stoß an dieser Stelle durchbrechen würde.

Am selben Tag wurde die Stadt Rees von einem schweren Bombenangriff getroffen. Die Rheinbabenbrücke bei Wesel wurde ebenfalls gebombt. Diese Bombardierungen wiederholten sich am 16. 2. Bereits am 14. 2. war ein Teil der Straßenbrücke über den

Rhein bei Wesel in den Fluß gestürzt. Nun mußte der Straßen-
verkehr über ein ausgefülltes Gleis der Eisenbahnbrücke geführt
werden.

Einsatz der Fallschirmjäger und der
Panzer-Lehr-Division

Die alarmierte PLD erreichte am 17. 2. 1945 den neuen Einsatzraum im Uedemer Bruch. Als erstes traf das PGR 901 hier ein.
Zwischen Keppeln und Schwanshof lag die PzJägLehrAbt. 130 mit
ihren Panzerjägern.

Auch das FJR 7 der 2. FJD wurde Mitte Februar in diesen Raum
geworfen, weil hier der Schwerpunkt des neuen alliierten Angriffs
erwartet wurde. Es wurde zunächst der 116. PD unterstellt, jedoch
am 19. 2. der 15. PGD zugeführt. Oberst Riedel, der RgtKdr.,
erhielt Befehl, im Verband dieser Division gegen den Feind im
Raume Goch–Uedem anzutreten. Der Angriff begann am 19. 2.
und stieß kurz nach dem Anlaufen auf starke feindliche Panzer-
und Infanteriekräfte. Flammpanzer galt es zu überwinden, die
gegen die von den Fallschirmjägern verteidigten Höfe vorrollten
und aus 200 bis 100 m Distanz ihre tödlichen Flammenstrahlen
ausspien und die Höfe in Brand setzten. Einzelkämpfer der Fallschirmjäger pirschten sich an die Flammpanzer heran und schossen
sie mit der Panzerfaust ab.

Am 20. 2. 1945 wurde das FJR 7 gemeinsam mit der 85. ID, der
15. PGD und einigen selbständigen Fallschirmjäger-Verbänden
dem II. FschK. unterstellt. Alles stand nun zur Abwehr des neuen
losbrechenden Angriffs bereit.

Der Angriff des XXX. AK unter General Horrocks begann am
22. 2. 1945. Mit 500 Panzern im vordersten Treffen rollte eine
Stahllawine gegen die deutsche HKL. Die wenigen Panzer, Pioniere, Panzerjäger, Flak und Pak der PLD kämpften gegen eine
vielfache Übermacht. Die Panzerjäger rollten in den feindlichen
Angriffskeil hinein. Ofw. Stolz und Lt. Schönrath von der Pz-
JägLehrAbt. 130 schossen je drei Feindpanzer ab.

Noch am 23. 2. mußte sich das PGR 901 absetzen, und wenig
später zogen sich auch die Panzer und Panzerjäger zurück und

erhielten den Auftrag der Division, nach Süden zu stoßen und sich mit den von Süden nach Norden angreifenden Verbänden des LIII. PzK zu vereinigen und die bei Glehn stehenden Feindpanzerverbände zu vernichten.

Es galt, die im Süden des Angriffs vorbrechende 9. und 1. US-Armee aufzuhalten, die an diesem 23. 2. zum Angriff über die Roer angetreten waren und von den geringen Kräften der dem Feind dort gegenüberstehenden 15. Armee nicht gehalten werden konnten.

Sieben Infanterie- und drei Panzer-Divisionen hatten die Operation »Grenade« begonnen. Die 363. ID, GenLt. Dettling, die Jülich verteidigte, wurde vom XIX. US-Korps geworfen. Im Abschnitt Linnich standen die 53. und 193. ID gegen das XIII. US-Korps auf verlorenem Posten. Die 1. US-Armee erreichte Düren und nahm die Stadt bis auf den Stadtrand in Besitz, wo sich noch Teile der 176. ID hielten.

Die 15. Armee unter GendInf. von Zangen versuchte mit allen Mitteln den Durchbruch zu verhindern. Die 15. PGD und die PLD wurden in diesen bedrohten Abschnitt geworfen. Aber der Angriff der PLD nach Süden konnte erst am 27. 2. beginnen, und an diesem Tage hatte der Gegner mit seinen Infanterie-Divisionen bereits den Raum Erkelenz durchstoßen, rollten die Panzer der 2., 3. und 8. US-PD an der Infanterie vorbei nach vorn. Der Gegenangriff der 9. deutschen PD gegen die Flanke dieser nach Nordosten vorstoßenden Amerikaner brachte keinen Erfolg.

Die Amerikaner drehten ihre 9. Armee nach Norden und Nordosten, in den Rücken der noch weiter westlich haltenden 1. Fsch-Armee hinein. Das am linken Flügel der 9. US-Armee eingesetzte XVI. Korps griff Roermond und Venlo an. Am 1. 3. nahmen Truppen des XIII. US-Korps die beiden Städte Rheydt und Mönchengladbach. Einen Tag später erreichten die Truppen von GenLt. Simpson bei Neuß den Rhein, während die Mitte des Korps Krefeld erreichte und durchfuhr.

Die PLD, die am 27. 2. nach Süden angetreten war, kam nicht recht vorwärts. Das PGR 901 mußte sich auf den Tönisberg zurückziehen. Hier wartete es den aus Süden geführten Angriff des LIII. PzK ab. Dieser Angriff wurde von GenLt. Bayerlein gegen Kapellen geführt, das am 26. 2. gewonnen wurde. Wenig später wurden die Angriffsgruppen, vor allem die vorpreschenden Panzerspitzen, von Feindflugzeugen angegriffen, sechs Panzer wurden dabei vernichtet, drei weitere beschädigt. Damit erlahmte auch hier der Schwung, und als am Abend dieses Tages die 5. US-PD des XIII. US-Korps in die linke Flanke des LIII. PzK hineinstieß, mußte GenLt. Bayerlein sein Korps zurücknehmen und Kapellen aufgeben. Der Kampf konzentrierte sich auf den Raum Schiefbahn, nur wenige Kilometer nordostwärts Mönchengladbach.

Unmittelbar vor der PLD gelangte ein Regiment der 5. US-PD nach Schiefbahn hinein. Es war nur noch eine Frage von Stunden, bis die gesamte 5. US-PD in der Stadt saß und den nachfolgenden Verbänden den Weg freihielt.

Da die Regimenter 901 und 902 der PLD durch diese Bewegungen der 5. US-PD in Gefahr gerieten, abgeschnitten zu werden, befahl GenMaj. Niemack einen Gegenangriff auf Schiefbahn. Gelang es, hier die US-Panzerspitze zu stoppen, waren die Panzergrenadiere gerettet.

Zwei Kampfgruppen, die aus Männern beider Panzergrenadier-Regimenter zusammengestellt waren, folgten den Panzern in den Bereitstellungsraum. In der einen Gruppe bildete die 3./PJLehr-Abt. 130 mit einigen Panzern des PzRgt. 130 und Teilen der 1., 2. und 3./PGR 901 die Streitmacht. Vier Tiger, dem PLR 130 unterstellt, rollten halbrechts vor den Panzerjägern als erste vor.

Der Nachtangriff drang durch. Wenige Minuten nach den ersten Schußwechseln war das Nachtgefecht um Schiefbahn in vollem Gange. Oblt. Wagner, Chef der 3./PJLehrAbt. 130, führte den Angriff. Die Nacht wurde von den Abschußfahnen durchloht. Panzer brannten mit dicken Qualmsäulen. Aber der Angriff blieb zunächst im Abwehrfeuer des Gegners liegen. Die Panzerjäger rollten ein Stück zurück.

Oblt. Wagner erklärte ihnen, daß sie mit zwei Panthern des PLR 130 von der Südwestflanke angreifen sollten, während die andere Gruppe von der Ostflanke kommen werde. Als das Feuer auf der Ostflanke einsetzte und schließlich auch das Gros mit den Panzergrenadieren antrat, rollten auch die Panzerjäger auf der Südwestflanke an. Wenig später tauchten vor den PzJägern von Lt. Schönrath die ersten Feindpanzer auf.

Ofw. Job, Richtschütze im Wagen von Ofw. Stolz, sah einen Panzer in der Optik auftauchen. Er schoß ihn ab; dann einen zweiten. Der Zug Lt. Schönrath schoß vier weitere Panzer ab.

»Weiter vorrollen!« befahl Lt. Schönrath.

Alle Panzerjäger schossen. Lt. Schönrath ließ sie in der Mitte der Ortschaft eindrehen. Sie erreichten den Marktplatz, sahen in der Drehung einen Feindpanzer aus einer Nebenstraße auftauchen, drei,vier weitere folgten ihm. Fw. Dückert, der Leutnant und Ofw. Stolz schossen nun gleichzeitig auf anrollende Feindpanzer. Die dreimal kurz nacheinander aufbrüllenden Treffer und Flammenlanzen zeigten, daß sie getroffen hatten.

Panzergrenadiere tauchten im Flackerlicht der Brände auf. Sie stürmten auf die Häuser jenseits des Marktplatzes zu, wichen dann vor MG-Feuer aus den Kellern dieser Häuser zur Seite aus.

»In die Keller halten«, rief Lt. Schönrath über Sprechfunk. Die Panzerjäger schossen Sprenggranaten in die Keller. Das MG-Feuer verstummte. Am Ende des Marktplatzes sahen sie sich einem neuen Panzerpulk gegenüber, der aus Westen anrollte. Das Gefecht flackerte erneut auf. Fünf weitere Panzer wurden abgeschossen.

Die Panzergrenadiere säuberten die Ortschaft vom Gegner. Ein Stoßtrupp holte aus einem Keller 40 Amis heraus.

Aber auch die PzJägAbt. 130 hatte schwere Verluste erlitten. Vom Zug Lt. Schönrath waren nur noch drei Panzerjäger übriggeblieben.

Am Abend des 3. 3. 1945 nahm der linke Flügel der 9. US-Armee nördlich von Venlo Verbindung mit der 1. kan. Armee auf. Damit waren die noch westlich des Rheins stehenden deutschen Divisionen (insgesamt 15) in die Zange geraten. Um ein Haar wäre es den Spitzengruppen der 5. US-PD — als deutsche Panzer getarnt — gelungen, bei Oberkassel über die Rheinbrücke zu kommen. Sie waren 12 km weit durch deutsche Stellungen, entlang an deutschen Verbänden, nach Osten gefahren und wurden im Büchsenlicht des jungen Tages plötzlich als Feindpanzer erkannt. Als die Spitzenpanzer die Oberkasseler Brücke erreichten, flog diese mit Donnergetöse in den Fluß.

Eine zweite US-Kampfgruppe, die versuchte, bei Uerdingen über den Rhein zu kommen, erreichte sogar die Brücke. Neun US-Panzer rollten bereits mitten darauf, als sie gesprengt wurde. Die Feindpanzer stürzten in den Fluß. Der Vorstoß der 9. US-Armee war gestoppt.

Während noch das OKW die drei deutschen Divisionen aus dem Kampfraum Uedem–Keppeln herauszog, unter ihnen auch wie dargestellt die PLD, bereitete sich das XXX. brit. Korps bereits zum Stoß auf den Rhein vor.

Der Angriff des XXX. brit. Korps, Horrocks, begann am 22. 2. 1945. 500 Panzer griffen an, um jenes Gebiet in die Hand zu bekommen, das für den Gewinn des Rheinufers als Aufmarschbasis dienen sollte. Vor diesem mächtigen Panzerkeil lagen keine nennenswerten deutschen Panzerverbände. Dennoch verlief dieser Angriff nicht so glatt, wie es sich die Briten gedacht hatten. Das FJR 7 und eine Handvoll Sturmgeschütze der Fallschirm-Sturmgeschütz-Abt. 12 hielten diesem Ansturm stand und wichen nur schrittweise zurück, bis sie schließlich im Raume Weeze, Uedem und Uedemer Bruch stehenblieben. Auf dem Hügel von Keppeln hockten sie und wiesen feindliche Angriffe ab.

Hier griffen Feindpanzer des XXX. Korps am Morgen des 26. 2. noch einmal massiert an, nachdem sie Uedem und Keppeln in ihren Besitz gebracht hatten. Aber auch diese Panzerarmada wurde aufgehalten. Bei Tageslicht griffen 200 Lancaster-Bomber den Hügel an. Danach wurden Nebelgranaten geschossen, und erneut fuhren die übriggebliebenen Feindpanzer zum Angriff vor. Mit einigen wenigen Pak und Panzerfäusten wurde auch dieser Angriff abgewiesen.

Erst am Morgen des 27. 2. mußten sich die Fallschirmjäger vom Hügel von Keppeln absetzen, weil die von Süden anrollenden Teile der 9. US-Armee sie hätten abschneiden können. Sie zogen sich nach Kervenheim und, als an diesem Tage auch Kalkar fiel, weiter nach Sonsbeck–Menzelen in Generalrichtung Wesel zurück.

Die wenigen Sturmgeschütze der 7. FJD deckten den Rückzug. Sie erreichten am 1. 3. den Raum Kevelaer. Beim Kloppermannshof gelang es Lt. Heinz Deutsch, zwei Churchill-Panzer im Gefecht abzuschießen. Auch seine beiden Zuggeschütze erzielten Abschüsse. Abermals war die feindliche Panzerspitze gestoppt, und am 2. 3. rollten alle verfügbaren Sturmgeschütze noch einmal zu einem Entlastungsstoß des schon überrollten Fallschirmjägerverbandes in den Raum Kevelaer vor. Lt. Deutsch schoß abermals zwei Sherman und einen Churchill ab.

Über Wetten zogen sich die Sturmgeschütze in Richtung Kapellen zurück. Der Gegner fühlte vorsichtig nach. Er hatte vor diesen

Sturmgeschützen mit ihren durchschlagskräftigen Kanonen einen großen Respekt gewonnen.

Bis zum 4. 3. 1945 dauerten die Kämpfe im Raume Kapellen. Immer wieder stießen die drei Geschütze des Zuges Deutsch aus ihren Verstecken vor, schossen einige der sich vortastenden Feindpanzer ab und verschwanden wieder.

Die ersten Einheiten und Verbände des LIII. PzK erreichten in den ersten Märztagen den Rhein. GenLt. Bayerlein, dessen Korps den Brückenkopf auf dem westlichen Rheinufer gegenüber Wesel hielt, bekam am 1. 3. einen Befehl vom OKW, daß kein einziger Stabsoffizier ohne besonderen Befehl den Rhein überschreiten dürfe. Die dauernde Anwesenheit höherer und höchster Offiziere bei der Truppe sollte ihre Widerstandskraft stärken. Korpsgefechtsstand des LIII. PzK war Rheinfeld. Am 3. 3. wurde er bereits von herangekommenen US-Panzern beschossen und ausgeräuchert. Die Offiziere und Soldaten wurden bis an den Rhein gedrückt. Erst am Morgen des 4. 3. erhielt GenLt. Bayerlein Genehmigung, mit seinem Stab den Rhein zu überschreiten.

Aus Schiefbahn nach Norden weichend, leisteten die Panzer und Panzerjäger der PLD im Zusammenwirken mit den Panzergrenadieren dem XXX. brit. AK heftigen Widerstand. Bei Veen kam es zu einer der letzten Panzerschlachten. Die wenigen deutschen Panzer standen einer erdrückenden feindlichen Übermacht gegenüber. Dennoch wurde das XXX. brit. Korps, unter schweren eigenen Verlusten, gehalten.

Überschwere US-Panzer rollten gegen die Panzerjäger der PLD. Bei Rheinberg, dem südlichen Eckpfeiler des Brückenkopfes Wesel, standen die Panzerjäger im Abwehrkampf. Sie sicherten das Abfließen der PLD über den Rhein und rollten schließlich, nach Abschuß von drei Feindpanzern, als letzte auf die Rheinfähre.

Die Fallschirmjäger der 7. FJD, die Xanten verteidigt hatten, mußten am 8. 3. die Siegfriedstadt verlassen. Sie erhielten um 19.00 Uhr dieses Tages Befehl, den Brückenkopf Wesel aufzugeben. Die Sturmgeschütze hatten hier ein weiteres Mal den ungestüm nachdrängenden Gegner gehalten. Bei Alpen wurden am 6. 3. mehrere Feindpanzer abgeschossen, und als am frühen Morgen des 9. 3., nachdem das Gros der Fallschirmjäger den Rhein passiert hatte, ein feindlicher Panzervorstoß gegen die Nachhuten erfolgte, wurde beim Haus Loo von dem Geschütz des Lt. Deutsch ein vorgeprellter Sherman abgeschossen. Danach setzten sich auch die Sturmgeschütze als letzte ab und rollten auf die Fähre, die sie über den Rhein brachte.

Bei Büderich nahe Wesel setzten dann am frühen Morgen des 10. 3. die letzten Fallschirmjäger über den Rhein.

Die Amerikaner im Angriff

Als der linke Flügel der 9. US-Armee mit dem XVI. Korps unter General Anderson Roermond und Venlo angriff und am 1. 3. das XIII. US-Korps Reydt und Mönchengladbach in Besitz nahm und der Rhein am 2. 3. vom XIX. US-Korps bei Neuß erreicht wurde, wäre den Amerikanern fast die geplante Einschließungsbewegung gelungen. Doch die 1. FJArmee, die nach Sprengung der Maasbrücken den Rückzug angetreten und am 1. 3. Roermond und Venlo aufgegeben hatte, ohne sich darin zu verbeißen, verschaffte sich mit dieser Taktik und den nachfolgenden Verzögerungsgefechten bei Rheinberg, Sonsbeck und Xanten jene Zeit, die notwendig war, um das Gros über den Rhein zu schaffen.

Nicht weniger als neun Rheinbrücken lagen im Befehlsbereich der 1. FschJägArmee, für alle war General Schlemm verantwortlich.

»Wenn ich auch nur eine in die Hand der Alliierten fallen lassen würde, konnte eine Katastrophe eintreten«, sagte General Schlemm nach dem Kriege. »Das einfachste wäre natürlich eine Sprengung der Brücken gewesen. Dies war jedoch nicht möglich, da noch eine große Menge Material, Vieh und andere Güter über den Fluß geborgen werden sollten.

Für jede dieser Brücken ernannte ich einen Pionier-Offizier, als Kommandanten, der die Sprengung vorbereitete und mit mir über Sprechfunk in Verbindung blieb. Trotzdem ging die Sache nicht glatt. Von Süden her strömten Restverbände der 15. Armee in den Brückenkopf ein, die sich vielfach — unter Berufung auf Weisungen von GFM Model — meinen Befehlen widersetzten.

Als ich am 3. 3. früh durch Funkspruch die Sprengung der Straßenbrücke bei Homberg befahl, versuchte ein Oberst aus dem

Bereich der 15. Armee, den Brückenkommandanten an der Sprengung zu hindern. Erst als ich ihm persönlich die Erschießung androhte, konnte die Sprengung durchgeführt werden. Den übrigen Brückenkommandanten führte ich nun starke Feldgendarmeriekommandos zu und erreichte damit, daß alle Brücken zur richtigen Zeit zerstört wurden.«

Am 2. 3. griffen die Amerikaner von Neuß auf Krefeld an. Sie zermürbten den Westbrückenkopf durch stundenlanges Trommelfeuer und Luftangriffe. Der Vorschlag von General Schlemm, die total abgekämpften Verbände auf das Ostufer zurückzunehmen, wurde von der HGr. abgelehnt. Erst als GenOberst von Blaskowitz sich persönlich davon überzeugt hatte, daß die rückwärtigen Dienste der 15. Armee und der 1. FJArmee sich selbst behinderten, erteilte er die Genehmigung zur Zurücknahme dieser Verbände auf das Ostufer des Flusses.

Am 6. 3., als es den englischen Stoßgruppen gelang, die Beobachtungsstelle der 1. FJArmee auf dem Bönninghardt zu erobern und der Brückenkopf gegenüber Wesel auf eine Breite von 15 und eine Tiefe von 12 km zusammengeschrumpft war, vereinigten sich gegenüber Wesel die 35. US-Div. des XVI. Korps mit der 52. brit. ID. Zwischen Köln und Emmerich war das Westufer des Rheins auf einer Breite von 130 km in alliierter Hand.

Damit war der erste Teil des Dreiphasenplanes gelungen. Die Schwenkbewegung der 9. US-Armee hatte die 15. deutsche Armee aus ihren Stellungen zurückgedrückt, wodurch sich auf dem rechten Flügel der HGr. B eine breite Lücke geöffnet hatte. Durch diese Lücke gelangten US-Truppen in den Rücken der HGr., und GFM Model verfügte nicht mehr über genügend Reserven, um die Linie Köln–Düren zu besetzen.

Das III. US-Korps, General Hodges, erreichte am 4. 3. Zülpich. Das V. US-Korps umfuhr den Wald von Gemünd nach Norden, erkämpfte Übergangsstellen über die Erft und gewann südlich Euskirchen die Ebene von Köln. Am 6. 3. rollten die 3. US-PD, GenMaj. Rose, und die 104. US-ID, GenMaj. Terry, durch das brennende Köln. Alle Brücken waren zerstört. Die 1. US-Armee wandte sich nach Süden und Südosten, um General Pattons 3. Armee entgegenzustoßen. Dieser hatte mit seiner 3. Armee soeben den Widerstand der 5. deutschen PzArmee, nunmehr von GenOberst Harpe geführt, überwunden. Sein VIII. Korps, General

Middleton, überschritt die Ur und gewann Prüm. Das in der Mitte vorpreschende XII. Korps, GenLt. Eddy, ging zwischen Echternach und Wallendorf über die Sauer und rollte auf Bitburg zu. Im Dreieck zwischen Saar und Mosel kämpfte das XX. US-Korps das Gelände frei. Saarburg wurde in Besitz genommen, und die 10. US-PD griff Trier an, das am 1. 3. dieser Division zufiel.

Von Trier bis Bitburg war damit der linke Flügel der deutschen HGr. B aufgespalten. Patton setzte nunmehr die 4. PD, GenMaj. Gaffey, nach Nordosten an. Sie erreichte am Abend des 5. 3. Daun und stand zwei Tage später bei Andernach am Rhein.

Die an der Spitze des VIII. US-Korps vorrollende 11. PD, GenMaj. Holmes, stellte am 11. 3. dicht nördlich Brohl die Verbindung zur 1. US-Armee her.

Damit hatten beide US-Armeen die wichtigsten Straßen in Richtung Rhein von Bonn bis Koblenz in ihren Besitz gebracht und zwangen die 5. PzArmee, auf Nebenstraßen über die Eifel auszuweichen. Das LXXIV. AK der 15. Armee, das auf dem rechten Flügel marschierte, erlitt starke Verluste, ebenso das LII. AK, GendPzTr. von Rothkirch und Trach, der mit seinem Stab in Gefangenschaft geriet. Die 18. VGD, 5. FJD und die 89. ID gerieten größtenteils ebenfalls in Gefangenschaft.

Was aber das wichtigste war, ein Ereignis, das man auf der US-Seite niemals zu erhoffen gewagt hätte, war eingetreten. Die US-Truppen gewannen eine Rheinbrücke im Handstreich.

Der Brückenkopf Remagen

Das VII. US-Korps, GenLt. Collins, das den nördlichen Flügel der 1. US-Armee bildete, hatte am 5. 3. 1945 Köln erreicht. Dort war keine Brücke mehr intakt, über welche die Divisionen hätten übersetzen können. Alle Rheinbrücken lagen im Strom, und so mußte sich das Korps damit begnügen, bis zum 7. 3. ganz Köln in Besitz zu nehmen.

Zur gleichen Zeit stießen das III. und V. US-Korps nach Süden und Südosten rheinaufwärts vor, um die in der Eifel stehenden deutschen Verbände aus der Flanke anzugreifen, während die 3. US-Armee diesen Frontabschnitt frontal angriff.

Die 9. US-PD, GenMaj. Leonard, erhielt am 7. 3. den Auftrag, die Ahr bei Ahrweiler und Sinzig im Angriff zu überwinden und sich danach mit der 4. PD der 3. US-Armee zu vereinigen. Die Kampfgruppe unter Oberstleutnant Engemans, die als Spitze der KGr. B, BrigGen. Hoge, durch Remagen rollte, sichtete von einer Höhe aus die Ludendorff-Brücke und meldete, daß sie unversehrt sei. Hoge gab Engemans den Befehl, die Brücke zu nehmen und damit einen unversehrten Rheinübergang zu gewinnen.

Unter dem Feuerschutz eines Zuges von Pershing-Panzern, geführt von Lt. Timmermann, rollten die Sturmgruppen über die Brücke, und kurz vor 16.00 Uhr dieses Tages setzte als erster US-Soldat Sergeant Alex Drabik den Fuß auf das rechte Rheinufer. Pioniere sprangen von den Wagen und gingen daran, die Zünd-kabel zu durchschneiden. Eine kleine Sprengladung detonierte, aber die Hauptsprengung versagte.

Von den Höhen jenseits des Flusses feuerte eine deutsche Flak-batterie. Pionierleutnant Hugh B. Mott und seine drei Pioniere leisteten ganze Arbeit. Timmermann und Lt. Burrows, welche die Brücke überquert hatten, erweiterten mit ihren Panzergrenadieren den Brückenkopf. General Hodges, OB der 1. US-Armee, rief sofort nach der Meldung über Gewinnung dieses Brückenkopfes das US-Hauptquartier in Namur an und gab die Einnahme der Brücke und die Errichtung eines Brückenkopfes bekannt.

»Donnerwetter, Courteney!« rief Omar N. Bradley begeistert, »das haut aber hin! Wir werfen so bald wie möglich alles hinterher, was wir haben.«

Dann wandte sich Bradley wieder Brigadegeneral Bull zu, der aus dem Stabe Eisenhowers kam und soeben mit ihm Besprechun-gen über die Zuführung und Unterstellung einiger Divisionen für den Angriff der 7. Armee im Saargebiet geführt hatte.

»So, Pink«, sagte Bradley, und Schadenfreude schwang in seiner Stimme mit, »da schwimmen Ihre Felle weg. Nun kann ich keine einzige Division für Devers' Angriff im Saargebiet freigeben.«

»Aber das paßt doch gar nicht in unseren Plan. Sie können doch nicht einfach die Divisionen irgendwohin nach Remagen schik-ken.«

»Nun«, meinte Bradley gelassen, »ich werde jetzt Ike anrufen, und dann wissen wir es genau.«

Die Verbindung mit dem Stabsquartier in Reims kam rasch zustande. General Eisenhower, der gerade mit den Korps- und Div-Kdeuren der US-Luftlandetruppen beim Abendessen saß, wurde ins Besprechungszimmer gerufen. Über dieses denkwürdige Gespräch notierte General Eisenhower in seinem Werk »Kreuzzug in Europa«:

»Ich traute meinen Ohren kaum. Wir beide (Bradley und Eisenhower) hatten oft darüber gesprochen, daß so etwas unter Umständen möglich sein könnte, ohne uns jedoch trügerischen Hoffnungen hinzugeben. Ich brüllte fast in das Telefon hinein:

›Was haben Sie bei der Hand, was können Sie hinüberschicken?‹

Bradley sagte: ›Ich habe über vier Divisionen, aber ich wollte Sie erst vorher anrufen, ob es im Sinne Ihrer Pläne ist, wenn ich sie hinüberschicke.‹

Ich antwortete: ›Hören Sie zu, Brad, wir hatten ja eigentlich damit gerechnet, daß viele Divisionen bei Köln festgenagelt sein würden. Nun sind diese aber frei. Bringen Sie also schnellstens mindestens fünf Divisionen hinüber und außerdem alles, was noch notwendig ist, damit wir auf alle Fälle halten können.‹

Aus Bradleys Antwort konnte ich deutlich heraushören, wie sehr er sich freute: ›Genau das wollte ich tun, aber wir haben uns dann gefragt, ob sich das mit den Plänen vereinbaren ließe. Das wollte ich nur geklärt haben.‹

Dies war einer der Augenblicke des Krieges, in denen ich wirklich von Herzen froh war.«

Das Debakel von Remagen schlug auf deutscher Seite wie eine Bombe ein. Zu allem Unglück lag nicht eine einzige Division in der Nähe, die im sofortigen Gegenangriff die dann noch mögliche Ausräumung des Brückenkopfes geschafft hätte. Es vergingen neun Stunden, ehe die 11. PD, die eben bei Köln über den Rhein gegangen war, um den Stoß auf Köln abzufangen, wieder zurückgenommen und in den Raum Remagen umgeleitet werden konnte.

Am nächsten Tag erhielt GFM Kesselring Weisungen, sich im FHQ zu melden. Als er nach dem Grund fragte, wurde dieser ihm bei seiner Rückfrage nicht angegeben. Gegen Mittag des 9. 3. traf er im FHQ in Berlin ein. Im Beisein von GenOberst Jodl wurde er durch GFM Keitel davon unterrichtet, daß er GFM von Rundstedt im Westen ablösen solle.

Sein Hinweis, daß er auf dem italienischen Kriegsschauplatz benötigt werde, wurde zwar anerkannt, aber Jodl meinte, daß Hitler diesen nicht akzeptieren würde.

Am Nachmittag sprach GFM Kesselring zunächst unter vier Augen mit Hitler. Dieser erklärte ihm nach Einführung in die Gesamtlage, daß der Fall von Remagen endgültig einen Wechsel in der Führung des Kriegsschauplatzes notwendig mache. GFM Kesselring berichtet über diese Passage (in: »Soldat bis zum letzten Tag«):

»Ohne von Rundstedt einen Vorwurf zu machen, begründete Hitler die Maßnahme damit, daß nur ein jüngerer, beweglicherer und im Kampf mit den Truppen der Westmächte erfahrener Führer, der das Vertrauen der Front besitze, die Lage im Westen vielleicht doch meistern könne.«

Hitler schilderte Kesselring dann die Gesamtlage, indem er betonte, daß die Entscheidung im Osten liege und daß ein dortiger Zusammenbruch das Ende und den Verlust des Krieges bedeuten werde.

»In dieser Situation«, führte Hitler aus, »handelt es sich einzig und allein darum, die Zeit zu überbrücken, bis die 12. Armee, die neuen Düsen-Jagdflugzeuge und andere neuartige Waffen in größter Zahl eingesetzt werden können. Großadmiral Dönitz wird sich außerdem bald mit neuen U-Booten bemerkbar machen und eine wesentliche Erleichterung bringen.«

Der Auftrag, den Hitler Kesselring in seiner neuen Eigenschaft als OB West gab war: »Halten!« Der GFM sollte vorerst anonym führen, da sein Name noch in Italien wirken sollte.

Von Berlin fuhr der neue OB West in sein HQ nach Ziegenberg. Dort unterrichtete ihn der Chef des GenStabes, GendKav. Westphal (Kesselrings früherer Chef des Generalstabes in Italien), über die Lage.

Es zeigte sich, daß den 55 deutschen Divisionen im Westen, von denen die überwiegende Zahl angeschlagen war, 85 Divisionen der Westalliierten gegenüberstanden. Der OB West hatte seit dem Losbrechen der sowjetischen Winteroffensive 10 Panzer-, 6 Infanterie-Divisionen, 10 Artilleriekorps und 8 Werfer-Brigaden an die Ostfront abgeben müssen.

In einem Abendgespräch mit dem OKW sagte Kesselring, daß die Lage im Westen, aus der Nähe gesehen, doch wesentlich ernster sei, als man sie ihm im FHQ geschildert habe. Seine Anträge müßten daher im weitestgehenden Maße erfüllt werden.

Am Vormittag des 11. 3. war GFM Kesselring bei der HGr. B, GFM Model. Auf dem GefStand des LIII. PzK ließen sich Model und Kesselring von GendInf. von Zangen, dem OB der 15. Armee, einen Lagebericht geben. Danach standen nunmehr 2 US-ID und eine PD der Amerikaner auf dem Ostufer im Brückenkopf Remagen. Es wurden Maßnahmen zur Abschnürung und Vernichtung des Brückenkopfes erörtert.

Am Spätnachmittag dieses 11. 3. befand sich GFM Kesselring auf dem GefStand der 1. FJArmee. Hier besprach er mit dem OB der HGr. H, GenOberst von Blaskowitz, und GendFschTr. Schlemm die Lage.

Am 13. 3. sprach GFM Kesselring noch mit dem OB der HGr. G, deren 7. Armee rechts und 1. Armee links in der Abwehr des Gegners in der Rheinpfalz standen. Danach hatte der neue OB West einen Überblick über die Gesamtlage gewonnen, nachdem mehrere Ferngespräche mit der 25. Armee, GendInf. Blumentritt, im Raume Holland zeigten, daß dort keine Gefahr drohte.

Der Gegenangriff auf den Brückenkopf Remagen wurde durch einen Besuch von GFM Model im Korpsgefechtsstand des LIII. PzK, GenLt. Bayerlein, am Morgen des 9. 3. eingeleitet. Model kam gleich zum Hauptpunkt seines Erscheinens:

»Bayerlein, Ihr Korps ist auf den Brückenkopf von Remagen angesetzt. Ich gebe Ihnen 24 Stunden Zeit, die PLD sowie die 9. und 11. PD zu versammeln und zum Angriff aufzustellen. Am 10. März muß dieser Angriff rollen.«

GenLt. Bayerlein wollte einen Angriff mit allen drei Divisionen gleichzeitig führen, um die nötige Durchschlagskraft zu erzielen. Doch Hitler hatte Befehl gegeben, sofort und mit jedem verfügbaren Verband anzugreifen. Das zersplitterte die Stoßkraft und ließ die Vernichtung des Brückenkopfes fehlschlagen. Es kam zu kleineren Gefechten, doch der Großangriff auf den Remagener Brückenkopf, der allein Aussicht auf Erfolg hatte, fand nicht statt.

Großkampfartillerie mußte nunmehr die Brücke beschießen. Aber auch der Artillerie gelang es nicht, sie zu zerstören. Erst den laufenden Luftangriffen glückte ein Erfolg. Am 17. 3. wurde ein Pfeiler von einer Bombe auseinandergerissen. Die Brücke von Remagen stürzte in den Fluß.

Bis zu diesem Tage aber hatte sich der US-Brückenkopf bis zur Reichsautobahn nach Wullscheid ausgedehnt. Honnef war am 11. 3. in amerikanische Hand gefallen. Im Schutze dieses nunmehr riesigen Brückenkopfes war es US-Pionieren gelungen, eine 300 m lange Treadway-Pontonbrücke über den Rhein zu schlagen.

Pattons Weg zum Rhein

Nach dem Einzug der 3. US-Armee unter General Patton in Trier am 3. 3. 1945 und der Bildung von zwei Brückenköpfen über die Kyll mit Verbänden des XII. AK ließ Patton zwei Panzerkeile zum Vorstoß nach Nordwesten antreten. Und zwar das VIII. US-Korps mit den I-Divisionen 65, 87 und 89 und das XII. US-Korps mit den I-Divisionen 26 und 71 sowie der 11. PD. Beide Keile stürmten gegen die 7. deutsche Armee, die zwischen Koblenz und Trier ausweichen mußte, um am Rhein eine neue Abwehrfront zu errichten, damit der Rücken der südlich von ihr noch stehenden 1. Armee gedeckt blieb.

Am 9. 3. erreichte das VIII. US-Korps bei Andernach den Rhein. Zehn Tage später vereinigten sich diese beiden Korps von Pattons 3. Armee mit dem Südflügel der 1. US-Armee.

Nur Resten der 5. Panzerarmee gelang es noch, über den Rhein zu entkommen. Der Rhein war von Emmerich im Norden bis hinunter nach Koblenz in alliierter Hand. Nur noch die 1. deutsche Armee stand auf dem Westufer des Flusses. Ihre Nordflanke war von den Angriffen der 3. US-Armee aufgerissen und nur notdürftig von der 7. Armee wieder geflickt worden.

Die Vernichtung der deutschen Truppen im Saargebiet einschließlich der westlich des Rheins stehenden 1. deutschen Armee sollte in der dritten Operationsphase stattfinden. General Eisenhower setzte dazu von Süden die 7. US-Armee ein, die durch drei soeben aus den USA gekommene Divisionen auf insgesamt 15 Divisionen aufgestockt worden war. Der Angriff begann am 15. 3. 1945. Die 1. deutsche Armee ging in den Westwall hinter Bitsch und Hagenau zurück. Aber zwischen Saarbrücken und Zweibrücken gelang den Amerikanern ein tiefer Einbruch in den Westwall.

Zur gleichen Zeit trat die 3. US-Armee aus dem Raum Trier nach

Süden und Südwesten an, um die deutsche Saarverteidigung zwischen Merzig und Saarbrücken im Rücken zu fassen und abzuschneiden. Pattons Panzerkeile erreichten Ludwigshafen. Die 7. US-Armee stieß über die Straße Pirmasens–Landau nach Norden vor.

Über die beiden einzigen Rheinübergänge bei Germersheim und Karlsruhe marschierten und fuhren die Reste der beiden deutschen Armeen über den Rhein. Am 25. 3. wurde auch der letzte Brückenkopf genommen. Auf der gesamten Länge Deutschlands standen die alliierten Truppen nunmehr am Rhein. General Patton hatte außerdem bereits am 23. 3. bei Oppenheim seine 5. PD über den Rhein setzen lassen. Er rief sofort General Bradley an und meldete diesem:

»Brad, die Welt soll wissen, daß es die 3. Armee geschafft hat, noch bevor Monty zum Übergang angetreten ist.«

General der Infanterie Foertsch, seit dem 21. 3. OB der 1. Armee, erhielt am 23. 3. von GFM Kesselring Weisung, die noch gehaltenen Brückenköpfe Speyer, Germersheim und Maxau zu räumen. Diesen Auftrag führte er bis zum 25. 3. durch.

In der Nacht zum 30. 3. übernahm GendInf. Obstfelder die Führung der 7. Armee, der die Aufgabe zufiel, den Vorstoß der 3. US-Armee nach Mitteldeutschland zu verhindern. Zu diesem Zeitpunkt stand die 7. Armee vorwärts Hersfeld bis Fulda im und am Spessart. Die 1. Armee wurde am 30. 3. auf die Linie Miltenberg–Eberbach–Heidelberg zurückgenommen.

Der Sturmangriff über den Rhein

Bei Remagen hatten die 9. und 11. PD, die PLD und die 3. PGD sowie die 340. VGD zwar einige örtliche Erfolge erzielt und bis zum 20. 3. den Gegner gehalten, dann aber gelang es starken Feindkräften, die deutsche Front aufzureißen. Die Schlacht um die Reichsgrenze war verloren.

Nunmehr sollte bei Wesel der Sturmangriff der 21. brit. HGr. über den Rhein beginnen. Feldmarschall Montgomery standen dazu 25 Divisionen zur Verfügung, die in der 2. brit. Armee, der ihm unterstellten 9. US-Armee und ferner im II. kan. Korps und im XVIII. LL-Korps standen. Von diesen 25 Großverbänden waren acht Panzerverbände und zwei Luftlandeverbände.

In und um Wesel hatte deutscherseits die 1. FJ-Armee zwischen Duisburg und Emmerich auf 70 km Breite ihre sieben Divisionen eingesetzt. Als Reserve hinter dem rechten Flügel der Armee stand noch das XXXXVII. PzK mit der 15. PGD und der 116. PD. Von Südosten nach Nordwesten stand die 1. FJ-Armee mit der 2. FJD, der 190., 180. (in Wesel), 84. und 466. ID und der 7. und 6. FJD in den Abwehrstellungen bereit.

Am 21. 3. begann auf einer Frontbreite von 115 km das Artilleriefeuer der britischen Geschütze, die vorwiegend Nebelgranaten schossen. 48 Stunden hielt dieses Feuer an. Der dichte künstliche Nebel verhinderte jede Sicht, so daß alle britischen Verbände unbemerkt in Stellung gehen konnten.

Als sich am 23. 3. um 17.00 Uhr der Nebel verzog, eröffneten alle alliierten Geschütze im Angriffsbereich das Trommelfeuer, das bis zum 24. 3. gegen 09.45 Uhr andauerte. Nur eine kleine Pause trat ein, als alliierte Späh- und Stoßtrupps über den Fluß setzten. Insgesamt schossen 3480 Geschütze auf einer Frontbreite von 44 km. Während diese »creeping barrage« niederging, eröffnete die Luftarmada der Alliierten ihren Einsatz mit einem Bombenangriff auf Wesel, das schon seit Mitte Februar fast dem Erdboden gleichgemacht war. Um 21.10 Uhr flogen noch einmal 10 US-Bomber Wesel an. Jeder von ihnen trug eine einzige Bombe, die ein Gewicht von über 10 Tonnen hatte.

Genau um 20.30 Uhr kletterten bei Mehr und Haffen die Divisionen »Gordon Highlanders« in ihre »Buffalos«. Zu jeweils 40 Mann sprangen sie in eines der Boote, während der Rhein im künstlichen Nebel verschwand. Die Boote rollten auf Raupenketten durch die in die Deiche gestochenen Durchfahrten, schwammen auf und tuckerten zum anderen Rheinufer hinüber.

Zuerst war es die 1. Commando-Brigade, die um 20.59 Uhr das Ostufer des Flusses erreichte. Sie erhielt nur schwaches MG-Feuer. Das 7. Batl. stieß zwischen Reeserward und Grietherbusch durch. Eine Stunde darauf begann das Übersetzen auch bei Wesel. Der erste britische Stoßtrupp erreichte in einem Schlauchboot um 22.15 Uhr das Ostufer unterhalb der Badeanstalt von Wesel.

Südlich davon, im Raume Dinslaken, gingen die Kampfgruppen der 9. US-Armee von Emmelsum bis Voerde über den Fluß. Damit waren die Amerikaner 2 km weiter südlich als vorgesehen über den Rhein gesetzt. Von Stromkilometer 798 bis 842 waren schließlich die Übersetzfahrten im Gange.

Bei Rees gelang es Männern der 8. deutschen FJD, den Gegner aufzuhalten. Die Schotten, die zwischen Reeser Eyland und dem Nordpfeiler der Landungen beim Hause Pottdeckel einen Brückenkopf errichteten, konnten diesen zwar halten, aber nicht erweitern.

Die zwei Regimenter, die Wesel gegenüber über den Fluß setzten, drangen bis Mitternacht ins Stadtzentrum ein. Der Kampfkommandant von Wesel, GenMaj. Deutsch, dem ganze 650 Mann zur Verfügung standen, verteidigte vom Haus Galland aus die Stadt. Hier fielen einer nach dem anderen die Verteidiger im Feuer der Angreifer. Flammpanzer setzten die Häuser der Umgebung in Brand. Als der Rest den Kampf einstellte, stürmte GenMaj. Deutsch mit seiner MP durch die Flutgrafenstraße dem Gegner entgegen und lieferte sich mit ihm ein Feuergefecht, bei dem er schwer verwundet wurde. Zwei Stunden später starb er.

Leutnant O'Coole, der das erlebte, sagte: »Ich habe niemals vorher einen General gesehen, der uns als Einzelkämpfer gegenübergestanden hätte.«

Am Samstagmorgen, um 02.00 Uhr des 24. 3. 1945, war Wesel in der Hand der Alliierten. Um 09.00 Uhr stellten bei Emmelsum–Friedrichsfeld britische Truppen die Verbindung zu Truppen der 9. US-Armee her. Es war der 21. Armeegruppe zwischen Voerde und Rees beinahe mühelos gelungen, den Rhein zu überwinden und auf dessen Ostufer in Stellung zu gehen.

Dies aber war erst der Anfang. Pünktlich um 10.00 Uhr begann an diesem kriegsentscheidenden Samstag die Operation »Varsity« — die Luftlandeunternehmungen zum Sprung über den Rhein. Es war 09.45 Uhr, als eine gewaltige Luftflotte das Zielgebiet nördlich von Wesel erreichte.

Auf deutscher Seite hatte man bereits verwundert zur Kenntnis genommen, daß die vom OKH vorausgesagten alliierten Luftlandungen ausgeblieben waren. Dann aber tauchten plötzlich über dem Gefechtsfeld 1572 Transportflugzeuge und 1326 Lastensegler des 9. US-Transportkommandos, GenMaj. Williams, und der Transportgeschwader 38 und 46 der RAF auf. 889 Jagdflugzeuge übernahmen die Luftsicherung über deutschem Gebiet, 2153 Jäger und Jabos schirmten den Absprungraum ab.

Aus den Transportflugzeugen sprangen Soldaten der 6. brit. LL-Div. unter GenMaj. Bols und der 17. US-LL-Div. unter GenMaj. Miley im Raum Hamminkeln, keine 10 km vom Rhein entfernt, teilweise noch in die deutschen Artilleriestellungen hinein. Ein Regiment der 17. LL-Division landete im Raume Dinslaken, ostwärts der Reichsstraße 8. Ziel dieser Luftlandungen war es, den gewonnenen Brückenkopf der Infanterie weiter nach Osten auszuweiten.

In 416 der Segler befanden sich Geschütze, Munition und schweres Gerät. Von diesen gingen nur 88 heil und unbeschädigt nieder. Zum ersten Male in der Kriegsgeschichte wurde die Curtiss-C 46 Commando für den Absprung von Fallschirmjägern eingesetzt. Sie faßte 36 FschJäger in voller Ausrüstung.

Von einem hochgelegenen Ort westlich des Rheins beobachteten Eisenhower, Churchill und Feldmarschall Brooke durch Scherenfernrohre diese Landungen, und Churchill war so beeindruckt, daß er sich an Eisenhower wandte und begeistert ausrief:

»Mein lieber General, die Deutschen sind geschlagen. Jetzt haben wir sie, jetzt sind sie fertig!«

Gegen Mittag des 24. 3., als General Eisenhower zu Omar N. Bradleys HQ fuhr und der britische Premierminister allein zurückblieb, überredete Churchill einen der Befehlshaber, ihn in einem Landungsboot über den Rhein zu fahren. So stand wenig später Winston Churchill auf dem Ostufer des Rheins, um symbolisch die deutsche Niederlage zu vollziehen.

Als sich der Abend des 24. 3. 1945 niedersenkte, war ein Brückenkopf der Engländer von 48 km Breite entstanden. Die am rechten Flügel angreifende 9. US-Armee hatte Dinslaken genommen, während die 3. brit. ID auf dem linken Flügel um Rees kämpfte. Der Brückenkopf war 10 km tief ins Land vorgetrieben worden. Nun gingen US-Pioniere an den Brückenschlag, und am Abend des 26. 3. standen GenLt. Simpsons Truppen sieben Brücken zur Verfügung.

Den zerschlagenen deutschen Divisionen, der 88. und 466. sowie der 6. und 7. FJD, ferner dem XXXXVII. PzK der 1. FJ-Armee, standen sechs InfDiv. der 2. brit. Armee zwischen Wesel und Rees, die beiden LL-Div. und die Panzer der 79. PD (es waren Crocodile-Flammpanzer und Mörser-Panzer mit den Bezeichnungen AVRE und Petard) gegenüber.

Oben: Infanteristen der 1. US-Armee rollen auf einem Panzer nach Deutschland hinein.
Unten: Am 2. März 1945 erobern die Norfolks der 3. britischen Infanterie-Division Kervenheim bei Kevelaer.

Oben: Alliierte Fall-
schirmjäger landen am
Morgen des 24. März
1945 ostwärts des Rheins.
Die Waffen werden
in Stellung gebracht.
Links: Kameraden retten
einen Verwundeten.

Rechts: Siegfried H. Benz, 17 Jahre alt, hört hier vor einem Militärgericht sein Todesurteil. Er war Werwolf-Mitglied.

Oben: *Britische Soldaten haben Kleve erobert.*
Unten: *US-Infanterie geht über eine verminte Straße in Hilfarth an der Roer vor.*

Der Vorstoß ging weiter. Am 27. 3. erreichten die schnellen Verbände der 9. US-Armee bei Dorsten die Lippe. Aus den Brückenköpfen an der Ijssel heraus, die von den Luftlandeverbänden der 6. und 17. LL-Div. gebildet worden waren, stießen britische Truppen nach Norden und Nordosten vor. Bis zum 28. 3. hatten sich sechs Panzer-Divisionen an die Spitzen gesetzt. Die 8. PD, GenMaj. Devine, erreichte den Raum südlich Haltern. Die brit. Garde-PD rollte in Richtung Münster, und auf der linken Flanke, in der Nähe der holländischen Grenze, wurde um Mitternacht des 28. 3. Borken von der 7. brit. PD genommen. Die 53. brit. ID und die 4. PzBrig. eroberten Bocholt, die 51. ID Ijsselburg, während die 3. kan. ID vor Emmerich stand. Der Durchbruch war gelungen.

Die 2. FJD war nach dem Sprung der Alliierten über den Rhein sofort aus ihrem Auffrischungsraum Duisburg–Mülheim–Kaiserswerth nach Norden geworfen worden, um den Vorstoß der US-Truppen zwischen Lippe und Rhein-Herne-Kanal zu stoppen. Es kam jedoch nicht mehr zum geschlossenen Einsatz der Division. Bei Holten–Sterkrade kämpften Teile des FJR 7. Das FJR 23 kam von Mülheim–Saarn und das FJR 2 aus Düsseldorf und Duisburg. Am 30. 3. fiel Emmerich und am nächsten Tag Elten. Am Ostersonntag, dem 1. 4. 1945, übernahm das FJR 2 die Verteidigung von Gelsenkirchen. Die Fallschirmjäger bezogen am Rhein-Herne-Kanal Stellungen. Hier sollte das Regiment über eine Woche bleiben.

Eine Woche nach dem Rheinübergang hatte die 21. brit. Armeegruppe bereits 20 Divisionen mit 1500 Panzern ostwärts des Flusses. Die 1. FJ-Armee hatte vor dem übermächtigen Druck schrittweise zurückweichen müssen. Nur der rechte Flügel der deutschen Verteidigung, bei der 25. Armee in Holland, hielt noch.

Ein politisches Intermezzo:
Die USA-Militärmission und das Telegramm SCAF 252

Am Mittwoch, dem 28. 3. 1945, schickte General Eisenhower ein Telegramm nach Moskau an GenMaj. Deane, den Chef der sich dort im Augenblick aufhaltenden US-Militärmission. Dieses Telegramm mit der Codebezeichnung »SCAF 252« enthielt eine Botschaft Eisenhowers an Marschall Stalin. Deane wurde angewiesen, es nur Stalin persönlich zu übergeben.

GenMaj. Deane setzte sich sofort mit dem Chef der britischen Militärmission, Admiral Archer, in Verbindung. Beide beschlossen, diese Botschaft dem sowjetischen Regierungschef während jener Besprechung vorzulegen, zu der sie und die Botschafter ihrer Länder am kommenden Tag eingeladen waren.

Es war nicht das erstemal, daß sich Eisenhower direkt an Marschall Stalin wandte. Er hatte Vollmacht, mit den Sowjets direkt zu verhandeln, sofern es sich um die Koordinierung des gemeinsamen Vorgehens an der Ost- und Westfront handelte. Er brauchte dazu nicht einmal den gemeinsamen US-Generalstab über seine Schritte zu unterrichten.

Obgleich für Eisenhowers britischen Stellvertreter, Air Chief Marshal Tedder, eine Kopie dieser Botschaft angefertigt wurde, erhielt Tedder dieselbe nie ausgehändigt. In diesem Telegramm teilte Eisenhower Stalin mit, daß die Operationen im Westen in eine Stadium getreten seien, in dem es »im Interesse eines baldigen Erfolges« von größter Wichtigkeit sei, die sowjetischen Pläne in Erfahrung zu bringen.

Eisenhowers Hauptvorschlag bestand in einer Einkesselung des Ruhrgebietes und der Vernichtung der dort stehenden deutschen Truppen bis Ende April. Erst danach sollte der Vorstoß nach Osten durch das Reich bis zu einem US-sowjetischen Treffpunkt fortgesetzt werden. Für die Vereinigung mit den Streitkräften der Roten Armee nannte Eisenhower die Linie Erfurt–Leipzig–Dresden. Er wolle, so verlautbarte er in dieser Botschaft, seine Hauptkräfte in dieser Richtung ansetzen.

Ein zweiter Vorstoß mit dem Ziel einer Vereinigung mit den in Österreich kämpfenden Truppen der Roten Armee sollte aus dem Raum Regensburg–Linz unternommen und mit diesem Nebenangriff der letzte deutsche Widerstand in Süddeutschland gebrochen werden. Eisenhower beendete seine lange Botschaft mit den Worten:

»Bevor ich eine feste Entscheidung treffe, halte ich es für äußerst wichtig, mich mit Ihnen über den Zeitpunkt und die Stoßrichtung unserer Operationen abzustimmen. Könnten Sie mir Ihre Absichten mitteilen und mich informieren, wieweit meine Vorschläge mit den von Ihnen vorgesehenen Aktionen übereinstimmen?

50

Wenn wir ohne Verzögerung die Vernichtung der deutschen Armeen zu Ende führen wollen, betrachte ich es als unbedingt erforderlich, unsere Aktionen zu koordinieren und eine gute Verbindung zwischen unseren Streitkräften herzustellen.«

Unmittelbar nachdem diese Nachricht Stalin überreicht worden war, ließ Eisenhower erklärende Funksprüche an General Montgomery und General Marshall absetzen. Den US-Generalstabschef unterrichtete er darüber, daß er sich mit Stalin in Verbindung gesetzt habe, um die Frage der Vereinigung der Truppen zu besprechen.

General Montgomery, dem OB der 21. HGr., aber teilte er mit, daß ihm nach der Vereinigung mit der 12. Armeegruppe von General Bradley die ihm bis dahin unterstellte 9. US-Armee wieder entzogen und Bradley zugeführt werden würde. Dieser Funkspruch endete mit dem Bemerken:

»Bradley wird für die Säuberung des Ruhrgebietes verantwortlich sein, ferner möglichst unverzüglich seinen Hauptstoß auf die Linie Erfurt–Leipzig–Dresden durchführen und die Verbindung mit den Russen herstellen.«

Montgomery erhielt Weisungen, in Richtung Elbe vorzustoßen. Hier würde ihm dann — vielleicht — die 9. US-Armee taktisch wieder unterstellt werden, um ihm den Übergang über den Fluß zu erleichtern.

In allen drei Botschaften hatte General Eisenhower mit *keinem* Wort von jener Stadt gesprochen, die er vorher als »Hauptpreis des Angriffs auf Deutschland« bezeichnet hatte: Berlin. Bereits im September 1944 hatte Feldmarschall Montgomery auf einen starken und schnellen Vorstoß durch Norddeutschland mit dem Ziel Berlin gedrängt, und Eisenhower hatte wörtlich geantwortet:

»Klar, Berlin ist das Hauptziel!«

Nach dem Übergang über den Rhein in der Nacht zum 24. 3. 1945 hatte Montgomery dieses Ziel und sein Verlangen, durch Norddeutschland direkt darauf zuzustoßen, noch einmal bekräftigt. Dabei wurde er von Churchill unterstützt, der »das Gefühl hatte, daß politische Erwägungen nunmehr die militärische Strategie beeinflussen sollten, da der Krieg in Europa zu Ende« gehe. Der britische Kriegspremier schrieb am 1. 4. 1945, als er Kenntnis von Eisenhowers Brief an Stalin hatte, an Präsident Roosevelt:

»Wenn die Russen auch Berlin nehmen, wird dann nicht ihre

Meinung dahin gehen, daß sie den überwiegenden Teil zu unserem gemeinsamen Sieg beigetragen haben und sich diese Vorstellung ganz ungerechtfertigterweise bei ihnen festsetzen? Und wird sie dies nicht in die Stimmung versetzen, welche zu beträchtlichen Schwierigkeiten führen wird? Wir sollten in Deutschland so weit wie möglich nach Osten marschieren und sollten Berlin in Besitz nehmen, wenn dies in unserem Zugriff liegen sollte.«

Der britische Kriegspremier war von Eisenhowers Mitteilung um so überraschter, als ihm noch am 27. 3. Feldmarschall Montgomery genau das Gegenteil gesagt hatte:

»Ich werde mit meinen Truppen zur Elbe und dann über die Autobahn nach Berlin vorstoßen!«

Feldmarschall Brooke, Chef des brit. GenStabes, der durch Montgomery von der Entwicklung der Lage verständigt wurde, daß nicht die 21. brit. Armeegruppe, sondern die 12. Armeegruppe im Mittelabschnitt den entscheidenden Vorstoß nach Osten unternehmen würde, schickte eine Protestnote nach Washington. Damit war der Notenkrieg um »SCAF 252« entbrannt. In der harten Auseinandersetzung mit dem britischen Verbündeten vertrat General Eisenhower nunmehr die Auffassung, daß militärische Ziele an erster Stelle zu stehen hätten und daß Berlin nicht länger wichtig sei, weil die deutsche Wehrmacht sich nicht um diese Stadt konzentriere. Er schrieb unter anderem an Montgomery:

»Berlin ist nichts anderes mehr als ein geographischer Begriff. Ich bin nie an solchen interessiert gewesen. Meine Absicht ist, die Streitkräfte des Feindes zu vernichten und seine Widerstandskraft zu zerstören.«

Trotz allem Hin und Her sprach der US-Generalstab Eisenhower am 31. 3. sein vollstes Vertrauen aus. Er wurde ermächtigt, auch weiterhin, wenn er dies für notwendig erachtete, mit dem sowjetischen Oberkommando und mit Marschall Stalin selbst zu verhandeln. Der US-Generalstab war sich einig:

»Das einzige Ziel ist der baldige, völlige Sieg!«

In Reims ließ Eisenhower sofort ein neues Telegramm an General Deane senden, mit dem Befehl, die Planungsdetails nicht an Marschall Stalin weiterzureichen, denn dies war das einzige Veto, das der US-Generalstab eingelegt hatte: »Die Einzelheiten der SHAEF-Planung dürfen den Russen nicht übergeben werden.« Am selben Tag richtete General Eisenhower eine Proklamation an das deutsche Volk, in der er alle deutschen Soldaten aufforderte, sich zu ergeben.

Am 31. 3. empfing in Moskau Marschall Stalin den britischen und amerikanischen Botschafter und die beiden Chefs der Militärmissionen Englands und der USA, GenMaj. Deane und Admiral Archer. General Deane übergab die Botschaft Eisenhowers. Stalin billigte den darin gemachten Vorschlag. Einmal, so meinte er, weil dadurch Deutschland in zwei Hälften geteilt werde. Zum anderen weil auch er der Meinung sei, daß der letzte deutsche Widerstand in der Tschechoslowakei und in Bayern erfolgen werde. Auf seine eigenen Pläne angesprochen, antwortete Stalin, daß er zuerst mit seinem Stab darüber beraten müsse. Er sagte eine Antwort auf die Botschaft Eisenhowers binnen 24 Stunden zu.

Als die vier westalliierten Vertreter den Kreml verlassen hatten, ließ Stalin sofort eine Verbindung zu seinen Marschällen Konjew und Schukow herstellen. Er befahl ihnen, unverzüglich auf dem Luftwege nach Moskau zu kommen. Den Termin für die »äußerst wichtige Besprechung« setzte er auf den 1. 4. 1945 fest.

Moskaus Pläne zum Sturmangriff auf Berlin

Am 1. 4. 1945 trafen die Marschälle der Sowjetunion Schukow und Konjew, die mit ihren Heeresgruppen in der Winteroffensive am weitesten vorangekommen waren, nacheinander in Moskau ein. Gegen 17.00 Uhr betrat Schukow den Kreml. Wenige Minuten später erschien auch Konjew.

Im zweiten Stock des dreistöckigen Gebäudes, in dem der Kremlchef residierte, verließen sie den Lift und gingen in Stalins Büro. Schukow, klein und untersetzt, hatte bereits als junger Dragoner unter dem Zaren gedient. Konjew, groß und breitschultrig, mit blauen Augen, hatte eines mit seinem Marschallkollegen gemeinsam: die dreifache Auszeichnung eines Helden der Sowjetunion. Das war, neben der Tatsache, daß auch er seine militärische Karriere unter dem Zaren begonnen hatte, das einzige, was die beiden gemeinsam hatten.

Im Konferenzzimmer trafen sie neben subalternen Dienstgraden auch Außenminister Molotow, den Chef der sowjetischen Geheimpolizei, Berija, den Sekretär des Zentralkomitees, Malenkow, und das Mitglied des Verteidigungsrates Mikojan sowie den stellvertretenden Verteidigungsminister Bulganin.

Vom sowjetischen Oberkommando waren General Antonow, Chef des Generalstabs der Roten Armee, und General Schtemenko, Chef der Führungsabteilung des Generalstabs, anwesend.

Stalin kam, als alle versammelt waren. Die einzige Auszeichnung, die er trug, war jene eines Helden der Sowjetunion. Nachdem die Fragen nach den Ereignissen an der Front abgehandelt waren, kam Stalin zum Zweck dieser Sitzung:

»Die kleinen Verbündeten haben die Absicht, *vor* der Roten Armee Berlin zu erreichen.«

Schon dieser erste Satz zeigte, wie gründlich Stalin Eisenhower mißtraute. Allerdings erwähnte er Eisenhowers Telegramm nicht, sondern ließ durch den Chef der Führungsabteilung einen Bericht verlesen, in dem zum Ausdruck kam, daß Eisenhowers Operationen den Anschein erweckten, der Roten Armee zu dienen, daß aber in Wahrheit das Hauptziel der »kleinen Verbündeten« die Eroberung von Berlin sei. Um dies zu untermauern, wurde bekanntgegeben, daß sich zwei Luftlandedivisionen der Westalliierten zum Absprung über Berlin vorbereiteten. So alarmierend diese Nachricht auch schien, der Plan war zwar durchgesprochen und in Erwägung gezogen, aber wieder fallengelassen worden.

Marschall Konjew erhielt als erster das Wort, und er sprach das aus, was Stalin hören wollte: »Wir werden Berlin erobern! — Vor den Engländern und vor den Amerikanern!«

Beide Marschälle wollten mit *ihrer* Heeresgruppe diesen Auftrag haben, aber geschickt wich Stalin einer direkten Entscheidung aus, indem er ihnen Befehl gab, in Moskau zu bleiben und binnen 48 Stunden in Zusammenarbeit mit dem Generalstab einen Angriffsplan auszuarbeiten. Er sagte zum Schluß, daß ganz besonders der Zeitplan interessiere, *wann* sie zum Großangriff auf Berlin bereit seien.

An diesem 1. 4. 1945 erwiderte Stalin auch die Botschaft Eisenhowers und stellte ins Zentrum seiner Antwort den Satz:

»Ihr Plan, durch Vereinigung mit den sowjetischen Streitkräften die deutschen Truppen zu teilen, entspricht völlig dem Plan des sowjetischen Oberkommandos.« Über den Beginn seiner eigenen

Offensive sagte er bewußt die Unwahrheit und sprach davon, daß sie in der zweiten Maihälfte beginnen werde. Und um das Maß der Täuschung seiner Alliierten voll zu machen, schloß er seine Botschaft mit den Worten:

»Berlin hat seine frühere strategische Bedeutung verloren. Die Stadt ist so unwichtig geworden, daß das sowjetische Oberkommando zum Angriff auf Berlin nur Truppen der zweiten Linie einzusetzen beabsichtigt.«

Möglicherweise glaubte Eisenhower dem Kremlchef; nicht so Churchill, der eine Durchschrift dieses Stalin-Briefes am 2. 4. erhielt. Er telegrafierte noch am selben Tag an Eisenhower:

»Die Wichtigkeit des Einmarsches in Berlin, der für uns leicht zu bewerkstelligen sein mag, scheint mir jetzt nur noch um so größer, angesichts der Ihnen aus Moskau erteilten Antwort, in der es heißt, ›Berlin hat seine frühere strategische Bedeutung verloren‹. Das muß im Sinne der von mir erwähnten politischen Gesichtspunkte gelesen werden.«

Churchill hielt es nach wie vor für entscheidend wichtig, daß die *westlichen* Verbündeten den Sowjets so weit wie möglich nach Osten entgegenmarschierten.

Am 3. 4. 1945 legten die Marschälle Schukow und Konjew Marschall Stalin ihre Offensivpläne vor.

Marschall Schukow plante mit seiner 1. Belorussischen Front aus dem 44 km breiten Oderbrückenkopf anzutreten. Sechs Armeen, darunter zwei Panzerarmeen, sollten im vordersten Treffen stehen. Insgesamt würden 681 000 Mann antreten; 11 000 Geschütze sollten den Angriff mit einem einstündigen Trommelfeuer einleiten. Er war der Überzeugung, die 100 km Distanz bis Berlin in einem Zuge durchrollen zu können.

Marschall Konjew, dessen Spitzenverbände noch 120 km vom Ziel entfernt standen, trug die Absicht vor, mit seinen auf der rechten Flanke massierten Panzerverbänden die deutsche Front zu durchbrechen und dann nach Nordwesten auf Berlin einzudrehen. Sieben Armeen standen ihm für diese Offensive zur Verfügung. Darunter waren ebenfalls zwei Panzerarmeen. Nur, daß die Gesamtzahl seiner Streitkräfte mit 511 700 Mann um 170 000 Mann geringer war als jene seines Gegenspielers.

Er forderte zum Beginn des Angriffs ein massiertes Trommel-

feuer mit 250 Rohren je Kilometer Frontlänge. Um seine zahlen-
mäßige Untcrlegenheit gegenüber Schukow auszugleichen, stellte
Stalin ihm die 28. und 31. Armee zur Verfügung, die zwar noch im
Baltikum lagen, aber dort infolge der Frontverkürzung herausgezogen werden konnten.

Stalin entschied, daß Schukow Berlin erobern, während Konjew
die deutschen Truppen südlich Berlin vernichten sollte.

Die 2. Belorussische Front unter Marschall Rokossowski würde,
nach Norden bis zur Ostseeküste anschließend, nicht am Angriff
auf Berlin teilnehmen, sondern nach Überwindung der deutschen
Truppen in Ostpreußen durch Norddeutschland nach Westen
vorstoßen, um »so weit wie möglich im Westen« mit der 21. Armeegruppe Montgomerys Verbindung aufzunehmen. Dazu standen Rokossowski 314 000 Mann zur Verfügung. Dreizehn Sowjet-
Armeen waren also aufgeboten, diese letzte Schlacht zu schlagen,
an deren Ende die Eroberung von Berlin stehen sollte.

Der amerikanische Großangriff

Gleichzeitig mit der 21. Armeegruppe hatte General Eisenhower
unter Ausnutzung der beiden Brückenköpfe Remagen und Oppenheim die 3. und 7. US-Armee zum Durchbruch über den Rhein
zwischen Mannheim und Mainz angesetzt. Südlich daran anschließend sollte bei Speyer die 1. franz. Armee über den Rhein gehen,
während die 1. US-Armee aus dem Brückenkopf Remagen antreten
würde.

Erstes angepeiltes Ziel dieses Großangriffs war die Gewinnung
eines Gesamtbrückenkopfes ostwärts des Rheins von der Neckar-
mündung bei Heidelberg bis zur Sieg. Dieser Brückenkopf sollte in
der Tiefe bis Hanau und Gießen–Siegen ausgeweitet werden.

Unabhängig von diesen Operationen war die 3. US-Armee unter
General Patton bereits aus dem Oppenheimer Brückenkopf vorgestoßen und hatte am 24. 3. Darmstadt erreicht. Am 25. 3. erreichten ihre Panzerspitzen Aschaffenburg, wo ihnen die Main-
brücken unversehrt in die Hände fielen.

Am 26. 3. erzwang die 7. US-Armee bei Worms den Rheinübergang und stellte, weiter in nördlicher Richtung vorstoßend, bei

Darmstadt die Verbindung mit der 3. US-Armee her. Damit war der Brückenkopf bis Mannheim erweitert.

Die aus dem Brückenkopf Remagen angetretene 1. US-Armee jedoch war nach der Abwehr der deutschen Gegenangriffe in heftige Kämpfe mit der 5. PzArmee verwickelt worden, die zum Schutz des Ruhrgebietes entlang den Ufern der Sieg und der Wied bis in den Raum Siegen hinein eine Verteidigungslinie bezogen hatte, in welcher der amerikanische Angriff gestoppt werden sollte.

Der nach Südosten gerichtete Vorstoß der 1. US-Armee traf auf geringen Widerstand und erreichte bei Limburg die Lahn und rollte über Gießen nach Marburg vor. In dieser Situation zeichnete sich bereits eine Einschließung der HGr. B mit der 15. Armee und der 5. PzArmee ab.

Am 31. 3. 1945 richtete General Eisenhower, der alliierte Oberkommandierende in Europa, einen Aufruf an das deutsche Volk, den Widerstand einzustellen und sich zu ergeben.

Die HGr. B verfügte noch über 21 Divisionen. Es waren in der 5. PzArmee die 176., 183. und 338. ID, die dem XII. SS-AK unterstanden, die 59. ID des LXXXI. AK, ferner unter dem Generalkommando des LVIII. PzK die 12. VGD und die 353. ID.

In der 15. Armee mit dem LIII. PzK, in dem die 3. FJD, 62. und 363. ID, die PLD, die 11. PD und die 3. PGD vereinigt waren, und dem LXXIV. AK mit der 9. PD und der 340. ID sowie dem LXVII. AK mit der 18., 26., 69., 167., 272. und 326. ID und der 5. FJD standen insgesamt 16 Divisionen, von denen allerdings die 11. PD am 24. 3. der HGr. G im Raum Frankfurt unterstellt worden war.

Die 3. US-Armee, seit dem 25. 3. in Darmstadt, hatte sich von dort nach Norden gewandt und rollte über eine unzerstörte Mainbrücke zwischen Frankfurt und Hanau vor, erreichte mit der 4., 6. und 11. US-PD das Fuldatal und kurz darauf Kassel. Die 1. US-Armee sicherte diesen Vorstoß gegen einen möglichen deutschen Flankenstoß aus dem Harz heraus. Am 28. 3. war Frankfurt fest in der Hand des VIII. US-Korps.

Auf der anderen Flanke hatte dieses Korps südostwärts von Koblenz über Rüsselsheim und Wiesbaden hinaus Verbindung mit dem rechten Flügel von General Hodges' Truppen aufgenommen. Die auf dem ostwärtigen Rheinufer zwischen Lahn und Main stehenden deutschen Kräfte wurden dadurch abgeschnitten und aufgerieben. Nun standen sechs US-Panzer-Divisionen mit 1500 Kampfwagen zum Stoß in die Tiefe des deutschen Raumes frei. Ihnen folgten etwa 20 Infanterie-Divisionen.

Die deutsche Front wurde länger und länger, ohne daß die Kräfte mitwuchsen. Bis Ende März hatten die Westalliierten 39 mot. Divisionen und 15 Panzer-Divisionen nach Deutschland hineingeführt.

Während die 3. US-Armee die Fulda überschritt und auf die Werra zumarschierte, waren die Truppen der 1. US-Armee bei Marburg und Gießen zur Edertalsperre vorgedrungen. Hodges' 9. PD eroberte Warburg, 40 km nordwestlich Kassel. Die vor dem linken Flügel der 1. US-Armee vorrollende 3. PD erreichte Lippstadt und Paderborn. Als die ersten Panzer am 1. 4. 1945 nach Paderborn hineinrollten, konnten jene Panzer, die bis zur Lippe vorgedrungen waren, auf dem linken Ufer des Flusses bereits die Spitzenpanzer der 8. US-PD des XIX. US-Korps, GenLt. Simpson, sehen.

Im Norden der HGr. B wurde der linke Flügel der 1. Fallschirmjäger-Armee durch den raschen Vorstoß der Truppen Montgomerys in Richtung Münster auf die HGr. B zurückgeworfen. Es waren die 180. und 190. ID sowie die 116. PD des XXXXVII. PzK und das LXIII. AK mit der 2. FJD und der Division »Hamburg«.

Damit befanden sich nunmehr in dem soeben sich bildenden Kessel sieben Armeekorps mit noch 19 Divisionen. Dieser Kessel erhielt von Hitler die Bezeichnung »Ruhrfestung«.

General Bradley gab nun seiner neuen 15. Armee Befehle, mit den 18 Divisionen ihrer fünf Korps (die durch Abgaben der 1. und 9. Armee auf diese Stärke gebracht worden war) den Angriff auf den Ruhrkessel zu eröffnen. Geführt von GenLt. Gerow, wurde der Ruhrkessel angegriffen. Aus Norden über die Ruhr setzend und aus Osten über die Höhen des Sauerlandes rollend sowie aus Süden über die Sieg kommend, griffen die US-Truppen an. Sie gewannen am 9. 4. 1945 Essen und Bochum und hatten bis zum 12. 4. das gesamte Ruhrgebiet in ihren Besitz gebracht. Am 14. 4. wurde der Ruhrkessel von Norden nach Süden in zwei Teile aufgespalten, und am 17. 4. kam das Ende. GenOberst Harpe mußte sich mit 29 Generälen und 325 000 Mann den Amerikanern ergeben.

Aber noch bevor der Ruhrkessel ausgeräumt werden konnte, stießen die 1. und 3. US-Armee zwischen Main und Lippe durch eine 250 km breit aufklaffende Lücke nach Osten weiter. Die 9. US-Armee, die Bradley am 4. 4. wieder unterstellt worden war, folgte nach. Diese US-Armeen drangen ohne Widerstand zu finden in Richtung Berlin vor. Am 10. 4. stießen Truppen der 9. US-Armee bei der Einnahme von Hannover auf die aus Norden und Nordwesten in diese Stadt eindringenden Truppen der 2. britischen Armee. Am 11. 4. erreichte die 2. US-PD Braunschweig und stand 30 Stunden später, nach einem Marsch von 75 km, an der Elbe. Der Versuch, die Elbe im ersten Ansturm zu überschreiten und Magdeburg zu erobern, scheiterte. Diese Stadt fiel erst am 18. 4. 1945.

Die 83. US-ID bildete oberhalb von Magdeburg auf dem Ostufer der Elbe am 13. 4. bei Barby einen Brückenkopf.

General Hodges, der die Weser bei Münden überwunden hatte, erreichte am 8. 4. Göttingen und stieß am selben Tag noch über die große Straße Nordhausen–Eisleben durch Thüringen. Das VII. und VIII. US-Korps drangen in die sächsische Ebene ein. Die 6. US-PD erreichte im Vorstoß nach Norden Dessau. GenLt. Middleton errichtete bei Wittenberg einen Brückenkopf über die Elbe, die 104. US-PD, GenMaj. Allen, nahm Halle in Besitz, nachdem sie vier Tage darum gekämpft hatte. Am selben Tag fiel Leipzig durch einen Umfassungsangriff der 3. und 9. US-PD.

In Leipzig trat jene Abmachung, die vorher durch das SHAEF und Marschall Stalin abgeschlossen worden war, in Kraft. Die 1. US-Armee wurde an der Mulde angehalten. Erst am 26. 4. nahm GenMaj. Reinhardt mit den Spitzengruppen seiner 69. US-ID bei Torgau an der Elbe mit den Truppen der 5. Gardearmee unter GenOberst Shadow Verbindung auf.

Inzwischen hatte Pattons 3. Armee, aus dem Raum Werra und Fulda nach Osten drehend, in rascher Verfolgungsjagd durch den Thüringer Wald über Mülhausen, das am 5. 4. erreicht wurde, Naumburg, Jena und Saalfeld erreicht. Seine 9. PD wirkte bei der Einnahme von Leipzig mit. Über Chemnitz hinaus stießen diese Divisionen weiter vor. Das Gros der Armee hatte bereits mit den mittleren und den Streitkräften des rechten Flügels Plauen und Coburg erreicht und leitete eine weite Umfassung des Gegners nach Südosten und Süden ein. Da zur gleichen Zeit die 7. US-Armee unter GenLt. Devers über Nürnberg nach München vorstieß, bildete sich ein neuer großer Einschließungsring.

»Monty« stößt durch

Feldmarschall Montgomery, der mit dem Auftrag zum Sturmangriff über den Rhein angetreten war, im Zuge seiner Operationen die Niederlande zu befreien und die in Nordwestdeutschland stehenden deutschen Truppen zu vernichten, hatte nach seinem Durchbruch bei Lippstadt und der Bildung der linken Flanke des Ruhrkessels mit 18 Divisionen, unter ihnen 6 Panzer-Divisionen, den Angriff aufgenommen.

Sein Gegenspieler war GFM Busch, der im Norden und Nordwesten Deutschlands die HGr. Nordwest führte.

Nachdem Münster gefallen war, stürmten drei Kampfgruppen der 2. brit. Armee, von starken Panzerverbänden angeführt, unter GenLt. Dempsey in Richtung Lüneburg, Hamburg und Bremen vorwärts. Die Spitzengruppen wurden durch die 11. PD (auf dem rechten Flügel, in Richtung Lüneburg), in der Mitte durch die 7. PD (die »Wüstenratten« des Afrika-Feldzuges, in Richtung Hamburg) und durch die Garde-Panzer-Div. auf der Straße nach Bremen angesetzt.

Bei Minden wurde von der 11. brit. PD die Weser überwunden. Die 15. ID erreichte am 19. 4. Uelzen, und am selben Tage stand die 11. PD bei Lauenburg am Ufer der Elbe, während die 7. PD die Elbe bei Nienburg überschritten hatte und bei Soltau angelangt war.

Am 22. 4. wurde Feldmarschall Montgomery, der zur Ostsee und bis hinauf nach Jütland vorstoßen sollte, das XVIII. LL-Korps der Amerikaner zur Verfügung gestellt. Am 29. 4. stießen die ersten britischen Truppen über die Elbe vor. Lübeck ergab sich am 2. 5. kampflos.

Das XII. US-Korps, das auf Hamburg angesetzt war, ging über den Brückenkopf Lüneburg über die Elbe und rollte an deren Ostufer entlang auf Hamburg zu.

Generalmajor Alwin Wolz hatte am 15. 4. 1945 als Kampfkommandant den Oberbefehl in Hamburg übernommen. Er hatte von Hitler Befehl erhalten, die Verteidigung Hamburgs bis zum letzten Mann zu führen.

Dem Kampfkommandanten Hamburg unterstand neben einigen Flak-Einheiten auch ein Panzervernichtungs-Batl., das sich aus U-Boot-Männern unter Führung von KKpt. Peter Erich Cremer zusammensetzte und zur Verteidigung der Hansestadt angetreten war. Es galt, Hamburg so lange wie möglich zu halten, um die letzte nach Osten gehende Wasserstraße für die Flüchtlinge und Verwundeten aus dem Osten offen zu halten.

Großadmiral Dönitz, der am 1. 5. 1945 nach Hitlers Tod in Deutschland die Führung übernahm, hatte dazu folgende Überlegungen angestellt.

»Eine vorzeitige selbständige Kapitulation Hamburgs (wie sie der Gauleiter von Hamburg, Kaufmann, seit Mitte April im Alleingang anstrebte) würde auch Schleswig-Holstein sofort in die Hand der Westalliierten bringen. Und mit Schleswig-Holstein würden ihnen auch alle Kriegsmarinehäfen sowie die für die Rückführung der Flüchtlinge noch offenen Häfen der Handelsschiffahrt zufallen. Die militärische Organisation der Kriegsmarine für die Seetransportaufgaben würde von der englischen Besatzungsmacht aufgehoben, die Marinesoldaten zu Gefangenen gemacht und den Flüchtlingstransporten dadurch ein Ende bereitet werden.«

Dies zwang Großadmiral Dönitz dazu, das Fernschreiben von Gauleiter Kaufmann, das ihn am 30. 4. erreichte und aus dem dessen Übergabeabsichten hervorgingen, mit einem glatten Nein zu beantworten. Seine Hauptbegründung, die er Kaufmann für die Weigerung, Hamburg vorzeitig zu übergeben, gab, lautete:

»Wird der Elbe-Trave-Kanal jetzt durch die Engländer versperrt, geben wir sieben Millionen Deutsche der russischen Willkür preis. Es ist daher unumgänglich notwendig, die Elbestellung mit äußerster Zähigkeit gegen den Westen zu verteidigen . . .

Durch rückhaltlose Unterstützung vorstehender Kampfaufgaben können Sie und die Stadt Hamburg den besten Beitrag zum Schicksalskampf unseres Volkes leisten.«

Aus diesen Gründen ließ GA Dönitz auch GenMaj. Wolz das PzVernBatl. Cremer zuführen. Hinzu kamen Polizei- und Luftwaffeneinheiten, die General Wolz in mehreren geschickten Stoßtruppunternehmungen einsetzte. Im Gebiet südwestlich Hamburg zeichnete sich das Batl. unter Führung von Peter-Erich Cremer besonders aus. Es vernichtete vom 18. bis 20. 4. 24 Panzer und gepanzerte Fahrzeuge. Der Bericht des Oberkommandos der Wehrmacht vom 25. 4. erwähnte diesen Einsatz mit den Worten:
»Ergänzend zum Wehrmachtsbericht wird gemeldet: Ein von KKpt. Cremer geführter Panzervernichtungstrupp der Kriegsmarine, zusammengestellt aus Freiwilligen eines U-Boot-Stützpunktes, vernichtete innerhalb weniger Tage 24 Panzer und gepanzerte Fahrzeuge.«

Der Gegner stellte in diesem Raum seine Angriffe auf Hamburg ein. Dadurch blieb die Hansestadt von einem unmittelbaren Angriff verschont. Als die Entwicklung der Lage dies erlaubte, fuhr GenMaj. Wolz — von GA Dönitz nunmehr dazu ermächtigt — am frühen Morgen des 3. 5. 1945 zur 7. PD, GenMaj. Lyne, gegen die er auch in Afrika als Regimentskommandeur und Kampfgruppenführer gekämpft hatte. Er leitete dort die Übergabe der Stadt ein und verhinderte deren Vernichtung in einem direkten Angriff, der unmittelbar bevorstand.

Die Angriffe der Kanadier

Die Weisungen von Feldmarschall Montgomery an General Crerar, OB der 1. kan. Armee, lauteten: »Im Zusammenwirken mit dem XXX. Korps zwischen der Weser und der Zuidersee vorgehen und die Vernichtung der dort stehenden deutschen Truppen vollziehen. Sodann Befreiung Hollands von den letzten deutschen Truppen.«

Das II. kan. AK gewann am 6. 4. Almeloo und Zuthpen zurück. Im Laufe der Nacht zum 7. 4. sprangen in diesem Bereich bei Assen und Meppel die französischen FJ-Regimenter 2 und 3 ab und hielten den Kanadiern die Übergänge über den Oranje-Kanal frei. Deventer, Groningen und Leuwaarden fielen zwischen dem 10. und 16. 4. 1945.

Starken Widerstand aber fanden jene kanadischen Verbände, die gegen die Truppen des II. FschKorps unter GenLt. Straube antraten, der den Gegner am Elbe-Hunte-Kanal abfing und ihm starke Verluste beibrachte. Erst nach Verstärkungen durch die 1. poln. PD und die 5. kan. PD sowie die 3. brit. ID gelang es GenLt. Simonds, am 3. 5. Oldenburg in Besitz zu nehmen. Als am nächsten Tag der Kampf im Nordraum eingestellt wurde, hatten die polnischen Panzer gerade Jever erreicht, die 5. kan. PD stand bei Aurich und die 3. brit. ID bei Delfzijl, Emden gegenüber.

Das zur Befreiung von Westholland eingesetzte I. kan. AK, GenLt. Foulkes, befreite am 14. 4. Arnheim, während die 1. ID Appeldoorn gewann. Noch verteidigten sich die deutschen Kräfte im Hollandschen Diep, und als GenLt. Foulkes versuchte, auf Amersfort und Utrecht vorzupreschen, um diese Verteidigungsstellung zu umfassen, ließ man auf deutscher Seite nach Befehl von GenOberst von Blaskowitz, dem OB der HGr. H, den Deich der Zuidersee auf einer Breite von 100 m sprengen. Die Überflutung des Geländes hinderte die Kanadier am weiteren Vorgehen.

Die Kampfhandlungen waren damit an dieser Stelle in der alten »Festung Holland« beendet. GenLt. Crerar und GenOberst von Blaskowitz unterschrieben eine Art von Waffenstillstand, so daß die Front in Holland vom 28. 4. bis zum 5. 5. 1945 auf der Linie Nijkerk–Amersfoort–Wageningen stillstand.

Ohne daß die deutsche Flak eingegriffen hätte, konnten hier Bomber der RAF und der USAAF große Vorräte an Lebensmitteln für die niederländische Bevölkerung abwerfen. Medikamente kamen hinzu.

Doch nun zu den deutschen Abwehrkämpfen der letzten Wochen im Westen des Reiches.

Die totale Niederlage im Westen

Der Endkampf im Ruhrkessel

Nachdem sich im Raume Lippstadt am 1. 4. 1945 die beiden Zangenarme der US-Streitkräfte getroffen hatten und die 9. US-Armee mit der 1. US-Armee vereinigt war, hatte GFM Model beim OKW den Antrag auf rechtzeitige Räumung des sich bildenden Ruhrkessels gestellt. Sein Antrag wurde von Hitler abgelehnt. GFM Model weigerte sich allerdings kategorisch, die Industrieanlagen an der Ruhr zerstören zu lassen. Seine 15. Armee hatte bei Bocholt Anschluß an die 1. FJ-Armee.

Bereits am 29. 3. hatte GFM Model den Kommandierenden General des LIII. PzK, GenLt. Bayerlein, nach Olpe in seinen Gefechtsstand gebeten. Dort befahl er ihm, mit der PLD und Teilen der 9. PD sowie der 3. PGD und der 3. FJD, GenLt. Wilke, zur Sprengung des Ruhrkessels auf Schmallenberg vorzustoßen und von dort aus in östlicher Richtung auf Bad Wildungen, Richtung Edertalsperre, durchzubrechen.

»Mit dieser Operation wollen wir mit den südlich und südostwärts des Kessels stehenden Truppen der HGr. G Verbindung aufnehmen. Setzen Sie alles daran, diesen Auftrag zu erfüllen, Bayerlein.«

GenLt. Bayerlein sagte zu dieser denkwürdigen Besprechung:

»Es war ein Narrenhaus, in das ich geriet. Meldungen liefen ein, die ständig einander widersprachen. Ebenso einander widersprechende Befehle und Weisungen verließen den Gefechtsstand der HGr. B. Und in diesem Durcheinander mußte ich versuchen, so viele Truppen zusammenzukratzen, wie nur eben möglich war, um wenigstens einige Aussicht auf Erfolg zu haben. Ich fuhr nach Winterberg. Glücklicherweise regnete es, so daß keine Flieger in der Luft waren. Genau westlich Küstelberg stellte ich fest, daß US-Truppen bereits vor mir durch diese Ortschaft gerollt waren. Sie hatten die dort stehenden 200 Volkssturmmänner entwaffnet und nach Hause geschickt.«

Als Sturmspitze zu diesem Versuch eines letzten entscheidenden Schlages bestimmte GenLt. Bayerlein die PLD. Der letzte Angriff des Krieges im Westen in Divisionsstärke rollte. Die Panzer erreichten Hesborn und Liesen, südostwärts Winterberg. Bei Medelon, nahe Medebach, wurde der Vorstoß durch starke US-Panzerkräfte gestoppt. Der Panzerkampf entbrannte. Drei, vier, sieben und schließlich elf Feindpanzer brannten binnen weniger Minuten. Der Gegner wurde weich und wich zurück. Die Panzer der PLD stießen hinterher und erreichten Küstelberg. Auch diese Ortschaft wurde den Amerikanern entrissen.

Es schien so, als sollte der Angriff durchschlagen, als sei der Durchbruch zu schaffen. Aber als am 31. 3. das Wetter aufklarte, als die Jabos in dichten Schwärmen auf der Strecke Langenwiese–Schmallenberg angriffen und im Tiefflug alles bombten, was sich bewegte, stockte der Vorstoß. GenMaj. Niemack, der DivKdr., wurde schwer verwundet und auf Befehl von GFM Model aus dem Kessel in ein Lazarett ausgeflogen. Oberst von Hauser, Kdr. des PGR 901, übernahm die Führung der PLD.

Medebach, Rhadern und Hillershausen wurden durchrollt, Feindwiderstand zusammengeschlagen. Dann griffen Lightnings im Tiefflug an und stürzten sich auf die wenigen noch feuerbereiten Flaks der Divisionen. Westlich Alt-Astenberg wurde das verbliebene Gros der Panzer durch einen starken Luftangriff bewegungsunfähig geschlagen. Neun Panzer wurden von Raketenbombern vernichtet. Der Angriff, der letzte verzweifelte Durchbruchsversuch zum Ausbruch aus dem Ruhrkessel, war beendet.

Die 3. FJD war ebenfalls, ständig dem Gegner auf den Fersen bleibend, gut vorangekommen. Aber ab 31. 3. wurden auch ihre Sturmgruppen durch rollende Luftangriffe dezimiert, bis die Division aufgerieben war und den Angriff wie die PLD einstellen mußte. Sie wurde in mehrere Kampfgruppen aufgesplittert und zog sich von Kessel zu Kessel wieder zurück.

In der Nacht zum 2. 4. ging das gesamte LIII. PzK wieder auf Winterberg zurück. Zwei Tage später mußte Winterberg aufgegeben werden. Der KorpsGefStand wurde nach Lenneplätze verlegt. Nördlich Winterberg kam es am 5. 4. noch einmal zu Kämpfen mit US-Panzern. Die PLD verfügte am Abend dieses Tages noch über 20 Panzer und 10 Kettenfahrzeuge. Als sich GenLt. Bayerlein am 7. 4. mit dem KommGen. der Korpsgruppe,

General von Lüttwitz, traf, waren sich beide darüber einig, daß der Kampf im Ruhrkessel bald beendet sein würde. Sie beschlossen, mit ihren Truppen bei günstiger Gelegenheit dem Gegner die Kapitulation anzubieten.

Tiger-Kompanie Ernst im letzten Einsatz

Bereits am 10. 3. 1945 wurden jene Jagdpanzer des Typs Tiger der schweren Tiger-Abt. 512, die soeben im Raume Döllersheim eingeschossen wurden, auf den Brückenkopf Remagen angesetzt. Dieser Angriff schlug fehl,und nunmehr rollten sechs Jagdtiger der 1./sPz-Abt. 512 mit ihren 12,8-cm-Kanonen unter Führung von Hptm. Albert Ernst, als Nachhut den Rückzug der Truppen der 5. PzArmee deckend, zurück. Aus Distanz von 2 km, wo keine Panzerkanone des Gegners hinlangen konnte, schossen sie die nachfolgenden feindlichen Panzer ab. Es ging über Nieder- und Obernepfen nach Siegen. Hier wurde Hptm. Ernst abermals von GenOberst Harpe als Nachhut eingeteilt.

Er fuhr den Angriff mit, der das Ziel hatte, den Ruhrkessel aufzuspalten, und geriet während dieser Kämpfe zum ersten Male an amerikanische Sherman-Panzer, die allerdings genauso wie jeder andere Feindpanzer von den 12,8-cm-Kanonen der Jagdtiger zerfetzt wurden.

Nach dem Fehlschlagen dieses Angriffs wurden der Kpn. Ernst ein Zug Sturmgeschütze, einige Pz IV und ein Zug mit vier 3,7-cm-Flak-Vierlingen zugeführt und die Kpn. zur Kampfgruppe Ernst aufgestockt. Während Ernst die Führung der KGr. übernahm, führte Oblt. Rondorf die Jagdtiger-Kpn.

Über Siegen und Meinerzhagen rollte der Verband nach Lüdenscheid. Von dort ging es nach Altena weiter, wo Hptm. Ernst erfuhr, daß seine KGr. am 8. 4. mit der Bahn nach Iserlohn geschafft werden sollte. Einige der schweren 70-Tonnen-Panzer rollten über die Straße nach Iserlohn und zogen im Wald bei Bührenbruch–Ergste unter. Hier erhielt Ernst den Auftrag, Unna, das am 9. 4. gefallen war, zu entsetzen.

Über die Reichsstraße 233 fuhr die Kampfgruppe am anderen Morgen los. Dem gepanzerten Verband folgten einige Bataillone

Grenadiere und Panzergrenadiere. Als von einer Anhöhe US-Panzerkolonnen gesichtet wurden, die über die R 1 in Richtung Dortmund fuhren, und daß eine Kolonne in die R 233 eindrehte und genau auf die KGr. Ernst zurollte, ließ Hptm. Ernst seine schweren Waffen auf die Höhe mit dem Bismarckturm ziehen. Jagdtiger und Sturmgeschütze entwickelten sich auf dem Kamm in halber Hinterhangstellung in der Breite. Vier Jagdtiger und vier Sturmgeschütze standen wenig später mit Front nach Norden bereit. Die vier Dreisieben-Vierlinge wurden weiter herausgesetzt in Stellung gebracht.

Als der Gegner, querbeet rollend, nahe genug herangekommen war, eröffneten die Jagdtiger das Gefecht bereits aus 4 km Distanz und schossen die beiden an der Spitze fahrenden Sherman-Panzer ab. Dann fielen auch die Sturmgeschütze ein, als der Gegner weiterrollte. Feindpanzer und gepanzerte Mannschaftswagen blieben brennend und qualmend auf dem Felde liegen. Der US-Vorstoß wurde gestoppt. Mehr als vierzig abgeschossene gepanzerte US-Fahrzeuge wurden gezählt. Ofw. Totzek, einer der Tiger-Kommandanten, schoß allein sechs Shermans ab.

Wenig später griffen Jabos an. Die vier Dreisieben-Vierlinge eröffneten das Abwehrfeuer. Die erste Feindmaschine montierte im Feuer der sechzehn Rohre auseinander, eine zweite explodierte, und die übrigen Thunderbolts verschwanden nach Südwesten. Eine halbe Minute später aber waren sie schon wieder da. Einer der Vierlinge erhielt einen Raketenbomben-Volltreffer. Die Besatzung fiel. Die übrigen drei Vierlinge setzten den Kampf fort, und die Thunderbolts erschienen immer wieder. Eine Raketenbombe, fiel durch das Turmluk des Jagdtigers, in dem Lt. Kubelka saß. Der Tiger wurde mit der gesamten Besatzung vernichtet. Der von Hptm. Ernst geführte Tiger wurde lahmgeschossen. Als die Flakmunition aufgebraucht war, gab Hptm. Ernst den Befehl zum Absetzen.

Am nächsten Morgen erhielt er vom LIII. PzK Befehl, den Flugplatz Deilinghofen zu besetzen und ihn für weitere 24 Stunden zu halten. Im Haus Hemer richtete Ernst seinen KGrGefStand ein.

Als hier am Abend des 12. 4. die US-Truppen zögernd vorfühlten, schoß Oblt. Rondorf mit seinem Jagdtiger zwei Sherman-Panzer ab. Ofw. Heinecke erzielte ebenfalls zwei Abschüsse.

Am 13. 4. fiel Menden. Der Feind schoß nun nach Hemer hinein, und ein Stabsarzt beschwor Hptm. Ernst, den Kampf einzustellen. Albert Ernst, der keinen direkten Vorgesetzten mehr hatte, leitete in der Nähe von Haus Hemer Verhandlungen mit Major McCune, dem Adjutanten von Lieutnant-Colonel Kriz, dem Kdr. des IR 394, der 99. US-ID, ein. Die KGr. Ernst übergab Hemer und verhinderte dadurch die Vernichtung der Stadt und deren Plünderung durch die 30 000 Insassen des Stalag Hemer, die von US-Truppen wieder in das Lager zurückgedrängt wurden, als sie schon durch die Lagertore ins Freie drängten.

Die Kampfgruppe selbst zog sich über die R 7 auf Iserlohn zurück. Iserlohn brannte, US-Truppen schossen mit Artillerie in die Stadt hinein. Als US-Panzer am 15. 4. auf Iserlohn vorfühlten, wurden die Spitzenpanzer von Jagdtigern abgeschossen.

Am 16. 4. aber fuhr Hptm. Ernst, nachdem General Büchs, der in der Flakkaserne von Iserlohn saß, geflohen war und die Stadt ihrem Schicksal überlassen hatte, in Richtung Seilersee zu den Amerikanern. Noch am Vortage wollte General Büchs den Kampfgruppenführer einsperren lassen, weil Ernst ihn beschwor, die Übergabeverhandlungen einzuleiten. Nun mußte der rangniedrige Hauptmann dies tun.

Im Rathaus von Iserlohn wurde schließlich die Übergabe der Stadt durchgeführt. Auf dem Schillerplatz übergab Hptm. Ernst Oberstleutnant Kriz die Reste seiner Kampfgruppe. Der spätere Oberst Kriz schrieb dazu nach dem Kriege in einem Brief an die Stadt Iserlohn:

»Es ist schwer, Ihnen heute den unauslöschlichen Eindruck zu beschreiben und den Respekt, den ich vor Hauptmann Ernst empfand. Wir gestatteten ihm eine offizielle Übergabe. Dies war die *einzige*, die ich im Zweiten Weltkrieg mitgemacht habe. Die gesamte Kampfphase in Verbindung mit Iserlohn baut sich nach meiner Erinnerung auf diese tapfere deutsche Einheit auf.«

Der Tod eines Generalfeldmarschalls

Generalfeldmarschall Walter Model ließ am 15. und 16. April 1945 für alle Soldaten der Heeresgruppe B die Entlassungsscheine ausstellen, ehe er am 17. 4. 1945 seine letzte Fahrt mit einigen wenigen

Getreuen antrat. Es ging durch die dichten Waldstücke ostwärts von Düsseldorf. Mit einem Kleinkonvoi aus drei Wagen durchbrach diese Gruppe bei Ratingen die Kolonnen der US-Fahrzeuge und verschwand jenseits der Rollbahn wieder im Wald.

Hier endete die Fahrt des Generalfeldmarschalls Walter Model. Die drei Stabsoffiziere, die ihm bis hierher gefolgt waren, versuchten alles, Walter Model von jenem Weg abzubringen, den er zu gehen sich entschlossen hatte.

In den frühen Morgenstunden des 21. 4. 1945 setzte eine Pistolenkugel dem Leben dieses großen Soldaten ein Ende.

Unter einer mächtigen Eiche wurde Model bestattet. (Im Sommer 1955 wurde der Tote nach dem Soldatenfriedhof Vossenack in der Eifel überführt.)

Das Ende der Atlantikfestungen

Nach der alliierten Invasion in der Seinebucht und dem Vordringen der angloamerikanischen Streitkräfte durch Westfrankreich nach Osten und Nordosten richtete der Marinebefehlshaber Frankreich, Admiral Krancke, eine Denkschrift an das Oberkommando der Kriegsmarine, in der er die Verteidigung der Atlantikhäfen vorschlug. Diese Denkschrift vom 16. 8. 1944 wurde zur Grundlage der Atlantikfestungen. Es heißt darin:

»Es ist unbedingt erforderlich, daß die wichtigen Häfen an der Süd- und Westküste dem Feind möglichst lange verwehrt bleiben, wenn die Westfront an die Seine zurückgenommen wird, damit sich der Strom der Verstärkungen beim Gegner verlangsamt.

Aus diesem Grunde wird die Verteidigung von Brest, St. Nazaire, La Pallice, La Rochelle, Royan, Le Verdon, Séte, Marseille und Toulon ins Auge gefaßt. Dort wird alles Personal zusammengezogen, dessen Abtransport nach Deutschland nicht mehr möglich ist.«

Am 17. 8. fügte Krancke in einer Zusatzliste noch die Häfen Bayonne, Biarritz und St. Jean de Luz hinzu, weil dort starke Küstenbatterien stünden.

Hitler traf am 18. 8. 1944 im Operationsbefehl des Wehrmachtsführungsstabes an den OB West folgende Entscheidung:

»1. Armeegruppe G löst sich mit Ausnahme der in Toulon und Marseille verbleibenden Kräfte vom Feind und gewinnt den Anschluß an die HGr. B. Aufbau einer Aufnahme in der Linie Sens–Dijon–Schweizer Grenze ist sofort einzuleiten.

2. Durch straffe Führung der Nachtruppen und Kampf in festgelegten Widerstandslinien ist sicherzustellen, daß das Abfließen aller in Südwestfrankreich stehenden Truppen planmäßig durchgeführt werden kann. 11. PD ist mit der Masse im Rhônetal zu belassen.

3. Die Festungen und Verteidigungsabschnitte an der französischen West- und Südküste sind bis zum letzten Mann zu verteidigen. Marseille und Toulon durch je eine Division.

4. Die Kriegsmarine unterstützt die Verteidigung der Festungen und Verteidigungsbereiche durch Einsatz aller verfügbaren Seestreitkräfte und stellt, sobald hierzu keine Möglichkeiten mehr gegeben sind, Besatzungen und Waffen zur Verteidigung der Landfront zur Verfügung.« (Siehe WFühSt. B. Nr. 772916/44 vom 18. 8. 1944.)

Damit war das letzte Wort über die Atlantikfestungen gesprochen. Zwar fielen St. Malo und auch Brest nach harten, wochenlangen Kämpfen, wurden Bordeaux und Dieppe kampflos geräumt, konnten Le Havre, Boulogne und Calais nur vorübergehend gehalten werden. Aber eine ganze Reihe der Häfen hielten sich bis Kriegsschluß.

Die Häfen im Angriffsbereich der alliierten Landungen in der Normandie fielen einer nach dem anderen, bis auf Dünkirchen, von dem Feldmarschall Montgomery sagte, daß eine Eroberung den Einsatz nicht lohne.

In deutscher Hand blieben die »Festungen« Lorient, Quiberon, St. Nazaire, La Pallice, La Rochelle, Royan und Le Verdon. Sieben Atlantikfestungen hielten sich also im Rücken der vorgehenden alliierten Truppen. Diese Festungen wurden nur von einem feindlichen Sicherungsschleier umgeben und nicht angegriffen. Mit Ausnahme der beiden Gironde-Festungen Royan und Le Verdon, welche als Festungen Gironde-Nord und Gironde-Süd den Hafen von Bordeaux sperrten.

Der Chef der provisorischen Regierung der Französischen Republik, General de Gaulle, bestand darauf, diese beiden Festungen zu vernichten, um Bordeaux für den Schiffsverkehr freizubekommen. Die Alliierten erteilten ihre Zustimmung zum Angriff am 10. 12. 1944. Doch die Ardennenoffensive und die Kämpfe bei Straßburg banden alle Truppen der französischen Armee, so daß es auch hier zu keinem Angriff kam. Erst Mitte April 1945 begann der Angriff auf die beiden Gironde-Festungen.

Vorher jedoch traten Ereignisse ein, die für die Gironde-Festungen schreckliche Folgen hatten. Und zwar ließ am 9. 12. 1944 das französische Marine-Luftgeschwader 2 25 seiner 36 Sturzbomber vom Typ Douglas Dauntless, geführt von Capitaine Lainé, einen ersten Angriff gegen die schwere Flak auf der Mole von Le Verdon fliegen. Der Angriff erzielte keine Erfolge. Der nächste Angriff am 1. 1. 1945 galt einem kleinen deutschen Tanker, der nicht getroffen wurde. Eine Maschine wurde abgeschossen. Der dritte Angriff in der Nacht zum 5. 1. 1945 wurde von 354 Lancaster-Bombern der 4. Bomber Group der RAF in zwei Wellen geflogen. 1637 Tonnen Sprengbomben und 14 Tonnen Brandbomben fielen nicht etwa auf die militärischen Ziele, sondern mitten in Royan. Weder Zufall noch Fehlnavigation waren dafür verantwortlich. In die Karten der Bomberpiloten war um Royan ein dicker Kreis gezogen. Ihr Befehl lautete: »Abwurf der Bomben über Royan!«

Von den 4000 Franzosen in Royan lagen nach diesem Angriff 2000 unter den Trümmern ihrer Häuser begraben. Deutscherseits wurde sofort ein Waffenstillstand vereinbart, um die Verschütteten zu bergen. Die französische Marinefeuerwehr erhielt die Erlaubnis einzugreifen. Admiral Meyer konnte nach Royan kommen. Er fand drei Viertel der Stadt dem Erdboden gleichgemacht.

Bis Anfang April 1945 waren etwa 50 000 Franzosen um Royan versammelt. Sie verfügten über 273 Panzer gegenüber keinem in der Festung. 5400 Feindflügen der Alliierten stand kein einziger der deutschen Seite gegenüber. Der Angriff sollte nun auf Biegen oder Brechen durchgezogen werden. Daß dazu überhaupt keine Veranlassung mehr bestand, da das Halten der Festungen nur noch eine Frage von Tagen war, focht die Strategen nicht an. Es galt »Befreiungstaten« zu begehen!

Die Operation »Vénérable« (Ehrwürdigkeit) mußte durchgeführt werden. Um die deutschen Verteidiger mürbe zu machen, wurde noch einmal gebombt. 3315 Tonnen Sprengbomben fielen. Danach kamen 1120 Tonnen Napalmbomben zum Abwurf, die von den Amerikanern als »460 000 Gallonen eines flüssigen Brennstoffs« getarnt wurden (2000 m³).

»Es steht fest, daß die Operation ›Vénérable‹ in Frankreich den ersten massierten Einsatz von Napalm sah.« (Siehe Jacques Mordal »Die letzten Bastionen« S. 185.)

Danach begann, noch am frühen Morgen des 15. 4. 1945, der Angriff. Bis 18.30 Uhr wurde Fort Suzac erobert. Drei deutsche Stützpunkte leisteten noch Widerstand. Am Mittag des 16. 4. war Gironde-Nord zum größten Teil in der Hand der Angreifer. Lediglich die Festung Royan selbst hielt sich bis zum 17. 4., 10.00 Uhr. Konteradmiral Michahelles, der die Festung verteidigte, wurde zur Übergabe gezwungen, als eine Kompanie Zuaven, von Panzern unterstützt, seinen Bunker stürmte. Der Kampfkommandant auf der weiter nördlich vorspringenden Landspitze La Coubre erklärte sich am 18. 4. mit den Übergabebedingungen einverstanden.

Der Kampf um Royan selbst war zu Ende. »Die französische Division Gironde hatte einen riesigen Schutthaufen befreit.«

Das Gebiet um Pointe le Grave im Teil der Festung Gironde-Süd wurde erst 48 Stunden später nach weiteren Kämpfen erobert. Hier warfen P-47-Maschinen noch Napalm-Behälter über die deutschen Truppen im Nordteil des Pointe de Grave ab.

In Gironde-Süd war es die Besatzung des Zerstörers Z 24 unter KKpt. Birnbacher, die die Festung Le Verdon hielt, welche am 19. 4. noch einmal bombardiert wurde. In der Nacht zum 20. 4. mußte sie sich ergeben. Danach wurden die Stadt Royan und die umliegenden Ortschaften von den »Befreiern« geplündert und eine Reihe Bürger ermordet. (Siehe General Edgar de Larminat »Erinnerungen« S. 245 und »Royan ville martyre«, Imprimerie nouvelle, Royan 1965.)

Der Kampf um Oléron

Die Insel Oléron, südwestlich der Zufahrt zur Festung La Rochelle gelegen, sollte unmittelbar nach der Eroberung von Royan angegriffen und in Besitz genommen werden. Danach wollte General Larminat La Rochelle erobern, jenen Hafen, der unter Befehl von Vizeadmiral Schirlitz stand. Es war Vizeadmiral Schirlitz gelungen, am 20. 10. 1944 ein Abkommen mit Oberst Adeline zu unterzeichnen, in dem ein Waffenstillstand für das Gebiet La Rochelle abgeschlossen wurde, mit genauen Linien um La Rochelle und den U-Boot-Hafen La Pallice, die keine der beiden Seiten überschreiten sollte.

General Edgar Larminat, der am 22. 10. 1944 das Kommando über alle französischen Streitkräfte an der Atlantikfront übernahm, hielt dieses Abkommen ein. Die Stadt wurde von See her durch das Schwedische Rote Kreuz versorgt. Sie sollte nun also auch kurz vor Torschluß »befreit« werden.

Die Inselverteidigung der etwa 30 km langen und bis zu 10 km breiten Insel wurde von KKpt. Schaeffer geführt. Ihm standen

1500 Soldaten zur Verfügung. Unter den 15 000 Bewohnern der Insel befanden sich viele Widerstandskämpfer.

Die Partisanen wurden in den ersten Apriltagen 1945 mit Waffen versorgt, die in Fischerbooten zur Insel gelangten. Am 24. 4. wurden den Partisanen letzte Anweisungen vom Befehlshaber der Brigade Oléron übermittelt, nach welchen sie die Nachrichtenverbindungen der Deutschen zerstören und Sabotageanschläge gegen deutsche Transportmittel verüben sollten.

Eine Invasionsflotte wurde unter KptzS. Rey, dem Marinebefehlshaber von Rochefort, zusammengestellt, die einschließlich der Schwimmlastwagen am 27. 4. bereitlag und zum Teil schon in See stand. Der Angriff, der auf den 29. 4. festgesetzt war, wurde in letzter Minute auf den 30. 4. verschoben. Torpedoboote, Fregatten und das alte Schlachtschiff »Duquesne« mit dem Leiter der Seeoperationen, Admiral Rue, an Bord, eröffneten am 30. 4. um 07.30 Uhr das Feuer. Alle deutschen Batterien auf der Nordseite der Insel wurden beschossen, danach die Westküste. Auch hier waren seit dem 17. 4. mehrere starke Bombenangriffe erfolgt.

Die Landungen auf Oléron leitete Oberst Marchand, während General d'Anselme die Landfront La Rochelle angriff. 8882 Mann der Brigade Marchand gingen ab 06.02 Uhr auf Oléron an Land. Bis 08.00 Uhr gewannen sie tiefe Brückenköpfe und drangen danach zügig vor. Bis zum 2. Mai war Oléron in französischer Hand.

Die letzten vier Stützpunkte

»Germany has surrendered unconditionally. Cease fire has been ordered from 22.01 GMT 8th May, Repeat 22.01 GMT 8th May.«

Dieser Funkspruch der britischen Admiralität, der am 8. 5. 1945 um 13.47 Uhr Greenwich-Zeit abgesetzt wurde, erreichte auch die Verteidiger der letzten vier Atlantikfestungen.

La Rochelle blieb die »Befreiung« erspart. Am Morgen des 8. 5. wurde die Stadt übergeben. Inoffiziell zuerst und durch den Einzug einer Schwadron republikanischer Garde (die in beiderseitiger Übereinstimmung für Ruhe sorgen und Übergriffe verhindern sollte). Um 23.45 Uhr übergab Vizeadmiral Schirlitz, im Beisein seines Stabes, die Festung La Rochelle an Oberst Chéne, um sich — gemäß den Kapitulationsbedingungen — selbst um Mitternacht FKpt. Meyer, mit dem er seit September 1944 verhandelt hatte, zu ergeben. Am 9. 5. um 07.00 Uhr wurde auch der deutsche U-Boot-Stützpunkt La Pallice von See aus besetzt.

St. Nazaire, die Festung, die im Dezember 1944 völlig eingeschlossen worden war, wurde zwar nicht angegriffen, doch deutscherseits schossen die Granatwerfer am 18. und 25. 2. 1945 auf die Einschließungsfront der französischen Marine-Füsiliere zwischen Redon und der Küste im Vilaine-Abschnitt. Dieses Feuer wurde von einigen französischen Geschützen erwidert. Admiral Mirow, der in St. Nazaire verteidigte, konnte für deutsche U-Boote den Hafen offenhalten. Hier trafen deutsche Versorgungs-U-Boote ein, die neben Munition für Flak und Pak auch Proviant und Medikamente mitbrachten. Noch in den letzten Kriegstagen lief U 510, Kptlt. Eick, aus dem Stützpunkt Penang in Niederländisch Indien kommend, in St. Nazaire ein. Das Boot passierte am 24. 4. 1945 die feindlichen Überwachungsstreitkräfte und machte in St. Nazaire fest.

Festungskommandant von St. Nazaire war Gen. Hünten, der von Oberst Junck abgelöst wurde. Seit Anfang April brannte der Stab von General Larminat darauf, auch St. Nazaire zu erobern. Doch infolge der Verzögerungen bei den anderen Atlantikhäfen fand die Schlacht um St. Nazaire nicht statt. Die Festung stand am 7. Mai in Verhandlungen, als Major Keating, Chef des Stabes der 66. US-ID, dem von Generalmajor Junck bevollmächtigten Hptm. Müller die Aufforderung zur Kapitulation übergab. Sie wurde angenommen und um 17.00 Uhr dieses Tages durch Hptm. Müller und Oberst Engelken unterzeichnet.

Erst am 10. 5. zogen die Amerikaner in St. Nazaire ein. Oberstleutnant Rittmayer, der viel für St. Nazaire getan hatte, wurde als Gefangenem übel mitgespielt.

»Ein außer Rand und Band geratener Haufen mißhandelte ihn furchtbar. Wie durch ein Wunder entging er den Kugeln eines Fanatikers, der in den Wagen mit den gefangenen deutschen Offizieren hineinschoß. Ein Oberst wurde schwer verwundet, ein weiterer getötet. Am 17. 3. 1946 wurde Rittmayer freigelassen.« (Siehe Jacques Mordal: a. a. O.)

In Lorient, wo die deutschen Verteidiger seit August 1944 ununterbrochen von der französischen Artillerie aus La Trinité beschossen
wurden, hatten General Fahrmbacher und Matthiae die Festung
entschlossen in der Hand behalten. General Kramer, der alliierte
Befehlshaber von Lorient, forderte die Festung am 4. 5. zur bedingungslosen Kapitulation auf. Doch diese wurde abgelehnt. Erst
am Nachmittag des 7. 5., als die Nachricht vom Abschluß der
Verhandlungen GenOberst Jodls in Reims bei Eisenhower bekannt
wurde, kam es in Etel zur Unterzeichnung der Kapitulation der
Festung. Um Mitternacht des 8. 5. ruhten hier die Waffen. Die
Alliierten zogen erst am 10. 5. in Lorient ein. Auf dem deutschen
U-Boot-Stützpunkt standen am 10. 5. um 12.00 Uhr 3000 deutsche
Marinesoldaten zur Übergabe bereit.

Dünkirchen und das Ende der Festung

Dünkirchen, das von Feldmarschall Montgomery als nebensäch-
lich angesehen wurde, wurde von der 226. ID, GenLt. von Kluge,
gesichert. Noch vor der Einschließung der Festung hatten auch
Teile der Garnisonen von Nieuport und Ostende in Dünkirchen
Unterschlupf gefunden.

Hafenkommandant war KptzS. Schneider. Festungskomman-
dant wurde aufgrund eines Führerbefehls Oberst von Wittstatt. Der
Seekommandant im Abschnitt des Pas de Calais, Konteradmiral
Frisius in Boulogne, hatte sich am 3. 9. 1944 ebenfalls nach
Dünkirchen zurückgezogen. Er übernahm das Oberkommando in
der Festung Dünkirchen.

Frisius ließ am frühen Morgen des 5. 4. 1945 die Operation
»Blücher« durchführen. Es gelang, die Umklammerungstruppen so
in Verwirrung zu setzen, daß man bis tief ins Hinterland, nach Lille
hinein nervös wurde. Bei Grevelines sprengten britische Pioniere
alle Brücken. Pointe de Spycker und Malhof, die Ziele des
Angriffs, wurden erreicht. Ein durch britische Truppen unternom-
mener Gegenangriff am 15. 4. konnte die Lage nicht bereinigen.
Typhoon-Jabos griffen im Tiefflug an, aber die deutschen Linien
hielten bis Kriegsschluß.

Am 6. 5. fragte Admiral Frisius beim OKW an, ob die Feuereinstellung auch für ihn gelte, weil ihm ja Truppen von Feldmarschall Montgomery gegenüberstanden, mit dem eine Teilkapitulation abgeschlossen worden war. Die Antwort des OKW lautete: »Nein!«

Also gingen bei Dünkirchen die Kämpfe mit gegenseitigem Artilleriefeuer weiter. Als Offiziere seines Stabes ihn baten, Kapitulationsverhandlungen aufzunehmen, erwiderte Frisius:

»Der Gegner will billige Lorbeeren ernten. Wir müssen noch zwei Tage aushalten, vielleicht kommt dann der Befehl zur Kapitulation. Dann ist kein Fleck auf unserer Ehre, und wir können den Kopf hoch tragen; denn uns hat niemand besiegt.«

So kam es denn auch. Am Morgen des 8. 5. erhielt Admiral Frisius Befehl des OKW, die Festung zu übergeben. Nachdem er zwei Abgesandte der Alliierten empfangen hatte, unterzeichnete Admiral Frisius am 9. 5. 1945 um 09.30 Uhr in Wormhoudt im HQ von General Liska die Kapitulation. Frankreich war durch Oberst Lehagre und KKpt. Acloque vertreten. Dünkirchen, durch die vielen Bombenangriffe zur Ruinenstadt geworden, wurde erst am 18. 5. von den Engländern an die französische Marine übergeben.

Der Kampf in den Atlantikfestungen war zu Ende.

Das Ende in Norwegen

Nach dem Rückzug der 20. Gebirgs-Armee aus Lappland, der am 4. 10. 1944 begann und bis zum Jahresende dauerte, waren 200 000 weitere deutsche Soldaten in den norwegischen Raum gelangt. Die Rückführung dieser Armee war GenOberst Rendulic übertragen worden, der die drei Gebirgskorps mit sieben Divisionen und zwei Divisionsgruppen sowie die 6. SS-GebDiv. sicher zurückführte. Die größten Feinde dieser Aktion waren die Kälte und der Wind in der baumlosen, flachen Tundra.

In der Kirkenes-Stellung blieben jene Verbände stehen, die hier so lange hinhaltenden Widerstand zu leisten hatten, bis alle übrigen Truppen abgeflossen waren, die zum weiteren Kampf nicht mehr nötig wurden. Drei Winter und zwei Sommer hatten die Eismeer-Jäger am Polarkreis gestanden und den Schutz der von Deutschland benötigten Nickelgruben bei Petsamo gesichert.

Im Laufe des Januars 1945 waren diese Rückwärtsbewegungen über 1000 Kilometer beendet. An der finnisch-norwegischen Grenze wurde die Kilpisjärvi-Stellung bezogen. Erst danach konnten die noch weiter rückwärts in der Sturmbockstellung stehende 7. GebDiv. und die GebJägBrigade »Generaloberst Dietl« aus der Sicherungsfront um Kautokeino herausgelöst und zurückgeführt werden. Dieses Herauslösen begann Mitte Januar 1945. Die beiden Verbände wurden von der 6. GebDiv. in der Kilpisjärvi-Stellung aufgenommen.

Mit Wirkung vom 18. 12. 1944 übernahm das AOK der 20. Gebirgs-Armee die Aufgaben des Wehrmachtsbefehlshabers in Norwegen und bezog in Lillehammer Quartier.

Im Raume Lyngen–Narvik führte nun das XIX. GebAK. Es wurde zur Armeeabteilung Narvik erweitert, da es bei einem Angriff aus Schweden, oder aus der norwegischen Provinz Finnmarken, oder von See her, allein auf sich gestellt sein würde. Damit blieb der Raum Narvik auch im Jahre 1945 noch Brennpunkt der Verteidigung Norwegens.

Ende Januar 1945 verließ GenOberst Rendulic Norwegen und machte GendGebTr. Böhme Platz.

Von den Verbänden der 20. GebArmee wurden nacheinander die 6. und 2. GebDiv. und die 163., 169. und 199. ID ins Reich zurückgerufen. Der Bahntransport dauerte im Durchschnitt vier Wochen. Vom Oslofjord aus wurden die Divisionen im Schiffstransport nach Dänemark weitergeleitet.

Gegen Ostern 1945 verließ der letzte Transport ins Reich die Festung Narvik. Erst nach Durchführung dieser Aufgaben wurde die einzige Straße von Narvik nach Drontheim frei, um darauf Truppenbewegungen zur Sicherung von Südnorwegen und des Raumes Oslo durchführen zu können. Im Zuge dieser Bewegungen wurde eine Sicherungsfront südlich Drontheim entlang der Grenze nach Schweden errichtet.

Die 7. GebDiv., die Ende Februar 1945 im Raum Narvik versammelt war, setzte von dort aus ihren Marsch in den Süden Norwegens fort und erreichte am 8. 5. über Mosjoen–Steinkier und Drontheim Lillehammer. Hier löste sich die Division bei der Kapitulation auf.

Die im Raume Norwegen verbliebenen Gebirgstruppen standen dort bis Kriegsende auf Wache; bis auf die 2. GebDiv. unter

GenMaj. Degen und die 6. SS-GebDiv. unter General Utz, die nach Deutschland befohlen wurden und im Oberelsaß im letzten Einsatz standen. Der Stab des XXXVI. GebAK, GendGebTr. Vogel, wurde nach Ostpreußen verlegt und dort neu eingesetzt.

In der Nacht zum 9. 5. 1945 wurden auf Befehl des OKW die Rückführungen eingestellt. Die Verbände der deutschen Wehrmacht in Norwegen streckten die Waffen. Sie kamen damit einer unmittelbar bevorstehenden Landungsoperation unter GenLt. Thorne, dem Kdr. des Scottish Command, zuvor.

Daß darüber hinaus auch der schwedische Generalstab die Operation »Radda Norge« vorbereitet hatte, an der 245 000 Mann und 15 000 norwegische, in Schweden ausgebildete Polizisten teilnehmen sollten, um Norwegen zu befreien, wurde vom Leiter der historischen Abteilung der schwedischen Armee, Oberst Furtenbach, in einem Zeitschriften-Artikel nach dem Kriege bekanntgegeben. (Siehe *Le Monde* von 21. 4. 1957, S. 7)

Gleichzeitig mit dieser geplanten schwedischen Aktion sollten auch unter dem Deckwort »Radda Danemark« 72 000 Schweden und eine 5000 Mann starke dänische Brigade den Sund überqueren und die Deutschen angreifen.

Wären diese Aktionen zur Durchführung gekommen, hätte es in Norwegen sicherlich Tausende weiterer Toter gegeben. Zum Glück für die norwegische Bevölkerung wurde dieser Angriff nicht durchgeführt. Die deutschen Truppen in Norwegen gingen ohne zu schießen in die Gefangenschaft. Die letzten Worte, die im Abschluß-Funkspruch der 20. GebArmee nach Mürwik gefunkt wurden, lauteten:

»Wehe dem Besiegten.«

Der Endkampf in Italien

Anfang November 1944 war die Lage in Italien noch nicht entschieden, obgleich GFM Kesselring einige Divisionen für die West- und Ostfront genommen wurden, die zu den kampfkräftigsten zählten. Auf alliierter Seite standen vor der Gotenlinie folgende Verbände zur neuen Offensive bereit:

Die britische 8. Armee unter Gen. Sir Oliver V. H. Leese im Raum von der Adria bis nach Montevarchi (ausschließlich), einer kleinen Stadt 38 km südostwärts Florenz. Korpsreserve war die 2. neuseel. ID. Von Montevarchi (einschließlich) bis zur Mittelmeerküste stand die 5. US-Armee unter General Mark W. Clark.

Zwei britische, ein kanadisches und ein polnisches Korps mit insgesamt neun Divisionen standen Gen. Leese zur Verfügung, während Gen. Clark ebenfalls auf neun Divisionen zurückgreifen konnte. Jedem Korps waren zwei bis drei Brigaden oder gepanzerte Kampfgruppen zugeordnet. Das italienische Befreiungskorps unter General Umberto Utili stand mit 13 InfBatl. und 9 ArtAbt. bereit.

Demgegenüber verfügte GFM Kesselring in der HGr. C noch über 19 Divisionen, darunter nur eine PD und zwei PGDnen. In der faschistischen, ligurischen Armee unter Marschall Graziani kämpften zwei Divisionen. In den französischen Alpen stand das LXXV. AK, GenLt. Dostler, während die 94. und 188. ID Istrien und Friaul besetzt hielten.

Am 4. 11. übergab Gen. Leese den Oberbefehl über die 8. Armee an GenLt. Sir Richard Mac Creery, der bis dahin das X. Korps geführt hatte. Neuer KommGen. des X. Korps wurde GenLt. Hawkesworth. Als der Oberbefehlshaber der alliierten Streitkräfte im Mittelmeerraum, Sir Henry M. Wilson, anstelle des verstorbenen Feldmarschalls Lord John Dills Chef der Delegation des Empire-Generalstabes in Washington wurde, trat im Mittelmeer General Alexander an dessen Stelle und erhielt gleichzeitig damit seine Beförderung zum Feldmarschall. Für die 15. HGr. wurde nun General Clark benannt, und somit mußte auch für die 5. US-Armee, die er vorher geführt hatte, ein neuer OB gefunden werden. Dies wurde GenLt. Truscott, der sein VI. AK an GenMaj. Brooks übergab.

Die alliierte Operation »Olive«, durch welche die deutsche 10. und 14. Armee vernichtet werden sollten, erbrachte in 20 Tagen nur 19 km Geländegewinn für die Westalliierten. Als der Winter einfiel, hatten die alliierten Truppen zwar Forli, Ravenna und Faenza bis zum 10. 2. erobert, aber keine Entscheidung erzwungen, wie dies geplant war. Dies, obgleich die deutsche HGr. C die 44. ID und die 71. ID an die HGr. Süd, GenOberst Frießner, hatte abgeben müssen.

Als im Apennin der Schnee fiel, waren diese Operationen beendet. Alle größeren Angriffe blieben im Schnee stecken. Dennoch gelang es dem V. US-Korps am Comacchiosee Anfang Januar einen Einbruch in die deutschen Stellungen zu erzielen. Was schwerer wog, war der Abgang von drei Divisionen auf deutscher Seite. Noch im Januar 1945 wurden die 16. SS-PGD, die 356. und 715. ID aus dem Kampfraum herausgelöst und an anderen Frontabschnitten eingesetzt. Die aus Dänemark kommende 710. ID war kampfunerfahren.

Im Laufe des Winters hatte Gen. Mac Creery sein I. kan. Korps mit der 1. ID und der 5. PD der 8. brit. Armee, Feldmarschall Montgomery, übergeben. General Clark, OB der alliierten 15. HGr., wollte so rasch wie möglich eine neue Offensive beginnen. Dazu verfügte er neben den genannten Verbänden noch über vier italienische Kampfgruppen von jeweils 9500 Mann, die ihm von der Regierung Badoglio zur Verfügung gestellt wurden. Es handelte sich um die KGr. »Cremona«, »Friuli«, »Folgore« und »Legnano«. Eine jüdische Brigade, vier selbständige Panzer-Brigaden, darunter eine polnische, eine Brigade (mot.), eine Luftlande-Brigade und eine Commando-Brigade kamen zu den 21 Großverbänden hinzu.

Deutscherseits konnte GFM Kesselring (der am 10. 3. 1945 als neuer OB West nach dem Westen ging und von GenOberst von Vietinghoff abgelöst wurde) auf 28 Divisionen zurückgreifen, von denen vier, die Divisionen »Italia«, »Littorio«, »San Marco« und »Monte Rosa«, faschistische Verbände waren. GendPzTr. Herr führte seit Februar 1945 die 10. Armee. Die 14. Armee befehligte General Lemelsen.

Nachdem es der 10. US-GebDiv. Mitte Februar 1945 gelungen war, im Abschnitt südlich Bologna den Monte Belvedere zu erstürmen, ließ die 14. Armee die 114. JD und die 334. ID in den bedrohten Abschnitt schaffen. Beiden Divisionen gelang es zwar, den Einbruch abzuriegeln, nicht aber den Monte Belvedere zurückzugewinnen.

Im Raume Faenza erreichte die 26. PGD am Abend des 16. 12. 1944 den neuen Einsatzraum am Senio, während die 29. PGD den alten Abschnitt der 26. PGD übernahm. In der neuen HKL standen von rechts nach links das PGR 71 am Senio ostwärts Castel Bolognese, das PGR 15 am Senio und in dem über den Fluß vorspringenden Frontbogen Casanola–S. Andrea. Teile des WerferRgt. 56, eine Kpn. Tiger-Panzer der sPzAbt. 506 und Luftwaffenflak waren der Div. zugeführt worden. Ihr gegenüber lagen rechts die Inder und links neuseeländische Truppen.

Feindliche Aufklärungs- und Artillerie-Feuerleitflugzeuge hingen in den nächsten Tagen über dieser Front. An der Via Emilia fühlte der Gegner mit starken Späh- und Stoßtrupps vor. Sein Ziel waren die vorwärts des Senio liegenden Teile der Division: das PGR 15. Der DivKdr., GenMaj. Fries, beantragte am 18. 12. die Zurücknahme des Regimentes hinter den Senio.

Als diese Rückführungsbewegungen am Abend des 19. 12. beendet waren, eröffnete der Gegner um 20.30 Uhr sein Trommelfeuer auf die 29. PGD und den rechten Flügel der links anschließenden 278. ID. Das Feuer hielt mehrere Stunden an und verlagerte sich schließlich auf die südlich des Senio liegenden Stellungen des PGR 15. Als der Gegner sich durch verschiedene Anzeichen zu erkennen gegeben hatte, eröffnete die Artillerie der beiden deutschen Divisionen das Feuer. Der Angriff der Neuseeländer wurde abgeschlagen. Der Gegner drang nur etwa 500 m weit vor. Dann blieb er liegen und zog sich wieder zurück. Bis zum Jahresende griff er an dieser Stelle nicht wieder an.

Neben der 29. PGD lag die 278. ID, GenLt. Hoppe, im Senio-Brückenkopf. Beide Divisionen unterstanden dem LXXVI. PzK, GenLt. Hauck. Sie erhielten Weisung, den Brückenkopf so lange wie möglich zu behaupten, um dadurch der im Raume Bagnocavallo stehenden 356. ID, Oberst Kühl, das Halten der Stellungen zu ermöglichen.

Vom DivGefStand in Massa Lombarda aus leitete GenLt. Hoppe den Abwehrkampf. Hier griff die 2. neuseeländische ID, nachdem sie bei der 29. PGD abgewiesen worden war, am 20. 12. nach siebenstündigem Trommelfeuer mit starken Stoßtrupps und Panzern an. Es gelang ihr am 22. 12. in die HKL einzudringen. Die 2. Linie südlich der Brücke von Folisio–Cassanigo–südwestl. Granarolo wurde gehalten.

Mit wechselnden Erfolgen versuchten die Neuseeländer ihre Angriffe zum Erfolg zu führen. Es gelang ihnen, den Sack südlich der Linie Folisio–Granarolo langsam auszuräumen. Ihre gegen den linken Flügel gerichteten Teilangriffe, die am Straßenkanal südostwärts Cotignola auf das GR 993 stießen, wurden abgewiesen. Im Senio-Brückenkopf selber wurde noch nicht gekämpft.

Am 30. 12. verstärkten sich gegenüber den Regimentern 992 und 994 die Panzergeräusche, und in der Nacht zu Silvester ging die 2. neuseel. ID auf der ganzen Front vor. Es gelang ihren Panzern, in die vordersten Stellungen der 278. ID einzubrechen.

Der rechte Flügel des GR 992 wurde hinter den Senio zurückgedrängt, der linke Flügel mußte ebenso wie das GR 994 auf die zweite Linie ausweichen. Damit war der Brückenkopf der 278. ID ostwärts des Senio soweit eingeengt, daß der Gegner ihn ganz zum Einsturz bringen wollte.

Bis zum 2. 1. 1945 schoß die Feind-Artillerie auf die verlassenen Stellungen. Am 3. flaute das Feuer ab, und starke Fliegertätigkeit mit Jagdbomberangriffen auf die deutschen Stellungen und Einschießen durch Artillerieflieger zeigten den nächsten Großangriff an.

Am 4. 1., um 06.30 Uhr, setzte starkes Feuer aller Kaliber ein. Nebel wurde geschossen, Jabos warfen Nebelbomben, so daß das ganze Gelände in dichten Dunst gehüllt war. Mit 100 Panzern griffen die Neuseeländer an. Das rechts stehende GR 992 wurde bis 11.00 Uhr hinter den Ostdamm des Senio zurückgedrängt und dort von der DivRes. aufgenommen. Die Brücke von Folisio flog unmittelbar vor den anstürmenden neuseeländischen Truppen in die Luft, die vor der Dammkrone durch MG-Feuer gestoppt wurden. Hier gelang es Uffz. Nietert, einem Küchenunteroffz., mit Panzerfäusten 4 eingebrochene Feindpanzer abzuschießen. Der Ostdamm hielt, und auch der folgende Angriff des 5. 1. wurde vor dem Ostdamm abgewiesen. Nun stellte die 2. neuseel. ID den Kampf ein.

Rechts nahm das GR 992 Anschluß an das FJR 10 der 4. FJD, GenLt. Trettner, die hier die 29. PGD abgelöst hatte, die am 22. 1. 1945 in den Ruheraum Bologna–Budrio, mit Unterstellung unter das XIV. AK, verlegt wurde.

Am 1. 2. 1945 gegen 19.00 Uhr brach die 2. neuseel. ID unter dem Schutz einer Feuerglocke, durch Panzer unterstützt, in den Abschnitt des I./992 ein. Sie erreichten den Ostdamm, nisteten sich dort ein und rollten eine Kpn. dieses Batl. auf. Sofort ließ GenLt. Hoppe Sperrfeuer vor den Ostdamm legen. Er verhinderte dadurch die Nachführung von Verstärkungen und schnitt die Neuseeländer vom Rückzugsweg ab.

Der Gegenangriff in der kommenden Nacht scheiterte. Aber im Morgengrauen brach Oblt. Peichel, Adj. des I./992, an der Spitze eines Stoßtrupps den Widerstand. Die Neuseeländer hißten eine weiße Fahne und ergaben sich. Am 9. 2. wurde das GR 992 durch das GR 993 abgelöst und erhielt eine Woche der Ruhe, aus der das GR 993 gerade zurückgekommen war.

Zum 20. 2. schied die 278. ID aus dem Verband des LXXVI. PzK aus und löste am 22. 2. südlich der Via Emilia im Abschnitt des I. FschK, GenLt. Heidrich, die 90. PGD, Oberst Baron von Behr, ab. Die Division bezog im Anschluß an die 334. ID, GenLt. Böhlke, im Abschnitt Costa–Rivola–Riolo–Cuffino von rechts nach links mit den Regimentern 993, 994 und 992 ihre Stellungen. Ihr gegenüber lagen auf dem rechten Flügel Badoglio-Truppen und links polnische Verbände. Doch noch ehe es zu mehr als Stoßtrupp-Unternehmungen kam, mußte die 278. ID den Abschnitt der 334. ID übernehmen. Die 4. FJD übernahm die Abschnitte der GR 992 und 994, während diese über Imola ins Santerno-Tal gezogen wurden und dort die 334. ID ablösten. Damit standen in der Gebirgsstellung am Santerno und Senio folgende Kräfte im Adriaraum bereit:

Rechts im Anschluß an die 1. FJD, GenMaj. Schulz, das GR 994.

In der Mitte: das GR 992 mit der FschAufklAbt. 111 und dem Sturmbataillon Forli.

Links: das GR 993 mit dem FüsBatl. 278.

Divisionsreserve war das II./GR 992 und die 2./PzJägAbt. 278

mit Jagdpanthern. Der Divisionsgefechtsstand wurde im Schloß Montericco eingerichtet, das 500 m nördlich Linaro lag.

Die Division unterstand dem I. FschK, das nördlich der Via Emilia Anschluß an das LXXVI. PzK hatte. Beide Korps unterstanden der 10. Armee, GendPzTr. Herr. Auftrag der 10. Armee war es, in der Front südlich Bologna–Tossignano–Castel Bolognese–Bagnocavallo–Südspitze des Comacchiosees zu verteidigen.

Nördlich der Via Emilia wurde von GenLt. Heidrich ein feindlicher Großangriff erwartet.

Einsatz der 29. Panzergrenadier-Division

Die Division, die im Ruheraum Bologna–Budrio lag, hatte hier in den ersten Tagen nur gegen Partisanen zu kämpfen, die im Großraum Bologna Angriffe und Überfälle unternahmen. Aus dieser verhältnismäßigen Ruhe wurde sie am 3. 3. 1945 aufgeschreckt. Sie sollte sofort Marschbereitschaft herstellen und noch am Abend dieses Tages nach Süden ins Gebirge südlich Modena verlegen. Dort war es zu einer Krisensituation gekommen, deren Ursprung ein Angriff der 10. US-GebDiv. gewesen war.

Diese neue, hervorragend für den Gebirgskrieg ausgerüstete Division war am 19. 2. gegen die 232. ID zum Angriff angetreten und hatte im überraschenden Zuschlagen die beherrschenden Bergmassive des Monte Belvedere und des Monte di Torraccia genommen. Nun drängte sie weiter vor und fügte der jungen, unerfahrenen 232. ID ebenso wie der rasch rechts davon herangeführten 114. JD schwere Verluste zu.

Als in diesem Abschnitt am 3. 3. auch noch der Monte Grande d'Aiano, der Monte Bacucco und der Monte delle Croce verlorengingen, steuerte die Lage einer Katastrophe entgegen. Dies war der Grund zur Blitzverlegung der 29. PGD als »Feuerwehr« in den Südabschnitt.

Am Mittag dieses 3. 3. 1945 alarmierte GendPzTr. Lemelsen, OB der 14. Armee, persönlich die Division, die er vorher geführt hatte. Sie sollte sich sofort in Marsch setzen und die 232. ID in deren Abschnitt ablösen. Damit war sie dem II. GebK unterstellt.

Mit Tagesanbruch des 4. 3. zogen die Marschgruppen, die die ganze Nacht durchmarschiert waren, am Fuße des Gebirges unter. Nur die Kommandeure und die Vorkommandos rollten in schnellster Fahrt über die »Rennstrecke«, die laufend von feindlichen Jabos überflogen wurde, zur Erkundung und späteren Einweisung nach vorn. Als sie die vorderste Linie erreichten, die im linken Abschnitt südlich Castel d'Aiano und rechts auf den anschließenden Höhen verlief, wurden sie eingewiesen.

Mit Einbruch der Dunkelheit rollten die Marschgruppen aus ihren Bereitstellungsräumen nach vorn und begegneten noch unterwegs den zurückflutenden Teilen der 232. ID, die sich zu früh abgesetzt hatte. So kam es auf der schmalen Gebirgsstraße zu Verkehrsstockungen. Einige Male mußte die Fahrbahn für die feindwärts rollende 29. PGD mit Gewalt freigemacht werden. Auch die Grenadiere trafen am frühen Morgen auf dem Marsch in die HKL auf die bereits zurückweichenden Infanteristen der 232. ID.

Die US-Truppen, die das Zurückgehen bemerkt hatten, stießen sofort nach, so daß die Panzergrenadiere der 29. PGD noch vor Erreichen der eigenen HKL in Gefechtsberührung traten. Aus der Bewegung trat das I./PGR 15 beiderseits der Straße gegen die vorprellenden Amerikaner zum Gegenstoß an. Der Gegner wurde gehalten und nach verlustreichen Kämpfen zurückgeworfen. Nördlich Castel d'Aiano bezog das Batl. eine Riegelstellung.

Die übrigen Bataillone des PGR 15 kamen zunächst am Westhang des Monte d'Espere gut voran, wurden dann aber aus Castel d'Aiano durch Panzer und in ihrer linken Flanke über den Höhenrücken hinweg von US-Infanterie angegriffen und blieben am West- und Nordhang des Berges liegen.

Dem PGR 71 erging es in seinem Abschnitt ebenso. Als die beiden Spitzen-Bataillone zu den beherrschenden Höhen 879 und 854 aufstiegen, wurden sie aus der dortigen eigenen HKL, die leider verlassen worden war, von feindlichem MG-Feuer empfangen. Es gelang dem I./PGR 71, den Nordwestteil der Höhe 879 zu gewinnen und sich dort einzugraben.

Der Versuch, am 7. 3. den Monte d'Espere zu erobern, glückte nur zum Teil. Allerdings gelang es dem PGR 15, die HKL mit Ausnahme der Stellung auf der Höhe 879 auf die Höhen nördlich Castel d'Aiano zurückzunehmen und so festen Halt zu haben.

Beim PGR 71 wurde die HKL in die Talsenke nördlich der feindbesetzten Höhen zurückgenommen.

Die 10. US-GebDiv. versuchte nun, die Stellungen der Grenadiere zu überrennen. Sie kam jedoch keinen Meter mehr weiter, und als die Artillerie der Division im Laufe des 6. 3. vorgezogen hatte, hämmerte sie mit massiertem Feuer in jede feindliche Angriffsbewegung hinein. Bis zum 11. 3. versuchte diese US-Division den Durchbruch zu erzwingen, vergebens. Als sich auch hier Partisanenüberfälle ereigneten, wurden mehrere dieser Partisanennester ausgeräumt.

Nachdem hier völlige Ruhe eingetreten war, wurde die 29. PGD, dem das II. GebK und die 10. Armee volle Anerkennung aussprachen, abgelöst und in den Raum Mirandola verlegt. Die 334. ID übernahm ihren Abschnitt. Lord Wilson of Lybia schrieb in seinen Kriegserinnerungen zu diesen Einsätzen:

»Die 29. PGD, sicherlich die beste motorisierte Division auf dem italienischen Kriegsschauplatz, zwang uns, unsere Angriffe, geführt durch die 10. US-GebDiv. und die 1. brasilianische ID, einzustellen.«

Die Lage der Heeresgruppe C im März 1945

Die Heeresgruppe C stand Anfang März 1945 in folgender Gliederung in der Italienfront:

14. Armee:
Rechts: LI. GebK, GenLt. Hauck, mit der 148. ResDiv., 1. ital. ID, 114. JD und 334. ID im Adria-Küstenabschnitt. XIV. PzK, GendPzTr. v. Senger und Etterlin, im Großraum Bologna mit der 94. ID, 8. GD, 65. ID und 305. ID.

10. Armee:
I. FschK, GenLt. Heidrich, mit der 1. FJD, 278. ID, 4. FJD und 26. ID.
LXXVI. PzK, GenLt. Graf von Schwerin, mit der 98. ID, 362. ID, 42. ID und 162. turkm. ID im Adriaabschnitt.
Heeresgruppenreserve: 29. PGD und 90. PGD.
GenOberst von Vietinghoff hatte kurz nach seiner Befehlsüber-

nahme die Rückverlegung der gesamten HGr. hinter den Po beantragt. Allein in einer HKL hinter dem Po würde es möglich sein, den erwarteten alliierten Großangriff zum Stehen zu bringen. Hitler lehnte diesen Vorschlag ab und befahl, daß die HGr. C dort zu kämpfen habe, wo sie augenblicklich stehe.

Währenddessen waren im alliierten Hauptquartier, das am 2. 1. 1945 von Siena nach Florenz verlegt hatte, die Pläne zur Schlußoffensive gefaßt worden. Die Offensive sollte in drei Phasen ablaufen. Erste Phase: Eroberung von Bologna. Zweite Phase: Angriff auf breiter Front mit dem Ziel, die deutschen Truppen zum Po zurückzutreiben. Dritte Phase: Erreichen des Alpen-Südrandes.

Während die erste Phase, Eroberung von Bologna, durch die 5. US-Armee erfolgen sollte, die nach Inbesitznahme dieser Stadt in Richtung Ferrara vordringen würde, war der 8. brit. Armee der Hauptstoß zugewiesen, der sie aus ihren Stellungen nahe dem Comacchiosee über den Unterlauf des Reno nach Nordwesten voranbringen sollte.

Ende März waren die Vorbereitungen der 15. alliierten HGr. beendet. Von der Adria bis wenige Kilometer südostwärts Bologna standen die vier Korps der 8. Armee in der Reihenfolge V. brit. AK, XIII. brit. AK, II. poln. AK und X. brit. AK bereit.

Im Raume südlich Bologna bis zum Mittelmeerufer südlich von Massa, Ligurien, stand die 5. US-Armee mit dem II. USK und IV. USK bereit, während die 92. US-ID den weiten Abschnitt nach Süden entlang der Küste hielt. Die letzte Offensive konnte beginnen.

Operation »Grapeshot«

Die von Gen. Clark, OB der 15. Armeegruppe, eingeleitete Operation »Grapeshot«, die am Morgen des 9. April 1945 begann, zielte mit zwei Schwerpunkten bei der 8. Armee auf den Raum des Comacchiosees und die Straße Faenza–Bologna. Ziel der 5. US-Armee war die Straße Florenz–Bologna und Pistoia–Bologna, mit dem Ziel der Vereinigung dieser beiden Stoßkeile bei Bondeno, 20 km nordwestlich Ferrara. Gelang dies, dann war die 10. deutsche Armee eingekesselt.

Im weiteren Vorgehen auf Verona sollten sodann die deutschen Verbindungslinien über den Brenner gesperrt und damit die gesamte HGr. C von ihrem Nachschub abgeschnitten werden.

Am 9. 4. 1945 setzte die brit. 8. Armee das V. AK, Gen. Keightley, und das II. poln. AK, Gen. Szysko-Bohusz, ein, deren sieben IDen von 1200 Geschützen, 700 Flugzeugen und 4 Panzerbrigaden unterstützt wurden.

Dieser Angriff zielte auf den Senio-Abschnitt, in dem das deutsche LXXVI. PzK verteidigte. Er begann um 16.00 Uhr, und bereits im ersten Anlauf konnte der Gegner einen tiefen Einbruch in Richtung Bagnara und Lugo erzielen und den Santerno erreichen. Es war die 8. indische Division, die auf der Naht zwischen der 98. ID und der 362. ID einen tiefen Einbruch erzielte und mit starken Panzerverbänden nachstieß. In der Nacht zum 11. 4. bildete diese Division einen Brückenkopf über den Santerno. Sie trat im Morgengrauen des 11. 4. auf der gesamten Front zum Angriff an und trieb die 362. ID weiter auf Conselice zurück. In einem hier ausgebauten Stützpunkt verteidigte das I./GR 1059, Hptm. Keppler, und hielt drei Tage lang den Angriffen der Inder stand, ehe es sich nach dem Tode seines Führers kämpfend auf den Reno zurückziehen mußte. Am 17. 4. erreichte die gesamte 362. ID diese Stellung.

Die 98. ID wurde ebenfalls zurückgeworfen, und die 278. ID, die mit den Regimentern 994 rechts und 992 links in der Hermann-Stellung, halbwegs zwischen Santerno und Senio, lag (während sich das GR 993 nordwestlich Imola in Ruhe befand), zog sich bis zum 11. 4. nördlich der Straße Bologna–Faenza kämpfend zurück.

Da sich das rechts an das LXXVI. PzK anschließende I. FschK ebenfalls zurückziehen mußte, um nicht mit offenen Flanken in der Luft zu hängen, war am 11. 4. die Front der 10. Armee durchbrochen. Alle ihre Verbände mußten sich rasch hinter den Reno zurückziehen.

Die 78. brit. ID war in Richtung Argenta durchgebrochen, und die 5. poln. ID eroberte am 12. 4. Castel Bolognese. Aber die 5. US-Armee war noch immer nicht angetreten. Erst am 14. 4. trat das IV. US-Korps auf der Linie Vergato–Castel d'Aiano zum Angriff an. Diesem schloß sich rechts davon das II. AK auf der Straße Florenz–Bologna an. Neun Divisionen, darunter die südafrikanische PD und die 1. US-PD, stürmten vorwärts.

Am selben Tage kam es bei Sesto Imolese zur letzten großen Schlacht auf dem italienischen Kriegsschauplatz. Am 13. 4. übernahm die 278. ID die Führung im Paula-Abschnitt mit dem Auftrag, am Sillaro eine neue Abwehrfront aufzubauen und die ausweichenden Teile des LXXVI. PzK aufzunehmen. Als am nächsten Morgen um 02.00 Uhr das feindliche Trommelfeuer einsetzte und der Gegner zwei Stunden später angriff, den Sillaro überschritt, in Sesto beim GR 992 einbrach und auch das GR 993 am Bahndamm überrumpelte, kam es zu einer Krisensituation, die erst bereinigt wurde, als es gegen 11.00 Uhr gelang, mit Unterstützung durch das AR 278 die hier vorgehende 10. ind. ID über den Fluß zurückzuwerfen. Am Abend des 14. 4. griffen Neuseeländer und Polen gleichzeitig an und drangen gegen 20.00 Uhr in Sesto ein. Der Ort wurde abgeriegelt, weil alle Gegenstöße nichts fruchteten. Es gelang nicht, die zurückgehende 98. ID in der offenen Nordflanke zum Stehen zu veranlassen und zum Einsatz zu bringen.

Am 15. 4. blieb es ruhig. Die 278. ID bereitete den Gegenangriff auf Sesto vor. Als aber GenLt. Harry Hoppe auf den GefStänden seiner Regimenter erschien, mußte er feststellen, daß diese nicht mehr angriffsfähig waren; und da zugleich auch weitere Fliegerangriffe einen neuen Feindangriff anzeigten, wurde auf den eigenen Gegenangriff verzichtet.

Am Abend dieses 15. 4. brach im Abschnitt der 278. ID die Hölle los. Ein wütendes Trommelfeuer aus allen Waffen ging auf die deutsche HKL herunter, und um 20.00 Uhr begann der Großangriff. Dieser Angriff erzwang einen Durchbruch in Richtung Fantuzza. Das GR 992 wurde zerschlagen. Die Hälfte seiner Männer wurde gefangengenommen. Dennoch konnten diese schwere Krise noch in der Nacht gemeistert und die aufklaffende Lücke bei Fantuzza geschlossen werden.

Der 16. 4. sah einen weiteren Großangriff der Neuseeländer und Polen. Beide Divisionen brachen im Abschnitt der neu in die Front eingeschobenen 4. FJD in Richtung Medicina durch. Crocetta ging verloren.

In zähen Zwischenfeldkämpfen gelang es der 278. ID, die Ausweitung dieses Durchbruchs in nordostwärtiger Richtung zu verhindern. Am Abend dieses 16. 4. mußte das I. FschK dennoch den Befehl zum Absetzen hinter den Quaderna geben.

Damit war die Schlacht um Sesto Imolese beendet. Vier Tage hatte die 278. ID im Brennpunkt der Abwehrkämpfe gestanden und durch ihr Halten das Abfließen der Divisionen des LXXVI. PzK ermöglicht. 2000 Soldaten dieser Division bezahlten ihr Ausharren mit dem Leben.

Die 362. ID hatte am 17. 4. die Reno-Stellung links neben der 278. ID erreicht. Den ganzen Tag über hatten die schweren Waffen und Panzervernichtungstrupps der 362. ID feindliche Panzeransammlungen bekämpft. Als der Gegner um 17.00 Uhr mit Panzern und Schlachtfliegerunterstützung angriff, wurde er abgewiesen. Die vom Korps der 362. ID zugeführten zwei schweren Pak leisteten gute Hilfe. Alle übrigen durchgebrochenen Feindpanzer wurden mit Panzerfäusten abgeschossen.

Am Morgen des 18. 4. setzte der Gegner hier seine Angriffe fort. Der ganze Div.-Abschnitt lag unter starkem ArtFeuer. Die eigene Artillerie bekämpfte erkannte Panzerbereitstellungen. Dennoch rollte im Morgengrauen des 20. 4. ein schwerer Panzerangriff mit frisch herangeführten Kräften gegen die HKL der 362. ID. Es gelangen einige Einbrüche, die aber abgeriegelt wurden. Um 09.00 Uhr folgte eine zweite Welle nach. Panzer mit aufgesessener Infanterie, von Raketen-Jabos unterstützt, versuchten die Einbruchsstelle auszuweiten. Die durchgebrochenen Feindpanzer wurden im direkten Beschuß gepackt.

Am 21. 4. erfolgte ein weiterer Einbruch, der im Gegenangriff bereinigt wurde. Gegen Mittag schoß die Feind-Artillerie wieder Nebelgranaten. Dies deutete auf den nächsten Angriff hin, der um 14.30 Uhr mit starken Panzerrudeln auf der gesamten Divisionsfront rollte. 17 angreifende Feindpanzer wurden abgeschossen, davon allein sieben durch den Gefr. Korti von der 3./sHPzJägAbt. 525; drei weitere wurden mit Panzerfäusten vernichtet. Die HKL konnte bis 17.00 Uhr gehalten werden.

Erst nach einem erneuten Trommelfeuer und massiertem Panzereinsatz gelang dem Gegner bei Molinella ein tiefer Einbruch. Zwar wurden fünf Panzer abgeschossen, aber ein Rudel von 25 Panzern drang durch. Gegen diese Feindpanzer angesetzte Panzerjagd-Trupps ermöglichten es, daß sich die 362. ID am 22. 4. kämpfend auf die Po-Stellung zurückziehen konnte.

Mit den beiden Nachbar-Verbänden, der 42. JD und der 98.

VGD, die ebenso stark angegriffen wurden, konnte Verbindung gehalten werden. Der rasch nachdrängende Gegner wurde in Gegenstößen abgewiesen, so daß die 362. ID bis zum 23. 4. den Po erreichte und bei Ro an den Übersetzstellen einen tiefen Brückenkopf bilden konnte. Hier versuchte der Gegner in rollenden Einsätzen die am Po stehenden deutschen Verbände zu vernichten. In den Abendstunden wurde der 362. ID die 42. JD, deren Stab zu einer Sonderverwendung benötigt wurde, unterstellt.

Die 278. ID, die sich am 17. 4. beiderseits Fiorentia am Quaderna eingerichtet hatte, wich am Abend dieses Tages befehlsgemäß in die rückwärts errichtete Dschingis-Khan-Stellung am Idice aus. Inzwischen waren die US-Truppen bei der 14. Armee nordwestlich Bologna durchgebrochen und stürmten weiter nach Norden vor. Bei S. Martino griff der Gegner am 19. 4. an und wurde vom GR 994 abgewiesen. Die 10. Armee setzte die 29. PGD ein, die es jedoch nicht verhindern konnte, daß englische Truppen am 20. 4. bei Argenta durchbrachen und durch das dadurch verursachte Zurückbiegen des linken Flügels der 278. ID der Dschingis-Khan-Abschnitt aufgegeben werden mußte. Die 278. ID besetzte am 21. 4. eine Zwischenstellung in der Linie Mezzolara–Molinella, aber die Verbindung zur 362. ID konnte nicht mehr hergestellt werden, obgleich die Divisionsführung den linken Flügel mehr und mehr von Mondenuovo bis Malalbergo verlängerte.

In der Nacht zum 22. 4. wurde der erste einer Reihe von Flüssen überquert, welche die Po-Ebene in Richtung Adria durchfließen. Beim Übergang über den Reno bei Malalbergo und Poggio Renatico gingen viele Fahrzeuge verloren, weil die Marschstraßen hoffnungslos verstopft waren. Als die Division den Uferwechsel nach Norden vollzogen hatte, übernahm sie den Schutz der linken Flanke des I. FschK bei Poggio Renatico.

Mit Front nach Osten wehrte die 278. ID hier alle Angriffe der aus dem Abschnitt der 362. ID zur überholenden Verfolgung angetretenen 6. brit. PD ab. In der Nacht zum 23. 4. setzte sie sich hinter den Panaro ab. Hier begann die Katastrophe, denn als das Vorauskommando gegen 20.00 Uhr an der Brücke von Bondeno eintraf, erhielt es Feuer. Der Gegner war schon vor ihm zur Stelle, und GenLt. Hoppe ließ bis 23.00 Uhr den Fährbetrieb bei Ponte

Rangoni herstellen. Er fuhr dann selbst nach Finale, weil der dortige Übergang ebenfalls zum Übersetzen vorbereitet sein sollte.

Als sie an dieser Stelle eintrafen, wo wenige Stunden vorher die 65. ID den Weg freigekämpft hatte, wobei der DivKdr., GenLt. Pfeiffer, fiel, rollten und marschierten Kolonnen Fallschirmjäger und solche der 14. Armee über den Fluß. An dieser Stelle, das war GenLt. Hoppe klar, würde er seine Division nicht über den Fluß bekommen. Er faßte den Entschluß, die feindbesetzte Brückenstelle bei Bondeno im Handstreich mit einer aus dem GR 992 und dem II./GR 994 gebildeten Stoßgruppe zu erkämpfen. Der Überfall scheiterte. Feindpanzer schossen die Angriffsgruppen zusammen.

Nunmehr mußten die Teile der Division, die nach Ponte Rangoni gelangt waren, auf einer Floßsackfähre und in zwei gefundenen Kähnen bei Ponte Rangoni übersetzen. Die Fahrzeuge blieben am Südufer des Flusses zurück, alle schweren Waffen ebenfalls.

Jene Gruppen der Division, die sich bei Reno Finale der Brücke von Finale schrittweise näherten, wurden im Morgengrauen von schwerer Artillerie eingedeckt. Auch hier gingen die Artillerie, die Fahrzeuge der Panzerjäger, Pioniere und der NachrAbt. verloren. Bei Finale, wo im Januar 1944 die 278. ID aufgestellt worden war, fand sie praktisch auch ihr Ende.

Am Mittag des 23. 4. erhielt GenLt. Hoppe Verbindung mit dem I.FschK. GenLt. Heidrich gab Hoppe Weisung, in der kommenden Nacht den Po zu überqueren. Gleichzeitig bat der KommGen. Hoppe und die Kommandeure der 1. und 4. FJD in seinen GefStand bei Il Bosco nahe Felonica.

Dort teilte er den Kommandeuren mit, daß für den Übergang über den Po nichts getan worden war und daß das wenige, was die rückwärtigen Dienste an Übergangsmöglichkeiten geschaffen hatten, durch die alliierte Luftwaffe zerbombt worden sei. GenLt. Hoppe, GenLt. Trettner und GenMaj. Schulz wollten dies nicht glauben, aber Heidrich hatte zuverlässige Meldungen der Vorauskommandos erhalten, die dies bestätigten. Er sagte den Kommandeuren seiner Divisionen:

»Meine Herren, ich muß in Anbetracht dieser Lage folgenden Befehl geben:

1. Das I. Fallschirmkorps setzt in der Nacht zum 24. 4. 1945 bei Felonica über den Po und verhindert am Nordufer das Übersetzen nachdringender Gegner.

2. Die 278. ID bildet zum Schutz des Überganges an der Bahnlinie südlich Felonica einen Brückenkopf und übernimmt mit den zuerst übergesetzten Teilen den Schutz der rechten Korpsflanke an der Nahtstelle zur 14. Armee.

3. Noch verbliebene Fahrzeuge sind zu verbrennen und in erster Linie noch kampfkräftige Teile überzusetzen. Krankenkraftwagen mit Verwundeten haben Vorrang vor allen anderen Fahrzeugen. Für die Nichtschwimmer sind die Reifen von den zu zerstörenden Autos abzumontieren.«

Das Übersetzen begann befehlsgemäß und dauerte bis zum Morgen des 24. 4. Bis dahin hielt Oberst Bröcker mit dem GR 993 und Teilen des GR 994 den Brückenkopf Felonica.

Alle Bemühungen von GenLt. Hoppe, die Verbindung zum linken Flügel der 14. Armee wieder herzustellen, waren erfolglos. Als schließlich um 19.00 Uhr dieses 24. 4. die ersten Feindpanzer das Südufer des Pos erreichten, ging bei der 278. ID der Befehl ein, sich hinter den Tartaro abzusetzen.

Die 362. ID, die sich mit ihren Nachbar-Divisionen am 22. und 23. 4. kämpfend bis zum Po zurückgezogen hatte und mit der 42. JD und der 98. VGD Verbindung hielt, konnte mit Unterstützung durch diese Divisionen in Gegenstößen und Gegenangriffen das zu rasche Vordringen des Gegners an den Po vereiteln. Am 23. 4. erreichte die 362. ID den Po und bildete bei Ro an den Übersetzstellen einen Brückenkopf. Hier griff der Gegner mit Panzern und Schlachtfliegerunterstützung an. Dennoch kamen die schweren Waffen sicher über den Fluß. Sie bezogen auf dem Nordufer Stellungen und eröffneten das Abwehrfeuer. Zwei bei diesen Feindangriffen erbeutete Panzer wurden in den Abwehrriegel eingebaut. Die 42. JD wurde am Abend des 23. 4. der 362. ID unterstellt.

Die ganze Nacht durch ging der Übersetzbetrieb weiter. Der Brückenkopf bei Ro hielt sich noch bis zum Morgen des 25. 4., dann erst begann das Übersetzen der letzten KGr. der 362. ID auf das Nordufer. Als gerade die Fähren vernichtet werden sollten, zeigten sich auf dem Südufer noch versprengte Soldaten, die zu ihnen herüberwinkten. Oblt. Obermeier fuhr mit einem Pi-Trupp noch einmal im feindlichen MG-Feuer über den Fluß und holte die letzten auf das Nordufer herüber.

Am 25. 4. setzte die 362. ID über die Etsch und erreichte bis zum

28. 4. die Brenta, um sodann im Eilmarsch nach Belluno zu ziehen, wo eine Straßenkreuzung bei Ponte nelle Alpi offenzuhalten war. Am 1. 5. wurde Belluno passiert und die Richtung zum Ponte nelle Alpi eingeschlagen. Kurz vor der Brücke kam ihnen ein alliierter Offizier entgegen und berichtete, daß jenseits der Brücke deutsche und alliierte Verwundete lägen. GenMaj. Reinwald ließ die Verwundeten bergen. Es fanden hier keine Kampfhandlungen mehr statt, und in den Mittagsstunden des 2. 5. traf vom LXXVI. PzK die Nachricht ein, daß ab 14.00 Uhr der Waffenstillstand gültig und in Kraft sei.

Der Einsatz war für die 362. ID und die ihr unterstellte 42. JD zu Ende.

Die 278. ID überschritt den Tartaro in der Nacht zum 25. 4. über eine Brücke vier km nordwestlich S. Pietro in Valle. Beim weiteren Rückzug wurden Versprengte der 8. GebDiv. und der 305. ID der 14. Armee aufgenommen. Als die Etsch erreicht wurde, mußte die 278. ID feststellen, daß die große Straßenbrücke und die Eisenbahnbrücke bereits gesprengt waren. So mußte in der Nacht zum 26. 4. mit Kähnen übergesetzt werden. Das FüsilierBatl. erhielt Weisung, auf dem Westufer mit zwei Kpn. einen Brückenkopf zu halten. Dieser wurde gegen 11.00 Uhr von Feindpanzern zusammengeschossen. Hptm. von Bracht fiel in diesem Kampf. Es war die 91. US-ID, die versuchte, mit Schwimmpanzern Übersetzgerät einzufahren. Mit Panzerfäusten wurden zwei Panzer abgeschossen.

Es ging weiter zurück, und am Abend des 26. 4. konnte mit der 1. FJD Verbindung aufgenommen werden. Am späten Abend fand noch einmal in Anwesenheit des OB der 10. Armee, GendPzTr. Herr, eine Befehlsausgabe beim I. FschK statt. An seine Fallschirmjäger und die 278. ID richtete GendFschTr. Heidrich folgende letzte Worte:

»Wir haben bis zuletzt unsere Pflicht getan und fühlen uns nicht geschlagen. — Erhaltet euren Fallschirmjägergeist! Selbst wenn wir uns vorübergehend trennen müssen, so bleiben wir trotz allem eine Gemeinschaft. Jeder von euch muß wissen, daß die dunkelste Stunde unseres Volkes Würde verlangt. Gedenkt der gefallenen Kameraden, die für uns alle starben.«

In der Nacht zum 27. 4. erreichte die 278. ID die Voralpenstellung. Im Raume Grunolo–S. Maria–Camisano wurde die Divi-

95

sion eingeschlossen. Der Versuch, die Alpenstellung im Raume Thiene–Lugo zu erreichen, schlug fehl. Es kam bei beiden Marschkolonnen, die gebildet worden waren, zum Gefecht. Die Reste der 278. ID erreichten am Morgen des 30. 4. Feltre. Vom Westausgang von Feltre aus trat die Div. am 1. 5. 1945 um 16.00 Uhr in Richtung Belluno an. Sie war auf 1200 Mann zusammengeschmolzen. Am Spätabend wurde Belluno erreicht. Hier erfuhr GenLt. Hoppe, daß US-Truppen von Vittorio Veneto aus bereits die Straßenkreuzung sechs Kilometer nördlich Belluno erreicht hatten. Der Versuch, diese Straße mit einer Kampfgruppe der 362. ID freizukämpfen, scheiterte.

Die hier nun zusammengetroffenen 362., 98. und 278. IDen machten in Belluno kehrt und marschierten ins Agordo-Tal. Bei Alb. la Stange brachte eine wuchtige Straßensperre den Marsch zum Stocken. Als Pioniere die Sperre beiseite räumten, ging kurz nach 13.00 Uhr ein Funkspruch ein, der für 14.00 Uhr Waffenruhe anordnete.

Da die 98. ID noch nach 14.00 Uhr Feuer erhielt, fuhren GenLt. Hoppe und Oberstleutnant von Recum zu den Amerikanern und erfuhren hier, daß der befehlsführende Oberst noch keine Kenntnis vom Waffenstillstand hatte. GenLt. Hoppe fuhr mit US-Brigadegeneral Hendrix nach Feltre zum GefStand der 88. US-ID und — als auch hier noch keine Waffenstillstands-Befehle vorlagen — weiter zum II. US-Korps bei Bassano. Der Komm. US-General stellte eine Fernsprechverbindung mit dem Armeestab her und teilte um 18.00 Uhr mit, daß die Feuereinstellung auf 18.00 Uhr angesetzt worden sei.

Auf dem Rückweg zu seiner Division traf GenLt. Hoppe in Feltre auf GenLt. von Graffen und den Chef des Stabes des I. FschK, Oberst i. G. Koller-Krauß, die inzwischen die Übergabeverhandlungen eingeleitet hatten.

Die Offensive der 5. US-Armee

Im Großraum Bologna, dem wichtigsten Ziel der alliierten Offensive, stand im Zentrum der Abwehrkämpfe die 1. FJD unter GenMaj. Karl-Lothar Schulz. Ihm war es gelungen, gemeinsam mit

Oben: Am 3. März 1945 erreichen gepanzerte Truppen und Infanterie der 3. US-Armee Lünebach bei Prün.
Unten: Schutzwallbau an Ostpreußens Grenze durch die Bevölkerung.

Oben: Nahe Xanten überschreiten Truppen der schottischen 15. Division am 24. März 1945 den Rhein.
Unten: 26. Februar 1945 bei Xanten. Ein Kanadier des I. Corps bewacht drei deutsche Gefangene vor einem von Panzern zerschossenen Bauernhof.

*Hochdekorierte Frontoffiziere mußten Anfang 1945 in sog. »Wehrertüchtigungs-
lagern« Angehörige der Hitler-Jugend an der »Panzerfaust« ausbilden. Die
knapp 16jährigen Jungen wurden dann dem Volkssturm eingegliedert.*

Oben: 8. Februar 1945. Die neue Offensive an der Westfront ist eröffnet. Infanterie überwindet offenes Gelände.
Unten: Infanteristen der 90. Infanterie-Division und gepanzerte Fahrzeuge der 6. Panzer-Division der 3. US-Armee passieren die »Drachenzähne« der Siegfriedlinie bei Heckhuscheid.

der 305. und 65. ID den Angriff des Gegners im Winter 1944/45 zehn Kilometer vor der Stadt zum Stehen zu bringen.

Seit Anfang März 1945 begannen die Alliierten an dieser Stelle der Front mit dem Feuer ihrer Artillerie auf erkannte deutsche Stellungen. Das in diesem Abschnitt verteidigende XIV. PzK mit der 94., 65. ID und der 8. GD erfuhr durch Späh- und Stoßtruppunternehmungen, bei denen Gefangene eingebracht wurden, von den alliierten Vorbereitungen. Panzergeräusche zeigten das Vorhandensein starker feindlicher Panzerkräfte an.

Die 5. US-Armee begann ihre Offensive am 14. 4. 1945. Nach einem Trommelfeuer aus 450 Geschützen und dem Einsatz Hunderter Bomber und Kampfflugzeuge trat zunächst das IV. US-Korps unter GenMaj. Crittenberger auf der Linie Vergato–Castel d'Aiano zum Angriff an. Die 1. US-PD, die 10. GebDiv. und die 1. brasilianische ID stürmten vorwärts, während die Korpsführung die 85. ID vorerst noch als Reserve nachführte.

Rechts davon, entlang der Straße Florenz–Bologna, war es das II. US-Korps unter GenLt. Keyes, das mit der KGr. »Legnano«, der 34., 91. und 88. ID und der 6. südafr. PD zum Angriff vorbrach.

Der Gewalt dieser neun Großverbände, darunter zwei voll aufgefüllte Panzerdivisionen, vermochte die dünne deutsche Abwehrfront nicht lange standzuhalten. Ihr Zusammenbruch wurde mit durch den Angriffsschwung der 8. brit. Armee beschleunigt, die auf der rechten Flanke in Richtung Ferrara gut vorankam. Das II. polnische Korps, das am 17. 4. Imola eroberte und zwei Tage später San Pietro freikämpfte, griff am Abend des 19. 4. bereits die südöstlich vor Bologna stehenden deutschen Verbände an und trat am nächsten Morgen zum Sturm auf die Stadt an.

Die im Zentrum des Angriffs liegenden deutschen Divisionen um Bologna, die 305. und 65. hart südlich Bologna, die nach Südwesten etwas vorgestaffelte 8. GebDiv. und die 94. und 334. ID, wurden durch Artillerietreffer in den Boden getrieben. Als das Feuer zurückverlegte, griffen vier Divisionen des II. US-Korps an. Es war die 22. FlakBrigade, Oberst Müller, die bei der vom Hauptschwerpunkt erfaßten 8. GebDiv. und der 94. ID die angreifenden Feindpanzer stoppte.

Genau auf der Nahtstelle zwischen dem XIV. PzK und dem LI. GebK stieß wenige Stunden später der Schwerpunkt des IV. US-Korps mit dem durch die 1. US-PD gebildeten Stoßkeil und riß hier die HKL auseinander. Auf dem linken Flügel des XIV. PzK zum I. FschK klaffte bald eine Lücke auf, durch welche britische Truppen in Richtung Bondeno westlich Ferrara durchstürmten.

Die Front war an einigen Stellen durchbrochen, und mit Beginn des zweiten Angriffstages tauchten 100 Bomber über der Front auf und bombten die deutschen Stellungen, auf die gleichzeitig ein dichtes Artilleriefeuer niederging, das sich zu einem wilden Trommeln steigerte. Einige dieser Einbrüche konnten bereinigt werden. Bologna war noch in deutscher Hand. Bis zum 20. 4. erreichte die 6. südafr. PD Casalecchio di Reno, etwa 7 km vor Bologna. Die Spitzenverbände des IV. US-Korps hatten die Straße nach Modena erreicht und sie überschritten.

Die 10. US-GebDiv. erreichte bis zum 22. 4. San Benedetto.

Als die 6. südafr. PD und die 6. brit. PD bei Bondeno zusammentrafen, hatten sich die in diesem Sack vermuteten Divisionen der 10. Armee der Einkesselung entzogen. Aber die Verbindung zwischen beiden deutschen Armeen war ein paar Kilometer südlich des Pos unterbrochen. Dennoch konnten 25 000 Gefangene gemacht werden. Unter ihnen befanden sich Soldaten der 65. und 305. ID und der 8. GebDiv. Der Kommandeur der 305. ID ging hier ebenso in die Gefangenschaft wie der KommGen. des LXXVI. PzK, GendPzTr. Graf von Schwerin.

Die Po-Ebene war von fast allen alliierten Streitkräften am 20. 4. erreicht. Die zum Gegenangriff angesetzte 90. PGD konnte diesen Durchbruch nicht verhindern. General von Senger und Etterlin, KommGen. des XIV. PzK, befahl die Räumung von Bologna und den Rückzug zum Po. Damit wurde Bologna kampflos geräumt.

Noch am selben Tage ordnete auch das HGrKdo. den Rückzug aller Kräfte zum Po an. Während es der 10. Armee gelang, den Großteil der Kräfte dorthin zurückzuführen, wurde die 14. Armee auseinandergesprengt. Teile des XIV. PzK zogen sich nach Nordwesten in Richtung auf den Panaro zurück. Im Raume Camposanto hielten die Reste der 65. und 305. ID die 85. US-ID noch einmal auf. Währenddessen überschritt die 10. US-GebDiv. den Panaro und stieß direkt nach Norden vor, um S. Benedetto am Po zu erreichen. Links von ihr rollte die 1. US-PD nach Guastella am Po-Knie.

Auf der Brücke in Finale, über welche sich die Reste des XIV. PzK zurückzogen, fiel GenLt. Pfeiffer, der Kdr. der 65. ID.

Zwischen Finale und Ostiglia wurden schließlich die Reste der drei Divisionen dieses PzK gefangengenommen.

Auch das LI. GebKorps, das sich mit Resten seiner Divisionen von Modena über Parma bis Piacenza am Po durchschlug, mußte sich bei Fornovo der 34. US-ID und der 1. bras. ID ergeben. Bis zum 30. 4. wurde hier noch Widerstand geleistet.

Die 10. US-GebDiv., die mit Zielrichtung Gardasee weiter vorgestoßen war, traf am 26. 4. am Südufer dieses Sees ein und erreichte den Sitz des bevollmächtigten Vertreters des Deutschen Reiches, Botschafter Rahn. Der Krieg war an der Italienfront zu Ende.

Der Endkampf im Großraum nördliche Adria

Etwa am 30. 4. 1945, als der Waffenstillstand längst feststand, stellten die 5. US-Armee und die britische 8. Armee ihren Vormarsch auf der gesamten Frontbreite ein. Plötzlich aber klingelte im alliierten Hauptquartier ein Alarmzeichen, als die Truppen Marschall Titos am 30. 4. Triest erreichten und die Stadt in Besitz zu nehmen versuchten, was ihnen nicht gelang. Weitere gut bewaffnete Partisanenverbände stießen auf Görz vor und besetzten bis zum 2. 5. ganz Istrien mit dem Seestützpunkt Pola.

Gen. MacCreery, der OB der 8. brit. Armee, befahl nunmehr der am weitesten nach Osten herausgestaffelten 2. neuseel. Div., so schnell wie möglich in Richtung Triest vorzubrechen und die Stadt in Besitz zu nehmen. Bei Monfalcone stießen die Neuseeländer am 1. 5. auf die vordersten Tito-Truppen. Aber sie ließen sich nicht bremsen, sondern marschierten trotz der Proteste der Jugoslawen nach Triest weiter und nahmen am 2. 5. die Kapitulation der Besatzung dieses Hafens, die von FKpt. Birnbaum geführt wurde, entgegen. Damit war im Nordosten ebenfalls der Krieg beendet.

Das Armeeoberkommando Ligurien in den Westalpen, das unter dem Oberbefehl vom Marschall Graziani stand, hatte im Winter 1944/45 im harten Einsatz gegen französische Gebirgstruppen standgehalten.

Anfang März verstärkten die französischen Gebirgstruppen ihre

Versuche, in das Gebiet des Großen St. Bernhard vorzudringen. Hier lag die 5. GebDiv., die einst in Kreta und bei Monte Cassino gekämpft hatte.

Als Mitte April die französische Armee des Alpes gegen die Front des LXXV. GebAK, GendGebTr. Schlemmer, antrat, wurde sie abgewiesen. Erst am 25. 4. kam auch hier das Ende, als das Korps Befehl erhielt, sich mit der 5. GD, GenMaj. Steets, entlang der Bernhardino-Straße über Aosta zurückzuziehen, während die 34. ID, GenLt. Lieb, und die 2. ital. ID den Raum westlich Turin erreichen sollten.

Vor Aosta und Ivrea stieß die 5. GD auf Partisanenverbände und italienische Fallschirmjäger. Das LXXV. GebK igelte sich ein. Alle Pak wurden in Stellung gebracht, als das Nahen der 1. US-PD gemeldet wurde. Der Chef der Partisanenverbände, General Cadorno (nach dem Kriege erster Generalstabschef des neuen ital. Heeres), traf am 28. 4. zu Verhandlungen in Rivoli ein. In seiner Begleitung war der Kardinal-Erzbischof von Turin. GenMaj. Steets ließ die gefangengenommenen Partisanen frei, und im Gegenzug erließ General Cadorno eine Waffenruhe bis zur Kapitulation.

Das Hauptquartier der Armee Ligurien hatte inzwischen nach Mandello am Comer See verlegt. Hier geriet es in Gefangenschaft. Der Kampf war damit auch in Ligurien beendet.

Die Friedensbemühungen in Italien

Lange bevor die Soldaten an der Front einschließlich ihrer Kommandeure etwas davon ahnten, wurden in Italien bereits die ersten Friedensfühler ausgestreckt. Sie liefen über die Dienststelle des höchsten SS-Polizeiführers Italien, SS-Obergruppenführer Wolff, und den Reichsbevollmächtigten für Italien, Rahn. Letzterer hatte bereits im Spätherbst 1944 mit dem Kardinal von Mailand, Schuster, Verbindung aufgenommen und durch ihn die Verbindung zu US-Diplomaten herstellen lassen.

Im Februar 1945 wurde der Abwehr bekannt, daß der Chef der US-Abwehr, Dulles, in der Schweiz eingetroffen sei, um sich die deutschen Vorstellungen über einen separaten Friedensschluß in Italien anzuhören. SS-Standartenführer Dollmann erhielt von seinem Vorgesetzten SS-Obergruppenführer Wolff Weisung, die Verbindung zu Dulles aufzunehmen. Nachdem diese zustande gekommen war und Dulles seine Bereitschaft dazu hatte erkennen lassen, reiste am 8. 3. 1945 Wolff in die Schweiz und nahm die Verhandlungen mit Dulles auf.

Am 19. 3. fand in Lugano im Hause eines neutralen Schweizers das entscheidende Gespräch zwischen Wolff, General Lemnitzer und General Airey statt. Eine Einigung kam zwar noch nicht zustande, weil die deutsche Bitte an die Alliierten, ihre Offensive einzustellen, nicht akzeptiert werden konnte, da diese mit dem sowjetischen Oberkommando abgesprochen und bindend zugesagt worden war.

Nun erschien Wolff im Hauptquartier der HGr. C bei GenOberst von Vietinghoff, um diesen als Verhandlungspartner von Gewicht für das nächste Gespräch zu gewinnen. Der GenOberst zögerte zwar, sprach sich aber gegenüber GendPzTr. Röttiger, seinem Chef des GenStabes, für sofortige Verhandlungen aus.

An diesem Gespräch, das am 22. 4. 1944 — als sich das Ende am Po abzeichnete — im HQ des OB stattfand, nahmen neben von Vietinghoff und Röttiger auch Obergruppenführer Wolff, Reichsbevollmächtigter Rahn und der Gauleiter von Tirol, Hofer, teil. Es wurde der Entschluß zur Fortsetzung des Gespräches mit den Alliierten gefaßt und Obergruppenführer Wolff als Verhandlungsführer bestimmt. Als Vertreter der HGr. C nahm Oberstleutnant von Schweinitz an den Verhandlungen teil. Dieses Gespräch erzielte Übereinstimmung, da die deutsche Wehrmacht in Italien ohne Vorbehalte zur Kapitulation bereit war. Nunmehr entsandte GenOberst von Vietinghoff Oberstleutnant i. G. von Schweinitz und SS-Standartenführer Dollmann ins alliierte Hauptquartier nach Caserta, wo am 29. 4. 1945 die Kapitulationsurkunde unterzeichnet wurde.

Zunächst widersetzte sich GFM Kesselring nach Bekanntwerden dieser Kapitulation und setzte die Spitzen der HGr. Südwest — der HGr. C — ab. Generaloberst von Vietinghoff wurde festgenommen. Auch Obergruppenführer Wolff wurde seines Amtes enthoben. An seine Stelle trat SS-Obergruppenführer Kaltenbrunner. Doch keiner der Männer gab nach, und der abgesetzte Generalstabschef, GendPzTr. Röttiger, ließ den neuen Oberbefehlshaber, GendInf. Schulz, und dessen Stabschef, GenLt. Wentzell, verhaften.

Dieses wilde Hin und Her von Verhaften und Verhaftetwerden nahm erst nach dem Bekanntwerden von Hitlers Tod ein Ende. GFM Kesselring befahl die Freilassung von GenOberst von Vietinghoff und setzte ihn und GendPzTr. Röttiger wieder in ihre alten Dienststellungen ein. GendInf. Schulz kehrte zur Heeresgruppe G zurück, mit der er in Haar bei München am 6. 5. 1945 kapitulierte.

Damit war auch die Kapitulation auf dem italienischen Festland am 2. 5. 1945 von GFM Kesselring bestätigt, und als Großadmiral Dönitz am Morgen des 3. 5. 1945 von GFM Kesselring die Mitteilung erhielt, daß er die Kapitulation der HGr. Südwest vom 2. Mai decke und um Dönitz' Zustimmung bat, erteilte dieser sofort die Genehmigung, »weil wir uns«, wie er sagte, »über jeden Raum freuen können, in den die Amerikaner und nicht die Russen einmarschieren«.

General Clark, alliierter Oberbefehlshaber, nahm in Verona die Kapitulation an, die GendPzTr. von Senger und Etterlin überbrachte. Die 250 000 Soldaten der HGr. C, der Luftwaffe und der Marine streckten die Waffen und gingen in die Kriegsgefangenschaft.

Das Schlußwort zu diesem Abschnitt sei Feldmarschall Alexander, Earl of Tunis, vorbehalten, der in seinen Erinnerungen über die letzten Kampftage in Italien schrieb:

»Nicht einmal der offensichtlich bevorstehende Zusammenbruch der das Vaterland verteidigenden Armeen konnte in Italien den deutschen Soldaten verführen, seine soldatischen Pflichten im Stich zu lassen.«

Endkampf bei der Heeresgruppe E

*Vorbemerkungen zur Lage der Heeresgruppen E und F
im Bereich des Oberbefehlshabers Südost*

Da im Sommer 1943, nach Ende des Kampfes in Afrika, der Balkan
aus seinem Dornröschenschlaf erwachte und sich griechische und
vor allem jugoslawische Partisanen mehr und mehr regten, wurde
in diesem Bereich vom OB Südost die HGr. E (die identisch war mit
dem OB Südost) geteilt. Während die alte HGr. E im Raum
Griechenland–Mazedonien führte, übernahm die neugebildete
HGr. F unter GFM von Weichs als OB Südost von Belgrad aus die
Führung auf dem gesamten Balkan.

Im griechischen Raum stand die HGr. E, Generaloberst Löhr,
vor einer schwierigen Aufgabe, vor allem von dem Zeitpunkt an,
als die Italiener vom Achsenbündnis abfielen und damit auch die
italienischen Truppenverbände eine Gefahr wurden.

Das damalige Oberkommando Südost in Belgrad unter GFM
von Weichs erhielt die Aufgabe, den Südostraum zu verteidigen.
Und zwar ganz Griechenland und Albanien bis hinauf nach
Kroatien mit der 2. PzArmee. Serbien sollte durch den Militär-
befehlshaber Südost gehalten werden. Die HGr. E hatte nach wie
vor den für ihre Kräfte und Ausrüstung nicht durchführbaren
Auftrag, den Feind an der griechischen Küste zu stoppen und ins
Meer zu werfen.

Noch vor dem Abfall Rumäniens und Bulgariens wurden Gen-
Oberst Löhr und GFM von Weichs um die Mitte des August 1944
ins FHQ befohlen. Sie trugen dort ihre Bedenken gegenüber der
Kräftegruppierung der HGr. E vor. Doch Hitler ließ sich zu keiner
Änderung des Auftrages bewegen.

Kaum auf den Kriegsschauplatz zurückgekehrt, erfolgte am
24. 8. der Abfall Rumäniens vom Achsenbündnis, dem sich wenige
Tage später der Abfall Bulgariens anschloß. Sofort wurde Gen-
Oberst Löhr wieder ins FHQ zurückbeordert und erhielt am 1. 9.
1944 den Befehl, seine Truppen und Versorgungsgüter in der Tiefe

des Raumes zurückzustaffeln, was er wenige Tage vorher beantragt hatte, um einen geordneten Rückzug vorbereiten zu können.

Das XXI. GebK wurde mit der 181. und 297. ID aus Albanien
nach Griechenland verlegt. Nach dem Abfall der Bulgaren sollte
nunmehr die HGr. E in Nordalbanien (Skoplje–bulgarisch-jugosla-
wische Staatsgrenze) bis zum Eisernen Tor eine Abwehrlinie
aufbauen.

Die 2. PzArmee erhielt gleichzeitig damit den Befehl, im Osten
in der durch diese Bewegungen entstandenen Lücke zwischen der
HGr. E und der HGr. Süd eine neue Front zu errichten, deren
rechter Flügel an der Donau in gleicher Höhe wie die HGr. E und
deren linker Flügel in den Karpaten im Raume Lugoj verlaufen
sollte. Darüber hinaus sollte die 2. PzArmee die Adriaküste
sichern.

Bis die HGr. E im Raume Belgrad eintreffen konnte, bestand
bereits für die jugoslawische Hauptstadt Gefahr. Deshalb wurden
General Schneckenburger, der deutsche General in Bulgarien, und
(nach seinem Tode) General Felber, der Militärbefehlshaber Südost, mit der Verteidigung dieses Raumes mit den dort vorhandenen
Kräften beauftragt, bis die HGr. E eingetroffen war.

Die Armeegruppe Felber setzte sich aus verschiedensten Truppenteilen zusammen, darunter auch einige kampfkräftige Divisionen.

Die Rückzugsbewegungen aus Griechenland und von den Inseln
der Südägäis begannen Anfang September 1944. Die bulgarische
Kriegserklärung gegen Deutschland am 9. 9. brachte einen neuen
Gegner in Gestalt der 5. bulgarischen Armee, die noch im Rücken
der HGr. E stand, während das in Thrakien liegende II. bulg.
Korps in deren Flanke stand. Die bulgarischen Streitkräfte wurden
teils erst nach hartem Kampf überwunden und entwaffnet. Andere
Gruppen zogen sich nach Bulgarien zurück.

Als am 20. 9. 1944 feststand, daß die stark besetzten Inseln
Kreta und Rhodos nicht mehr zu räumen waren, wurden dort
kampfkräftige Festungsbesatzungen zurückgelassen. Auf Rhodos
übernahm GenMaj. Wagner die Führung, während auf Kreta
GenMaj. Benthack den Befehl übernahm.

Der Peloponnes wurde geräumt, und ab 1. 10. 1944 begann die
Räumung von Attika mit Athen. Die griechische Hauptstadt
wurde bereits am 4. 10. dem griechischen Bürgermeister über-

geben, während der Abtransport noch bis zum 12. 10. dauerte. Diese Rückführungstransporte gingen nach Saloniki.

Währenddessen war im Großraum Belgrad die Rote Armee zum Angriff angetreten und hatte am 14. 10. Nisch erobert. Aus dieser Gegend bewegten sich wenig später starke sowjetische Kräfte nach Südwesten genau gegen die ungedeckten Rückzugslinien der HGr. E. Damit war ein Durchbruch über Karaljevo in Richtung Belgrad nicht mehr möglich, zumal die Rote Armee bereits dicht vor Belgrad stand und deren Einnahme nur noch eine Frage von Tagen sein konnte.

Im Raum Karaljevo kämpften noch Verbände des XXXIV. AK unter General Müller und Teile der Armeegruppe Felber in und um Belgrad. Die beiden Heeresgruppen waren damit bereits praktisch in Südserbien eingeschlossen. Von Nisch rückte eine bulgarische Armee heran, die nun mit den sowjetischen Truppen gemeinsam gegen ihre ehemaligen Verbündeten marschierte.

Während die Truppen unter General Müller bei Karaljevo kämpften, standen in der Stadt selbst Verbände der SS-Div. »Prinz Eugen«. Die Stadt wurde gehalten, und am 2. 11. kamen auch die ersten Teile der herangeschafften 117. JD und der 181. ID zum Einsatz.

Bis Mitte November hatte sich die Lage stabilisiert. Der Stab des Oberkommandos der HGr. E richtete sich in Sarajevo ein. Wenige Tage später sah sich die HGr. E gezwungen, nach Bosnien weiterzumarschieren.

Der Rückzug aus Albanien und Montenegro begann Ende Oktober 1944 in genauer Abstimmung mit der Aufgabe von Korfu und Sarande. Es ging durch Tirana, wo der Durchzug der Truppen erst im Kampf erzwungen werden mußte, nach Podgorica und über Kotor nach Grab und Trebinje. Da die Brücken über die Moraca-Schlucht und einige andere von Partisanenverbänden zerstört waren, wurde die Moraca-Brücke in zwölftägiger Arbeit von Pionieren erneuert. Es ging über einige Pässe zurück bis in den Raum Visegrad und von dort nach Sarajevo. Es sah nun so aus, als sollte der Rückzug trotz der durch Hitler selbst verschuldeten Verzögerungen gelingen.

In der Heeresgruppe E, Generaloberst Löhr, standen am 1. 1. 1945 sieben Armeekorps, darunter ein Kosaken-Kavallerie-Korps. Die Truppen, über welche diese Korps verfügten, waren: vier Infanterie-Divisionen, drei kroatische Legions-Divisionen, eine Grenadier-Division, eine Gebirgs-Division, eine Luftwaffen-Feld-Division, eine SS-Gebirgs-Division und zwei Kavallerie-Divisionen mit Kosakenpersonal.

Das heißt, daß die gesamte HGr. E über keinen Panzerverband verfügte. Die Lage in Kroatien und Bosnien war dergestalt, daß GenOberst Löhr im Frühjahr 1945 mit neuen Angriffsbewegungen des Feindes im Südostraum beiderseits der Donau rechnete. Es kam jetzt erst darauf an, die im Raume Kroatien eingeschränkte Operationsfreiheit zurückzugewinnen. Dazu mußten die starken Partisanengruppen, welche die Bahnlinie und die Hauptstraße Sarajevo–Brod von beiden Seiten gefährdeten, niedergekämpft oder zurückgeschlagen werden. Darüber hinaus galt es die wichtige Verbindung Brod–Agram zu sichern. An der Lika stand das XV. GebKorps in kritischer Lage, und auch südlich der Donau an der Syrmischen Front galt es, die Lage zu stabilisieren. Alles dies waren Aufgaben, welche die Kräfte der Heeresgruppe weit überstiegen.

Dennoch versuchte GenOberst Löhr mit seinem Chef des Generalstabes, GenMaj. Schmidt-Richberg, das Gesetz des Handelns wieder in die Hand zu bekommen. Dazu wurde ein Teil der 104. JD im Bahntransport zum XV. GebK transportiert, während das Gros der Division in den Bereitstellungsraum Zenica einrückte, um von dort aus gegen Travnik und die in diesem Raum vermutete Partisanenzentrale vorzugehen. Oberstleutnant von Eberlein stand hier mit zwei SichBatl. und zwei Kosakenregimentern ebenfalls bereit. General von Ludwiger, KommGen. des XXI. GebK, der hier führte, mußte wegen der Schneelage den Einsatz gegen Travnik mehrmals verschieben. Mitte Januar aber traten die Kampfgruppen an und eroberten den Raum in einem vier Tage andauernden Gefecht, das allerdings nicht die erhoffte Vernichtung der Partisanengruppen brachte.

Die 104. JD wurde nunmehr entlassen und trat von Zenica aus den Weitermarsch nach Norden zum XV. GebK an. Bevor sie dort ankam, wurde sie laut Befehl des OKW in den Raum Djakovo geschafft, wo sie zu einem geplanten Drau-Unternehmen aufgefrischt werden sollte. Die HGr. E stellte den Antrag, daß je ein Regiment dieser Division vorher noch einen Angriff auf Doboj und Janja führen sollten. Diesem Antrag lag die Gefährdung der deutschen Garnison von Gracanica zugrunde, die lediglich von einer Heeres-Flak-Abt. gesichert wurde und um die Partisanengruppen bereits einen dichten Einschließungsring gezogen hatten.

Das JR 724 trat zu diesem Unternehmen von Doboj aus an und fegte vorerst diesen Raum frei. Der im Raume Janja schwer kämpfenden 22. GD wurde das JR 734 zugeführt, welches die Lage stabilisieren half.

Die Lage in Syrmien war dadurch kritisch geworden, weil von dieser Front die 1. GebDiv. und die 118. JD Ende November 1944 abgezogen und der 2. PzArmee unterstellt worden waren.

Hier führte nunmehr das XXXIV. AK, Gen.Felmy, dem die 117. JD, Gen Maj. Wittmann, und eine Rgt.-Gruppe der 264. ID zur Verfügung standen. Diese Verbände hielten den Raum von der Donau ostwärts Vukovár nach Süden bis zur Bahnlinie Vinkovce–Sl. Mitrovica. Von dort führte sie bis Otok. Die 7. SS-Div. und die Division »Skanderbeg«, die allerdings nicht mehr als Regimentsstärke hatte, waren inzwischen in dem Raum Bjelina eingetroffen, wo sie in dauernden Kämpfen mit starken Partisanenverbänden standen. Durch diesen Raum wurde die 11. Lw.FeldDiv., GenLt. Henke, in den Abschnitt Osijec–Valpovo geführt. Sie sollte die aufklaffende Lücke schließen, die durch das Ausweichen der 2. Pz-Armee nach Westen entstanden war.

Auch an der Nordflanke der HGr. E klaffte entlang der Drau eine sich ständig verbreiternde Lücke. Zur Drau-Sicherung wurde die Kampfgruppe Fischer westlich der 11. LwFeldDiv. eingesetzt. Sie verfügte lediglich über die KorpsAufklAbt. 68 und einige Polizeikompanien. Eine Drau-Front, wie sie notwendig gewesen wäre, konnte aus eigenen Kräften nicht bis zum rechten Flügel der 2. PzArmee aufgebaut werden. Feindkräfte waren, die Gunst der Stunde ausnutzend, bei Virovitica über die Drau gedrungen. Bei Barces hatten sie ferner einen starken Brückenkopf gebildet.

Es war nun General Felmys Aufgabe, mit seinem XXXIV. AK die Bahnlinie Vinkovce–Brcka zu schützen. Zur Durchführung der dazu notwendigen Aufgaben wurde ihm die 7. SS-Div. zugeführt. Der

Angriff in diesem Raum begann am 9. 1. 1945. Aus ihren Stellungen traten ein Regiment der 264. ID und die 117. JD zum Angriff an, während die 7. SS-Div. von Otok antrat. Letztere stürmte rasch vor, eroberte Nemci und bildete — wenn auch nur für kurze Zeit — am Buzot einen Brückenkopf. Die 117. JD kämpfte sich gegen starken Feind schrittweise vorwärts, während das Rgt. der 264. ID an einem nur zur Hälfte zugefrorenen Kanal liegenblieb. Da die Partisanen ihre schweren Waffen nur schlecht über das dünne Eis des Buzot schaffen konnten, gelang der 7. SS-Div. die Erbeutung von 20 Pak und anderem schwerem Gerät.

Die 41. ID war während dieser Kämpfe in zügigem Fußmarsch auf der Straße Sarajevo–Brod in den Kampfraum gelangt und löste hier die 7. SS-Div. und das Rgt. der 264. ID ab. Im Raume nördlich Nasice war bis zum 15. 1. die 297. ID im Fußmarsch aus Sarajevo eingetroffen.

Um die Lage an der Drau zu festigen, wurde ein Angriff mit zwei Angriffsgruppen durchgezogen. Die Drau wurde erreicht und der Kampfraum gesäubert. Die Truppen der HGr. E mußten sich beinahe nach allen Seiten verteidigen, weil überall Partisanenverbände auftraten. Am 20. 1. 1945 verlegte der OB seinen Gef-Stand aus Sarajevo nach Nova Gradisca. Die 2. PzArmee, die weit nach Norden in der Enge zwischen Drau und Plattensee stand, wurde der HGr. Süd zugeführt, um an einer deutschen Offensive im Raume südlich Budapest teilzunehmen.

Der OB Südost, GFM von Weichs, hatte kurz vor dem Fall von Belgrad nach Agram verlegt. Ihm unterstanden nunmehr außer HGr. E nur noch das LXIX. AK mit überwiegend kroatischen Legionärstruppen und die 1. Kosaken-Div. unter GenMaj. von Pannwitz. Zu dem geplanten Offensivschlag südlich Budapest sollte die HGr. E mit drei Divisionen zwischen Esseg und Miholjac über die Drau vorstoßen und den Raum Batina–Mohac an der Donau erreichen.

Am 6. März 1945 begann der Angriff der HGr. E mit drei Divisionen über die Drau. Geführt von GendInf. von Erdmannsdorf, gingen bei Valpovo die 11. LwFeldDiv. und bei Miholjac die 297. GD sowie die 104. JD über die Drau zum Angriff vor. Bei Moslavina überschritt General Fischer mit seiner Kampfgruppe zu einem Fesselungsangriff den Fluß. Es gelang der 297. VGD, die gegenüberliegenden bulgarischen Truppen weit nach Norden zurückzudrängen. Dies ermöglichte der 104. JD den Flußübergang. Beide Divisionen griffen am 8. 3. über Gordica an. Zwischen Siklos und Kemes stießen sie auf drei zum Gegenangriff bereitgestellte bulgarische Divisionen, die von einer sowjetischen Div. unterstützt wurden. 35 Feindpanzer griffen an. Fünf davon wurden im Nahkampf abgeschossen. Der Gegner konnte keinen Meter Boden gewinnen, aber auch der deutscherseits angepeilte Höhenrand konnte nicht besetzt werden.

Die 11. LwFeldDiv., die am Morgen des 6. 3. ebenfalls angetreten war, erreichte bis zum Abend mit dem Gros den Raum nördlich der Drau. Ihre linke Flanke blieb offen, weil die aus dem Raum Miholjac vorgehenden Truppen nicht vorwärtsgekommen waren. Erst das am frühen Morgen des 7. 3. eintreffende und über die Drau vorgebrachte Kosakenregiment konnte diese Lücke schließen.

Bei Moslavina ging ein PolBatl. der KGr. Fischer über die Drau und band — wie vorausgeplant — dort starke Feindkräfte.

Die 2. PzArmee, die ebenfalls zum Sturmangriff angetreten war, konnte nur wenig Boden gewinnen. Ihre Panzer sackten im Schlammboden ein und wurden, durch Betriebsstoffmangel in der Bewegung behindert, von starken Panzerverbänden angegriffen. Damit war die letzte deutsche Offensive bereits in ihren Anfängen steckengeblieben.

Am 14. 3. erhielt die HGr. E Befehl, die erreichten Brückenköpfe zu räumen und auf das Südufer der Drau zurückzugehen. Als vorletzter Verband wurde das berittene Kosakenregiment in der Nacht zum 20. 3. über den Fluß zurückgenommen. Die Nachhuten der 11. LwFeldDiv. folgten am 22. 3. nach.

Die Kosakendivision erfuhr nunmehr ihre Umwandlung in das XV. Kosakenkorps unter GenMaj. von Pannwitz mit der 1. und 2.

KosDiv. und der Schützen-Brigade Kononov. Sie blieb im Raume Kutina beim LXIX. AK.

Der Führungsstab der HGr. E hatte vom 6. bis 18. 3. nach Djakovo verlegt. Am 23. 3. erfolgte die Umbenennung des OB der HGr. E zum Oberbefehlshaber Südost. GenOberst Löhr wurde anstelle von GFM von Weichs neuer OB der HGr. Südost. Das LXIX. AK wurde der HGr. E unterstellt und das Oberkommando am 26. 3. nach Agram verlegt.

Anfang März gestaltete sich die Lage in Bosnien ungünstig. Ein Reg. der 11. SS-Div. mußte am 1. 3. mit der Bahn nach Zenica geschafft werden, um die Bahnlinie, die dort von Partisanen unterbrochen worden war, freizukämpfen. Die 7. SS-Div. marschierte nach Sarajevo. Sie wurde vom KommGen. des XXI. GebK nach dem stark gefährdeten Trnovo weitergeleitet. Die dort stehenden Partisanenverbände wichen unter Zurücklassung schwerer Waffen und Geräte in Richtung Kalinovik aus.

Als Hitler am 20. März die Räumung von Sarajevo genehmigte, die operativ seit längerer Zeit notwendig geworden war, stand der HGr. nur eine Straße in Richtung Brod zur Verfügung. Ständige Partisanenüberfälle, Fliegerangriffe und Feindvorstöße aus den Räumen Travnik und Tuzla verstärkten die Gefahr der Vernichtung. Besondere Sorge bereiteten die in Sarajevo liegenden 3000 Verwundeten. Dennoch gelang der Abmarsch über die Save.

Etwa um diese Zeit begann der Kampf an der Lika, wo das XV. GebK im Raum nördlich Bihac verteidigte. In den Städten entlang der Küste standen die 372. und 392. LegDiv. der Kroaten. General Fehn, der KommGen. des XV. GebAK, hatte hier gegen fünf Feind-Divisionen anzutreten. Die 26. jugos. Div., die über einen Panzerverband verfügte, erreichte am 20. 3. Udbina und nahm die Stadt im Sturm. Gleichzeitig stießen die anderen Feind-Divisionen von Dobroselo nach Lapac durch. Hier stand die 372. ID (kroat.) unter GenLt. Gravenstein, die aus Lapac weichen mußte und sich in einer Riegelstellung bei Nebljusi festsetzte, woraus sie abermals vertrieben wurde und auf Bihac zurückging, das sie am 24. 3. erreichte. Aus dem Raume Bosnisch-Krupa kam die 104. JD dieser kroatischen ID zur Hilfe; aber nur ihrem ersten JägerBatl. gelang es, sich kämpfend nach Bihac durchzuschlagen. Hier wurde es vorübergehend mit der 372. ID eingeschlossen.

Der feindliche Angriff richtete sich Ende März gegen die 392. ID (kroat.), die unter Führung von GenLt. Mickl die nach Karlovac führenden Straßen deckte. Vier feindliche Angriffe wurden abgewehrt. GenLt. Mickl, der unter Rommel in Afrika gekämpft hatte, führte die Gegenangriffe persönlich. Er wurde beim zweiten Gegenangriff verwundet, blieb aber bei der Truppe und wurde einige Tage danach tödlich verwundet. Die Kampfkraft der 392. ID ging zu Ende. Auf der Küstenstraße zog sie sich kämpfend nach Novi zurück. Ein aus Fiume zur Unterstützung geschicktes Regiment erreichte die Division im Raum Crkvenica.

Für Karlovac und Agram bestand höchste Gefahr, denn die jugoslawischen Streitkräfte, die diese Städte angingen, waren auf 9 Divisionen angewachsen. Der HGr. E standen keine weiteren Reserven zur Verfügung. Sie befahl die Verlegung des LXXXXI. AK, Gen. von Erdmannsdorff, aus dem Raume nördlich Djakovo nach Karlovac. Gen. von Erdmannsdorff übernahm den Befehl über sämtliche dort stehenden Verbände. Ende März mußte Bihac aufgegeben werden.

Nordostwärts dieser Stadt stand die 104. JD mit Front nach Norden. Sie wurde hier von der 372. ID (kroat.) abgelöst, der als Unterstützung ein Jägerbataillon unter Oberst Sommer und Divisionstruppen der 104. JD unterstellt wurden.

Das Gros der 104. JD wiederum trat am 6. 4. 1945 zum Angriff an und kämpfte sich durch den Umklammerungsgürtel nach Sluin durch, das am 12. 4. erreicht wurde. Im Vorstoß über die Korana nahm sie Verbindung mit der KGr. unter Oberst Hammerschmidt auf und trat mit dieser zum LXXXXI. AK über. Zwischen Korana und Dobra bezog sie beiderseits G. Poloj eine nach Süden gerichtete Abwehrfront, die vom Gegner mehrfach berannt wurde, aber allen Angriffen standhielt.

Auch an der Syrmienfront gestaltete sich Ende März die Lage im Raum Tuzla kritisch. Die HGr. E mußte dort einen konzentrischen Angriff ansetzen, an dem die 22. ID, ein verstärktes Rgt. der 7. SS-Div. und die 117. JD beteiligt waren. Im nördlichen Angriffsstreifen bei der 22. ID wurden Celic und von Brcka aus dem Raum Srbnik erreicht. Die aus dem Raum Samac angreifende 117. JD gelangte im schnellen Vorstoß über Brcka nach Gradacac. Das Regiment der 7. SS-Div. aber, das über Vares antrat, mußte unterwegs abgedreht werden, weil die 181. ID in eine Krisenlage geraten war. Es gelang diesem Rgt., die 181. ID freizukämpfen.

Nach Anfangserfolgen wurde der Feindwiderstand gegen die 22. ID und die 117. JD schließlich zu stark. In diese Situation hinein platzte außerdem noch der Befehl des OKW, die 117. JD herauszulösen und sie über Varasdin der 2. PzArmee zuzuführen. Die Angriffsspitzen der 22. ID mußten ebenfalls wieder zurückgenommen werden, und schließlich war man froh, daß der Raum Doboj so lange gehalten werden konnte, bis die große Kolonne durchmarschiert war und den Raum Sarajevo–Brod erreicht hatte.

Gegenüber der 2. PzArmee, die am 31. 3. die Brücke über die Drau bei Zakanj sprengte, zogen die bulgarischen Verbände durch die von der 2. PzArmee geräumten Stellungen und hielten die 2. PzArmee in Bewegung, bis diese mit dem rechten Flügel die Reichsschutzstellung erreicht hatte. Dies geschah am 7. 4. 1945. Hier blieb die 2. PzArmee bis in die ersten Maitage hinein.

Am 31. 3. erhielt die HGr. E Befehl, die 117. JD aus dem Kampf im Raum Samac herauszuziehen und der 2. PzArmee zuzuführen. Das HGrKdo., das am 28. 3. in Agram eintraf, fand in diesem Raum keine einsatzbereiten deutschen Einheiten.

Die Führung der Drau-Verteidigung übernahm am 1. 4. Gen. Fischer. Als er an diesem Tage in Koprivnica eintraf, zog er gleich weiter nach Ludbreg, wo der GefStand eingerichtet wurde. Eine Reihe selbständiger Verbände und verschiedene Einheiten der Divisionen wurden der KGr. Fischer zugeführt. Am 10. 4. wurden der Drau-Brückenkopf bei Varasdin geräumt und die dortige Brücke gesprengt.

Die Lage im Südostraum stellte sich nach Übernahme des Kommandos als OB Südost durch GenOberst Löhr am 27. 3. folgendermaßen dar:

Der linke Nachbar (HGr. Süd) stand noch unter dem starken Druck der sowjetischen Offensive auf Wien. Die 2. PzArmee als Anschlußarmee würde ihre Stellungen über kurz oder lang aufgeben müssen. Der rechte Nachbar, der OB Südwest in Italien, stand im Raume südlich Bologna bis zur Küste in schweren Abwehrkämpfen. Hier bildete das LXXXXVII. AK, GendGebTr. Kübler, mit Sitz in Görz den direkten Anschluß. Dieses Korps hatte für den Küstenschutz an der Nordadriaküste im Golf von

Triest, von Istrien und Fiume zu sorgen und die Sicherung von Istrien im Innern zu gewährleisten.

Das dazwischen stehende HGrKdo. Südost hatte ab Anfang April mit einer neuen Offensive der jugosl. Armee in Syrmien zu rechnen. Diese Offensive begann in der Nacht zum 12. 4. 1945 mit den Übersetzbewegungen über Donau, Bozut und Spacva. Dieser Angriff richtete sich gegen das XXXIV. AK mit dem GefStand in Nustar und gegen die HKL entlang des Westufers der Donau von Vukovár bis Mohovo.

Die 41. ID stand noch ostwärts der Donau, während die 22. ID südlich Nustar und die 11. LwFeldDiv. hart ostwärts Vukovár standen. Der am Morgen des 12. 4. beginnende Angriff, der sich mit Kern gegen die 41. ID richtete, drang mit starker Panzerunterstützung durch. Von den 70 angreifenden Panzern wurden 20 mit Nahkampfmitteln vernichtet. Die Division setzte sich gegen Mittag in eine vorbereitete Stellung am Ostrand von Vinkovce ab. Hier verteidigte noch die 3. kroat. ID, General Mifek, der sich und seine Division der deutschen Division unterstellte. Befehlsgemäß setzte sich noch am 12. 4. die 22. ID nach Süden über die Save ab. Am Morgen dieses Tages waren jugoslawische Verbände an drei Stellen über die Drau gegangen und hatten ostwärts Esseg und ostwärts und westlich von Valpovo Brückenköpfe errichtet, die von der 11. LwFeldDiv. nicht beseitigt werden konnten.

Nach mehrtägigen Kämpfen mit immer neuen Krisenlagen zogen sich die in harten Abwehrkämpfen bewährten Divisionen zurück. Als letzter Großverband ging am Abend des 18. 4. die 7. SS-Div. bei Brod und Dubocac über die Save. Die 41. ID bezog auf halbem Wege zwischen Brod und Batrina eine neue Stellung, während die 22. ID bei Pleternica hielt und die 369. ID nach Westen marschierte.

Im Brückenkopf Karlovac kämpfte die 104. JD verlustreich, und erst als die 7. SS-Div. zugeführt wurde, die am 2. 5. die Stadt erreichte, konnte der teilweise bereits in die Stadt eingedrungene Gegner geworfen werden.

Währenddessen hatte sich die Lage beim LXXXXVII. AK, das dem OB Südwest in Italien unterstand, ab Anfang April mehr und mehr verschärft. Die hier eingesetzte 188. GD und die 237. ID standen ostwärts des Isonzo. Ein Nebenangriff der jugoslawischen Offensive an und nördlich der Adria mit dem Ziel Triest zeigte sich hier an. Wenn es dieser Stoßgruppe gelang, rechtzeitig Laibach zu erreichen, war der Rückzugsweg der HGr. Südost abermals gefährdet. Fiume war das erklärte Ziel dieser Stoßgruppe, und GendGebTr. Kübler in Görz zog Anfang April die 237. ID aus Istrien im Raum Fiume zusammen. Er ließ einen Igel um die Hafenstadt bilden. Der von Novi aus entlang der Küstenstraße und über den Karst vordringende Gegner schlug einen Haken. Er kam rasch näher und eroberte am 19. 4. Susak, südlich Fiume. Die hier verteidigenden Teile der 392. ID (kroat.) wurden an mehreren Stellen bis zum 1. 5. durchbrochen, aber die Einbrüche wurden sämtlich bereinigt. Von Osten her näherten sich weitere Feindkräfte, die auf Villa Nevoso, nördlich Fiume, zustrebten. Ein Antrag auf Herauslösen der Kräfte aus Fiume und zum Rückzug derselben wurde am 24. 4. abgewiesen. In Pola standen ein Rgt. der 237. ID und einige selbständige Kampfgruppen unter dem Festungskommandanten KptzS. Waue. Hier griffen Partisanen und aus Cherso kommende Kräfte an. Da die geplante Hilfe für das eingeschlossene LXXXXVII. AK nicht geleistet werden konnte, befahl GenOberst Löhr am 1. 5. den Durchbruch nach Norden.

Das LXXXXVII. AK stürmte vorwärts, erkämpfte am 1. 5. mit der 188. ID den Monte Acuto und erreichte am Abend dieses Tages Bisterca. Zeman di Sotto wurde am nächsten Tag erreicht, und General Kübler versuchte am 3. 5. mit der 237. ID über das Hochplateau Villa del Nevoso hinweg anzugreifen. Doch diese Division war nicht herangekommen. Sie war am 2. 5. an den Höhen von Zabice gescheitert. Die Gruppe Christl, die westlich von Sembi über den Timavo setzen wollte, wurde von starken Feindkräften daran gehindert. Erst am 5. 5. gelang es Oberstleutnant Schulze mit dem JR 902 den Timavo zu überwinden und den beherrschenden Monte Carpano im Sturm zu nehmen. Dies veranlaßte den Gegner, Villa del Nevoso wieder zu räumen. Bisterca und Villa del Nevoso fielen in deutsche Hand. Damit waren schwere Hindernisse auf dem Weg zum Durchbruch genommen, und nunmehr sollte am frühen Morgen des nächsten Tages der Weiterstoß angetreten werden.

Am 5. Mai wurde General Kübler verwundet. GenLt. von Hoesslin führte weiter und erfuhr am Abend des 6. 5., daß die 237. ID nicht — wie angenommen — auf den Höhen ostwärts Villa del Nevoso, sondern Nachhutstellungen beiderseits Cemon bezogen habe. Villa del Nevoso, in dem alle Stäbe des LXXXXVII. AK und die gesamte 188. ID zusammengedrängt lagen, wurde vom Feind mit starkem Artilleriefeuer belegt.

Im Westen der Front der HGr. Südost hatte sich die anschließende HGr. Südwest von der Nordküste der Adria aus bis zu den Alpenausläufern zurückgezogen, ohne dem anschließenden LXXXXVII. AK davon auch nur Mitteilung zu machen. Dies ermöglichte den jugoslawischen Verbänden am 1. 5. bereits das Vordringen nach Triest, wo sich noch deutsche Einheiten und Marineverbände verteidigten. Teile der 188. ID, welche die Halbinsel Muggia besetzt hatten und nun nach Südosten marschierten, um zur eigenen Division zurückzukehren, wurden bei Herpelje von jugoslawischen Partisanen angegriffen und vernichtet. Die Kapitulation bei der HGr. Südwest war ebenfalls durchgesickert, und die Soldaten der HGr. Südost sahen sich nun allein auf weiter Flur, was nicht zur Stärkung der Einsatzbereitschaft beitrug.

Am 5. 5. 1945 stimmte der OB Südost Kapitulationsverhandlungen des LXXXXVII. AK zu. General von Hoesslin arbeitete einen Kapitulationsvertrag aus, der von General Kübler am Abend des 6. 5. genehmigt wurde. Die Jugoslawen nahmen ihn zwar an, kündigten ihn aber bereits am 12. 5. wieder, als dieses Armeekorps in ihrer Hand und waffenlos war.

Das XXI. GebK, das Anfang Mai in Gugoselo lag, stand mit seinem rechten Flügel, der 22. ID, GenLt. Kühne, bei Casma. Der linke Flügel mit der 11. LwFeldDiv. befand sich im Raum 10 km südlich Pragovac. Das nach links anschließende XV. Kosakenkorps wurde nicht mehr gesehen.

Die 181. ID baute am 2. Mai ihre Stellungen ab und hielt in der Nacht zum 3. 5. noch einen Brückenkopf bei Medjurec. In der nächsten Nacht sicherte sie bei Banova Jaruga das Durchschleusen der 41. ID, die ostwärts Kutina entlang der Ilova eine Stellung bezog und so der sich nunmehr aus ihrem Brückenkopf lösenden 181. ID den Weg nach Norden und Nordwesten sicherte und ihr half, die Zvonimir-Stellung beiderseits Vrbovac zu erreichen. Dann erst marschierte die 41. ID in eine Stellung nordwestlich Ivanicgrad, wo die 7., 8. und 9. kroat. Division durchzogen, um wenig später im Einsatz ihre gesamte Kampfkraft zu verlieren.

Erst auf Anfragen der HGr. Südost vom 4. 5. 1945 beim OKW

über die Lage in Italien erhielt sie aus Flensburg die Bestätigung der alliierten Radiomeldungen, nach denen die HGr. Südwest kapituliert hatte.

Seit Anfang Mai waren der HGr. Südost die Südoststeiermark und Kärnten als rückwärtige Gebiete zugewiesen worden. Alle dort stehenden Truppen des Wehrkreises XVIII., Salzburg, wurden dem OB Südost einsatzmäßig unterstellt.

Das GenKdo. XXXIV. AK, General Felmy, kam nach Villach, das GenKdo. LXIX. AK, General Auleb, nach Ostkärnten. Beide Korps erhielten Weisung, die zurückflutenden Verbände des OB Südwest aufzufangen und zu reorganisieren, die Ersatztruppen der Division »Noeldechen« unter GenLt. Noeldechen zu übernehmen und mit diesen Truppen auf den Karawanken und von dort bis zur italienischen Grenze eine Abwehrfront nach Westen aufzubauen.

Der OB der HGr. Südost verlegte am 5. 5. aus Agram nach Heilenstein. GFM Kesselring, der bisherige OB West, hatte die Führung als OB Süd im gesamten Südraum übernommen. Er bat am 6. 5. nachmittags den OB Südost und den OB der 2. PzArmee, General d'Angelis, nach Graz zu einer Besprechung. Den versammelten OBs teilte er mit, daß Deutschland im Norden bereits kapituliert habe und gegenüber den anderen Gegnern noch kapituliere und daß ab 9. 5. 1945 um 01.00 Uhr der Waffenstillstand in Kraft trete. Anschließend unterstellte der GFM die 2. PzArmee dem OB Südost.

Von Schönstein aus befahl GenOberst Löhr am späten Abend des 7. 5. die Orientierung aller Truppen der HGr. über die bevorstehende allgemeine Kapitulation.

Die Verhandlungen wurden von General Felmy an der englischen Front in Villach, an der russisch-bulgarischen Front in Graz durch General d'Angelis und an der jugoslawischen Front von GenOberst Löhr persönlich geführt.

Die letzten Ausweichbewegungen zu den Alpen

In der Zvonimir-Stellung stand die 41. ID auch am 7. 5. abwehrbereit. Da aber bei den drei kroatischen Divisionsresten weiter nördlich ein Feinddurchbruch erfolgte, wurde die HKL etwas zurückgezogen. Am Morgen des 8. 5. sollten schließlich die Trosse durch Agram marschieren. Aber nur noch ein Teil floß durch die Stadt ab. Als sich die 41. ID nordwestlich Agram befand, wurde sie von einem aus Süden geführten starken Panzerangriff getroffen und über das Gebirge ins Krapina-Tal abgedrängt. Beim Übergang über die Kaprina, 10 km nördlich ihrer Mündung, trafen Unterhändler der Jugoslawen ein. Sie gaben den Waffenstillstand bekannt und legten Einzelheiten der Übergabe fest. Die Übergabe der Waffen erfolgte an die 11. jugosl. Sturmdivision.

Die 181. ID, die sich in der Nacht zum 7. 5. nach Rukovac abgesetzt hatte, fand diese Stellungen beiderseits der Stadt bereits vom Feind besetzt. Sie erlitt im Kampf um diese Linie schwere Verluste. Ihre Reste zogen sich am 7. 5. gegen Abend befehlsgemäß in die neuen Stellungen an der Varasdiner Straße zurück. Hier kam es am Abend des 7. 5. zu einem letzten Feindangriff, der nach starker Artillerieunterstützung vorgetragen wurde. Auf Befehl des XXI. GebK setzte sich die Division auf der Bergstraße in Richtung Toplice ab.

Am Nachmittag des 8. 5. erfuhr die zurückmarschierende Division durch die Teile der vor ihr marschierenden 369. ID (kroat.), daß die Kapitulation am 9. 5. erfolgen würde. Die Division marschierte weiter, erreichte am 9. 5. Kreuzberg und wurde dort gegen Mittag von MG-Feuer empfangen. Die Unterhändler, die zu den Jugoslawen geschickt wurden, erfuhren, daß man dort der Annahme war, daß erst gegen 1 Uhr nachmittags die Kapitulation in Kraft trete.

Das Feuer wurde sofort eingestellt, die 181. ID marschierte bis Heilenstein weiter und gelangte am 11. 5. nach St. Urban und St. Georgen. Hier wurden Waffen und Kraftfahrzeuge abgegeben.

Am 8. 5. abends stand die 22. ID an der Kaprina bei Trgoviste und Pregrada. Die 11. LwFeldDiv. befand sich im Marsch auf Cilli. Ostwärts von Cilli gaben sowohl die 11. LwFeldDiv. als auch die 22. ID ihre Waffen und Geräte ab. Am 14. 5. marschierten die 181., die 22. ID sowie die 11. LwFeldDiv. nach Agram in die Gefangenschaft.

Am Mittag des 9. 5. 1945 erschienen beim OB Südost in Heilenstein zwei Offiziere der 14. jugosl. ID und luden GenOberst Löhr nach Letus zu einer Besprechung ein. Auf dieser Besprechung mit

Vertretern von Marschall Tito wurde beschlossen, daß Truppen und Trosse der HGr. E an Bahnhöfen versammelt und gänzlich entwaffnet werden sollten. Offiziere, vom Oberstleutnant aufwärts, konnten ihre Waffen behalten. Dies war auch den jugoslawischen Offizieren nach Ende des Krieges gegen dieses Land 1941 gewährt worden. Die Wagenkolonnen, die die Straßen verstopften, mußten bis St. Andrae und Völkermarkt aufgelockert werden, damit die Verpflegung der Truppe gewährleistet werden konnte.

Danach fuhr GenOberst Löhr, von jugoslawischen Offizieren begleitet, mit seinem engsten Stab über Schönstein nach Toplice, wo Verhandlungen mit der jugoslawischen IV. Operationszone geführt wurden. Es ging um die jugoslawische Forderung, alles Gerät und alle Waffen südlich der Drau abzugeben, damit sie nicht von den Engländern für sich reklamiert wurden, die alle Waffen und Geräte nördlich der Drau erhalten sollten. GenOberst Löhr stimmte dem notgedrungen zu und schlug vor, alle Kolonnen, die über das Becken von Cilli hinausgelangt waren, bei Bleiburg zu sammeln.

Vom 10. bis 12. 5. 1945 blieb GenOberst Löhr in Topolcice. Die IV. Operationszone war in der Nacht nach den Verhandlungen nach Laibach verlegt worden. Als sie sich bis zum 12. 5. nicht mehr meldete, ließ GenOberst Löhr den Marsch nach Bleiburg antreten. An der Straßengabel von Mreznica wurde die Kolonne angehalten. Die dort stehenden jugoslawischen Offiziere erklärten dem OB Südost, daß er mit seiner Begleitung nach Feistritz weiterfahren könne. Alle nachfolgenden Kolonnen aber müßten stehenbleiben.

»Achten Sie auf das Gehöft Hrust südlich Bleiburg«, warnte der jugoslawische Major, »dort stehen an der Bahn englische Panzer, die Sie sicherlich aufhalten werden.«

Es war so, aber die Engländer ließen die kleine Kolonne mit GenOberst Löhr passieren. Das Durcheinander war nunmehr vollkommen, und am 13. 5. erschien ein jugoslawischer Major in Feistritz und berichtete GenOberst Löhr, daß die Lage bei den deutschen Kolonnen in Mreznica gespannt sei. Die Truppe weigere sich, ohne einen deutschen Befehl erhalten zu haben, die Waffen niederzulegen. Hier wurde die haltende Kolonne noch am Nachmittag des 13. 5. mit MG-Feuer überfallen, wobei eine Reihe Wagen in Brand gerieten.

GenOberst Löhr fuhr mit wenigen Offizieren nach Hrust. Hier

sah er, daß die Spitzengruppe der deutschen Wagenkolonne zersprengt war. In Griffen, wohin er von den Engländern gewiesen wurde, fand er um 03.00 Uhr des 14. 5. einen Offizier, mit dem er und sein Chef des Generalstabes, GenMaj. Schmidt-Richberg, nach Völkermarkt fuhren. Hier stellte sich GenOberst Löhr der IV. Operationszone als Kriegsgefangener zur Verfügung. Am 15. fuhr er von dort nach Marburg/Drau, zum HQ der 3. jugosl. Armee.

Der Krieg auf dem Balkan war zu Ende. Nicht zu Ende war das Sterben deutscher Soldaten, von denen über 50 000 nach dem Krieg in jugoslawischer Gefangenschaft ihr Leben verloren. Generaloberst Erich Löhr wurde am 16. 2. 1947 in Belgrad erschossen.

Die sowjetische Winteroffensive

Allgemeine Übersicht

Die militärpolitische Lage der deutsch-sowjetischen Front war zu Anfang 1945 für die Rote Armee günstig wie nie zuvor. Durch Offensiven, deren erfolgreichste die Operation »Bagration« war, in welcher die Heeresgruppe Mitte im Sommer 1944 zerschlagen wurde und die Rote Armee weit nach Westen, an den Rand Ostpreußens und bis Brest-Litowsk vordrang, war die Ausgangslage für eine geplante Winteroffensive besonders günstig. Hinzu kam, daß durch die Errichtung einer weiteren Front in Frankreich seit dem Beginn der Operation »Overlord« eine Reihe deutscher Panzerverbände aus dem Osten abgezogen werden mußte.

Erst im Herbst 1944 konnte die Heeresgruppe Mitte mit der neuen Bezeichnung Heeresgruppe A unter Generaloberst Harpe neu aufgestellt werden. Sie verfügte in ihrer 9. und 17. Armee und in der 4. Panzerarmee über insgesamt 30 Infanterie-, vier Panzer- und zwei (mot.) Divisionen. Ihr gegenüber lagen die 1. Belorussische und die 1. Ukrainische Front.

Die von der Roten Armee geplante strategische Offensive mit fünf Fronten auf einer Angriffslinie zwischen der Ostsee und den Karpaten wurde in zwei getrennt beginnenden, aber dennoch zusammenhängenden Operationen geplant. Einmal die Operation gegen Ostpreußen, zum anderen jene gegen den Weichsel-Oder-Abschnitt. Durch diese Operationen sollten die deutschen Gruppierungen in Ostpreußen und in Polen zerschlagen, der Weg nach Westen geöffnet und die Oder erreicht werden.

Das Hauptquartier des sowjetischen Oberkommandos plante mit der 3. Belorussischen Front unter Armeegeneral Tschernjachowski und der 2. Belorussischen Front, unter Marschall der Sowjetunion Rokossowski, die deutschen Kräfte in Ostpreußen zu vernichten. Gleichzeitig sollten diese Operationen den rechten Flügel der in Polen eingesetzten Fronten schützen.

Die 1. Belorussische Front, Marschall Schukow, und die 1.

Ukrainische Front, Marschall Konjew, erhielten Weisungen, Polen freizukämpfen, den Angriff in Richtung Berlin vorzutragen und die Oder zu erreichen. Der rechte Flügel der 4. Ukrainischen Front, Armeegeneral Petrow, sollte diesen Angriff unterstützen. Es war vorgesehen, im polnischen Raum auf einer Breite von 490 Kilometern zwischen Jaslo und Warschau durchzubrechen, die gesamte Front aufzuspalten und die einzelnen deutschen Verbände zu isolieren und nach Überflügelung einzuschließen und zu vernichten.

Die Angriffsoperationen der 1. Belorussischen Front

Die Verbände der 1. Belorussischen Front führten drei Angriffe durch. Und zwar wurde ihr Hauptangriff aus dem Brückenkopf Magnuszew in Richtung Kutno geführt. Um die hier starke Verteidigungslinie zu durchbrechen, waren im Brückenkopf auf dem Westufer der Weichsel die 61. Armee unter General Below, die 5. Stoßarmee unter General Bersarin und die 8. Gardearmee unter Generaloberst Tschuikow bereitgestellt worden.

Nachdem es diesen Verbänden gelungen war, die deutsche Verteidigung zu durchbrechen, wurde ein Teil von ihnen in Richtung Nordwesten auf Blonie gegen Flanke und Rücken der Warschauer Gruppierungen des Gegners angesetzt, um diese zu zerschlagen und Warschau im Zusammenwirken mit dem rechten Flügel der Front zu befreien.

Auf dem Weichsel-Ostufer wurden die 2. Garde-Panzerarmee unter General Bogdanow und die 1. Garde-Panzerarmee unter Generaloberst Katukow sowie die 3. Stoßarmee unter General Dimonjak bereitgestellt, die den Erfolg in dieser Richtung erweitern und weiter durchstoßen sollten.

Aus dem Brückenkopf von Pulawy, südlich der Bahnlinie nach Krakau, wurde der zweite Großangriff mit den Truppen der 69. Armee unter General Kolpaktschi und der 33. Armee unter General Zwetajew in Richtung Radom–Lodz geführt. Ein Teil dieser Kräfte wurde aus der Ausgangsposition vom rechten Flügel dieser Angriffsgruppierung nach Nordnordwesten geführt, mit Stoßrichtung Szydlowiec, mit dem Ziel, die deutschen Kräfte zwischen Radom und Kielce zu vernichten. Und zwar im Zusammenwirken mit der 1. Ukrainischen Front.

Die dritte Stoßgruppe wurde auf dem rechten Flügel des Angriffsstreifens von den Truppen der 47. Armee, General Perchorowitsch, und der 1. polnischen Armee unter General Poplawski gebildet. Ihr Ziel war Warschau, das durch ein weites Umgehungsmanöver mit anschließendem direkten Angriff eines Teilverbandes aus Westen auf die polnische Hauptstadt befreit werden sollte.

Es war vorgeplant, daß die 1. Belorussische Front zwischen dem 10. und 12. Tag nach dem Beginn der Winteroffensive den Abschnitt Gabin–Lodz erreicht haben müsse, um sodann im Angriff über Kutno direkt auf Poznan (Posen) vorzuprellen. Von dort aus waren es nur noch etwa 100 Kilometer bis Küstrin an der Oder.

Der Angriff der 1. Belorussischen Front wurde durch die Fliegerkräfte unter General Rudenko unterstützt.

Die Truppen der 1. Ukrainischen Front, südlich der 1. Belorussischen Front antretend, gingen aus dem Raum Jozefow–Jaslo in einem Abschnitt von etwa 230 km Breite aus dem Brückenkopf Sandomierz als Zentrum dieses Großangriffs auf Radom vor. Sie erreichten am 10. Tage der Offensive den Raum Piotrkow–Tschenstochau–Miechow. Den Hauptkräften dieser Front wurde der Generalangriff in Richtung Breslau befohlen. Ein Teilverband wurde nach Nordwesten auf Szydlowiec abgedreht. Damit sollte von einem Südverband der 1. Belorussischen Front und diesem Teilverband eine Zangenbewegung gegen die noch im Raume Kielce–Radom stehenden deutschen Truppen durchgeführt und diese eingeschlossen und vernichtet werden.

Der linke Stoßflügel wurde auf Krakau abgedreht, wo die deutschen Truppen im Zusammenwirken mit einem nördlichen Stoßarm der 4. Ukrainischen Front vernichtet werden sollten.

Für den Durchbruch durch die gegenüber Sandomierz befindlichen tiefgestaffelten deutschen Stellungen wurden die 6. Armee unter General Glusdowski, die 3. Gardearmee unter General Gardow, die 13. Armee unter General Puchow, die 52. Armee unter General Korotejew, die 60. Armee unter General Kurotschkin und eine weitere Armee unter General Schadow bereitgestellt. Hinter diesen Armeen wurden zur Ausnutzung des Erfolges und zum tiefen Durchstoß nach Nordwesten die Panzerverbände einsatzbereit gehalten. Es waren dies: die 4. Garde-Panzerarmee, General Leljuschenko, die 3. Garde-Panzerarmee, General Rybalko, die 21. Armee unter General Gussew und die 59. Armee unter General Korownikow. Die Fliegerkräfte des Generals Krassowski unterstützten die Truppen dieser Front.

Die am südlichen Flügel des Angriffs der Offensive stehende 4. Ukrainische Front erhielt mit dem rechten Flügel den Raum Krakau und mit dem Hauptstoßarm die Angriffsrichtung nach Westnordwesten auf Bielsko–Biala zugewiesen. Der Stoß auf Krakau wurde von General Moskalenko geführt. Ihr Hauptstoßarm hatte den Angriff der 1. Ukrainischen Front nach Süden zu sichern und zu unterstützen. Die Fliegerkräfte unter General Schdanow unterstützten die Truppen der Roten Armee.

Zunächst war der Beginn der Offensive auf den 20. 1. 1945 festgesetzt worden. Da aber die westalliierten Kräfte in den Ardennen in Gefahr geraten waren, hatte Churchill (auch im Namen von Präsident Roosevelt) am 6. 1. 1945 an das sowjetische Oberkommando appelliert, den »angloamerikanischen Truppen sofortige Hilfe durch eine Großoffensive an der Weichsel oder an anderen Punkten« zu leisten. (Siehe Churchill, Sir W. S.: Der Zweite Weltkrieg, 6. Bd., 1. Buch S. 327; Stuttgart–Hamburg 1949—54.)

Dies bewirkte eine Vorverlegung der Offensive auf den 12. 1. 1945.

Die erste Etappe

Im ersten Abschnitt dieser Großoffensive, der vom 12. bis 17. 1. 1945 dauerte, wurde die deutsche Verteidigungsfront auf einer Breite von 360 Kilometern durchbrochen, die Hauptkräfte der HGr. A wurden zerschlagen und die Vorausbedingungen für die Fortsetzung dieser Offensive geschaffen.

In der zweiten Phase vom 18. 1. bis zum 3. 2. 1945 gelang es der in der Mitte kämpfenden 1. Belorussischen und der 1. Ukrainischen Front, wirkungsvoll von der 2. Belorussischen Front im Norden und von der 4. Ukrainischen Front im Süden unterstützt, das schlesische Industriegebiet zu erreichen, es in Besitz zu nehmen und auf breiter Front die Oder zwischen Bielsko–Biala im Süden und Zehden im Norden sowie von dort aus nach Ostnordosten umschwenkend den Raum Marienburg und nördlich davon die Ostsee zu erreichen. Auf dem Westufer der Oder wurde eine Reihe von Brückenköpfen errichtet, und damit wurden günstige Voraussetzungen zu einer neuen Offensive mit den Zielen Berlin und Prag geschaffen.

Die Durchführung:

Bei der 1. Ukrainischen Front

Hier begann die Offensive am 12. 1. 1945 aus dem Brückenkopf Sandomierz. Die deutsche Hauptkampflinie vor dem Brückenkopf wurde am Vormittag des ersten Angriffstages auf der gesamten Breite durchbrochen. Am Nachmittag wurde die zweite Verteidigungslinie erreicht, und als der Tag zu Ende ging, war dieser Abschnitt auf 35 km Breite durchbrochen, und die Spitzengruppen standen 15 bis 20 km weiter westlich. Die Truppen des XXVI. deutschen PzK wichen nach Nordwesten in Richtung Kielce aus; am 15. 1. wurde Kielce von Verbänden der Roten Armee genommen. Die auf dem linken Flügel vorgehenden Sowjettruppen erreichten nach Zuführung der zweiten Angriffsstaffel am 14. 1. Krakau. Am 15. 1. waren die deutschen Hauptkräfte in diesem Abschnitt zerschlagen.

Bei der 1. Belorussischen Front

Nördlich der 1. Ukrainischen Front traten die Verbände der 1. Belorussischen Front am 14. 1. zum Angriff an und durchbrachen am ersten Tag die deutsche HKL. Gegenüber dem Brückenkopf Magnuszew gelang ein 30 km breiter und 12 km tiefer Einbruch, während der Einbruch aus dem Brückenkopf bei Pulawy 25 km breit und etwa 18 km tief war. Die herangeführten deutschen Reserven wurden aufgerieben, noch ehe die Hauptkräfte, die beweglichen sowjetischen Truppen dieser Front, in den Kampf geführt wurden.

Am zweiten Kampftag wurde der Durchbruch auf 120 km Breite erweitert und bei Magnuszew auf 30 km und bei Pulawy auf 50 km

Tiefe ausgedehnt. Die beweglichen Truppen dieser Front, die bis dahin in ihren Bereitstellungsräumen den Befehl zum Vorstoß erhalten hatten, wurden am Nachmittag des 15. und am Vormittag des 16. 1. nachgeführt.

Der rechte Flügel dieser Front eröffnete erst am 15. 1. den Angriff. Diese Truppen überwanden nördlich Warschau die Weichsel und erreichten am zweiten Angriffstag mit ihren Vorausabteilungen die Straße Warschau–Modlin, die überschritten wurde. Am Südufer der Weichsel entlang vorprellend, bedrohten sie die in Warschau noch haltenden deutschen Kräfte durch eine Umfassung aus Norden.

Die 1. polnische Armee nutzte diese ersten Erfolge der Hauptangriffe aus und trat am 16. 1. zum Angriff an. Aus ihrem Bereitstellungsraum südostwärts Warschau stieß sie nach Nordwesten vor. Die Hauptkräfte der schnellen Gruppe dieser Front standen am 17. 1. bei Sochaczew. Damit war den deutschen Kräften aus Warschau der Rückzug nach Westen und Südwesten abgeschnitten. Am Morgen des 17. 1. erreichten die Spitzenverbände der 1. polnischen Armee den nördlichen und südostwärtigen Stadtrand von Warschau. Nach schweren Kämpfen wurde die polnische Hauptstadt am Abend dieses Tages zurückgewonnen.

Vorstoß der 1. Belorussischen Front

Die 1. Belorussische Front drang zügig in Richtung Tomaszow vor, und die stabile Lage an der Weichselfront vergrößerte noch das Gebiet um Kielce–Radom, in dem deutsche Truppenmassierungen steckten.

Das XXXXII. deutsche AK, das sich der Umklammerung zu entziehen versuchte, wurde aufgerieben.

Die Weichselfront war am Abend des 17. 1. 1945 auf einer Breite von nahezu 500 Kilometern aufgerissen. Vom Hauptquartier der Roten Armee erhielten noch am 17. 1. die OBs der 1. Belorussischen und der 1. Ukrainischen Front Befehle, sofort bis zur Oder vorzustoßen, die herankommenden deutschen Reserven zu zerschlagen und ihnen die Möglichkeit zu nehmen, sich in vorbereiteten Stellungen festzusetzen. Marschall Konjew erhielt gleichzeitig Befehl, mit seinem Vorstoß auf Breslau auch Krakau zu befreien.

Die Truppen der 1. Belorussischen Front vereitelten die deutschen Versuche, sich im Posener Verteidigungsgürtel festzusetzen, der als Pommernwall vorbereitet war und entlang der Warthe und Netze verlief, mit dem befestigten Raum von Meseritz, ostwärts Frankfurt/Oder, und dem Verteidigungsabschnitt auf dem östlichen Oderufer.

Vom 20. bis 22. 1. gelang der 1. Belorussischen Front ein Geländegewinn von 130 km. Die Stadt Bydgoszcz fiel am 23. 1., am 25. erreichten die ersten Sowjettruppen die deutschen Grenzbefestigungen und schlossen in Posen etwa 60 000 deutsche Soldaten ein. Die Hauptstreitmacht der 1. Belorussischen Front aber stürmte weiter in Richtung Küstrin vor.

Marschall Schukow setzte alles darein, so schnell wie möglich an die Oder zu kommen und auf deren Westufer Brückenköpfe zu errichten. Am 31. 1. erreichten die Spitzen seiner Verbände die Oder nördlich Küstrin und setzten sofort über. Bis zum Abend des 3. 2. 1945 war der gesamte rechte Uferstreifen der Oder von Zehden nach Süden in sowjetischer Hand. Lediglich bei Küstrin und Frankfurt wurden auf dem Ostufer deutsche Brückenköpfe gehalten. Nördlich und südlich Küstrin bildeten die Truppen der Front ihrerseits auf dem Westufer Brückenköpfe. Damit war dieser Abschnitt der Offensive beendet. Die 1. Belorussische Front hatte ihr gestecktes Ziel erreicht.

Vorstoß der 1. Ukrainischen Front

In Richtung Breslau vorrollend, erreichte die 1. Ukrainische Front am Abend des 19. 1. 1945 im Zentrum des Angriffsstreifens die deutschen Grenzgebiete. Hier versteifte sich der Widerstand. Gegenangriffe versuchten, diesen Vorstoß zum Stehen zu bringen. Als die am linken Flügel der Front stehenden Verbände zurückblieben, drehte Marschall Konjew am 21. 1. einen starken Panzerverband, der im Zentrum der Front Breslau angriff, aus dem Raum Namslau nach Süden, mit der Weisung, entlang des Ostufers der Oder nach Süden zu stoßen und jene deutsche Kräftegruppe, die den Stoß des linken Flügels aufhielt, im Rücken zu packen. Dadurch wurden die hier stehenden deutschen Truppen zurückgeworfen, so daß der linke Flügel der 1. Ukrainischen Front am 22. 1. als erste Gruppe die Oder erreichte. Bis zum 25. 1. wurde von allen Truppenteilen die Oder erreicht, von Köbeln im Norden bis Oppeln im Süden gehalten und auch hier einige Brückenköpfe auf dem Westufer des Flusses errichtet.

Um Krakau wurde jedoch noch gekämpft. Die hier stehende 17. deutsche Armee wurde von der linken Flanke der 1. Ukrainischen und der rechten Flanke der 4. Ukrainischen Front auf beiden Flanken tief umfaßt. Sie war auf Krakau zurückgenommen worden und zog sich nunmehr über den Unterlauf der Dunajec nach Südosten auf Tarnow zurück.

Am 19. 1. fiel Krakau, die alte Hauptstadt Polens, den Sowjets zu. Da sich die Truppen der 1. Ukrainischen Front rasch auf Breslau vorschoben, mußten die deutschen Kräfte den noch von ihnen gehaltenen Raum südostwärts Krakau aufgeben, um nicht eingeschlossen zu werden.

Die Sowjets jedoch traten am 17. 1. aus dem Raume Miechow mit den Reservetruppen und Kavallerieverbänden nach Nordwesten in Richtung Tarnowskie Gory an. Sie durchbrachen zwei Tage später die deutsche HKL an der Warthe und erreichten mit dem rechten Angriffskeil bis zum 23. 1. bei Oppeln die Oder. Der linke Keil stieß auf Beuthen vor.

Die deutschen Truppen zogen sich aus der halben Umklammerung zurück. Am 28. 1. fiel Kattowitz. 24 Stunden später befand sich kein deutscher Soldat mehr kämpfend im schlesischen Industriegebiet. Bis zum 30. 1. wurde von allen Sowjetverbänden des linken Flügels ebenfalls die Oder erreicht.

Der Angriff der 4. Ukrainischen Front

Die am südlichsten Flügel der Offensive stehende Front, die zwischen Jaslo und Kosice angetreten war, erreichte bis Monatsende nach Geländegewinnen zwischen 100 und 200 km den Abschnitt Bielsko–Biala–Zakopane. Sie kämpfte als Flankensicherung für die 1. Ukrainische Front und band die 17. Armee und die 1. Panzerarmee. Auch an ihrem linken Flügel konnte die 4. Ukrainische Front Geländegewinne nach Nordwesten erzielen.

Mit Erreichen der Oder und dem Vortreiben von Brückenköpfen auf dem Westufer des Flusses waren die Zielvorstellungen der Roten Armee erreicht. Am Ende dieser Offensive standen sowjetische Truppen an der Oder, etwa 60 Kilometer vor Berlin.

Der sowjetische Angriff auf Ostpreußen

Gleichzeitig mit den dargestellten Operationen eröffnete die Rote Armee mit der 3. Belorussischen Front im Norden und der nach Süden anschließenden 2. Belorussischen Front den Angriff auf Ostpreußen. Ziel dieses Angriffsstoßes war die Abtrennung Ostpreußens und Einkesselung der in diesem Raum stehenden deutschen Kräfte. Darüber hinaus sollte durch einen direkten Stoß in Richtung Königsberg der Kessel gespalten werden.

Die 3. Belorussische Front erhielt Weisung, den Hauptstoß aus dem Raum nördlich der Masurischen Seen zu führen und die im Raume Tilsit–Insterburg stehenden deutschen Verbände zu zerschlagen.

Die 2. Belorussische Front sollte mit ihren Hauptkräften aus dem Raum nördlich Warschau auf Mlawa–Marienburg angreifen und so rasch wie möglich das Frische Haff erreichen. Damit wären alle deutschen Kräfte in Ostpreußen abgeschnitten.

Ein südlicher Keil dieser Front sollte in Richtung Plonsk und Bielsk vorstoßen. Diese Gruppe hatte zur Erreichung ihres Zieles bei Modlin die Weichsel zu überwinden.

Die Offensive wurde am 13. 1. 1945 bei der 3. Belorussischen Front eröffnet. Am nächsten Tage trat auch die 2. Belorussische Front zum Angriff an. Aus dem Raum Pillkallen stürmten die Divisionen der Roten Armee nach einem starken Artillerie-Feuerschlag vor und überwanden die HKL bis zum Abend in einer Tiefe von 2 bis 7 Kilometer. Zwischen Pillkallen und Gumbinnen wurde die deutsche HKL erschüttert. Doch in Gegenangriffen wurden die Verbände der Roten Armee am zweiten Tag in Bedrängnis gebracht. Fünf Tage dauerte der Kampf, ehe es den Truppen der 3. Belorussischen

Front gelang, die tiefgestaffelten Verteidigungslinien zu durchbrechen und auf einer Breite von 60 km einen Einbruch bis zu 45 km Tiefe zu erzielen.

Gumbinnen fiel erst am 21. 1. 1945. Am nächsten Tag wurde Insterburg genommen, nachdem die nördliche Stoßgruppe bereits Tilsit überwunden hatte. Damit waren wichtige Verkehrsknotenpunkte gefallen; der Weg nach Königsberg öffnete sich.

Die 2. Belorussische Front wiederum hatte ihre Hauptangriffe aus den Weichselbrückenköpfen Rozan und Serok gestartet. Die Verbände dieser Front durchbrachen am ersten Kampftag, dem 14. 1. 1945, die deutschen Verteidigungslinien in einer Tiefe von 4 bis 8 km. Bis zum 18. 1. war die deutsche Abwehrfront auf einer Breite von 100 km bis zu 40 km tief durchbrochen. Die deutschen Truppen zogen sich nach Westen zurück.

Beide Fronten stießen in den nächsten Tagen weiter vor. Die 3. Belorussische Front überwand den Deime-Abschnitt und stand am 26. 1. in der Linie ostwärts Königsberg–Friedland–Rastenburg.

Die 2. Belorussische Front wiederum umging den Raum Mlawa. Modlin war von der südlichen Angriffsgruppe genommen worden, und am 21. 1. erreichte der rechte Flügel die ostpreußische Grenze und drang nach Ostpreußen ein. Auf Elbing einschwenkend, versuchte die 2. Belorussische Front das Frische Haff auf direktem Weg zu erreichen. Am 26. 1. wurden Elbing und Tolkemit genommen. Die Einschließung der Ostpreußenfront war vollendet. Die Verbände des linken Flügels der Front stießen nach Nordwesten zur Weichsel vor, erreichten den Fluß am Abend des 26. 1. im Raume Grudziadz und bildeten auf dessen Westufer einen Brückenkopf.

Thorn wurde umgangen und von Norden und Osten blockiert. Bis Ende Januar waren die deutschen Kräfte in Ostpreußen in drei Gruppen geteilt. Im südwestlichen Heilsberger Kessel, im Königsberger Kessel und im Kessel auf Samland.

Am 8. 2. erhielt die 2. Belorussische Front den Auftrag ihres Oberkommandos, westlich der Weichsel einen neuen Angriff zu eröffnen und bis zum 20. 2. die Linie Weichselmündung–Dirschau–Berent–Rummelsburg–Neustettin zu erreichen, um anschließend mit einer ihr neu zugeführten Reservearmee den Angriff fortzuführen, Danzig und Gdingen zu erobern und das gesamte Küstengebiet in Besitz zu nehmen.

Zur gleichen Zeit kämpfte die 3. Belorussische Front im Großraum Heilsberg vergeblich um die Vernichtung der hier verteidigenden deutschen Kräfte. Während dieser Kämpfe wurde der Oberbefehlshaber der 3. Belorussischen Front, Armeegeneral Tschernjachowski, am 18. 2. beim Kampf um Mehlsack tödlich verwundet. Am 20. 2. übernahm Marschall Wassilewski die Führung.

Erst am 13. 3. 1945 begann bei Heilsberg der neue Angriff, mit dem Ziel, die deutsche Verteidigung aufzuspalten und zu vernichten. Bis zum 19. 3. wurden die Verteidiger auf einem Raum von 25 mal 10 km auf dem Küstenstreifen zusammengedrückt. Bomber und Schlachtflieger waren unentwegt im Einsatz. Am 29. 3. war diese deutsche Verteidigungsgruppe vernichtet. Etwa 50 000 Soldaten gingen in die Gefangenschaft. Die Zahl der Gefallenen und Vermißten war noch höher.

Nunmehr sollte diese 3. Belorussische Front zum Angriff auf Königsberg antreten, während ein Teil der Streitkräfte dieser Front auf der Samland-Halbinsel im Einsatz stand.

Königsberg war eine der am besten mit Verteidigungsanlagen versehenen Städte des Ostens. Der äußere Verteidigungsgürtel, der zwischen 6 und 8 km vom Stadtrand entfernt lag, erstreckte sich rings um die Stadt. Dicht um den Stadtrand lag die zweite Verteidigungslinie, und der innere dritte Verteidigungsgürtel lief entlang der alten Stadtmauer.

Die sowjetischen Angriffe begannen am Morgen des 6. April nach mehrstündiger Artillerie-Vorbereitung. Gegen Mittag ging die Rote Armee, von starken Panzerkräften und Artillerie unterstützt, zum Angriff auf Königsberg über. Als es gelang, die Bahnlinie nach Pillau zu sperren, war die letzte Verbindung zwischen der Königsberger Verteidigung und jener auf Samland unterbrochen. Den starken Angriffsgruppen der Sowjets gelang bereits am ersten Angriffstag ein Einbruch in die Stadt.

Der 7. April sah die Fortsetzung des Angriffs. Die sowjetische Luftwaffe flog am 6. und 7. 4. etwa 10 000 Einsätze gegen Königsberg. Im inneren Gürtel der Königsberger Verteidigungsanlagen entbrannte ein erbitterter Kampf. Am 8. 4. war Königsberg völlig abgeriegelt, und der folgende Tag führte — verbunden mit Kämpfen im Zentrum der Stadt — bis zum Abend zur Kapitulation. 27 000 deutsche Soldaten gerieten hier in Gefangenschaft.

Der weitere Angriff der 3. Belorussischen Front richtete sich gegen die Verteidiger von Samland. Der Angriff wurde am Morgen des 13. 4. eröffnet, und nach einer starken Artillerie-Vorbereitung rollte der Angriff. Bis zum 17. 4. wurde Fischhausen erobert. Festung und Hafen Pillau fielen am 25. 4. Damit war Ostpreußen fest in sowjetischer Hand.

Die sowjetischen Operationen in Ostpommern

Während die Fronten des sowjetischen Mittelabschnittes noch immer an der Oder standen, wurde mit Kräften der 1. Belorussischen Front im Westen und jenen der 2. Belorussischen Front im Osten der Angriff nach Ostpommern in nördlicher Richtung zur Ostsee begonnen. Der Angriff der 2. Belorussischen Front aus den Räumen Graudenz–Kulm–Zempelburg und der Angriff des rechten Flügels der 1. Belorussischen Front gegen Schneidemühl, Deutsch-Krone und Arnswalde sowie die Abwehr eines deutschen Gegenangriffs bei Stargard begannen am 10. 2. und endeten am 23. 2. Vom 24. 2. bis zum 4. 3. erreichten beide Fronten die Ostsee, und vom 5. bis 13. 3. schloß sich die Verfolgung der in Richtung Gdingen und Danzig zurückweichenden deutschen Verbände an, die mit einem kleinen Keil auch in Richtung Westen zum Stettiner Haff vordrang.

Der Endkampf dieser Operation begann am 14. 3. und endete eine Woche später am 20. 3. Die deutsche Heeresgruppe Weichsel, die hier im Einsatz stand, wurde zerschlagen.

Die 1. polnische Armee hatte sich dieser Operation angeschlossen. In einem dramatischen Kampf wurde Kolberg bis zum 18. 3. 1945 genommen. Bei Altdamm dauerten die Kämpfe vom 16. bis zum 20. 3. an.

Nach Beendigung dieser Operation trat eine kurze Zeit der Ruhe ein, die der Auffrischung und Vorbereitung aller Kräfte zum letzten Vorstoß ins Herz Deutschlands, nach Berlin, diente.

Aber noch immer waren Danzig und Gdingen sowie Hela nicht

gefallen. Hier kämpfte die 2. Belorussische Front vom 14. bis 22. 3. vergebens. Die Rote Armee versuchte es am 23. 3. abermals. Die Truppen der 49. Armee, General Grischin, der 2. Stoßarmee, General Fedjuninski, der 65. Armee, General Batow, und die Armee Romanowski traten zum Sturmangriff auf Danzig an. Sie erreichten den Stadtrand, stürmten hinein und gewannen nach und nach die Außenbezirke. Am 28. 3. wurde der Angriff auf Gdingen mit der Erstürmung dieses wichtigen Hafens beendet, und am 30. 3. fiel auch Danzig.

Damit waren alle Voraussetzungen zum letzten, entscheidenden Schlag gegeben, der nach einer kurzen Zeit der Auffrischung erfolgen sollte.

Die 1. Ukrainische Front im Angriffsraum Oberschlesien

Mit Erreichen der Neiße durch den rechten Flügel der 1. Ukrainischen Front und dem Vorstoß des Zentrums aus dem Raume Oppeln sah der Operationsplan von Marschall Konjew die Vernichtung der deutschen Streitkräfte südwestlich Oppeln vor. Danach sollte der Rand des Sudetengebirges erreicht werden.

Am Morgen des 15. 3. 1945 begann nach mehrstündiger Artillerie-Vorbereitung der Angriff, der zunächst nur langsam an Boden gewann, weil mehrere Gegenangriffe abgewehrt werden mußten. Die sowjetische Panzertruppe erlitt schwere Verluste. Auch am 16. 3. mußten die Verbände der rechten Flanke mehrere Gegenangriffe abwehren. Erst am dritten Tag des Angriffs ging es zügiger vorwärts. Die Neiße wurde von der nördlichen Angriffsgruppe bei Rothaus erreicht und überwunden.

Die südliche Stoßgruppe überwand am 17. 3. ebenfalls die deutschen Verteidigungslinien. Bei Dirschelwitz wurden am 18. 3. die Hotzenplotz überwunden und der Vorstoß auf Neustadt angetreten. Im Raume Neustadt–Zülz vereinigten sich am 18. 3. die Spitzengruppen der nördlichen und der südlichen Stoßgruppe.

Die Korpsgruppe Schlesien war damit ebenso eingeschlossen wie die Kräfte südwestlich Oppeln. Beide Gruppen wurden am 19. und 20. 3. ständig angegriffen. Deutsche Ausbruchsversuche wurden vereitelt, und am Abend des 20. 3. war die Vernichtung beider Gruppen beendet. Neustadt, Kosel, Zülz, Krappitz, Oberglogau, Falkenberg und andere Städte fielen in sowjetische Hand.

Bis zum 30. 3. waren diese Operationen beendet. Der Kampf um die Stadt Neiße begann am 23. 3.; am Abend des 24. 3. war sie ebenfalls in sowjetischer Hand. Im Süden gingen Ratibor und Rybnik am 31. 3. verloren. Am Abend des 31. 3. 1945 verlief die Frontlinie von Steuberwitz zehn Kilometer südwestlich Ratibor über Krnow, westlich Neustadt, entlang der Biele acht Kilometer westlich Neiße über Seifersdorf und Riegersdorf nach Strehlen.

Der Großkampfraum
der Heeresgruppe A in Schlesien

Die Rote Armee greift an

Am Abend des 11. 1. 1945, kurz vor Mitternacht, wurde bei der 304. ID ein Gefangener eingebracht. Dieser sagte vor dem Ic der Division aus, daß die Rote Armee am nächsten Morgen aus dem Baranow-Brückenkopf heraus angreifen werde.

In diesem Abschnitt der 4. Panzerarmee begann am anderen Morgen um 03.00 Uhr das dichte Feuer der sowjetischen Artillerie, das eine Stunde anhielt. Dann setzte es aus, und als alles bereits aufatmete, begann das Trommelfeuer um 08.00 Uhr abermals und endete erst um 10.30 Uhr.

Noch während dieser zweite Feuerüberfall in bisher nicht gesehener Dichte anhielt, stürmten die sowjetischen Angriffstruppen bereits durch einen etwa 200 Meter breiten Korridor vor, der bei diesem Feuerüberfall ausgespart wurde.

Schwarzer Pulverqualm und dichter Staub legten sich während dieses Trommelfeuers in einer Tiefe von zehn Kilometer als dichte Sichtblende über das Gefechtsfeld.

Beim XXXXVIII. PzK, am Südflügel dieses Angriffs, stieß der Gegner durch, und in der Nacht zum 13. 1. setzte Sowjetmarschall Konjew hier seine Panzerverbände an, um zum operativen Durchbruch zu gelangen.

Die Verbindung der 4. Panzerarmee zum XXXXVIII. PzK riß ab, ebenso jene von der 4. PzArmee zur Heeresgruppe A.

Am Abend des 12. 1. 1945 hatten die vorrollenden sowjetischen Panzerverbände bereits den ungedeckten rechten Flügel des XXIV. PzK unter GendPzTr. Nehring umfaßt. Hier stand die 17. PD, die im Kampf gegen die Panzerwalze der Roten Armee starke Verluste erlitt. Der Divisionskommandeur, Oberst Brux, geriet in Gefangenschaft.

Generaloberst Harpe, OB der HGr. A, befahl General Schulz, OB der 17. Armee, sich im Raume des XXXXVIII. PzK selbst ein

Bild über die Lage zu verschaffen. General Schulz fand, bis Krakau vorfahrend, den gesamten Einsatzraum dieses Korps fast leer. Die Masse des Korps war im Laufe des 12. 1. 1945 gefallen, verwundet oder in Gefangenschaft geraten. GenLt. Frhr. von Edelsheim, der Kommandierende General, schaffte es unter Einsatz seiner ganzen Persönlichkeit, in den nächsten Tagen die Reste der 304. und 68. ID wieder zu sammeln. Von der 168. ID, die am weitesten nach Norden herausgesetzt gestanden hatte, fand sich zunächst nichts.

GenOberst Harpe hatte sich bereits am 13. 1. beim OKH um Zuführung von Reserven bemüht, denn die Feindlagemeldungen zeigten, daß dieses Vorprellen aus dem Baranow-Brückenkopf noch nicht alles war. Nach dem Losbrechen der Offensive im Nordteil der Front mußte auch im Süden die Offensive in den nächsten Tagen beginnen.

Das nördliche XXXXII. AK der 4. PzArmee war von dem Sturmangriff nur im Abschnitt der 291. ID erfaßt worden. Das Korps setzte einen Sperrverband unter GenMaj. von Ahlfen in den Raum Kielce in Marsch, wo er Armeereserve wurde.

Am späten Abend ergab eine Anfrage beim linken Nachbarn über die Armeegrenze hinweg die Antwort, daß der feindliche Großangriff aus den Brückenköpfen Pulawy und Magnuszow am 14. 1. erwartet wurde.

Diese Befürchtung trog nicht. Noch in tiefer Dunkelheit eröffnete die Feind-Artillerie am 14. 1. ein Trommelfeuer, das von mindestens gleicher Intensität war wie jenes zwei Tage vorher bei Baranow. Dieses Trommelfeuer traf die 9. Armee und hier vor allem die 17. ID sowie die 6. und 45. VGD. Die 6. VGD erlitt stärkste Verluste; ihre Regiments- und Bataillonskommandeure fielen fast sämtlich. Der Rest dieser vernichteten Division wurde in den nächsten Tagen von der 19. PD übernommen.

Die 17. ID unter GenMaj. Sachsenheimer kämpfte an der Front des Pulawy-Brückenkopfes, wo sie und ihre beiden Nachbarn, die 45. und 214. ID, mit großer Wucht gepackt wurden. Etwa 100 Panzer wurden von dieser fränkisch-sudetischen Division abgeschossen oder im Nahkampf vernichtet. Aber was war das gegen die 800 gezählten sowjetischen Panzer, die an einem eingeschlossenen Bataillon im Verlauf dieses Tages vorbeirasselten?

Vor diesem zweiten Angriff der 1. und 4. Ukrainischen Front südlich der oberen Weichsel war die 17. Armee bis zum 16. 1. 45

hinter die Biala und den Dunajec ausgewichen. Die sowjetische Panzerspitze hatte bereits die vorgesehenen Verteidigungsstellungen A-1 und A-2 überrollt. Der von der 359. ID ostwärts der Nida in Richtung Norden geführte Gegenstoß konnte diese feindliche Panzerlawine nur unmerklich bremsen. Die 359. ID setzte sich nach Westen ab. Die 75. ID, die von der Armeegruppe Heinrici her im Abtransport in den Raum nördlich Krakau begriffen war, konnte nichts gegen einen solchen übermächtigen Gegner ausrichten.

Die aus dem Baranow-Brückenkopf nachfolgenden sowjetischen Reserven waren nach Norden eingedreht, um das XXXXII. Armeekorps und das XXIV. Panzerkorps zu umfassen und zu vernichten. Mit gleicher Aufgabenstellung waren aus dem Pulawy-Brückenkopf sowjetische Verbände in südwestlicher Richtung von Radom her zur Vereinigung mit den vorgenannten Feindkräften vorgestoßen. Wenn sich diese Verbände die Hand reichten, waren die beiden deutschen Korps eingeschlossen.

Die 1. Weißrussische Front, die vom Brückenkopf Magnuszow bis nördlich Warschau antrat, stieß nördlich der Pilica mit der 1. und 8. Garde-Panzerarmee auf Lodz vor. Die 2. sowjetische Panzerarmee wiederum schwenkte nach Nordwesten in Richtung Plock ein, um Warschau und die dort haltenden deutschen Verteidigungskräfte zu umfassen.

Die schwache Besatzung von Warschau brach in der Nacht zum 17. 1. aus und stürmte in den Raum nördlich Bilica vor, um sich mit der dort noch kämpfenden 9. Armee zu vereinigen.

In den folgenden Kämpfen wurde die 9. Armee nach Norden über die Weichsel zurückgedrängt und gelangte in den Befehlsbereich der 2. deutschen Armee. Damit fiel diese Armee für den Kampf um Schlesien aus.

Der hart südlich der Pilica stehende Feind drängte nicht mehr so stark, so daß es dem XXXX. PzK gelang, mit den Resten der 19. PD (und aufgesessenen Teilen der 6. VGD) über Lodz nach Westen zu entkommen.

Die Heeresgruppe A zog den nicht mehr in diesem Raum benötigten Stab der 8. Armee in letzter Sekunde am Abend des 16. 1. bis nach Petrikau heraus. Am 17. 1. erhielt er den Befehl, im Eilmarsch nach Oppeln zu verlegen und dort die Verteidigung von Schlesien zu organisieren.

Das Lagebild am 16. 1. 1945, vier Tage nach dem Beginn der russischen Offensive aus dem Baranow-Brückenkopf und zwei nach beginnender Schlacht bei Pulawy und Magnuszew, stellte sich folgendermaßen dar:

Die HGr. A hatte eine vollständige Niederlage erlitten. Die Masse der 4. Panzerarmee und der 9. Armee waren zerschlagen. Beide Armeekommandos waren durch fehlende oder vernichtete Nachrichtenmittel führerlos, die Übersicht über die Truppe war verlorengegangen. Die Initiative war an die wenigen noch kampffähigen Verbände übergegangen, die auf eigene Faust handeln mußten. Die Freiheit des Handelns war ebenfalls verlorengegangen. Der Gegner diktierte den Verlauf der weiteren Kämpfe. Im großen Weichselbogen war ein Loch von 300 Kilometer Breite aufgerissen worden.

Hitler sah in diesen Geschehnissen nicht sein eigenes Versagen, sondern das des Heeresgruppen-Oberbefehlshabers GenOberst Harpe, der am 16. 1. 1945 abgelöst und durch GenOberst Schörner, der aus Kurland kam, ersetzt wurde.

Das PzK »Großdeutschland« war aus Ostpreußen in Marsch gesetzt worden. Am Abend des 16. 1. trafen seine ersten Teile im Raum Petrikau–Lodz–Kutno ein. Und zwar mit der PGD »Brandenburg« und der PD »Hermann Göring«. Dadurch wurde der Raum Ostpreußen entscheidend geschwächt.

Im Westen wurden, beginnend mit dem 15. 1. 1945, die 269. ID und die 712. ID verladen und im Eiltransport quer durch Deutschland in den bedrohten Ostraum geworfen, und auch der ungarische Raum sollte zwei PD (die 8. und 20.) zur Stabilisierung der Ostfront abgeben.

Die nach dem schweren ersten Schlag noch kampffähigen Teile der 4. PzArmee und der 9. Armee trafen am 18. 1. bei Bialoczow zusammen und bereiteten für den kommenden Tag einen Durchbruch vor. Dieser wurde bei Paradyz angesetzt und drang nicht durch.

Am 14. 1. war für das Armeeoberkommando der 4. PzArmee und auch bei den Stäben des XXIV. PzK und des XXXXII. AK zu erkennen, daß die Einkesselung sich vollendete. Erst am Mittag des 14. 1. erhielt das XXXXII. AK, das unter GendInf. Recknagel kämpfte, die Weisung, sich von der Weichselfront zu lösen. Doch die hier durchgebrochenen sowjetischen Panzerspitzen hatten bereits ihren Vorstoß über 150 km tief nach Westen vorgetrieben.

Aus der Sicht des XXIV. PzK, GendPzTr. Nehring, sah die Lage so aus, daß links von diesem Panzerkorps noch das XXXXII. AK stand. Als in der Nacht zum 15. 1. 1945 ein Funkspruch der 9. Armee aufgefangen wurde, aus dem hervorging, daß der Rückzug angeordnet sei, stand General Nehring vor einem schweren Entschluß. Er sagte dazu:

»Trotz des Befehls zum Zurückkämpfen ergab sich für mich und mein Panzerkorps die von kameradschaftlichem Empfinden bestimmte neue Aufgabe, noch so lange im Raume Kielce weiterzukämpfen, bis die noch weit an die Weichsel vorgestaffelten Divisionen des XXXXII. Armeekorps auf das Panzerkorps zurückgenommen worden waren, um dann zusammengefaßt zurückzugehen.

Dieser für mich selbstverständliche Entschluß zum Ausharren bedeutete für die drei Divisionen meines Korps harte Kämpfe bis zum Abend des 16. Januar.

In der Nacht zum 17. 1. wurde endlich der Rückmarsch nach Norden angetreten und in den grauen Schneenächten zum 18. und 19. 1. 1945 fortgesetzt; ständig von allen Seiten vom Feind umgeben und angegriffen, vor allem mit starken Bomber- und Jägerverbänden gegen die leicht erkennbaren Marschkolonnen und Rasträume.«

Dieser »Wandernde Kessel« kämpfte sich schließlich südlich Lodz über die Warthe zurück. Mit dem Korps marschierten die Reste des zerschlagenen XXXXII. AK und das LVI. PzK zurück, deren KommGenerale Recknagel und Block in den Kämpfen dieser Tage fielen.

Nach elf Tagen eines verzweifelten Ringens gelang es am 22. 1. 1945, den letzten sowjetischen Einschließungsring südlich von Lask zu durchbrechen und nach einem Marsch von 250 Kilometern südlich von Sieradz den Anschluß an das PzK »Großdeutschland« herzustellen.

Noch am 22. 1. wurde General der Panzertruppen Nehring für diese außergewöhnliche Führungsleistung und für persönliche Tapferkeit als 124. Soldat mit den Schwertern zum Ritterkreuz mit Eichenlaub ausgezeichnet. Der General betonte bei der Verleihung, daß diese Anerkennung in erster Linie den Leistungen seiner

Divisionen und ihrer Kommandeure sowie deren Mitarbeitern im Stab zu verdanken sei.

Doch zurück zu den übrigen Ereignissen in diesem Abschnitt der HGr. A, die ab 25. 1. 1945 die Bezeichnung Heeresgruppe Mitte erhielt.

Aus dem HGr.-Hauptquartier in Krakau war das Oberkommando zu Beginn der russischen Winteroffensive nach Tschenstochau verlegt worden, um in der Mitte führen zu können. Dies wäre ihm am 17. 1. um ein Haar zum Verhängnis geworden, als russische Panzerverbände direkt auf Tschenstochau zuhielten. In aller Eile mußte das Hauptquartier der HGr. nach Oppeln zurückverlegen.

Bei der HGr. war man am 18. 1. zu folgender Feindlagebetrachtung gelangt: Die Rote Armee hatte einen Einbruch von 300 Kilometern Breite erzielt und stieß tief nach Westen in Richtung Deutschland vor. Im Süden dieses Durchbruchskeiles erreichte sie an diesem Tage, beiderseits Tschenstochau vorprellend, die schlesische Grenze.

Im Norden, im Abschnitt der 9. Armee, wo sie zwei Tage später, am 14. 1. 1945, zum Großangriff angetreten war, hatte die Rote Armee den Raum auf der Linie Lodz–Kutno erreicht.

Diese beiden Durchbrüche hatten auf beiden Seiten schwere Verluste gekostet. Aber während der Gegner tiefgegliederte Reserveverbände zur Verfügung hatte, konnte keine der zerschlagenen deutschen Divisionen ersetzt werden. Es war dem Heeresgruppenstab an diesem 18. 1. 1945 noch nicht erkennbar, welchen Truppenteilen es gelungen war, sich vom Feind zu lösen und sich nach Schlesien zurückzuziehen.

Noch war die feindliche Absicht der beiden Großangriffe nicht genau zu erkennen, obgleich klar schien, daß die Kräfte, die im Nordabschnitt der HGr. Mitte durch Posen vorstießen, auf Berlin zielten. Jene Armeen aber, die auf Schlesien vorprellten, konnten der südliche Flankenschutz dieser auf Berlin zielenden Kräfte sein. Sicher war, daß sich der Gegner zuerst um die Gewinnung von Brückenköpfen jenseits der Oder bemühen würde, um so die Voraussetzungen zur Fortsetzung des Angriffs westlich der Oder zu gewinnen. Hinzu kam die Gewinnung des oberschlesischen Industr4ereviers, das für die deutsche Kriegsindustrie von entscheidender Bedeutung war.

Gegen dieses Industriegebiet stieß die 4. Ukrainische Front vor, die auf die Mährische Pforte zielte und alles daransetzen würde, das Industrierevier von Mährisch-Ostrau baldmöglichst in Besitz zu nehmen.

Die eigenen Kräfte waren durch die massierten Angriffe der Sowjets in stark angeschlagenem Zustand. Die 4. Panzerarmee und die 9. Armee waren zur Zeit nicht mehr einsatzfähig. Die 17. Armee, die sich seit dem 17. 1. 1945 nach Westen zurückkämpfte, konnte jedoch ihre Kampfkraft völlig erhalten. Die Armeegruppe Heinrici war die einzige Armee der Heeresgruppe Mitte, die noch über schlagkräftige Reserven verfügte.

Als der Reichsminister für Rüstung, Speer, und der Staatssekretär des Verkehrsministeriums um diese Zeit bei der Heeresgruppenführung erschienen, um zu erklären, daß der Verlust des oberschlesischen Industriereviers das Ende der industriellen Waffenfertigung und den Zusammenbruch des Verkehrs bedeuten würde, und auf Halten um jeden Preis plädierten, war die HGr.-Führung nicht in der Lage, irgendwelche Zusagen zu machen.

Vor ihrer Rückreise nach Berlin versprach Speer, sich für die Zuführung neuer Kräfte einzusetzen.

Auf Drängen von GenOberst Schörner wurde an diesem 18. 1. auch der Einsatz des Ersatzheeres befohlen. Mindestens vier entscheidende Tage zu spät erfolgte dieser Befehl, der spätestens am 14. 1. hätte ergehen müssen, als der Gegner auch im Nordteil bei der 9. Armee zum Angriff antrat.

Die in Marsch gesetzten zwei Infanterie-Divisionen aus dem Westen und jene zwei aus Ungarn im Anrollen befindlichen PzDiv. konnten mit ihren Spitzenteilen erst nach dem 20. 1. eintreffen, und Ende Januar erst würden sie vollzählig zur Verfügung stehen.

Da die Verteidigung des oberschlesischen Industriegebietes als vordringlichste Aufgabe erschien, wurden die Spitzen dieser vier Divisionen in die Linie Krakau–Zawiercie dirigiert.

Die zwischen den Beskiden und der oberen Weichsel auf dem Rückzug befindliche 17. Armee war nicht mehr in der Lage, irgendwelche Kräfte abzugeben. Daraus resultierte, daß allein die AGr. Heinrici noch Reserven zur Verfügung hatte. Von ihr wurden denn auch bis Ende Januar mehrere Verbände abgegeben.

Die Einsatzstärke der Luftwaffe im Abschnitt der HGr. Mitte, die von der Luftflotte 6 geführt wurde, schwand seit Beginn der Offensive mehr und mehr dahin. Hinzu kamen Schwierigkeiten in der Treibstoffversorgung. Dadurch konnten nur die Mindestaufträge in bezug auf Aufklärung und Panzerbekämpfung durchgeführt werden. Die Heeresverbände konnten nicht unterstützt werden. Am 16. 1. verlor die Luftflotte 6 21 Flugzeuge, und am 19. 1. gingen 32 Maschinen verloren.

Die am 18. 1. 1945 von der HGr. Mitte an das Oberkommando des Heeres durchgegebene Lagemeldung lautete:

»Die Aufgabe der Deckung des oberschlesischen Industriegebietes wird sich bei raschem Eintreffen der 8. und 20. PD mit Erfolg sicherstellen lassen. Der Ansatz der 4. PzArmee des Feindes in Richtung auf den Raum beiderseits Posen trifft jedoch in eine weit aufgerissene Lücke und erfordert einen sehr rasch zu erfolgenden Aufmarsch neuer eigener Kräfte im Raum zwischen Breslau und Thorn, die nach Auffangen dieses Stoßes gegen Front und Flanke des Feindes zum Angriff antreten könnten.«

Daß diese Vorstellung, einen großen Gegenschlag gegen die tiefe offene Flanke des auf Berlin vorstoßenden Feindes führen zu können, völlig abwegig war, hinderte die oberste Führung nicht daran, sich diesem Wunschtraum längere Zeit hinzugeben.

Abgaben und Einsätze bei der Armeegruppe Heinrici

Die vor und in der Hohen Tatra stehende AGr. Heinrici mit der 1. PzArmee sicherte bis zum 12. 1. 1945 die Ostslowakei und das ostwärts der Hohen Tatra gelegene Gebiet mit den Ortschaften Leutschau, Deutschendorf und Käsemark, in dem deutsche Siedler wohnten.

Bereits am 11. 1. 1945 mußte die in den Stellungen liegende 75. ID abgegeben werden. In den nächsten Tagen und Wochen folgten die Generalkommandos des XI. und XVII. AK nach und mit ihnen die 1. Skijäger-Division, die 97. und 100. JägerDiv. und die 208. ID, die zur 17. Armee transportiert wurden, welche nach Norden an die AGr. Heinrici anschloß.

Der Stab der 1. PzArmee verlegte am 27. 1. von den Osthängen der Hohen Tatra nach Sillein. An diesem Tage wurde ihm das XI. SS-Korps, im Raume Sybusch unterstellt.

Am 29. 1. trat auch das nördlich daran anschließende LIX. AK, das zwischen Beskiden und Weichsel im Einsatz stand und sich gerade auf die Linie Bielitz–Pleß zurückkämpfte, unter den Oberbefehl der 1. PzArmee, die an diesem Tage durch das Zurückweichen der 17. Armee gezwungen war, die Hohe Tatra zu räumen und sich auf die Linie Berg Dumbier–Berg Banikov–Jelesnia zurückzuziehen.

Die von der 1. PzArmee erreichte Linie schützte noch die Nord-Süd-Verbindung zum linken Flügel der HGr. Süd und die Kohlengruben und Erzhütten im Raume des Jablonka-Passes.

Der Schwerpunkt der 1. PzArmee verlagerte sich mit den beiden unterstellten Armeekorps auf ihren Nordflügel in den Raum Oberschlesien. Aus diesem Grunde wurde der Armeegefechtsstand am 30. 1. 1945 nach Friedeck südwestlich Teschen verlegt.

Beim XI. SS-Korps war die Front bereits am 16. 1. im Raume Jaslo in der Mitte durchbrochen worden. Dies zwang die beiden nördlichen Divisionen — die 78. Volkssturm-Division und die 544. VGD — zum Ausweichen. Dabei gerieten sie in den Abschnitt des LIX. AK, dem sie unterstellt wurden.

Das Korps selbst war mit den beiden südlichen Divisionen — der 320. ID und der 545. VGD — nach kurzem Halten bei Makow in den Raum Sybusch zurückgegangen.

Das in seinen Stellungen an der Wisloka haltende LIX. AK war gegen beiderseits überholende Feindpanzerverbände in Schneestürmen, bei Kälte bis zu 20 Grad, aus seinem Abschnitt in die Linie Kety–Auschwitz ans Westufer des Sola-Flusses gelangt.

Beim Überschreiten des Dunajec-Flusses verlor die 78. Volkssturm-Div. durch Bombensplitter ihren Kommandeur, GenMaj. von Hirschfeld. Der größtenteils nur stützpunktartig besetzte Sola-Abschnitt konnte ebenfalls nicht gehalten werden. Feindpanzerverbände hatten bereits den Nordteil dieser »B-2-Stellung« durchbrochen, noch ehe sie besetzt war. Die 78. VStD konnte sich nur noch durch einen dramatischen Ausbruch retten.

Der Gegner, der mit starken Panzerkräften einen Durchbruch nach Schwarzwasser und Weißwasser erzwingen wollte, wurde von der 78. VStD abgeschmiert. 25 Feindpanzer blieben abgeschossen liegen. Da Oberst Klocke, Kommandeur des GR 225, bereits am 16. 1. 1945 gefallen war, führte Major Vaitl, Kommandeur des GR 14, dem ein Pionier-Bataillon zugeführt worden war, das bereits durch Nennung im Wehrmachtsbericht bekannt war, die Abwehrkämpfe in der ersten Februarhälfte. Nahkämpfe und Einsätze bei Nacht forderten hohe Opfer. Bei Tage trommelte sowjetische Artillerie auf die Stellungen der 78. VStD nieder; hinzu kamen Schlachtfliegerangriffe.

Nach ihrer Ablösung kamen die Soldaten des GR 14 in Ruhestellungen bei Saybusch. Dem II./GR 14 stand eine ungarische ArtAbt. zur Seite, die sich tapfer schlug.

Da auch die Lage beim XI. AK, das sich nordwestlich an das LIX. AK anschloß, bedenklich wurde, mußte die Armeegruppe Heinrici ihr besonderes Augenmerk auf diesen nördlichsten Teil ihres Abschnittes lenken, auch wenn dieses Korps ihr nicht unterstand. Diesem Korps waren übrigens die 75. ID und die 97. JD sowie die 1. Skijäger-Div. der AGr. Heinrici zugeflossen.

Das XI. AK hielt am 21. 1. noch den Przemsza-Abschnitt zwischen Auschwitz und Myslowitsch, der zur »B-2-Stellung« gehörte. Diese Linie wurde am 26. 1. von russischen Panzern durchbrochen, die auf Kattowitz zurollten. Das gesamte Korps wurde zurückgedrängt und fand sich am 29. 1. in der Linie Pleß–Sohrau wieder. Da die Gefahr eines sowjetischen Vorstoßes über Rybnik in den Rücken der noch zwischen den Beskiden und der Weichsel eingesetzten Truppen bestand, führte das XI. AK einen Gegenangriff, der bei Rybnik den Gegner zurückschlug und Rybnik sicherte.

Damit erlahmte hier die Kampftätigkeit, die im tiefverschneiten Gebirge ohnehin nicht sehr groß war.

Hier mußte die ungarische Armee nach dem Überlaufen des ungarischen GenObersten Miklos von Dalnoki zu den Russen, am 15. 10. 1944, aus der Front genommen werden. GenOberst Laszlo, der nach Miklos Oberbefehlshaber der 1. ungarischen Armee geworden war, mußte diesen Befehl geben, weil Miklos eine »Ungarische Befreiungsarmee« aufgestellt hatte, die nun an die Front gelangte. Es wäre sonst zu einem Krieg Ungarn gegen Ungarn gekommen.

Diese 1. ungarische Armee marschierte nunmehr in den Abstellraum am Mittellauf der Waag und kam nicht mehr zum Einsatz.

Da nunmehr die ungarische Armee aus der AGr. Heinrici ausge-
schieden war, erhielt diese ihre alte Bezeichnung 1. PzArmee
zurück. Ihre Aufgabe war es nunmehr, den Vorstoß der 4.
Ukrainischen Front zum Stehen zu bringen. Und zwar einmal
zwischen den Westbeskiden und zum anderen zwischen Weichsel
und Oder. Es galt, die kriegswirtschaftlich entscheidenden Pro-
duktionsgebiete von Freistadt, Ratibor, Troppau, Mährisch-Ostrau,
Teschen und Karwein zu schützen. Dort befanden sich neben den
Eisenerz- und Kohlengruben auch Fertigungsbetriebe der Eisen-
und Stahlindustrie mit der damals größten Walzstraße Europas;
nicht zu sprechen von den chemischen Werken, den Werken der
Textilindustrie und den Ölraffinerien.

So groß und wichtig diese Aufgabe war, so gering waren die
Kräfte, die der 1. PzArmee dafür zur Verfügung standen. Mehr als
die Hälfte ihrer Divisionen war abgezogen worden. Sie verfügte
zunächst nur noch über die drei Divisionen des LIX. AK: die 359.
ID, die 544. VGD und die 78. VStD.

Dieser Einsatz der 1. PzArmee, der in bezug auf die kriegerischen Entscheidungen nicht so sehr hervorstach, war aus den
genannten Gründen für die Kriegswirtschaft von eminenter Bedeutung. So wurde die 1. PD, obgleich sehr stiefmütterlich behandelt,
der südliche Eckpfeiler der gesamten schlesischen Front, obwohl
sie starke Reserven hatte abgeben müssen.

Ostwärts der Oder, im Raume Lublinitz–Groß Wartenberg, stand
der Rest der 4. PzArmee im Abwehrkampf. Der bereits am 17. 1.
bei Magnuszew herausgelöste Stab des VIII. AK unter General
Hartmann war inzwischen in Oppeln eingetroffen. Von Generaloberst Schörner erhielt Hartmann Weisung, das sowjetische
Vordringen über die Linie Lublinitz–Wielun auf die Oder zu
stoppen oder mindestens zu verzögern. Am 18. 1. befand sich der
Gefechtsstand des VIII. AK ostwärts Guttentag. Von dort aus ließ
General Hartmann Aufklärung vortreiben. Diese Aufklärung hatte
folgendes Ergebnis: Es wurden bei Lubnitz Teile der Armee-
waffenschule der 4. PzArmee und nördlich davon die Reste der
zerschlagenen 168. ID in Abwehrfront nach Osten festgestellt. Bei
Rosenberg waren Teile einer Sturmgeschützabteilung in Stellung
gegangen, der es gelungen war, sich aus dem Untergang zu retten.
Alle wurden zur Kampfgruppe Oppeln zusammengefaßt, die von

Oben: Amerikanische Infanterie stürmt mit Panzerunterstützung ein deutsches Widerstandsnest.
Unten: Straßenkampf in Arnheim am 14. April 1945. Dreschflegelpanzer versuchen, eine Minengasse freizuschlagen.

Oben: 10. Februar 1945. Britische Truppen haben den Reichswald überwunden;
sie passieren die deutsche Grenze.
Unten: 14. März 1945. Feldmarschall Bernard Montgomery (links) und drei
seiner Kommandeure in Neukirchen.

Oben: US-Truppen in einer zerstörten deutschen Stadt.
Unten: 6. März 1945. Infanteristen der 104. amerikanischen Infanterie-Division arbeiten sich in das Zentrum von Köln vor.

Oben: *Von einem Flak-Hügel am Ostufer des Rheins wird die Brücke von Remagen beobachtet.*
Unten: *Wenig später, am 7. März 1945, gelingt es Truppen der 1. US-Armee, die Brücke zu erobern.*

General Hartmann bis zum Abend des 23. 1. aus Oppeln heraus-gebracht und zur Oder beiderseits Oppeln zurückgeführt wurde.

Als Truppen der Roten Armee in Oppeln eindrangen, war es gelungen, jede noch einsatzbereite Waffe zurückzubringen. Die Verteidigung der Oder-Stellung gelang, dank der vorausschauenden Haltung von General Hartmann.

Die HGr. wiederum stellte eine Kampfgruppe zusammen, die unter Führung von Oberst Krafft beiderseits Wieruszew ostwärts von Kempen am Prosna-Abschnitt den mit Panzern und Infanterie geführten sowjetischen Vorstoß aufhielt. Erst in der Nacht zum 20. 1. mußte die Kampfgruppe Krafft auf eine Linie beiderseits Kempen ausweichen. Als hier am Morgen des 20. 1. weitere Verstärkungen eintrafen, so ein Reserve-Offiziersbewerber-Bataillon unter Führung von Major Frhr. von Grote und eine Panzerjäger- und Fla-Kpn. der 269. ID, konnte noch den ganzen 20. 1. über gehalten werden. Dies war zur Herstellung der Verteidigungsbereitschaft von Breslau unumgänglich notwendig.

Das Gros der 269. ID, die sich unter Führung von GenLt. Wagner (Hans) von Dresden her Görlitz näherte, wurde in den Raum Wartenberg–Oels ostwärts Breslau dirigiert.

Da es den beiden als Voraustrupp auf die Kampfgruppe Krafft gestoßenen Kompanien dieser Division in der Abwehrfront bei Kempen gelang, einige sowjetische Panzer abzuschießen, stieß der Gegner der in der Nacht zum 21. 1. auf Groß Wartenberg zurückgehenden Kampfgruppe Krafft erst am Mittag des 21. 1. hinterher.

Inzwischen waren zwei weitere Verstärkungsgruppen bei der Kampfgruppe eingetroffen. Und zwar Teile der Kavallerie-Ersatz-Abt. Oels und das II./GR 489 der 269. ID, die 2./FüsilierBatl. 269 und eine Artillerie-Batterie.

GenLt. Wagner fuhr mit seinem engsten Stab am 21. 1. nach Groß Wartenberg, um die Führung dieser Kampfgruppe zu übernehmen. Mit ihr führte er die Verteidigung des Raumes beiderseits Wartenberg bis zur Nacht des 23. 1. Erst dann mußte die Kampfgruppe auf Oels zurückweichen, weil sie in Gefahr stand, überflügelt und eingeschlossen zu werden.

Zur gleichen Zeit, wie die Kampfgruppe Krafft den Raum ostwärts Breslau verteidigte, war es Major Tenschert, der mit dem Jäger-Ersatz- und Ausbildungs-Batl. 83 (aus dem Ersatzheer), dem

Ersatztruppenteil für die 28. JD, bei Reichenthal in der tiefen Südflanke stand. Das Bataillon, das in Trautenau lag, wurde am 18. 1. alarmiert, auf dem Bahnhof verladen und traf am Mittag des 19. 1. auf der Bahnstation Ober-Stradam ein. Hier erhielt es vom Abschnittskommandeur, Major Henschel, den Befehl, die Berthold-Linie im Abschnitt der Ortsmitte Glausche bis zum Nordrand von Domsel zu besetzen und gegen feindliche Angriffe zu halten.

Die nur mit leichten Infanteriewaffen ausgerüsteten 600 Soldaten hatten damit einen 10 km breiten Abschnitt zur Verteidigung erhalten. Im Gutshof von Grunwitz wurde der Gefechtsstand eingerichtet. Die Kompanien Mainz, Melzer, Abicht und Wolff wurden in die Stellungen eingewiesen. Als die Kpn. Abicht in Glausche eintraf, hatten soeben drei T 34 als sowjetische Panzerspitze diese Ortschaft erreicht und standen im Gefecht mit einem dort liegenden Volkssturm-Bataillon, das Schanzarbeiten ausführen sollte.

Der von Oblt. Abicht geführte Gegenangriff mit dem unterstellten Volkssturm-Batl. führte zur Vertreibung der Feindkräfte, die sich auf Reichthal zurückzogen.

Mit Tagesanbruch begann hier der sowjetische Angriff, der von Panzern und motorisierter Infanterie geführt wurde. Die vorn eingesetzten Kompanien wurden überrollt und zerschlagen. Die Kompanie Abicht wurde restlos vernichtet, von den anderen konnten sich, mit Ausnahme der Reservekompanie Wolff, der es gelang, sich nach Kunzendorf abzusetzen, nur Reste retten.

Am frühen Morgen des 22. 1. lag die Kompanie Wolff bei Nieder-Stradam, als auch hier der Gegner vorrollte. Mit einer Panzerfaust und mehreren MG gelang es Lt. Wolff und seinen Männern, vier mit Rotarmisten besetzte Lastwagen mit angehängten Pak zu vernichten.

Durch Rückzug der Reste dieses Bataillons hinter den Bahndamm von Ober-Stradam konnte die restlose Vernichtung desselben verhindert werden. Als russische Panzer zum Angriff auf den Bahnhof antraten, wurden sie abgeschlagen. Nach einem schweren Granatwerfer-Feuerüberfall wurde dieser Angriff wiederholt und abermals abgeschlagen. Am frühen Morgen des 23. 1. wurde das Bataillon Tenschert hinter die Linie der herangekommenen 269. ID zurückgenommen. Bei Schollendorf verteidigend, wurde das Bataillon von sowjetischen schnellen Truppen umfaßt und ihm der Rückzugsweg versperrt.

GenLt. Wagner befahl den Durchbruch durch Oels in Richtung Breslau. Der nächtliche Durchbruch gelang. In Schmarse wurde vom Bataillon Tenschert, das die Nachhut bildete, eine Nachhutstellung bezogen.

Mit dem ersten Tageslicht des 25. 1. wurde der Marsch in Richtung Breslau fortgesetzt und der befohlene Verteidigungsabschnitt Hundsfeld erreicht. Die Verteidigungslinie bei der Brauerei Sakrau wurde bezogen. Damit war das Bataillon Tenschert in den Verteidigungsbereich von Breslau aufgegangen.

Die Verteidigungsaufgaben der 17. Armee

Die 17. Armee, die von der Oder bei Cosel über Dabrowa bis Auschwitz auf einer Frontbreite von 120 km verteidigte, hatte den Befehl, das oberschlesische Industrierevier zu schützen. Hier standen die letzten Hüttenwerke und viele Fertigungsstätten für Waffen, die noch fest in eigener Hand waren.

Die seit Beginn der russischen Offensive in härteste Rückzugskämpfe verwickelte Armee verfügte im XXXXVIII. PzK über die 68. und 304. ID, die während dieser Kämpfe stark angeschlagen worden waren. Die 75. ID, die lediglich bei Miechow in den Kampf hatte eingreifen können, war noch intakt. Von der 97. JägDiv. und der 712. ID war bis zum 20. 1. erst die Hälfte in der neuen Verteidigungslinie eingetroffen. Die aus Ungarn in Marsch gesetzten beide Panzer-Divisionen (8. und 20. PD) waren noch unterwegs.

Die 359. und 371. ID der 17. Armee waren in die Rückzugskämpfe südlich der oberen Weichsel verwickelt und dort gebunden. Der Kommandierende General des XXXXVIII. PzK, GenLt. Frhr. von Edelsheim, hatte Befehl erhalten, sich mit einschließen zu lassen. Ihm war dazu bereits eine Funkstelle des OKH zugeführt worden, durch welche die Verbindung zum OKH aufrechterhalten bleiben sollte. General der Inf. Schulz, OB der 17. Armee, wußte diesen Befehl geschickt zu umgehen.

Die Front der 17. Armee hielt zunächst. Am 25. 1. beantragte

General Schulz bei der HGr. Mitte die Genehmigung zum Ausweichen in eine neue Kampflinie Bielitz–ostwärts Pleß–nördlich Rybnik–Cosel. Mit dem südlichen Nachbarn, der 1. PzArmee, hatte Schulz diese Linie abgesprochen und abgestimmt. Diese Forderung wurde am 26. 1. wiederholt, mit dem Hinweis darauf, daß bei einer verweigerten Genehmigung die am Feind stehenden Kräfte vernichtet werden würden. Die HGr. erteilte die Genehmigung noch immer nicht, führte aber in ihrer Tagesmeldung an das OKH folgenden Lagebericht der 17. Armee an:

»Die Fortsetzung der feindlichen Angriffsoperationen führt heute, besonders im Umkreis des Industriegebietes, zu außerordentlicher Spannung der Lage. Die 17. Armee steht hier gegen den mit vier Armeen, 33 Schützen-Divisionen, fünf Panzerkorps, einem Kavalleriekorps und einer selbständigen Panzerbrigade angreifenden Feind in sehr schwerem Abwehrkampf, in dessen Verlauf der Südflügel zurückgedrückt wurde.

In der das Industriegebiet umgebenden Front sind mehrere tiefe Einbrüche, südostwärts Kattowitz auch ein taktischer Durchbruch erfolgt.

Der südostwärts von Gleiwitz angreifenden 20. PD gelang es, die Mehrzahl der von Nordwesten kommenden feindlichen Panzerverbände durch eigenen Angriff auf sich zu ziehen und ihnen erhebliche Verluste beizubringen. Ihr eigener Angriff auf die gesetzten Ziele konnte sich jedoch nicht durchsetzen.

Zwischen Gleiwitz und der Oder sind weitere Teile der 3. Garde-Panzerarmee des Feindes nach Süden angetreten und haben mit Panzerspitzen die Straße Rybnik–Ratibor erreicht. Ihnen sind mehrere improvisierte Kampfgruppen entgegengeworfen worden.«

Am 27. 1. unternahm General Schulz einen letzten Versuch, die Zurücknahme seiner Armee bei GFM Schörner zu versuchen. Der OB der HGr. Mitte gab General Schulz freie Hand zum Ausweichen in der Nacht zum 28. 1. Und dies auf eigene Verantwortung Schörners, der diesen Entschluß auch Hitler gegenüber telefonisch rechtfertigte.

Die Linie Bielitz–ostwärts Pleß–nördlich Rybnik–Cosel sollte bezogen werden. Dort war unmittelbar vorher die I./FlakReg. 33 mit 8,8-cm-Flak in Stellung gegangen. Der Kommandeur dieser Abteilung erhielt Befehl, Rybnik gegen den darauf vorprellenden Panzerfeind zu halten, bis die Reserven herangekommen seien.

Die Abteilung schoß die feindliche Panzerspitze ab, und als die aus Ungarn verlegte 8. PD, aus Ratibor kommend, im Kampfraum eintraf und die 1. SkjDiv. von Südosten aus dem Raum Sohrau antrat, wurde der Feind geworfen.

Dies verhinderte jedoch nicht den Verlust von Oberschlesien, weil der Gegner in mehreren Umfassungsoperationen diese Kräfte bereits umholt hatte. Der Feind war hier zwar gehalten worden, aber rechts und links von diesem Abschnitt erreichte er zwischen Oppeln und Steinau die Oder und überschritt sie an drei Stellen, um bei Ohlau, zwischen Brieg und Ohlau, und Ende des Monats auch bei Maltsch, Brückenköpfe zu errichten. Mit Ausnahme von Breslau stand hier bis Ende Januar noch keine Abwehrfront.

Vor Ohlau trat die 269. ID am 31. 1. 1945 ins Gefecht. Das Halten der Göllnerhainer Berge durch sie mißlang. Die Division wurde mehr und mehr auf Breslau zurückgedrückt. Die Umklammerung und Einschließung der 269. ID bahnte sich an, als Teile der 3. Garde-Panzerarmee der Sowjets am 10. und 11. 2. auf Breslau vorstießen und sich südlich der Stadt mit jenen Kräften trafen, die aus den Brückenköpfen Ohlau und Brieg angetreten waren. Durch eine letzte Lücke gelang es GenLt. Wagner, die Artillerie und Räderteile seiner Division in der Nacht zum 12. 2. nach Süden durchzuführen und der Einschließung in Breslau zu entgehen.

Zwei Nächte später gelang dann auch der Durchbruch des noch im Raum Weigwitz kämpfenden Grenadier-Rgt. 469 und des Personals des ArtReg. 269 in Richtung Jordansmühle. Der Kampf der 269. ID südlich von Breslau hatte für die Festung Breslau dringend benötigten Zeitgewinn verschafft.

Die im »Blitztransport« aus Nordungarn in diesen Raum befohlene 208. ID wurde am 3. 2. 1945 in Steinkirche ausgeladen und in den Bereitstellungsraum Wansen geführt; mit dem Befehl, von dort aus in Richtung der Festung Brieg vorzustoßen, Verbindung mit der Festungsbesatzung aufzunehmen und aus der Festung heraus nach Südosten zu verteidigen.

Dieser Angriff begann am 5. 2., gewann zunächst gut an Boden, so daß die Autobahn in Richtung auf Brieg überschritten werden konnte. Hier aber blieb der Angriff liegen, und die Division mußte schließlich hinter die Autobahn zurückgenommen werden. Der stark nachdrängende Gegner stieß bis auf 2 km nach Wansen vor. Hier wurde die 208. ID herausgezogen; nachdem Teile der in

Richtung Wansen ausgebrochenen Besatzung von Brieg aufgenommen waren, wurde die Div. in Richtung Striegau in Marsch gesetzt, wo der Gegner stand.

Der ebenfalls am 4. 2. beginnende sowjetische Angriff in Richtung Neiße, der die bei Grottkau stehende Korpsgruppe Jeckeln (mit dem V. SS-Korps) traf, drang durch. Grottkau ging verloren. Feindpanzer stießen halbwegs auf Neiße vor.

Dann trafen nacheinander die 20. PD und die 45. VGD in diesem Raum ein und traten zum Gegenstoß an. Sie warfen den Feind bis hart südlich Grottkau zurück und richteten sich hier zur Verteidigung in der Linie Oppeln–Grottkau–Wansen ein, die von der Korpsgruppe Jeckeln unter Führung von SS-Obergruppenführer Jeckeln ebenfalls bezogen wurde. Diese Linie konnte bis Mitte März gehalten werden.

Die 17. ID, geführt von GenMaj. Sachsenheimer, hatte eine besondere Aufgabe erhalten. Sie hatte im Vorfeld von Breslau weit vorgestaffelt in breiter Front am Pulawy-Brückenkopf gehalten. Hier ihr Bericht:

Die 17. Infanterie-Division in Angriff und Abwehr

»Jeder Mann unserer Division war von dem Gedanken beseelt, mitzuhelfen, den unmittelbar bevorstehenden Großangriff der Roten Armee zu zerschlagen und ihn vor unserer Ostgrenze zum Stehen zu bringen.«

Diese Worte des Divisionskommandeurs, GenMaj. Sachsenheimer, sollten sich bewahrheiten, wenn auch die Kräfte der Division viel zu gering waren, um den Gegner zu halten. Auf einem Frontabschnitt von 63 km Breite, mit 17 km Land- und 46 km Wasserfront an der Weichsel, standen die 17. und 214. ID.

Nachdem die Luftwaffe bei Pulawy einen gewaltigen Feindaufmarsch festgestellt hatte und sich die Feind-Batterien auf die HKL der 17. ID eingeschossen hatten, stand der Angriff unmittelbar bevor.

Am 14. 1. 1945 gegen 05.30 Uhr begann auch im Brückenkopf

Pulawy die Offensive mit einem mehrstündigen schweren Trommelfeuer. Im Abschnitt der 17. ID griffen danach 11 Schützen-Divisionen, ein Kavallerie-Korps und ein Panzerkorps an.

Die bereits vom Artilleriefeuersturm zerfetzten Stellungen des GR 55 wurden von den über den Fluß setzenden sowjetischen Schützen-Divisionen durchbrochen. Der Feind erreichte die Artilleriestellungen und nahm sie aus. Das Gros dieses Regimentes ging unter. Beim Zurückgehen wurde Oberstleutnant Dr. Emmert, der Kommandeur der GR 55, schwer verwundet.

Zwar gelang es der Division, allein an diesem Tage mit Pak und vor allem Panzerfäusten noch über 100 Feindpanzer abzuschießen, doch was bedeutete dies gegenüber jenen 800 Panzern und Panzerfahrzeugen, die im Divisionsabschnitt an diesem Tag gezählt wurden.

GenMaj. Sachsenheimer setzte am 15. 1. einen Gegenangriff auf Zwolen an, wo er noch Major Seifert wußte, der am 14. 1. Zwolen gehalten hatte. Acht Sturmgeschütze unterstützten diesen Vorstoß, fünf blieben unterwegs liegen, und nur drei kämpften so lange in Zwolen, bis die russische Panzerübermacht erdrückend wurde. Major Seifert formierte alles zum Ausbruch aus Zwolen, und am Abend des 15. 1. erreichte er mit seiner Kampfgruppe den Div-GefStand in Sucha. Er erhielt von GenMaj. Sachsenheimer Auftrag, in eine rückwärtige Stellung 10 km westlich Radom, dem Riegel zwischen Warka- und Baranow-Brückenkopf, zu fahren und dort südlich der Hauptstraße das in diese Richtung ausbrechende IR 55 aufzufangen und einzusetzen.

Sämtliche übrigen Divisionsteile bewegten sich ebenfalls in fünftägigen Kämpfen, geführt vom Divisionskommandeur — ohne Nachschub und ohne Führungsbefehle —, in wechselvollen Kämpfen zurück. Hier passierte es, daß fränkische Infanteristen des IR 55 mit dem Deutschlandlied auf den Lippen die feindlichen Abschnürungsverbände durchstießen. Noch am fünften Tage des Kampfes um das nackte Überleben schossen Soldaten der 17. ID mit Panzerfäusten 55 Feindpanzer ab, die ihnen den Rückzugsweg versperrten.

Es waren noch ungefähr 1000 Soldaten der Kampftruppen, welche die rettende Oder erreichten.

GenMaj. Sachsenheimer wurde mit Teilen des DivStabes, der Nachrichten-, der Panzerjäger-Abt. und das PiBatl. der Armee

Gräser unterstellt und im Eilmarsch in den Raum Breslau geworfen. Es galt, bei Dyherrnfurth einen kriegswichtigen Betrieb, in dem ein hochgiftiges Nervengas hergestellt worden war, das noch in unterirdischen Behältern dort lagerte, zurückzuerobern und dieses Gas zu vernichten, damit es dem Gegner nicht in die Hände fiel.

Der Angriff war von GenMaj. Sachsenheimer nach persönlicher Erkundung des Geländes ausgearbeitet worden, und der OB der 4. PzArmee, General Gräser, hatte ihn genehmigt.

In einem Angriff von nur einer Stunde Dauer wurde überfallartig das Werk erreicht. Die mitgeführte »Technische Gruppe« pumpte das Gas aus, während der gebildete Brückenkopf die angreifenden sowjetischen Panzer abwehrte, von denen sechs von der mitgeführten und hinter dem Bahndamm in Stellung gebrachten schweren Flak abgeschossen wurden. Durch diesen Abwehrerfolg wurde der Gegner gelähmt, so daß alles Gas vernichtet werden konnte. Am späten Nachmittag zog sich die »Kampfgruppe Sachs« nach erfülltem Auftrag zurück.

Der Kampf um die Oder

Nach der geglückten Rückführung des »Wandernden Kessels« in den Raum um Glogau, westlich der Oder, trafen bis Ende Januar in diesem Raum die Generalkommandos XXIV. PzK und des XXXX. PzK ein. An Divisionen kamen an: die 6. und 45. VGD, die 17. PD sowie die 17., 72., 88., 214., 291. und 342. ID. Hinzu kamen: der Sperrverband von Ahlfen, rückwärtige Dienste, Flak und Bodenpersonal der Luftwaffe.

Die 9. Armee hatte bereits eine gut funktionierende Organisation in Gang gesetzt, mittels derer die hier eintreffenden Verbände versorgt wurden. Binnen weniger Tage konnten 22 Bataillone neu formiert werden, die im Brückenkopf Glogau und beiderseits davon eingesetzt werden mußten. Die Reste der 17. PD wurden zur Auffrischung in den Raum Sagan und teilweise zum Truppenübungsplatz Neuhammer verlegt.

Die Stäbe des XXXXII. AK und das LVI. PzK waren völlig ausgefallen. Der Kommandierende General des letzteren, General

Block, war gefallen. Die Kommandeure der 17. PD, Oberst Brux, der 88. ID, GenLt. Graf von Rittberg, der 214. ID, GenLt. von Kirchbach, waren verwundet in sowjetische Gefangenschaft geraten. GenMaj. Finger, Kdr. der 291. ID, war am 17. 1. 45 bei Tschenstochau gefallen.

Das Generalkommando XXXX. PzK war nach Erreichen der Warthe bei Sieradz vom AOK 9 damit beauftragt worden, Wreschen zu erreichen und dort das ungehinderte Vorgehen des Feindes im Nordraum der Armee zu verhindern. Aber an ein Aufhalten des Gegners war nicht zu denken. Erst bei Beuthen und Crossen an der Oder gelang es, zu halten. Ein russischer Brückenkopf bei Odereck, nördlich Grünberg, hielt sich. Die Brücke bei Odereck wurde von deutschen Pionieren in einem überraschenden Handstreich gesprengt. Danach konnte der sowjetische Brückenkopf zerschlagen werden. Dieser Oder-Brückenkopf des XXXX. PzK wurde vorerst nicht mehr angegriffen, weil der Gegner nördlich der hier von Ost nach West verlaufenden Richtung der Oder vorging.

Der Stab des XXIV. PzK wurde ebenfalls an die Oder befohlen. GendPzTr. Nehring berichtete darüber in seinem Werk »Wandernde Kessel«:

»Nachdem wir im ›Wandernden Kessel‹ an der Warthe in die sichere Hut des PzK ›Großdeutschland‹ aufgenommen worden waren, traf am 25. 1. in Walentynow (nordwestlich Ostrow) ein folgender FT-Spruch des OKH ein:

›Generalkommando XXIV. PzK mit Stab 16. PD unter starkem Geleitschutz sofort zur Verfügung OKH nach Glogau–Herrndorf. Dort Meldung bei AOK 9.‹

Derselbe Befehl ordnete an, die 20. PGD unter GenLt. Jauer sowie alle vorhandenen gepanzerten Teile dem Panzerkorps ›GD‹ zu unterstellen, um dieses für seine Aufgabe, den feindlichen Vormarsch zu verzögern, zu verstärken. Das war verständlich, und so verzichtete das Generalkommando auf Panzerschutz und begnügte sich mit zwei ›Wespen‹ (Kanonen auf Sfl), die sich an die Spitze der Marschkolonne setzten, um wenigstens einen behelfsmäßigen Schutz gegen russische Panzer zu bieten — ein Verfahren, das sich auf dem nächtlichen Marsch bewähren sollte.

Unweit Krotoschin trifft die Marschkolonne auf feindliche Panzer, die sie aber in der Dunkelheit passieren lassen. Der Marsch geht in Richtung Köben weiter, stößt dann erneut auf russische Panzer, die auf Beschuß durch die ›Wespen‹ ihre Stellung nach rückwärts räumen. Sicherheitshalber wird in Richtung Gosztyn abgebogen, wo wir am 26. 1. gegen 02.00 Uhr auf deutsche Sicherungen treffen und eine kurze Ruhepause einlegen können.

Danach geht es über Lissa nach Glogau weiter, um am Spätnachmittag Gut Herrndorf zu erreichen. Hier erteilt das AOK 9 den Auftrag, die Verteidigung des Oder-Abschnittes von Steinau ausschließlich über Glogau bis Neusalz einschließlich zu organisieren und zu übernehmen. Der riskante Marsch durch ein von feindlichen Panzerkräften verseuchtes Gebiet war damit gut abgelaufen ...«

Die sowjetische Führung hatte unter zutreffender Geländebeurteilung zielklar gehandelt, als sie ihre 4. Panzerarmee mit sehr starken Kräften nördlich Breslau vorbei auf den Oder-Abschnitt Parchwitz–Steinau–Köben vortrieb. Diesen starken Kräften war die Bildung eines Brückenkopfes jenseits der Oder nicht zu verwehren.

Zwar erhielt die Unteroffiziersschule Jauer den Befehl, Steinau zu verteidigen, doch dies geschah erst am 20. 1. 1945, und das war zu spät, um diesen wichtigen Oder-Übergang mit je einer Eisenbahn- und Straßenbrücke in Verteidigungszustand zu versetzen. Die Truppen trafen erst am 22. und 23. 1. dort ein. Am Abend des 23. 1. aber hatten die ersten sowjetischen Panzer sich bis auf Schußentfernung Steinau genähert, und am Morgen des 24. 1. durchstieß der Panzerfeind den äußeren Verteidigungsring auf dem Ostufer der Oder. Die Eisenbahnbrücke flog in die Luft. Die Sprengung der Straßenbrücke mißlang, weil die Zündung der Sprengladung versagte, da sämtliche Zündleitungen zerschossen waren.

Von den neun sowjetischen Panzern, die mit aufgesessener Infanterie über diese Brücke die Oder überquerten, wurden fünf mit Panzerfaust abgeschossen. Die übrigen vier zogen sich mit der Infanterie wieder auf das Ostufer zurück.

Pioniere arbeiteten sich nun mit Schnell-Ladungen zur Brücke vor und sprengten auch die Straßenbrücke. Allerdings nicht vollständig, so daß es sowjetischen Infanterieteilen gelang, über die Brückentrümmer ans Westufer zu kommen.

Etwa zur gleichen Zeit hatte die Rote Armee am 25. 1. auch bei

Diebau, südlich von Steinau, mit Schwimmwagen die Oder überwunden. Nördlich Steinau schlugen sowjetische Pioniere nacheinander mehrere Brücken, über die auch Panzer ans Westufer gelangten.

In Steinau selbst kämpften die Unteroffiziersschüler mit letztem
Einsatz bis zum Abend des 3. 2. Zu ihnen stießen Teile der
Panzerbrigade 103 unter Oberst Mummert mit Teilen seines PzGr-
Reg. 103. Der opfervolle Einsatz konnte jedoch nicht verhindern,
daß Steinau fiel und der Feind in breiter Front über die Oder setzte
und einen breiten und tiefen Brückenkopf bildete. Im Wehrmachtsbericht des 6. 2. 1945 wurde dieser Kampf bis zum Untergang der Unteroffiziersschüler gewürdigt. Die Unteroffiziersschule
Jauer hatte starke feindliche Kräfte gebunden und so den geordneten Rückzug der übrigen noch ostwärts der Oder stehenden
eigenen Kräfte mit ermöglicht.

Bis zum 28. 1. hatte der Feind bereits Lüben erreicht. Im Gegenstoß wurde ihm diese Ortschaft wieder entrissen. Hier fanden die
deutschen Soldaten schreckliche Dinge vor. Im Keller des Hauses
Laux wurden 20 Soldaten der PGD »Großdeutschland« mit Ge-
nickschüssen gefunden. Sie waren von den Sowjets liquidiert
worden.

Der Einsatz des Panzerkorps »Großdeutschland«

Vom 1. bis 11. 1. 1945 wurden die PGD »GD« und der Korpsstab
»Großdeutschland« unter General der PzTr. von Saucken mit den
in Aufstellung befindlichen Korpstruppen in den Raum Willen-
berg, südlich der Grenze Ostpreußens, als OKH-Reserve verlegt.
Unmittelbar nach Beginn des sowjetischen Großangriffs aus dem
Baranow-Brückenkopf an der Weichsel erhielt »Großdeutschland«
den Befehl zum Abmarsch nach Süden, zum Offenhalten der
Brückenköpfe über die Orzyc. Einen Tag darauf erhielt die PGD
»Brandenburg«, GenMaj. Schulte-Heuthaus, die sich auf dem
Transport nach Ostpreußen zum Korps befand, Weisung, in den
Raum um Litzmannstadt zurückzuverlegen, und am nächsten Tage
folgte der Korpsstab nach und übernahm bei Litzmannstadt den
Befehl über die Division »Brandenburg« und die Fallschirm-Pan-
zerdivision »Hermann Göring«.

Vom 15. bis 30. 1. 1945 stand das Korps mit diesen beiden Divisionen im Einsatz in Nordpolen und zog sich kämpfend bis in eine Stellung südlich Königsberg in Ostpreußen zurück.

Dazwischen aber lagen harte Kämpfe der Divisionen des Korps. Die PGD »GD« trat am 28. 1. eine Stunde vor Mitternacht von Guhrau aus gegen die Nordflanke des sowjetischen Stoßkeils zum Angriff auf Köben an. Die PGD »Brandenburg« erreichte im Angriff dieser Nacht die Linie Rützen–Neu Wiersewitz. Der Stoß der Division »HG« zwischen dem Waldgebiet von Rützen und der Oder nach Süden blieb bei Korwangelwitz liegen. Dieser Angriff in die Nordflanke des Feindes brachte kein Ergebnis, und am 30. 1. mußte das gesamte PzK »Großdeutschland« auf das Westufer der Oder zurückgenommen werden.

Der Heeres-Panzerjagdverband »Großdeutschland«, der am 20. 1. aufgestellt worden war, wurde bei Steinau an der Oder eingesetzt. Am 26. 1. entstand aus weiteren Kampfgruppen und Alarmeinheiten die PGD »Kurmark« unter Oberst Langkeit, und am 30. 1. befahl das OKH die Aufstockung der Führer-Begleitbrigade und der Führer-Grenadierbrigade »Großdeutschland« zu Divisionen. Die Kommandeure dieser Brigaden, Oberst Mäder und Oberst Remer, wurden zu Generalmajoren befördert.

Die Räumung des Brückenkopfes auf dem Ostufer gelang. Das PzK »Großdeutschland« wurde nunmehr in Ostpreußen eingesetzt.

Das XXIV. PzK wurde ebenfalls gegen den Brückenkopf Steinau der Roten Armee eingesetzt. Mit der 16. PD wurde am 28. 1. ein Angriff von Glogau aus vorgetragen, der aber im Abwehrfeuer der Roten Armee bei Gaffron liegenblieb. Noch einmal mußte das PzK »Großdeutschland« nach vollzogenem Uferwechsel angreifen. Am 2. 2. führte es einen Angriff südlich Raudten vorbei und bis Mlitsch–Töschwitz, wo auch dieser Angriff liegenblieb. Ein weiterer, zwei Tage später südlich davon begonnener Angriff konnte ebenfalls nicht über die Straße Lüben–Raudten vordringen. Die Mitte und der Nordflügel des sowjetischen Brückenkopfes bei Steinau waren einfach zu stark geworden, um ihn noch eindrücken zu können.

Der mit dem LVII. PzK gegen den Südflügel dieses Brückenkopfes zwischen Parchwitz–Lüben gerichtete Angriff drang nicht durch und wurde durch starke Gegenstöße der Sowjets in die Verteidigung gedrängt.

Hier kämpften die Verbände der 408. ID unter GenLt. Jolasse, die umgehend aus Ersatztruppen des Wehrkreises 8, Breslau, gebildet und in den Kampf geworfen worden war. Diese Division wurde von der PzBrig. 103, Oberst Mummert, und dem Sturm-flak-Regiment 99, Major Runge, unterstützt.

Bis zum 31. 1. schlugen sich Soldaten der Unteroffiziersschule Jauer aus Steinau zu dieser Division durch. Die Division kämpfte bis zum 8. 2. im Großraum südlich Lüben. Am Vormittag dieses Tages erschien Generaloberst Schörner auf dem DivGefStand in Vorderheide, aber auch er gab nicht den ersehnten Befehl zum Absetzen. Dieser wurde jedoch wenig später vom LVII. PzK gegeben. Die 408. ID setzte sich nach Langenwaldau ab. Da auch hier bereits russische Panzer hineinschossen, wurde nach Spren-gung der Schwarzwasser-Brücke der DivGefStand nach Bärsdorf–Trach verlegt. Die Absetzbewegungen führten nach Goldberg. Die Stadt wechselte mehrfach ihren Besitzer. Ein Bataillonsführer in der 408. ID, Hptm. Heinze, berichtete darüber:

»Die Stadt wechselte mehrfach ihren Besitzer. Dort hausten die Russen besonders brutal und unmenschlich. Die grauenhaften Bilder, die sich der Truppe nach der Wiedereinnahme boten, lassen sich nicht beschreiben.«

Die Versuche, den Brückenkopf Steinau der Roten Armee zu beseitigen, waren gescheitert. Unter Oberst Treuhaupt kämpfte die Festung Liegnitz am 8. und 9. 2. bis zu ihrem Fall.

Kämpfe am Nordflügel der Heeresgruppe Mitte

Das AOK 4. Panzerarmee, das nach den verlustreichen Kämpfen in Polen am 25. 1. befehlsgemäß in Glogau eingetroffen war, hatte gegen Ende Januar im Nordabschnitt die Führung übernommen. Die nördliche Armeegrenze lief am 31. 1. über Glogau–Sagan, am 12. 2. weiter nördlich davon über Neustädtel–Sorau und wenig später an der Einmündung der Lausitzer Neiße in die Oder nördlich von Guben.

Im gleichen Maße, wie die Nordgrenze der 1. Panzerarmee und

der 17. Armee nach Norden verschoben wurde, verschob sich also auch die Nordgrenze der 4. Panzerarmee weiter nach Norden. Sie hatte mit ihrem Nordflügel nun bereits Schlesien verlassen und war in den Süden der Mark Brandenburg gelangt.

Von deutscher Seite wurde nach dem Auffüllen des Brückenkopfes von Steinau mit sowjetischen Truppen gefolgert, daß die Rote Armee mit starken Kräften über die Lausitzer Neiße und möglicherweise bis zur Elbe vorzustoßen beabsichtigte. Darüber hinaus konnte sie aber auch aus dem Raum nördlich Dresden von Süden her gegen Berlin oder von Norden her in Richtung Böhmen vorstoßen und die schlesische Front der Heeresgruppe Mitte zum Einsturz zu bringen versuchen. Die Gefahr, daß der Zusammenhang zwischen der HGr. Mitte und der HGr. Weichsel verlorenging, bestand. Alles dies war GendPzTr. Gräser bekannt. Er bereitete alles zum Auffangen und Stoppen des feindlichen Großangriffes vor.

Als dieser Angriff aus dem Brückenkopf Steinau am 8. 2. begann, verlegte das AOK 4. PzArmee seinen GefStand von Laasan nach Bunzlau. Vor der feindlichen Panzerlawine mußte er jedoch bereits am 10. 2. weiter zurückweichen und richtete sich bei Görlitz neu ein.

Zwei sowjetische Panzerarmeen und drei Infanteriearmeen eröffneten den Angriff. Der Durchbruch gelang im ersten Ansturm. Die 3. Garde-Panzerarmee stieß über Liegnitz nach Südosten auf Breslau vor und erzielte die schnelle Einschließung der Stadt. Die beiden übrigen Stoßkeile gingen im Süden über Heynau–Bunzlau–Naumburg a. Queiss auf Görlitz, mit einer Neben-Stoßgruppe noch weiter südlich auf Lauban vor, während die nördliche Gruppierung über Priemkenau–Sprottau–Sagan–Sorau in Richtung Sommerfeld–Forst zielte.

Der lange Südflügel der 4. PzArmee am Queiss war durch den Kommandanten des Festungsabschnittes Niederschlesien, GenLt. Bordihn, und rückwärts dieser Auffangstellungen durch GenLt. Friedrich, dem Höheren ArtKdr. 312, am Hammer-Abschnitt beiderseits von Rauscha, mit einem Abwehrgürtel versehen worden, in dem Truppen und Einheiten verschiedenster Stellen eingesetzt wurden.

An diese Widerstandslinie am Queiss schloß sich nach Norden die von ihrem Korps abgetrennte PGD »Brandenburg« an, die sich

von Raudten her — vom Feind eingekesselt — über Heerwegen–
Primkenau und Sprottau südlich Sagan hinter den Queiss zurück-
gekämpft hatte.

Vom 12. 2. ab war das Korps »GD« hinter Bober und Queiss
versammelt und ging zur Abwehr über. General von Saucken
verließ das Korps und ging nach Ostpreußen. General Jauer
übernahm hier die Führung. Vom Gefechtsstand in Bautzen befehligte er die Division »Kurmark« nördlich Frankfurt, das Feld-
wach-Regiment »GD« bei Küstrin, den Ersatzverband »GD« bei
Guben, die Alarmbrigade »GD« westlich Forst und die PzGrenBrig.
»Brandenburg« ostwärts Bautzen. Die PGD »Großdeutschland«
war zwischen Heiligenbeil und Königsberg in Ostpreußen, und die
beiden neuen Divisionen — Führer-Begleit-Division und Führer-
Grenadier-Division »GD« in Arnswalde — wurden seinem Befehlsbereich entzogen.

Nördlich des PzK »GD« marschierte das XXIV. PzK, General
Nehring, aus dem Raum 10 km nordwestlich Raudten befehlsgemäß nach Nordwesten zurück. Im XXIV. PzK standen die 16.
PD sowie die 72., 88. und 342. ID (die in der Wiederaufstellung
begriffen waren). In Nachtmärschen zog das Panzerkorps über
Neustädtel und Freystadt in Richtung Naumburg–Christianstadt
am Bober. Dieser Marschweg mußte mehrfach gegenüber Feindkräften freigekämpft werden, die zwischen Glogau und Neusalz an
mehreren Stellen die Oder überwunden hatten und die rechte
Flanke dieses Panzerkorps bedrohten.

In Freystadt mußten in der Nacht des 13. 2. mehrere Feindpanzer, die bereits in die Stadt eingedrungen waren, abgeschossen
werden. Dennoch wurde das Ziel hinter dem Bober erreicht.

Nachdem diese beiden Korps sich zur Abwehr eingerichtet
hatten, faßte General Gräser den Entschluß, mit dem XXIV. PzK
westlich des Bober nach Süden und mit dem PzK »GD« ebenfalls
westlich des Bober zwischen Sagan und Sorau nach Norden
anzugreifen und damit den auf Forst vorstoßenden Feind von
seinen rückwärtigen Verbindungen abzuschneiden. Dazu wurde
dem XXIV. PzK die 25. PGD unter GenLt. Audorsch unterstellt.

Der Angriff des XXIV. PzK begann am 14. 2. 45. Bis zum 18. 2.
wurde lediglich bis 10 km südlich Christianstadt Geländegewinn
erzielt. Die erhoffte Vereinigung mit der von Süden angreifenden
20. PGD kam jedoch nicht zustande. Am 19. 2. mußte General

Gräser den Kampf abbrechen, als der Gegner kehrt gemacht und auch aus Osten neue Reserven herangeführt hatte.

Dennoch hatte dieser Angriff das Ausweichen der eigenen Kräfte der 4. Panzerarmee hinter die Lausitzer Neiße erleichtert.

Das XXIV. PzK zog sich in Richtung Guben zurück, obgleich im Waldgebiet ostwärts dieser Stadt bereits starker Feind gemeldet wurde. GendPzTr. Nehring faßte diesen Entschluß, weil sich dort noch ein Brückenkopf des XXXX. PzK (ohne Panzer) befand. In der Nacht zum 21. 2. wurde der Marsch in Richtung Guben angetreten. Die 16. PD band durch einen Angriff gegen einen bei Gastrose, acht km südlich Guben, befindlichen Brückenkopf westlich der Neiße den Feind und ermöglichte dem eigenen Korps den Übergang über den Fluß.

Dieser feindliche Brückenkopf wurde Mitte März in einem Nachtangriff vom XXXX. PzK beseitigt. Hinter der Neiße bezog das XXIV. PzK eine Verteidigungsstellung. Der russische Angriff war hier zum Stehen gekommen. Das PzK »GD« und alle südlich daran anschließenden Truppenteile wurden am 20. 2. ebenfalls hinter die Lausitzer Neiße zurückgenommen. Die 4. PzArmee stand nunmehr geschlossen in der Neiße-Front von Rothenburg (nördlich Görlitz) bis zu ihrer Einmündung in die Oder nördlich von Guben.

Die 1. Panzerarmee im Industriegebiet von
Mährisch-Ostrau

Am Abend des 29. 1. 1945 übernahm die 1. PzArmee den Befehl über das XI. SS-AK zwischen der slowakisch-polnischen Grenze und Saybusch, ferner über das LIX. AK zwischen Bielitz und Pleß. Die angreifenden Verbände der Roten Armee wurden bei Saybusch abgewehrt. Eine Stoßgruppe aber, die von Pleß aus nach Westen angriff, erzielte, wenn auch langsam, Raumgewinn. Zehn Tage benötigte die Rote Armee, um 10 km zwischen Bielitz und Pleß nach Westen Raum zu gewinnen. Bei Bielitz kämpfte die 544. VGD unter GenLt. Ehrig.

Die hier führende 4. Ukrainische Front bildete zur Forcierung ihres Angriffs am 8. und 9. 2. bei Pleß einen Angriffsschwerpunkt und trat am 10. 2. zum Durchbruch an. Die beiden deutschen

Divisionen auf der Naht zwischen dem XI. SS-Korps und dem LIX. AK wurden in den Raum Schwarzwasser zurückgeworfen. Hier aber blieben sie stehen und hielten die Angreifer auf.

Der gleichzeitig im Raume beiderseits Ratibor geführte Angriff der 1. Ukrainischen Front brachte keinen Erfolg.

Als Gefahr bestand, daß die 78. VStD durch einen Angriff aus Nordosten in ihrer tiefen Flanke bedroht wurde, griff eine kleine Kampfgruppe unter Führung eines Hauptmanns am 11. 2. abends an der Bahnlinie Auschwitz–Mährisch-Ostrau beim Bahnhof Chiby den Gegner an, der im Begriff stand, die noch weiter ostwärts stehenden Teile dieser Division abzuschneiden. Die Kampfgruppe hielt den Gegner so lange, bis sich die nördlichen Teile der Division der drohenden Einkesselung entzogen hatten.

Das XI. SS-Korps wurde am 10. 2. ebenfalls erneut angegriffen, nachdem es wenige Tage zuvor bereits einen starken Feindangriff über die Linie Rybnik–Ratibor nach Südwesten vereitelt hatte. Die 75. ID auf dem rechten Korpsflügel wurde von diesem Angriff aus dem Raume Pleß halbwegs bis Sorau zurückgeworfen. Bei Rybnik und Ratibor aber, im Bereich der 68. ID und der 1. Skijäger-Division, wurde der Angriff abgewiesen.

Im Bereich des LIX. AK griffen die Sowjets ebenfalls an; beim XXXXIX. GebKorps, das in der Gebirgsfront zwischen Bielitz und Rosenberg stand, wurde ein weiterer Angriff abgewiesen. Unter diesem Korps verteidigten von Norden nach Süden die 545. und 320. VGD, die 253. ID sowie die 4. und 3. Gebirgs-Division.

Bei Bielitz und Saybusch gelangen der Roten Armee am 10. 2. tiefe Einbrüche, die schließlich gestoppt werden konnten. Saybusch ging verloren. Gegen jene neun Infanterie-Divisionen, welche die 1. PzArmee zwischen Sorau, Bielitz und Rosenberg im Einsatz hatte und von denen vier zerschlagen waren, hatte der Gegner 36 Schützen-Divisionen und mehrere Panzerverbände angesetzt.

Beiderseits des Waag-Tales wurden die Stellungen der beiden Gebirgs-Divisionen ebenfalls angegriffen. Während die 4. Geb-Div. beiderseits des Skorusina-Berges, 20 km westlich Zakopane, in schweren Abwehrkämpfen stand, versuchte die Rote Armee vom 11. bis 15. 2. im Waag-Tal bei der 3. GebDiv. den Durchbruch auf Rosenberg zu erzwingen. Nach heftigem Trommelfeuer griff sie hier an und wurde immer wieder abgewiesen. Am 14. 2. wurden die Abwehrleistungen der 3. GebDiv. unter GenLt. Klatt im Wehrmachtsbericht gewürdigt. Die hier angreifende tschechische Division wurde völlig zerschlagen.

Nach Abwehr dieser Angriffe bei Rosenberg erteilte die Armeeführung der 3. GebDiv. und der 253. ID den Befehl, die im Raume Saybusch und bei Schwarzwasser stark angeschlagene 320. VGD sowie ferner die 78. VStD abzulösen.

Am 16. 2. wurde von der 1. Ukrainischen Front ein starker Angriff aus dem Brückenkopf zwischen Ratibor und Cosel in Richtung Leobschütz vorgetragen. Er traf die dort stehende 371. ID und die 18. SS-PGD, die zum XI. SS-Korps übergetreten waren. Bei Groß Neukirch erzielte der Gegner einen tiefen Einbruch. Bis zum 18. 2. konnte dieser Einbruch beseitigt werden. Der Kommandierende General des XI. AK, General der Inf. von Bünau, notierte am Abend des 18. 2. in seinem KTB: »Voller Abwehrerfolg!«

General Niehoff, der mit seiner 371. ID das Gutshaus von Klein Ellguth (bei Groß Neukirch) zurückeroberte, stellte fest, daß die Sowjets viele Soldaten der 18. PGD entsetzlich zugerichtet und umgebracht hatten. Mitten zwischen den Toten lag der geschändete Leichnam eines nackten jungen Mädchens.

Bei der 253. ID weitete sich der feindliche Angriff südlich Schwarzwasser zu einem bedrohlichen Einbruch aus, der schließlich abgeriegelt werden konnte. Hier wurde bis zum 20. 2. die aus ihrer Front herausgelöste 3. GebDiv. als Hilfe für den Südflügel des LIX. AK eingesetzt.

Bereits am 17. 2. hatte die HGr. Mitte in ihrer Tagesmeldung an das OKH berichtet:

»Bei der 1. PzArmee Fortdauer der feindlichen Angriffe besonders bei Schwarzwasser. Es gelang im wesentlichen, bei geringen Geländeverlusten die Feindangriffe unter Einsatz letzter Reserven abzufangen. Mit der Fortdauer der Angriffe muß gerechnet werden. 1. Panzerarmee und HGr. können keine Reserven größeren Umfanges mehr zuführen.«

Aber auch der Gegner war erschöpft. Die Kraft seiner Angriffe ließ um den 22. 2. herum stark nach. Nur noch kleinere örtliche Vorstöße wurden unternommen, die sämtlich abgewehrt wurden. Die Verteidigungslinie in Höhe von Saybusch–Skotschauhart westlich Schwarzwasser–Pawlowitz–Sorau war behauptet worden. Auf den beiden Flügeln, im Südabschnitt im Gebirge und im

Nordwesten vor den feindlichen Oder-Brückenköpfen zwischen Rybnik, Ratibor und Cosel, kam es während dieser Kämpfe kaum zu Geländeverlusten.

Eine Zwischenbilanz

Bei der Heeresgruppe Mitte war man sich seit dem 13. 2. 1945 darüber im klaren, daß die Oder-Verteidigung mißglückt war. Breslau und Glogau waren eingeschlossen. Der sich um Breslau schließende Ring der Roten Armee hatte nicht aufgebrochen werden können. Am linken Flügel der 17. Armee klaffften zwischen Striegau und Jauer große Lücken; ebenso an mehreren Stellen der Abwehrfront der 4. PzArmee.

In dieser Situation erhielt die 17. Armee den Auftrag, im Südwesten so nahe wie möglich an Breslau heranzurücken, um eine gute Ausgangsbasis für einen späteren Entsatzangriff zu erhalten. Darüber hinaus sollte sie »durch Abwehr und Angriff einen Durchbruch des Feindes nördlich Schweidnitz verhindern«.

Die 4. PzArmee sollte die Front am Queiss halten, den zwischen Sagan und Christianstadt über den Bober gesetzten Feind angreifen und vernichten. Hierzu wurden von der Armee Kräfte des XXIV. PzK westlich des Bober bereitgestellt.

Bei der HGr. war man jedoch besorgt, ob es der 4. PzArmee überhaupt gelingen würde, sich zu halten. Man befürchtete ihr Zurückweichen hinter die Lausitzer Neiße durch einen starken Feindangriff.

Die 1. PzArmee, der südliche Eckpfeiler der Front, konnte und durfte keine weiteren Kräfte mehr abgeben, wenn sie in der Lage sein sollte, das Mährisch-Ostrauische Industriegebiet zu sichern.

Um Hitler die schwierige Lage vorzustellen, entsandte Generaloberst Schörner seinen Generalstabschef, General von Xylander, ins FHQ nach Berlin. Auf dem Flug dorthin geriet die Maschine am 14. 2. in den US-Luftangriff gegen Dresden und wurde abgeschossen. General Xylander und die Besatzung fielen.

GenLt. von Natzmer wurde von Xylanders Nachfolger. Zu dem geplanten Vortrag vor Hitler kam es nicht mehr.

Bis Ende Februar wurden der HGr. Mitte zwei Divisionen als

Reserven zugeführt. Es waren: die Führer-Begleit-Division und die Führer-Grenadier-Division des PzK »GD«.

Wie falsch im Führerhauptquartier die Lage beurteilt wurde, zeigte ein am 21. 2. 1945 an die HGr. Mitte gegebener Befehl des OKH mit den »Weisungen für die Durchführung der Operation bei den HGr. Mitte und Weichsel« (siehe OKH Genst.d.H./Op. Abt. Ia Nr. 450138/45):

»1. Der Schwerpunkt des feindlichen Handelns ist unverändert mit dem Ziel zu sehen, im Angriff über die Linie Görlitz–Schwedt–Ostsachsen und Berlin Raum zu gewinnen und dadurch entscheidende militärische, politische und wirtschaftliche Auswirkungen herbeizuführen . . .

Als Aufgabe der in Schlesien angesetzten Feindkräfte muß die Gewinnung des Industriegebietes von Mährisch-Ostrau und Waldenburg angenommen werden.

2. Aufgabe der HGr. Mitte und Weichsel ist es, ein weiteres Vordringen des Gegners über die Linie Görlitz–Schwedt zu verhindern, die mährisch-schlesischen Industriegebiete und den pommerschen und westpreußischen Kampfraum fest in der Hand zu behalten und damit die Voraussetzungen für den Übergang zum Angriff zu schaffen.

3. Hierzu hat die HGr. Mitte den Kampf so zu führen, daß auf ihrem linken Flügel am Neiße-Abschnitt Görlitz–Guben wieder eine festgefügte Abwehrfront entsteht und im Raume Schweidnitz–Hirschberg das erforderliche Vorgelände nördlich der Sudeten für einen Angriff über den Raum beiderseits Liegnitz in nördlicher Richtung gegen die Flanke der feindlichen Hauptangriffslinie erhalten bleibt.

4. Die HGr. Weichsel hat die durch Einstellung des Angriffs ›Sonnenwende‹ freigewordenen Kräfte als Reserven für die eigene Front und für den linken Flügel der HGr. Mitte freizumachen.

5. Die beiden Heeresgruppen melden die Absichten für die weitere Kampfführung aufgrund dieser Weisung bis zum 24. 2. 1945.

Im Auftrag des Führers, gez. Guderian.«

Von den in dem Befehl genannten operativen Vorschlägen konnte zu dieser Zeit nicht mehr die Rede sein. Die HGr. Mitte konnte lediglich noch ihre eigenen Stellungen halten.

Die auch später noch in Weisungen des OKH eingestreuten

Hinweise auf eine künftige Offensive wurden von der Führung der HGr. Mitte nicht ernst genommen, weil eine solche Offensive mit den ständig mehr schwindenden Kräften nicht mehr zu führen war. Bei der HGr. Mitte war man der Ansicht, daß der entscheidende Angriff der Roten Armee in Richtung Berlin bald zu erwarten sei. Dieser Angriff würde mit seinem südlichen Stoßkeil auch gegen die Front der 4. PzArmee zwischen Görlitz–Muskau–Guben losbrechen. Trotz dieser Erkenntnis konnte die HGr.-Führung diesem bedrohten Abschnitt keinerlei Reserven mehr zuführen.

Daß es dennoch zu Gegenschlägen kam, die erfolgreich durchgeführt wurden, grenzt bei der Betrachtung der Kräfteverhältnisse an ein Wunder. Es war die 17. Armee unter General Schulz, die einen solchen Gegenschlag führte.

Der Gegenangriff der 17. Armee

In der Nacht zum 2. 3. 1945 begann bei Lauban der Gegenangriff der 17. Armee. Die Führung des Angriffs lag in den Händen von General Nehring, da General Schulz im Frontgelände wenige Tage zuvor durch Bombensplitter verwundet worden war. Aus dem XXIV. PzK wurde die »Panzergruppe Nehring« gebildet. Die Planung sah vor, daß die 6. VGD in der Mitte verteidigen, während eine linke und eine rechte Angriffsgruppe beiderseits Lauban zum umfassenden Angriff antreten sollte, um sich nach Durchziehen dieses Gegenstoßes nördlich Lauban an der Straße Görlitz–Bunzlau zu treffen. Die rechte Angriffsgruppe sollte vom LVII. PzK, GendPzTr. Kirchner, gebildet werden. In ihr waren die Führer-Begleit-Division, die 8. PD und die in der Wiederauffrischung befindliche 16. PD verbunden. Auch die 2. ID gehörte dazu.

Die linke Angriffsgruppe, geführt von GendPzTr. Decker, bestand aus dem XXXIX. PzK; ihr waren die Führer-GD, die 17. PD, die 6. VGD und eine ID unterstellt.

Der in der Nacht zum 2. 3. beginnende Gegenangriff erzielte zunächst Geländegewinne in beiden Richtungen. Dann aber versteifte sich der sowjetische Widerstand vor dem LVII. PzK. Bei der linken Angriffsgruppe, dem XXXIX. PzK, ging es bis zum Nachmittag vorwärts. Ober-Bielau wurde zurückgewonnen. Vor dem Wald und an den Waldrändern nordostwärts und nördlich von Ober-Bielau aber verteidigten die Sowjets erbittert. GenMaj. Mäder, Kdr. der FGD, die weiter durch den Wald angreifen und die Straße nach Bunzlau gewinnen sollte, schlug General Decker vor, dieses schwierige Stück, das große Verluste und viel Zeit kosten würde, auszusparen und bereits von der erreichten Linie aus nach Osten abzudrehen und damit eine kleine, aber erreichbare Lösung anzustreben. General Decker faßte den Entschluß dazu; und General Nehring, der diese Operation führte, billigte ihn und befahl als neue Richtung Logau.

Der Kampf ging weiter, und 48 Stunden später stieß die FGD über den Queiss und erreichte ostwärts von Logau die 8. PD, der sie die Hand reichte. Ein kleiner Kessel war gebildet. Die FGD aber war im Raume Neuland–Kesseldorf–Giessmannsdorf in eine weit überlegene Feindmassierung geraten. Es gelang ihr nicht, ihr Angriffsziel, Naumburg, in Besitz zu nehmen. Erst am 5. 3. konnte sie den von den Sowjets hart verteidigten Siberberg, südostwärts von Sächsisch Haugsdorf, erobern. Doch zu diesem Zeitpunkt war der Kampf um Lauban bereits entschieden. Lauban war befreit, die für die HGr. Mitte wichtige Bahnstrecke, die alle Armeen untereinander verband, war wieder frei. Die Erfolge waren groß. Allein die 17. PD schoß am ersten Angriffstag etwa 80 Feindpanzer, überwiegend T 34, ab. Die 8. PD erzielte etwa 150 Panzerabschüsse. Hier die Kampfberichte zweier Divisionen, die dabei waren.

16. Panzer-Division im Gegenschlag auf Lauban

Als GenMaj. von Müller am 20. 2. 1945 die Schwerter zum Ritterkreuz mit Eichenlaub im FHQ entgegennahm, bat er darum, die geplante Auflösung der zerschlagenen 16. PD rückgängig zu machen und ihre Neuaufstellung zu befehlen. Dies geschah im Raume Bautzen. Als erster starker Verband rollte Major Lippold mit seiner schweren Jagdpanzer-Abt. heran. Die ersten Einheiten waren eben zusammengestellt, als der Befehl zur Verlegung in den Raum Marklissa eintraf. Ein russischer Vorstoß gegen Lauban hatte den Verlust dieser Stadt und damit auch der letzten Bahnverbindung von Mitteldeutschland nach Schlesien herbeigeführt. Teile der 16. PD erhielten Befehl, von Süden her im südlichen Keil des Gegenschlages in Richtung Lauban anzugreifen.

Der Angriff des 5. 3. drang nicht sehr weit durch. Im Morgengrauen des 6. 3. rollte er nach nächtlicher Umgruppierung erneut vorwärts. Abermals versteifte sich bald der sowjetische Widerstand. Der DivKdr. ging mit seinem Ia in die vordersten Linien, um durch persönliches Eingreifen die einzelnen Gruppen vorzureißen. Major Michael übernahm das GrenRegt. »Jüterbog«. Die Jagdpanzer unter Major Lippold rollten voran und schossen im Panzerduell eine Reihe T 34 ab. Das gab der Infanterie neuen Mut. Gemeinsam mit den Pionieren unter Major Gerke, unterstützt von der Artillerie unter Oberstlt. von Guaita, drang die Spitzengruppe in Lauban ein und warf die Sowjets im Häuserkampf aus der Stadt. An einzelnen Stellen brannte es. Die Lage in der Stadt war grauenhaft. Lauban war befreit, aber nicht für lange.

Die Kämpfe bei der 6. Volksgrenadier-Division

Der Kampf um Lauban begann für die 6. VGD unter GenMaj. Brücker bereits am 20. 2. 1945. In den ersten Kampftagen hatte diese Division gegen die 6. sowjetische Panzerarmee zu kämpfen.

Die Bataillone lagen in Sächsisch Haugsdorf (SturmBatl.), in Hennersdorf-Ost (Batl. Rommelspacher), Hennersdorf-West (Batl. Dregger), Spittel–B.-Rachenau (Batl. Regel).

Mit einem überraschenden Panzereinbruch am Morgen des 20. 2. bei Hennersdorf begann der russische Angriff. Zwar ging Hennersdorf-Ost verloren, doch Hennersdorf-West konnte gehalten werden. Der Gegenangriff in der kommenden Nacht, der von den Bataillonen Dregger und Rommelspacher geführt und von einer Hetzer-Kompanie unter Lt. Dallmeier unterstützt wurde, drang durch. Hennersdorf-Ost wurde zurückgewonnen.

Der Feinddruck gegen die 6. VGD verstärkte sich am 21. 2. Ein tiefer Panzerdurchbruch an der Straße Hennersdorf–Schreibersdorf drang bis Nonnenbusch vor. Eine Reihe Ortschaften wurde vom Gegner genommen.

In der Nacht wurden die durchgebrochenen Panzerrudel größtenteils von den Grenadieren der 6. VGD mit Nahkampfmitteln vernichtet. Ein Panzerjagdverband der Luftwaffe leistete wertvolle Hilfe.

Der Gegenangriff mit dem neu zugeführten Bataillon unter Hptm. Schindel, dem Batl. Rommelspacher und der Hetzer-Kpn. Dallmeier drang durch. Hennersdorf wurde zurückgewonnen.

Als die Sowjets Wünschendorf in Besitz nahmen, wurde das Sturm-Batl. bis auf die Höhe 1 km südlich Wünschendorf zurückgeworfen. Der sowjetische Vorstoß aus Wünschendorf nach Süden, gegen die Enge zwischen dem Queiss und der Bahnlinie 1 km nördlich von Gut Lauban, blieb vor der Enge liegen, die von einem Oberleutnant mit wenigen Grenadieren gehalten wurde. Hier wurde eine Reihe von Feindpanzern vernichtet.

Die 6. VGD hatte sich inzwischen bis zum Westrand von Lauban durchgekämpft und trat mit dem Stadtkommandanten Major Tschuschke in Verbindung, der direkt dem LVII. PzK unterstand.

15 Feindpanzer, die sich am nächsten Tag im Angriff nach Süden der Verteidigungslinie der 6. VGD bei Lauban näherten, wurden von der Hetzer-Kpn. Dallmeier mit nur zwei dort stehenden Hetzern empfangen und sieben von ihnen abgeschossen. Die anderen rollten zurück.

Im gesamten Divisionsabschnitt standen die Hetzer von Lt. Dallmeier ununterbrochen im Einsatz. Angriff und Gegenangriff, Verlust und Wiederinbesitznahme der Ortschaften wechselten ständig. Als der Oberleutnant, der die Enge nördlich Gut Lauban hielt, gefallen war, drang der Gegner mit acht bis zehn Panzern bis zum Friedhof durch. Damit war Gut Lauban verloren. Mit nur noch zwei Hetzern fuhr Lt. Dallmeier dem Gegner entgegen und schoß alle eingedrungenen Panzer beim Friedhof Lauban ab. Die beiden letzten Hetzer fielen dabei wegen Getriebeschadens und Schadens am Rückwärtsgang aus. Da auch die der Division unterstehende PanzerJagdAbt. 1183, Jaenisch, für mehrere Tage nach Görlitz zur Reparatur mußte, war die Division zu diesem Zeitpunkt ohne Panzerabwehr. Zum Glück traf wenig später Oberst von Luck von einer nördlich Penzig stehenden PzDiv. ein. Er brachte sechs Tiger und zehn Panzer IV mit. Diese fuhren sofort in den Einsatz.

Ein starker Feindeinbruch im Norden von Lauban, der bis zum Frauenkloster an der Nordkirche Laubans durchstieß, wurde von einer nach Lauban geführten Panzerbrigade bereinigt. Der Kampf am Nordrand der Stadt setzte sich tagelang fort.

Am 2. 3. erhielt die Division Nachricht, daß ein Gegenangriff mit zwei Stoßkeilen laufe. Die 6. VGD schloß sich im Süden dem Angriff der FGD am Abend des 3. 3. gegen 19.00 Uhr an. Dieser Angriff stieß mitten in die in Eile zurückrollenden russischen Kolonnen hinein, die sich aus dem Frontvorsprung Lauban retten wollten. Damit war die Absicht der Roten Armee, über Lauban nach Süden und Südwesten durchzubrechen, vereitelt worden. Das Kampfgelände war für die russische Panzerarmee zu einem Friedhof geworden. Die Hetzer-Kpn. Dallmeier schoß allein über 100 Panzer ab. Davon kamen auf das Konto von Lt. Dallmeier allein 50 Feindpanzer. Am 3. 4. überreichte GenMaj. Brücker dem Leutnant das Ritterkreuz.

Die Pak-Kpn. des IR 58 der 6. VGD konnte danach mit 16 neuen 7,62-cm-Pak des Gegners ausgestattet werden. Zwei schwere Batterien mit 12-cm-Geschützen wurden aus der weiteren Beute vom ArtRgt. der Division aufgestellt. 10 Feindpanzer wurden bemannt und in Dienst gestellt.

Die Lage bei der 1. Panzerarmee

Nach der Abwehr der sowjetischen Februar-Angriffe im Raume Mährisch-Ostrau mußte die 1. PzArmee die gelichteten 359. und 545. VGD an die 17. Armee abgeben, weil die Heeresgruppenführung dort einen neuen Feindangriff erwartete. Damit verfügte die 1. PzArmee in ihrem Abschnitt nur noch über 12 Divisionen, von denen sieben nicht mehr als »Kampfgruppen« waren.

Am 24. 2. wurde außerdem der Abschnitt der 1. PzArmee über Cosel bis Oppeln ausgedehnt, wodurch die Korpsgruppe Schlesien, das GenKdo. LVI. PzK mit der 168. und 344. ID, eine estnische SS-Freiwilligen-Div. und Volkssturm unter das Kommando der 1. PzArmee traten.

Damit verteidigte die 1. PzArmee einen Abschnitt von 300 km Breite, der aus dem Raum südlich Rosenberg in der Slowakei bis Oppeln reichte. Dies mit 15 Divisionen, von denen eine Reihe nur noch Kampfgruppen waren. Reserven standen nicht mehr zur

Verfügung, weil diese 15 Verbände sämtlich vorn in der Front stehen mußten, um diese notdürftig zu sichern. In diese Front ragten zwei sowjetische Brückenköpfe hinein, aus denen ein sowjetischer Vorstoß und Umfassungen von deutschen Teilverbänden möglich waren: der Brückenkopf bei Krappitz und jener von Cosel, der sich bis nördlich Ratibor ausgedehnt hatte und fünf bis zehn Kilometer tief war.

Die 1. PzArmee entschloß sich, einem Feindangriff aus dem Brückenkopf Cosel zuvorzukommen und den Brückenkopf durch einen eigenen Angriff zu beseitigen oder wenigstens einzuengen. Schwerpunkt des Angriffs lag beim XI. AK, dem alle verfügbaren Sturmgeschütz-Einheiten zugeführt wurden. Ein Regiment der 4. Gebirgs-Division mußte nach Rybnik geschickt werden, damit es dort für die zum Angriff vorgesehene 8. PD weiter verteidigte. Zur Entlastung des XI. AK wurde die Korpsgruppe Sieler mit der neu hinzugekommenen 168. und 344. ID unter dem Stab der 304. ID zusammengefaßt und am Nordflügel des Angriffskorps eingesetzt. Angriffsbeginn sollte der 8. 3. 1945 sein.

Ende Februar jedoch bereitete auch die 4. Ukrainische Front einen Durchbruchsangriff im Raume Schwarzwasser südlich von Skotschau vor, der auf den Verteidigungsstreifen des LIX. AK, GenLt. von Tresckow, zielte. GenOberst Heinrici befahl, eine drei bis vier km weiter rückwärts gelegene HKL vorzubereiten, in die sich die Verbände des LIX. AK in der Nacht vor dem Angriff zurückziehen sollten, um dem russischen Trommelfeuer zu entgehen.

Damit hatte die 1. PzArmee zwei Vorhaben eingeleitet. Zum einen sollte der Angriff der 1. Ukrainischen Front im Norden aus dem Brückenkopf Cosel durch einen dem Feind zuvorkommenden Angriff zerschlagen werden, während zum anderen im Süden bei Schwarzwasser ein begrenztes Ausweichen vorgesehen war, um dem Angriff der 4. Ukrainischen Front die erste Stoßkraft zu nehmen.

Nach der Befreiung von Lauban in den ersten Märztagen wurden Kräfte frei, die als Panzerstoßgruppe für den Entsatz von Breslau vorgesehen waren. Es war das XXIV. PzK mit der 8. und 16. PD, die FBD und später die 17. PD. Doch diese Absicht zerschlug sich, als sich am rechten Flügel der HGr. Mitte der Beginn der zweiten Schlacht um das Mährisch-Ostrauer Industrierevier abzeichnete. Die zum Entsatz von Breslau vorgesehenen Panzer-Divisionen wurden nach Oberschlesien geschafft.

Am 8. 3. begann der Angriff des XI. AK gegen den Brückenkopf Cosel. Dieser Angriff stieß mitten in starke sowjetische Angriffs- vorbereitungen hinein. Es gelang im Süden in den Brückenkopf einzubrechen. Hier fochten die 1. SkiJägDiv. und die 97. JägDiv. mit der 8. PD. Sie trieben den Feind zurück. Der nördliche Angriffskeil aber blieb liegen. Zwischen diesem Keil und den liegengebliebenen Teilen des Korps drangen sowjetische Verbände ein und trennten sie voneinander.

Die sowjetischen Gegenangriffe gegen die durch den Südteil des Brückenkopfes vorgestoßenen deutschen Verbände wurden am 11. und 12. 3. abgewiesen. Beim LIX. AK wurde durch Gefangenen- aussage in der Nacht zum 9. 3. herausgefunden, daß die 4. Ukrainische Front am 10. 3. zu ihrer neuen Offensive antreten werde. Nachdem die üblichen sowjetischen Erkundungsvorstöße abgewehrt waren, erhielt das Korps am Abend des 9. 3. von der Armee Befehl, die vorbereitete Großkampf-HKL in der Nacht zu erreichen. Unbemerkt vom Gegner wich das Korps in der Nacht 3 km zurück.

Am anderen Morgen stießen sowjetische Schlachtflieger auf die fast völlig verlassenen Stellungen herunter. Dann setzte der Artille- rie-Feuerschlag ein. Als der russische Infanterieangriff lief, stieß er ins Leere. Dennoch erreichten die Spitzengruppen bereits gegen Mittag die Großkampf-HKL. Der Durchbruch mißlang jedoch. Die zum Durchbruch bereitgestellten sowjetischen Panzerverbände wurden an diesem Tage nicht eingesetzt. Durch die beiden vorher genannten deutschen Maßnahmen war der gleichzeitige Angriff der 1. und 4. Ukrainischen Front verhindert worden. Die 1. Ukrainische Front mußte ihre Kräfte neu ordnen. Die Panzer der 4. Ukrainischen Front blieben in ihren Bereitstellungsräumen liegen.

Während im Coseler Brückenkopf am 13. und 14. 3. Ruhe herrschte, gingen nördlich und südlich von Schwarzwasser die Angriffe der 4. Ukrainischen Front weiter. Die 3. GebDiv., die den ersten Angriff des Gegners aus der Großkampf-HKL zurückgewiesen hatte, trat am 11. 3. zum Gegenangriff an und erkämpfte ihre ersten Stellungen zurück. Hier wurde ein Stoßtrupp des Komitees »Freies Deutschland« in deutscher Uniform gefangengenommen.

Durch den erzielten Zeitgewinn waren am Abend des 11. 3. die 8. und 16. PD im Raume südwestlich Schwarzwasser und ostwärts Sorau eingetroffen. Da hier der sowjetische Panzerangriff noch nicht begonnen hatte, kamen sie zur rechten Zeit. Sie waren der Kern der Abwehrkräfte, die bis zum 15. 3. den immer wieder angreifenden Panzerfeind zurückschlugen. Die HKL der 75. ID am Nordflügel des LIX. AK wurde allerdings am 13. 3. von sowjetischen Panzerkräften durchbrochen, die sieben km breit auf Sorau vorstießen. Die 8. PD riegelte gemeinsam mit dem GebJägRgt. 91 den Einbruch ab, und das III./Geb.JägRgt. 91 stieß im Gegenangriff fünf km über die eigenen Linien vor und erlitt — allein auf sich gestellt — in der kommenden Nacht schwere Verluste durch sowjetische Kampfgruppen.

Die Offensive der 4. Ukrainischen Front war liegengeblieben.

Als die 1. Ukrainische Front am 15. 3. zwischen Cosel und Grottkau zu ihrer beabsichtigten Offensive antrat und ihre Divisionen zwischen Ratibor und Cosel gegen das XI. AK anbrandeten, gelang es ihr am zweiten Tag des Angriffs, tiefe Einbrüche in Richtung Leobschütz zu erzielen. Hier mußten sofort Reserveverbände eingeschoben werden. Von der 1. PzArmee wurde aus der mittelschlesischen Front der 17. Armee die 254. ID herausgezogen, aus der Kampffront südlich Schwarzwasser die 16. PD; beide Verbände wurden nach Leobschütz gebracht. Dies war ein gefährliches Unterfangen, weil auch im Raume Schwarzwasser die Lage nach wie vor sehr kritisch war.

Die Schlacht um das Gebiet von Mährisch-Ostrau erreichte ihren Höhepunkt, als die 4. Ukrainische Front am 16. und 17. 3. noch einmal zum Angriff antrat. Südwestlich Schwarzwasser standen die 544. ID, die 3. und 4. GebDiv. und die 253. ID im harten Abwehrkampf und schlugen alle Angriffe ab. Nordwestlich

Schwarzwasser, bei der stark angeschlagenen 8. PD mit der 68. und 75. ID und Teilen der 4. GebDiv., wurde der Gegner ebenfalls abgewiesen. Unter GenMaj. Hax stand die 8. PD in erbitterten Gefechten gegen einen an Zahl weit überlegenen Panzerfeind. 65 Feindpanzer wurden abgeschossen.

Am 18. und 19. 3. griff der Feind auch aus dem Coseler Brückenkopf mit starken Kräften an. Angriffsziel war Leobschütz. Hart ostwärts Leobschütz tauchten am selben Tag die ersten Feindpanzer auf. Hier trat ihnen die herausgelöste und soeben eingetroffene 16. PD entgegen und warf den Angriff im Gegenstoß zurück. Die 78. Volkssturm-Div. nistete sich an den Stadträndern zur Verteidigung ein. Der beiderseits von Leobschütz versuchte Durchbruch starker Feindkräfte wurde von diesen beiden Divisionen verhindert.

Nunmehr übernahm das XXIV. PzK im Raume Leobschütz die Führung. Die 17. PD des Korps traf ab 20. 3. bei Jägerndorf ein. Damit standen zunächst hier die 16. PD, 78. VStD und 254. ID mit der 17. PD zur Verfügung. Im Anschluß nach Osten baute das XI. AK mit der 97. JD, de 1. SkJD und der 371. ID bis Ratibor neue Stellungen aus. Von Ratibor nach Südosten schlossen das LIX. AK und das XXXXIX. GebK die Linie Rybnik–Skotschau–westl. Saybusch bis ostwärts Rosenberg.

Bis zum 20. 3. war auf der gesamten Front der 1. PzArmee ein Stillstand eingetreten. Dem Feind war der zweite Durchbruchsversuch ins Industriegebiet von Mährisch-Ostrau verwehrt worden. An diesem Tage wurde Generaloberst Heinrici abberufen, um die HGr. Weichsel im Raume ostwärts Berlin zu übernehmen. Damit stand GenOberst Heinrici vor der unlösbaren Aufgabe, die Operationen um Berlin zu leiten und dem Feind das Betreten der Reichshauptstadt zu verwehren. Sein Nachfolger als OB der 1. PzArmee wurde GendPzTr. Nehring.

Der Abwehrkampf der 4. Panzerarmee

Im HQ der 4. Panzerarmee in Senftenberg hinter der Mitte der Neiße-Front hatte General Gräser bei einem über einstündigen US-Luftangriff am 17. 3. auf das Hydrierwerk Schwarzheide durch

Bombenfehlwurf drei Offiziere des Stabes durch Tod und eine größere Zahl durch Verwundung verloren. Alle Fernmeldeverbindungen wurden zerstört. Der dezimierte Stab zog in den Raum nördlich Bautzen um, wo ein Ausweichgefechtsstand eingerichtet war.

Der gesamte März verging — abgesehen von örtlichen Vorstößen und Erkundungsangriffen — ohne den auch hier erwarteten sowjetischen Großangriff. In der Festung Glogau, die seit dem 10. 2. von Oberst Graf zu Eulenburg verteidigt wurde, ging es dem Ende zu. General Gräser erteilte dem Festungskommandanten am 30. 3. eigenmächtig die Genehmigung, in der Nacht zum 31. 3. auszubrechen. Von den 800 Soldaten der Festung erreichten nur 50 bei Görlitz die deutschen Linien.

Der sowjetische Großangriff, das wußte jeder Soldat hinter der Neiße, stand nun unmittelbar bevor. Aus dem eigenen ostwärts der Neiße vorgeschobenen Brückenkopf Muskau konnten die Vorbereitungen beobachtet werden.

Nachdem die Rote Armee am 15. 4. 1945 gegen den nördlichen Nachbarn, die 9. Armee der HGr. Weichsel bei Küstrin, den nördlichen Arm der gewaltigen Angriffszange angesetzt hatte, begann in der Frühe des 16. 4. auch gegenüber der 4. PzArmee das in zwei Phasen ablaufende Trommelfeuer. Danach stießen zwei Stoßgruppen — die eine beiderseits Rothenburg, die zweite südlich Muskau bis Forst — vor und erzwangen bis zum 17. 4. den Durchbruch. Die nördliche Stoßgruppe drang über Spremberg–Cottbus gegen die Südfront Berlins vor. Die Südgruppe hingegen wurde am 19. 4. von deutschen Gegenschlägen erfolgreich gepackt und abgeschnitten. Es waren die südlich Görlitz bereitstehende 20. PD und die FschPD »HG«, die bereits am 17. 4. zum Angriff gegen den Südkeil antraten und eine große Anzahl Panzer abschossen. Bis zum 19. 4. kämpften beide Divisionen, die PD »HG« allerdings bereits in der Verteidigung zwischen Zodel und Ullersdorf. Der Gegner drang weiter vor und erreichte Niesky, Weissenberg und Bautzen. Als die Rote Armee Bautzen am 19. 4. nach Westen durchrollte, stand die PD »Hermann Göring« bei Kodersdorf gegen einen starken russischen Panzerfeind im Gefecht. Die durch Luft- und Erdaufklärung gemeldeten Feindpanzer wurden vom PR der Division unter Oberstleutnant Roßmann mit 17 Panthern, die an einem kleinen Bachlauf bei Kodersdorf in Stellung gegangen waren, erst angegriffen, als die Spitzenpanzer dieses Verbandes (es handelte sich um das I. polnische PzK) bis auf 50 m herangekommen waren. In 20 Minuten wurden hier 43 Feindpanzer abgeschossen, der Rest zeigte die weiße Fahne und ergab sich. 12 unbeschädigte Panzer, drei vom Typ Stalin, fielen dem Panzerregiment in die Hände. Mit dem Balkenkreuz bemalt, standen sie wenige Stunden später im Abwehrkampf auf deutscher Seite.

Am 19. 4. traf auch die Kampfgruppe der 17. ID unter GenMaj. Sachsenheimer im Raum nordwestlich Görlitz ein.

Am Morgen des 20. 4. griffen unter Befehl des LVII. PzK die 20. PD (rechts) und die 17. ID (links) nach Nordwesten an. Die 72. ID, als Reserve nachgezogen, griff mit in diesen Angriff ein. Die lange Südflanke des Gegners wurde überraschend getroffen; Niesky wurde befreit, ebenso Stockteich. Die Operationsfreiheit im Raume Görlitz war wiederhergestellt, die Eisenbahn Görlitz–Lauban wieder frei.

Die nächsten Gegenschläge bauten auf diesen Erfolg auf. General Jauer, KommGen. des PzK »Großdeutschland«, erhielt den Auftrag, Weissenberg und Bautzen zu befreien. Er ließ die Div. »Brandenburg« gegen Weissenberg antreten. Die Division griff am 21. und 22. 4. von Norden und Süden an, vernichtete die 29. mech. Div. der Russen und gewann Weissenberg zurück. 250 bis 300 Panzer, Lastwagen usw. dieser Feind-Division lagen zerschossen und brennend auf dem Gefechtsfeld.

Die 20. PD wiederum griff unter der Führung von GenMaj. von Oppeln-Bronikowski vom 23. bis 25. 4. von Nordosten auf Bautzen an, während von Süden die Division »HG« vorstieß. Bautzen wurde befreit.

Wenn es auch nicht gelungen war, den Hauptstoß des Gegners auf Berlin zu verzögern, so hatte die 4. PzArmee im Kampf um Schlesien die Treckwege der nach wie vor nach Westen weichenden Flüchtlinge gesichert; dies bis kurz vor der Kapitulation, so daß Hunderttausende Deutscher in den Westen gelangen konnten.

Am 22. 3. 1945 hatte GendPzTr. Nehring die Führung der 1. Pz-
Armee übernommen, die in zwei Abwehrschlachten das Mährisch-
Ostrauer Industriegebiet geschützt hatte. Die Aufgaben für die 1.
PzArmee in der Endphase des Krieges lauteten:
»Weiterer Schutz des Gebietes von Mährisch-Ostrau und Bei-
behalten des Zusammenhanges mit der 17. Armee durch das
Behaupten des Raumes westlich Leobschütz.«

Der Feind, der südlich der 1. Panzerarmee seine Offensive mit
der 2. Ukrainischen Front auf Wien in Gang gebracht hatte, würde
sicherlich bald aus Süden auch gegen den Südflügel der 1. Pz-
Armee angreifen.

Am 13. 4. 1945 war Wien gefallen. In den Kämpfen um Wien
war der Nordflügel der HGr. Süd mit dem LXXII. und XXIX. AK
nach Norden auf die 1. PzArmee abgedrängt worden. Durch das
dort aufklaffende Loch war die Armee Plijew auf Brünn vorgedrungen. Südlich und südostwärts von Brünn aber gelang es dem
XXIV. PzK, geführt von GenLt. Källner, mit der 8. und 16. PD den
auf Olmütz gerichteten Stoß abzuwehren. Eine große Zahl Feindpanzer wurde von den beiden deutschen Divisionen abgeschossen.
In diesem Kampf fiel GenLt. Källner am 18. 4. bei Socolnica.
GenMaj. von Müller, der Kdr. der 16. PD, geriet tschechischen
Partisanen in die Hände.

Das XXIV. PzK sollte nunmehr laut »Führerbefehl« Brünn unter
allen Umständen halten. Die 16. PD rollte nach Norden. In Brünn
selbst wurde die Division »Feldherrnhalle«, am Ostrand der Stadt
die 8. JägDiv. und westlich Brünn die 8. PD eingesetzt, deren Kdr.
GenMaj. Hax stellvertretend bis zum Eintreffen von GendArt.
Hartmann das XXIV. PzK führte.

General Hartmann war es, der die Vernichtung der in Brünn
stehenden Verteidiger verhinderte, indem er im selbständigen
Entschluß am 26. 4. Brünn räumen ließ. GFM Schörner, der
wenig später zu Hartmann kam, billigte den Entschluß des arm-
und beinamputierten Generals der Artillerie.

Das Ende kam rasch. Im Norden der Front der 1. PzArmee
kämpfte die 16. PD, am 23. 4. südlich Troppau eintreffend, in
loser Verbindung mit der 1. SkJägDiv., der 4. GebDiv. und der
FBD im Raume Troppau–Wigstadtl. Ostwärts der im Mährischen

Gesenke entspringenden Oder begann die Rote Armee am 25. 4. einen Großangriff und gewann am 30. 4. Mährisch-Ostrau. Damit war das Mährisch-Ostrauische Industriegebiet endgültig in sowjetischer Hand.

Der Armeeführung war es klar, daß nun nur noch die Sicherung der Flüchtlingswege und der eigenen Truppen Hauptaufgaben waren. Sie durfte, eingedenk der Tatsache, daß die 17. Armee noch weit ostwärts vorgestaffelt in Schlesien stand, nicht mit allen Teilen nach Westen weichen. Lediglich das noch immer in den Beskiden kämpfende XXXXIX. GebKorps mußte sofort den Rückzug nach Westen antreten, wenn es nicht eingekesselt werden sollte. Das XXXX. PzK (ohne Panzer), als rechter Flügel der 17. Armee und wichtiges Bindeglied zur 1. PzArmee, das mit seinen wenigen Kräften auf den Osträndern des Vorgebirges des Altvatergebirges stand und vor der völligen Einkesselung durch beiderseitige Umfassung stand, verlegte seine HKL unter Zurücknahme des rechten Flügels nach Klein-Mohrau und des Gros in die vorbereitete Altvater-Stellung. Die dadurch eingesparte 1. Skijäger-Div. wurde nach Mährisch-Schönberg verschoben, mit dem Befehl, den sowjetischen Einbruch in den Glatzer Kessel zu verhindern.

Bei Mährisch-Schönberg wurden die angreifenden Panzerspitzen der Roten Armee vom XXXX. PzK abgewiesen. Der wichtige Straßenknotenpunkt Olmütz wurde von GenMaj. Hax und seiner 8. PD sowie örtlichen Verteidigungskräften gehalten, bis das noch weiter ostwärts kämpfende XXXXIX. GebAK, unter General le Suire, Olmütz nach Westen durchschritten hatte. Die vordersten Teile der am 1. 5. in Dresden verladenen und über Glatz herankommenden Teile der Division »Brandenburg« kämpften ebenfalls bei Olmütz. Bis zum 8. 5. 1945 wurde Olmütz gehalten. Als einer der letzten deutschen Soldaten verließ GenMaj. Hax am 8. 5. 1945 diese unter starkem Artilleriefeuer liegende Stadt auf einem Seitenwagenkrad.

An diesem 8. 5. 1945 stand die 1. PzArmee vom Raum nördlich Brünn in weitem Bogen bis zum Altvatergebirge und schützte auch zu diesem Zeitpunkt noch die lange Südflanke und den Rücken von Mittelschlesien.

Als am 7. 5: 1945 im HQ der HGr. Mitte der Funkspruch des OKW einging, daß der Waffenstillstand geschlossen sei und am 9. 5. 1945 um 08.00 Uhr in Kraft trete (später auf den 9. 5. 1945, 00.00 Uhr berichtigt), stand sie mit der 1. PzArmee am rechten Flügel zum rechten Nachbarn der HGr. Süd aus dem Raum nördlich Brünn über Prossnitz–Olmütz zum Altvater-Höhenkamm. Dort schloß die 17. Armee an, deren Front vom Altvatergebirge zusammenhängend nach Norden über Zuckmantel, die Neiße zwischen Neiße und Ottmachau querend, über Strehlen nach Zobten führte, das noch in deutscher Hand war. Nördlich der Städte Striegau und Lauban bis nach Görlitz schloß die 4. PzArmee an, die mit Front nach Norden über Bautzen und den Raum nördlich Dresden bis ins Erzgebirge, westlich Dresden stand.

Seit dem Verlust von Strehlen am 25. 3. 1945 war die 17. Armee nicht mehr angegriffen worden. Wenn auch die sowjetischen Angriffsschwerpunkte auf beiden Flügeln der HGr. Mitte gelegen hatten, so war doch die im Zentrum stehende 17. Armee als Abschirmer von Schlesien beim Gegner gefürchtet, da sie die Gebirgszüge und Paßengen besaß. So konnte sie praktisch bis Kriegsschluß die deutschen Treckwege nach Westen abschirmen. Daß sie der niemals aufgegebenen Absicht, Breslau zu entsetzen, nicht nachkommen konnte, lag daran, daß sie immer wieder Kräfte an die beiden übrigen auf die Flügeln stehenden Armeen abgeben mußte.

Breslau hatte unter zwei Kommandanten, GenMaj. von Ahlfen und GendInf. Niehoff, die gesamte sowjetische 6. Armee gebunden.

Um optimal viele Truppen zu retten, war es notwendig, daß an mehreren Stellen so lange wie möglich gehalten wurde. Um dies abzuklären, war Generalmajor von Natzmer am 3. 5. nach Flensburg-Mürwik zur Reichsregierung Dönitz geflogen. Er stellte die Forderung, daß ein Waffenstillstand erst für den Zeitpunkt abgeschlossen werden dürfe, wenn die Masse der HGr. Mitte soviel Raum nach Westen gewonnen haben würde, daß sie nicht von der Roten Armee, sondern von Truppen der Westmächte übernommen würden. Dies war nach von Natzmers Berechnungen am 18. 5. der Fall. Er erhielt die Zusage, daß man nicht vorher kapitulieren werde.

So traf denn die Nachricht von der unmittelbar bevorstehenden Kapitulation der HGr. Mitte wie eine Bombe. Nunmehr konnte die HGr. Mitte nicht mehr damit rechnen, alle Soldaten nach dem Westen zu retten. Doch ob eine Verlängerung des Krieges die Truppen der HGr. Mitte gerettet hätte, steht dahin, denn zu einem späteren Zeitpunkt wäre die Rote Armee sehr tief in ihrem Rücken gewesen, da sie nach der Kapitulation von Berlin am 2. 5. nach Süden vorstoßen und der HGr. den Rückweg hätte verlegen können.

Die HGr.-Führung versuchte, das Mögliche zu erreichen. Noch in der Nacht des 6. 5., als General von Natzmer aus Flensburg-Mürwik zurückkehrte, erhielten die Truppen den Befehl, in der Nacht zum 8. 5. ihre Stellungen zu räumen und über Freiburg–Salzbrunn auf Trautenau zu marschieren.

Die Absetzbewegungen gelangen. Dann erst rollten aus vielen Bereitstellungen sowjetische Panzer, gefolgt von Infanterie, nach vorn. Sie wurden von den als Nachhut in günstiger Feuerstellung stehenden Sturmgeschützen noch einmal abgewiesen. Etwa 15 Feindpanzer blieben brennend liegen. Der Feind stoppte seine Verfolgungsfahrt im Abschnitt des hier die Nachhut bildenden GR 337 unter Oberstleutnant Albinus.

Vielen Gruppen gelang das Durchschlagen zu den US-Truppen. Die Masse der HGr. jedoch fiel in sowjetische Hand. GenMaj. Richard Schmidt blieb lange im tschechischen Gefängnis. General der Infanterie Toussaint, der letzte Kommandant von Prag, und GenLt. Hitzegrad ebenfalls. Sie wurden erst im Jahre 1961 freigelassen.

Generalfeldmarschall Schörner teilte am 7. 5. General von Natzmer mit, daß er mit einem Fieseler »Storch« in die bayerischen Berge fliegen werde. General von Natzmer hielt ihm dagegen vor, daß er jetzt sein ganzes Gewicht als Feldmarschall bei Verhandlungen mit den Amerikanern in die Waagschale werfen müsse, um so viele Soldaten seiner Heeresgruppe wie möglich zu retten. Generalfeldmarschall Schörner flog dennoch am 9. 5. 1945 in den Westen.

Der Kampf in Schlesien war zu Ende. Weit über drei Millionen Schlesier mußten ihre Heimat verlassen. Von den über 400 000 Soldaten der Heeresgruppe Mitte ging der Großteil in sowjetische Gefangenschaft. Generalfeldmarschall Schörner stellte sich in Kitzbühel den Amerikanern und wurde von diesen wenige Tage darauf an die Sowjetunion ausgeliefert. Er blieb zehn Jahre in sowjetischer Kriegsgefangenschaft.

Die 77 Tage der Festung Breslau

Breslau war bereits im Sommer 1944 zur Festung erklärt worden, aber erst am 25. 9. 1944 traf GenMaj. Krause als erster Festungskommandant dort ein. Was er an eigenen Truppen vorfand, waren ein Standort-Batl. und das Landesschützen-Batl. 599. Anschließend wurden sechs Festungs-Batterien und je eine Festungs-Nachr.- und PiKpn. aufgestellt. Es gelang ihm jedoch nicht, die Stadt bis Ende Januar 1945 in vollen Verteidigungszustand zu versetzen.

Nach dem Plan des OB der Ostfestungen, GenOberst Strauß in Frankfurt/Oder, hätten für Breslau fünf Divisionen zur Verfügung stehen müssen. Drei ostwärts und zwei westlich der Festung, im Vorfeld derselben. Um die insgesamt 120 km langen Stellungen zu besetzen, standen einfach nicht genügend Kräfte zur Verfügung.

General Krause hatte bereits im Winter eine Evakuierung der immer noch eine Million betragenden Bevölkerung von Breslau gefordert. Vor allem regte er bei dem Gauleiter von Schlesien und Reichsverteidigungskommissar, Hanke, an, wenigstens die 200 000 Frauen, Greise und Kinder in den Westen zu evakuieren. Hanke lehnte dies ab. Erst am 19. 1. 1945, als die Rote Armee mit mehreren Panzerdivisionen dicht an Breslau herangekommen war, wurde der Befehl zur Evakuierung gegeben.

Am 17. 1. 1945 wurden sämtliche Breslauer Ersatz-Truppenteile alarmiert und daraus vier Festungs-Regimenter gebildet. Ein fünftes, das Rgt. Mohr, entstand erst im Februar 1945.

Daß Breslau nicht im ersten Ansturm überrannt wurde, war der 269. ID zu verdanken, die unter Führung von GenLt. Wagner vom 21. bis 28. 1. beiderseits der russischen Vormarschstraße Groß Wartenberg–Oels–Breslau kämpfte und dem Feind den schnellen Durchbruch auf die Stadt verwehrte.

Mit Panzerfäusten, Handgranaten, Tellerminen und Geballten Ladungen sprangen die Grenadiere dieser Division die russischen Panzer an. Panzerfaustschützen schossen an drei Kampftagen allein 76 Feindpanzer ab. Das Tempo der russischen Panzerverbände verlangsamte sich. Dies gab Breslau eine letzte Atempause von fast einer Woche.

Nördlich Breslau erreichten sowjetische Panzerrudel am 26. 1. Märzdorf. Die hier stehende Brücke über die Oder war zwar gesprengt worden, doch das dicke Eis trug selbst die schwersten Sowjetpanzer. Südlich Breslau, bei Peiskerwitz, gelang den Sowjets am 29. 1. die Bildung eines Brückenkopfes.

Bereits am 26. 1. hatte General Krause einen Gegenangriff nach Norden gestartet. Und zwar griffen unter Führung von GenMaj. Schulz 12 soeben durch Breslau rollende eigene Panzer an und brachten die ebenfalls zum Angriff vorprellenden vier Kompanien Luftwaffen-Fahnenjunker nach vorn. Es gelang ihnen, die Russen über die Oder zurückzuwerfen.

In der Nacht zum 29. 1. wurde die 269. ID mit Breslauer Fahrzeugen, darunter Omnibussen, nach Süden verlegt. Sie trat am 29. 1. bei Ohlau an und warf auch hier den Feind über den Fluß zurück. Bei Trechen, näher an Breslau heran, führte Hptm. Seiffert mit einer Kpn. der SS-Verwaltungsführerschule einen Gegenstoß. Im ersten Treffen ging eine Breslauer Ärztin mit vor, die die Verwundeten im Feindfeuer versorgte. Sie erhielt als erste Frau Breslaus am 30. 1. 1945 das E.K. II.

Am 31. 1. kämpfte die 269. ID im Raume Ohlau, wo die Russen einen Brückenkopf gehalten hatten. GenLt. Wagner fuhr persönlich zum Gut Weidebrück, um den hier lebenden alten GFM von Kleist, der im August 1944 zur Führerreserve versetzt worden war, bei der Evakuierung zu helfen. (Der GFM wurde 1946 von den Engländern an Jugoslawien ausgeliefert; er kam von dort in sowjetische Gefangenschaft und starb 1954 im Lager Wladimir.)

Aus dem Borsigwerk in Markstädt konnten noch am 23. 1. 100 leichte Feldhaubitzen in die Festung geschafft werden.

Am 31. 1. erkrankte General Krause schwer. GenOberst Schörner, OB der HGr. Mitte, setzte GenMaj. von Ahlfen als neuen Festungskommandanten ein.

Anfang Februar trafen im Bahntransport vom Truppenübungsplatz Königsborn zwei Züge »Goliaths« (Raupenfahrzeuge, wie kleine Panzer gebaut, die durch Fernsteuerung und Fernzündung in jedem Gelände an ein bestimmtes Ziel und dort zur Detonation gebracht werden konnten).

Die 609. ID wurde von GenMaj. Ruff gebildet. Der Volkssturm stand unter Führung von SA-Obergruppenführer Herzog. Immer noch befanden sich Anfang Februar über 200 000 Zivilisten in der Stadt.

Zu einem Stoßtrupp auf Wasserborn, das vom Feind besetzt war, trat in der Nacht zum 3. 2. ein Zug Pioniere mit Flammenwerfern unter Führung von Hptm. Seiffert an. Sie nahmen diesen russischen Stützpunkt im Handstreich. Nun sollte auch der sowjetische Stützpunkt bei Peiskerwitz vernichtet werden. Diese Aufgabe wurde SS-Obersturmbannführer Besslein mit seinem Waffen-SS-Regiment übertragen. Das SS-Festungs-Rgt. 1 griff im Morgengrauen an. Die 1. Kpn., geführt von OStuf. Budka, erstürmte die Eckstellung. SS-USchafü. Krause rollte einen Graben auf. Der feindliche Brückenkopf wurde vernichtet.

Am nächsten Tage fiel Liegnitz; ein deutscher Entlastungsangriff war liegengeblieben. Den Einbruch der Roten Armee nach Breslau hatte auch die 17. ID unter GenMaj. Sachsenheimer verzögert, als sie im Raume Maltsch–Neumark zwei Wochen lang den Gegner hielt und so die Einschließung der Stadt von Westen her weiter hinausschob. In der Nacht zum 14. 2. unternahm diese Division, nachdem sie einige Truppen mit schweren Waffen an die Festung abgegeben hatte, einen Ausbruch nach Süden. Dieser gelang, aber 24 Stunden darauf, am 15. 2., war Breslau völlig eingeschlossen. Von Westen griff eine Sowjet-Division Breslau an, aus der Gegend von Kanth, im Südwesten, kam eine weitere heran, und im Süden versuchten gleich vier Feind-Divisionen Breslau zu erobern.

Der Kampf um die Festung trat in eine entscheidende Phase. Von Süden griff die Rote Armee mit starken Kräften an. In den südlichen Vorstädten Breslaus tobte der Straßenkampf. Granatwerfer, Flammenwerfer, Minen und durch Fernzündung hochgejagte Bomben verursachten beim Gegner hohe Verluste, und sogar feindbesetzte Häuserblocks flogen in die Luft.

Ganze Viertel wurden nach nächtlichen Pioniereinsätzen in die Luft gejagt. Am 13. 2. meldete der Wehrmachtsbericht:

»In Niederschlesien vereitelten unsere Verbände im Gegenangriff den erneuten Versuch der Bolschewisten, die Festung Breslau von ihren rückwärtigen Verbindungen abzuschneiden. Südwestlich der Stadt verlor der Gegner auf engem Raum 60 Panzer.«

Am 18. 2. hieß es:

»Der gegen die Süd- und Südwestfront Breslaus angreifende Gegner wurde in harten Kämpfen abgeschlagen.«

Immer noch fuhren in Breslau die Straßenbahnen, während die Scheinwerfer der Russen bei Nacht die Stadt anstrahlten. Es war den Verteidigern gelungen, 100 »Ofenrohre« mit 6000 Schuß Panzermunition zu finden. Mit dieser »Taschenflak« wurden die Feindpanzer abgeschossen. Hinzugekommen war als panzerbrechende Waffe ein Teil der Sturmgeschütz-Brigade 311, die von der 17. ID an die Festung abgegeben worden war. Sie wurde in die PzJägAbt. Breslau, Oblt. Ventzke, eingegliedert.

Die letzten Evakuierungen erfolgten am 14. 2. Danach blieben immer noch 80 000 Zivilisten in der Stadt zurück.

Am frühen Morgen des 18. 2. wurden die ersten Angriffe der »Goliaths« durch Lt. Kohne gestartet. Sie waren auf die von den Russen geschlagene Brücke der Reichsstraße 5 angesetzt. Sie fuhren nacheinander um 06.00 Uhr los. Als sich alle drei Sprengpanzer auf der Brücke befanden, zündete der Leutnant diese »Krafteier«. Beide Brückenstrecken und ein Pfeiler stürzten mit Donnergetöse in die Weistritz.

Bis zum 20. 2. schoben sich die Russen im Süden 2 km an den Stadtkern heran. Sie drangen in das Straßenbahn-Depot ein, das durch »Goliaths« in die Luft gesprengt wurde. Am späten Nachmittag griff Hptm. Seiffert die in den Südpark eingedrungenen Sowjetkräfte mit dem Volkssturm-Batl. 55 an. Der Feind wurde von den Hitlerjungen geworfen.

Männer des Regimentes Hanf schossen auf die Sowjetpanzer, die zu Dutzenden gegen das Dorf Neukirch vorrollten. Auch die nachfolgende schwere Pak der Russen wurde vernichtet.

Am 25. 2. 1945 wurde das I./FJR 26 unter Hptm. Trotz nach Breslau eingeflogen. Ihm folgte am 5. 3. das II./FJR z.b.V. unter Hptm. Schacht. Beide Bataillone wurden in die Verteidigungsfront eingeschoben.

Die Versuche der Sowjets, den Flugplatz Gandau in ihre Hand zu bekommen, wurden mehrfach abgewiesen. Als aber Gandau doch in sowjetische Hand fiel und damit der letzte Versorgungsstützpunkt verlorenging, wurde durch Spreng- und Minenarbeiten die Kaiserstraße im Abschnitt Kaiserbrücke–Scheitniger Stern zu einer provisorischen Rollbahn erweitert und planiert. Am 26. 2. meldete der Wehrmachtsbericht:

»Die Besatzungen von Breslau und Glogau verteidigen sich in erbitterten Straßenkämpfen, so daß dem Feind nennenswerte Erfolge versagt blieben.«

Am Abend des 5. 3. wurde GenLt. Niehoff in die Festung Breslau eingeflogen. Er hatte mit seiner Truppe vorher im Raume Ratibor gekämpft und war von GenOberst Schörner für diese neue Verwendung benannt worden. Schörners Stab hatte Niehoff versprochen:

»Wenn Sie es fertigbringen, Breslau noch drei bis vier Tage zu halten, dann ist Schörner auf dem Landwege bei Ihnen und reicht Ihnen die Hand.« (Siehe Hiehoff Hermann: »So kämpfte Breslau«.)

Man rechnete damit, daß eine 50 km südlich Breslau stehende deutsche Stoßgruppe den Festungsring von außen aufbrechen werde.

Bis zum 7. 3. mußte die Südfront Breslaus auf eine durchgehende Häuserlinie Hancke-Krankenhaus–Steinstraße–Heiliggeistkirche–Friedhof St. Bernhardin–Ohle-Niederung–Pircham zurückgenommen werden. Hier verbarrikadierten sich die Verteidiger in den Trümmern. Das Rgt. Mohr schoß in den Straßenkämpfen binnen 14 Tagen über 100 Feindpanzer und russische schwere Pak ab. Leutnant Leo Hartmann von der StGeschAbt. 311 stand an der Ecke Steinstraße/Gallestraße bei der 609. ID mit seinem Geschütz im Einsatz. Er schoß eine Reihe feindlicher Panzer ab.

Ununterbrochen hämmerte die sowjetische Artillerie auf Breslau ein. Die Stadt brannte lichterloh. Hier kämpften 14jährige Hitlerjungen neben 60jährigen Volkssturmmännern. Unter Oberfeldarzt Dr. Mehling wurde in den drei Hochbunkern ununterbrochen operiert. Bis zu 18 Stunden am Tag. 16 Keller-Lazarette nahmen die Schwerverwundeten auf. Die Stabsärzte Dr. Hohsang, Dr. Gaida, Dr. Haag, Dr. Weil und Dr. Steinbrink, Dr. Weiser und Dr. Joachim kämpfte um jeden Verwundeten. Unter Führung von Feldunterarzt Dr. Greve wurden 6000 Verwundete ausgeflogen. Der sowjetische Angriff im Süden der Stadt erlahmte, und am 25. 3. hieß es im Wehrmachtsbericht:

»Auch die Besatzungen der Festungen Breslau und Glogau wiesen erneut feindliche Angriffe ab.«

Am 26. 3. griffen starke Panzerkräfte an. Sturmgeschütze und Panzerjäger der PzJägAbt. »Breslau« warfen sich diesem Panzerkeil entgegen. Hinzu kamen viele namenlose Panzerfaust- und

Ofenrohrschützen. Insgesamt blieben 64 Feindpanzer brennend liegen.

Vier Panzerjäger und Sturmgeschütze stoppten am Hafen das Eindringen sowjetischer Sturmverbände. In dem 75 km langen Kanalnetz der Stadt fanden schreckliche Duelle statt. Sowjetische Angreifer ertranken in Abwasserfluten, deutsche Verteidiger wurden verschüttet. Am 1. 5. 1945 hieß es dann:

»Die heldenhaften Verteidiger von Breslau schlugen wiederum alle Angriffe der Bolschewisten ab.« Aber es bestand kein Zweifel mehr darüber, daß Breslau am Ende war. Am 2. 5. telefonierte General der Infanterie (ab 1. 4. zu diesem Rang befördert) Niehoff mit GFM Schörner, der vor genau zwei Monaten versprochen hatte, binnen dreier Tage Breslau zu entsetzen, und meldete die Erfüllung seines Auftrages und daß er nunmehr die Festung übergeben werde.

Am 4. 5. kamen Weihbischof Ferche, Kanonikus Kramer, Pfarrer Hornig und Pfarrer Dr. Konrad zu General Niehoff und baten die Lage zu prüfen und den Schrecken ein Ende zu bereiten. Aber noch durfte der Kommandant von Breslau seinen Entschluß nicht preisgeben. Der letzte Besucher in diesen Tagen war Gauleiter Hanke, der immer noch versuchte, die Kapitulation der Stadt zu vereiteln. Als dies nichts fruchtete, verschwand auch dieser »Reichsverteidigungskommissar« im Fieseler »Storch« von General Niehoff aus der Festung. General Niehoff zog es vor, das Schicksal seiner Soldaten zu teilen. Er nahm den ihm geschickten »Ausbruchsweg« nicht wahr.

In der Nacht des 5. 5. versammelte General Niehoff seine Kommandeure und gab bekannt, daß er den Kampf einstellen werde. Am nächsten Tag begab er sich persönlich quer durch die Minenfelder der Kampffronten zu Generaloberst Gludowski, dem OB der 6. Sowjetarmee, dem die Belagerung übertragen worden war. Mit ihm handelte er die Bedingungen aus und beharrte darauf, daß ein Zusatz für die Sicherheit der Soldaten der Waffen-SS eingebaut wurde.

Die Truppen in Breslau stellten am 6. 5. 1945 ab 14.00 Uhr den Kampf ein. In der Nacht zum 7. 5. zogen die sowjetischen Verbände in jene Stadt ein, die sie 77 Tage lang völlig eingeschlossen und immer wieder vergeblich berannt hatten. Entgegen den Bedingungen des Vertrages wurde die Stadt zur Plünderung freige-

geben. Bränden und Vergewaltigungen, Morden und Raubüber-
fällen wurde nicht Einhalt geboten. Die Sowjets zündeten am 11.
Mai die Barbarakirche und am 17. Mai die Maria-Magdalena-Kir-
che an und ließen sie niederbrennen.

Alles dies wurde allerdings nicht von den Kampftruppen des
Generaloberst Glusdowski verübt, die sich besonders achtungsvoll
gegenüber ihren tapferen Gegnern verhielten, sondern von nachfolgenden nichtkämpfenden Verbänden.

In Breslau blieben deutscherseits 6000 Tote zurück, 23 000 Soldaten und Zivilisten waren verwundet worden. Die Meldungen der
Roten Armee wiesen 60 000 Sowjetsoldaten als Tote und Verwundete aus, die der Kampf um Breslau gekostet hatte.

Und warum dieses lange Kämpfen und Sterben?

Die Verteidiger von Breslau hatten durch ihr Ausharren einer
Vielzahl deutscher Flüchtlingstrecks auf dem Marsch nach Westen
den Weg freigehalten und sie abgeschirmt.

Von den Verteidigern der Stadt wurde GenMaj. Ruff, Kdr. der
609. ID, in Rußland gehenkt (wegen angeblicher Kriegsverbrechen
in Riga). Oberst Tiesler, der Vertreter von General Niehoff, starb
im Winter 1952 im Ural. Als einziger ging Oberstleutnant Mohr
hinter dem Sarg seines Kameraden, der auf einem Panjeschlitten
aus dem Lager gefahren wurde.

General Niehoff blieb zehn Jahre in sowjetischer Gefangenschaft. Im letzten deutschen Wehrmachtsbericht vom 9. 5. 1945
hieß es:

»Die Verteidiger von Breslau, die über zwei Monate lang den
Angriffen der Sowjets standhielten, erlagen in letzter Stunde der
feindlichen Übermacht.«

Die Heeresgruppe Süd

Eine Übersicht

Hitler hatte sich Anfang Dezember 1944 dazu entschlossen, die HGr. Süd, die bereits durch die Kämpfe an der Theiß, in Jugoslawien und um Budapest stark gezeichnet war, wesentlich zu verstärken. Dazu wurden die 3. und 6. PD sowie drei Panther-Abteilungen nach Ungarn in Marsch gesetzt. Die 8. PD kam hinzu, die als erste der genannten Panzer-Divisionen an der Donau eintraf. Durch diese Zuführungen, die dem III. PzK zugeteilt wurden, entstand dort eine starke Stoßgruppe. GenOberst Frießner erhielt den Befehl des OKH, von Stuhlweißenburg aus mit allen verfügbaren Kräften zum Gegenangriff überzugehen. Doch der Boden im Großraum des Plattensees war noch immer tief verschlammt, und erst nach Einsetzen des Winterfrostes bestanden hier Chancen für einen gepanzerten Vorstoß, der nicht im Schlamm steckenblieb.

Die 1. PD im Verband des LVII. PzK, GendPzTr. Kirchner, die der 6. Armee unterstellt war, hielt gemeinsam mit der 23. PD einen Sperr-Riegel, der vom Südostende des Plattensees über Lepseny–Polgardi bis in den Raum südwestlich Stuhlweißenburg verlief. Hier griff die 3. Ukrainische Front immer wieder vergeblich an. Es gelang ihr bis Mitte März nicht, diese HKL zu durchbrechen.

Der Gegner wurde ein letztesmal noch weit vor den Toren von Wien zum Stehen gebracht. Die Front wurde in der Linie der »Margarethen-Stellung«, vom Plattensee–Velenczesee–Donau südlich Budapest, stabilisiert. In dieser Stellung standen die 1. PD, die 23. PD, die 153. FA-Div., die 271. VGD und Teile der 1. ungar. ID. Auch die Luftwaffe griff hier immer wieder in die Kämpfe ein und entlastete damit die Heeresverbände. Es waren vor allem das Stukageschwader »Immelmann« unter Oberstleutnant Rudel und eine Jagdgruppe unter Major Hartmann, die sich durch schneidige Einsätze mehrfach auszeichneten und mit den Divisionen des Heeres in engster Verbindung standen.

Mitte des Monats übernahm das III. PzK die Führung im Abschnitt Stuhlweißenburg. Ihm unterstanden nunmehr auch die gepanzerten Gruppen der soeben eingetroffenen 3. und 6. PD mit den Panzer-Regimentern 6 und 11.

Der feindliche Druck auf die Gesamtfront der 6. Armee nahm mehr und mehr zu. Vor allem nordostwärts des Velenczesees. Die hier stehende 1. ungar. Husaren-Division wehrte sich tapfer.

In den folgenden Tagen und Wochen versuchte der Gegner laufend zwischen Stuhlweißenburg und Budapest durchzubrechen. Die gepanzerten Gruppen der 6. und 8. PD wiesen diese Durchbruchsversuche sämtlich ab. Doch die Aufklärungsergebnisse zeigten, daß sich der Gegner um den 20. 12. 1944 herum zu größeren Angriffen bereitstellte.

Nach einem gewaltigen Trommelfeuer ihrer Artillerie seit den Abendstunden des 19. 12. wurde von der 3. Ukrainischen Front unter Marschall Tolbuchin am frühen Morgen des 20. 12. 1944 der Großangriff eröffnet. Der Angriff war gegen die Südwestfront der 6. Armee beiderseits des Velenczesees gerichtet. Mit zehn Divisionen im ersten Angriffskeil, im nur 15 km breiten Angriffsstreifen zwischen Velenczesee und Donau, wurde die hier stehende 271. VGD zerschlagen. Zwischen Velenczesee und Plattensee aber standen auf 35 km Frontbreite die 1. und 23. PD und die Rekruten der 153. Feld-Ausbildungs-Division im Abwehr-Igel um die Stadt Stuhlweißenburg gegliedert. Sie hielten bis zum 24. 12. dem Sturmangriff der Roten Armee stand. Die Panzer-Verbände konnten nicht in den Kampf eingreifen, weil das Kampfgelände völlig überschwemmt war.

In der Nacht zum 22. 12. wurde das Flugplatzgelände von Stuhlweißenburg geräumt. Von Schlachtfliegerverbänden unterstützt, drang die Rote Armee am folgenden Tag gegen Stuhlweißenburg vor. Starke Kräfte des VII. Korps (mot.) und das XXXI. Garde-Korps der 3. Ukrainischen Front nahmen an diesem Tag Stuhlweißenburg in Besitz, nachdem sie die Front der 23. PD durchbrochen hatten.

Nordostwärts des Velenczesees wurde bereits zwei Tage vorher die Front der 6. Armee durchbrochen. Hier war es starken gepanzerten sowjetischen Kräften gelungen, auf der Nahtstelle zwischen der gepanzerten Gruppe der 6. PD und der 1. HusDiv.

der Ungarn durchzubrechen und den Durchbruch rasch zu erweitern. Bis zum Abend des 22. 12. schwenkten hier sowjetische Verbände hinter die stehengebliebenen Verteidigungsstellungen des verstärkten PR 11 (der 6. PD) ein. Die 271. VGD war ebenso wie die ungarische Division zerschlagen.

Mit den beweglichen Teilen der Festung Budapest wollte nun GenOberst Frießner den Feind in der Flanke packen. Dies hätte aber die Räumung und Aufgabe von Budapest bedeutet. Darauf antwortete Hitler in der Nacht zum 23. 12. mit dem Befehl, GenOberst Frießner habe die Führung der HGr. Süd an General Wöhler zu übergeben, während der OB der 6. Armee sein Kommando an General Balck abtreten mußte. Dies änderte jedoch nichts an der Tatsache, daß von nun an das IX. SS-GebKorps in Budapest eingeschlossen war.

Nun folgte eine Fehlentscheidung Hitlers der anderen. Er ließ — ohne den Chef des Generalstabes des Heeres, GenOberst Guderian, auch nur zu Rate zu ziehen — im Narwa-Abschnitt der HGr. Mitte das IV. SS-PzK, unter General Gille, mit den SS-Panzer-Divisionen 3 »Totenkopf« und 5 »Wiking« abziehen und über die Karpaten in den Raum der 6. Armee führen, wo der Panzerspezialist General Balck dieses Panzerkorps zu einem neuen Einsatz benötigte.

Die 3. Panzer-Division in Ungarn

Am 10. 12. 1944 wurde die 3. PD aus dem Raum Ostpreußen nach Ungarn verlegt. In der Nacht zum 12. 12. rollten die ersten Transporte über die ungarische Grenze. In einem weiten Raum beiderseits der Donau erfolgte ihre Ausladung. Am 16. 12. erhielt die Division Befehl, sich im Raum Mor zu versammeln. Ein Erkundungskommando unter Oberst Schacke, Kdr. PGR 394, (der 3. PD) fuhr am 17. 12. nach Budapest, um Möglichkeiten für den geplanten Angriff zu sondieren. Am Morgen des 18. 12. traf der Befehl zum Angriff ein. Doch noch ehe dieser hätte stattfinden können, ergriff die Rote Armee abermals die Initiative mit einem am 18. 12. begonnenen Angriff nördlich der Donau bei Kismaros. Die SS-Brigade »Dirlewanger« wurde von diesem Angriffsstoß gepackt und auseinandergewirbelt. Der Durchbruch erfolgte, und auch ein sofort angesetzter Gegenstoß der 8. PD schlug nicht durch.

Das OKH befahl nunmehr einen sofortigen Angriff der Panzer-grenadier-Regimenter der 3., 6. und 8. PD unter Kommando des LVII. PzK, GendPzTr. Kirchner. Das Korps erhielt Auftrag, die Verbindung mit der abgerissenen Front der 8. Armee aufzu-nehmen. Die Panzerregimenter blieben als Eingreifreserve im Raum Stuhlweißenburg.

Dieser Angriff, dessen Führung das III. PzK übernahm, lief unter der Bezeichnung »Spätlese«. General Breith wurden dazu die 1. und 23. PD, das PR 11 der 6. PD und die »gepanzerte Gruppe« der 3. PD (PR 6 und I./PGR 3 sowie II./PzArtRgt. 75) unterstellt.

Durch diese Maßnahme war die 3. PD in den nächsten 14 Tagen in zwei Teile gespalten, denn die »Masse« der Division, die den Angriff im Rahmen des LVII. PzK führen sollte, verfügte nur noch in der PzJägAbt. 543 und in der PzAA 3 über einige Panzer. Das gleiche traf für die 6. und 8. PD zu.

Die Führungsstaffel der 3. PD verlegte in der Nacht zum 20. 12. zum LVII. PzK in den Raum nördlich Esztergom. Die Division sammelte in Vamosmikola, um von dort aus gemeinsam mit der 6. PD auf Kistompa anzugreifen.

Am selben Tage waren die 2. und 3. Ukrainische Front bei-derseits Budapest zur Offensive angetreten. 20 Schützen-Divi-sionen und einige Panzerverbände stürmten gegen ein deutsches Korps an.

Am Abend des 20. 12. erhielt das PR 6, Oberstleutnant von der Schulenburg, Alarmbefehl. Es ging darum, Stuhlweißenburg zu verteidigen. Die I./PR 6, Major Fiehl, rollte sofort nach Stuhl-weißenburg und erreichte im Morgengrauen des 21. 12. den Stadtrand. Wenig später standen Fiehls Panther mit sowjetischen T-34- und Stalin-Panzern im Gefecht. Die I. Abteilung stand dabei noch vorwärts Stuhlweißenburg im Einsatz. Am Velenczesee standen die 6. und 7./PR 6 im Einsatz. Die 5. und 8./PR 6 rollten in Richtung Stuhlweißenburg. Sie erhielten 250 m vor der Stadt Pakfeuer. Eine Panther-Kpn. wurde ihnen noch zugeführt. Der Angriff blieb im starken Pak-Abwehrfeuer der Sowjets verlust-reich hängen. Dann griffen auch noch T 34 an. Der eigene Angriff mußte eingestellt werden.

Die Wiederholung des Angriffs am Nachmittag brachte einen Geländegewinn von etwa 2000 m, dann blieb auch er stecken.

Die sowjetischen Panzerverbände, welche die schwachen deutschen Kräfte erkannt hatten, umkurvten die Widerstandsnester und rollten nach Westen weiter. Am 22. 12. war die II./PR 6 vom Feind eingeschlossen. Durch den feindlichen Einbruch wurden beide Panzerabteilungen etwa 20 km voneinander getrennt.

Oberstleutnant von der Schulenburg gab der ebenfalls eingeschlossenen I. Abt. den Befehl zum Absetzen. Dieser Gruppe, voraus die Panther, dicht gefolgt von Sturmgeschützen und Panzern IV, denen die Troßfahrzeuge und wieder Panther folgten, gelang der Durchbruch. Die Abt. erreichte im Morgengrauen des 22. 12. die Sicherungslinie der I./PGR 3, die unter Führung von Oblt. Schirp in und um Stuhlweißenburg gekämpft hatte.

Stuhlweißenburg mußte in der Nacht zum 23. 12. geräumt werden. Die Rote Armee stieß mit Panzerverbänden und mot. Kolonnen nach. Ein Gegenstoß drang etwa fünf km durch, ehe er liegenblieb. Russische T 34 rollten paarweise immer zehn Stück als Sturmspitze nach vorn. An einer Anhöhe waren die Panzer des PR 6 in Stellung gefahren. Als dort die feindliche Panzerspitze auftauchte, wurden vier abgeschossen. Als auch noch ein fünfter T 34 in die Luft flog, stellten die Sowjets hier den Angriff ein.

Das LVII. PzK trat am Abend des 21. 12. mit den Kampfgruppen der 3. und 6. PD zum Angriff an, um die entstandene Frontlücke zu schließen. Das Ziel, die russische Nachschubstraße bei Kistompa, wurde nicht erreicht. Nur einem Teil der 6. PD gelang es, für kurze Zeit in Kistompa einzudringen. Aber am 22. 12. mußte das Korps diese Angriffe einstellen, weil der Gegner mit weiteren Panzerkräften angriff.

Am Morgen des 25. 12. begann die große Schlacht der Roten Armee in Ungarn an der Front beiderseits Budapest. Die ungarische Hauptstadt wurde eingeschlossen. Bei der gepanzerten Kampfgruppe der 3. PD wurde am 25. 12. ein Gegenangriff gestartet. Die in die ungarischen Stellungen eingebrochenen Rotarmisten wurden geworfen. In der kommenden Nacht aber mußte auch das III. PzK seine Front zurücknehmen. Bis zum 31. 12. 1944 blieb die Front dann stehen.

Doch nun zurück zum Gesamtgeschehen.

Bereits am 21. 12. wurde im sowjetisch besetzten Debrecen die »Provisorische Nationalregierung Ungarn« gebildet. Diese Regierung brach die diplomatischen Beziehungen zu Deutschland ab und erklärte seinem ehemaligen Verbündeten am 28. 12. 1944 den Krieg.

Der sowjetische Einschließungsring um Budapest, der sich bis zum 26. 12. endgültig um die ungarische Hauptstadt geschlossen hatte, sollte nunmehr aufgebrochen werden. Budapest sollte unter allen Umständen gehalten werden.

Am 28. 12. waren auf den Ausladebahnhöfen Raab und Komarom die ersten Teile der SS-Division »Totenkopf« eingetroffen, die zusammen mit der 5. SS-Division »Wiking« das von General Gille geführte IV. SS-PzKorps bildete. Das Panzerkorps war am späten Abend des 24. 12. 1944 in Modlin alarmiert worden und hatte Befehl erhalten, im Blitztransport nach Ungarn zu verlegen. Am 1. 1. 1945 traf auch der Stab der Division »Wiking« in Raab ein. Im Laufe des Tages folgten Teile dieser Division nach. Sie wurden sofort in die Bereitstellungsräume westlich Tata geführt, wo sich bereits die Kampfgruppe Dorr befand.

Beide Divisionen sollten sofort zu dem gegen Budapest zielenden Entsatzvorstoß eingesetzt werden. Und zwar sollten dieses soeben eingetroffene PzK und das III. PzK von Komarom aus auf Budapest vorgehen. Die aus dem Raum Holland in Marsch gesetzte 711. ID, die allerdings noch nicht eingetroffen war, sollte den Angriff unterstützen.

General Balck hatte einen Angriff aus dem Raum südostwärts Komarom nach Südosten geplant, weil hier eine durch die Donau und das vorgestaffelte LVII. PzK gesicherte Nordflanke vorhanden war. Der Nachteil dieser Richtung war, daß der Angriff durch das nördliche Vertes-Gebirge führte und für Panzer nicht ideal war. Aber man hoffte, die südlichen Donaustraßen rasch zu gewinnen und dadurch auch den Panzern Entfaltungsmöglichkeiten zu bieten.

Das IV. SS-PzK sollte durch die 711. ID, GenLt. Reichert, und die 96. ID, GenMaj. Harrendorf, verstärkt werden. Am rechten Flügel des IV. SS-PzK schlossen sich die »Gruppe Pape« und die »Kampfgruppe Philipp« (das verstärkte PR 11) dem Angriff an.

Oben: Iserlohn am 16. April 1945: Panzerfäuste werden abgegeben.
Unten: Ein Tiger rollt zum Marktplatz.

Oben: Ein Jagdtiger der Kampfgruppe Ernst.
Unten: Hauptmann Albert Ernst übergibt Iserlohn an Oberstleutnant William Kriz, Kommandeur des Infanterie-Regiments 394 der 99. US-Infanterie-Division.

Oben: Bremen in alliierter Hand. Die 52. US-Infanterie-Division am 26. April 1945 im Zentrum der zerstörten Stadt.

Unten: Coburg ist von der 11. Panzer-Division der 3. US-Armee am 11. April 1945 genommen. Das Adolf-Hitler-Haus ist von der »Prominenz« verlassen.

Oben: Soldaten der 7. US-Armee erreichen den Bürgerbräukeller in München.
Unten: Ohne Widerstand zu finden, eroberten Amerikaner eine schwäbische
Kleinstadt. Sie werden von der Bevölkerung freundlich begrüßt.

Am 1. 1. 1945 um 22.30 Uhr trat das IV. SS-PzK aus dem Raum Naszaly–Tata–Felsögalla zum Angriff an. Die Artillerie-Vorbereitung unterblieb, um den Überraschungseffekt noch zu vergrößern.

Die Panzer voraus, wurden die ersten Stellungen des Gegners niedergewalzt. Die Division »Wiking« rechts und die Division »Totenkopf« links stießen über Tata in Richtung Tarjan und Bicske vor, während die 96. ID am Nordufer der Donau entlang in Richtung Gran angriff, mit 100 Sturmbooten einiger Pionierlandungsverbände bei Nyergesujfalu die Donau überquerte und dieses Dorf und die Ortschaft Süttö in Besitz nahm. Damit war im Bereich des XXXI. Garde-Schützenkorps (der 4. Garde-Armee der Roten Armee) ein für die Sowjets gefährlicher Durchbruch gelungen.

Die Überraschung war geglückt. Das IV. SS-PzK war von den Sowjets unerkannt angetreten. Dem Oberkommando der 4. Garde-Armee wurde diese Offensive erst am Vormittag des 2. 1. 1945 bekannt. Der Angriff in Richtung Südosten ging weiter. Der Widerstand der Russen verstärkte sich. Dennoch wurde am 3. 1. Vertes-Tolna erreicht.

Gleichzeitig mit dem IV. SS-PzK war auch das III. PzK zum Angriff angetreten, kam aber nur schrittweise vorwärts. Auch das IV. SS-PzK errang am 4. 1. mit dem Regiment »Germania« nur fünf km Bodengewinn. Der Sturm auf Bicske drang nicht durch.

Am 6. 1. erschien der Chef des Generalstabes des Heeres, GenOberst Guderian, auf dem Gefechtsstand des IV. SS-PzK. Guderian betonte noch einmal ausdrücklich, daß der Stoß des IV. SS-PzK in den Raum Budapest hinein von entscheidender Bedeutung sei. General Gille, der KommGen. dieses Korps, erließ einen Tagesbefehl. Darin hieß es unter anderem:

»Neben die militärische Notwendigkeit, das Freikämpfen der Besatzung und die Rückgewinnung des Raumes Budapest, tritt die politische; denn Budapest, das bedeutet Ungarn. Darüber hinaus kann diese Operation, wenn sie in vollem Umfange gelingt, eine Wendung des Kampfes im ungarischen Raum herbeiführen und möglicherweise die Kampfführung an der gesamten Ostfront entscheidend beeinflussen ...

Das erste Ziel des Kampfes, das Waldgebiet zu durchstoßen, ist fast erreicht. Wir stoßen weiter auf das Endziel, denn es muß und wird erreicht werden. Die tapfere und schwer kämpfende Besatzung von Budapest blickt auf uns!«

In den Morgenstunden des 8. 1. wurde der neue Angriff angetreten. Doch die eigenen Kräfte waren zu schwach. Es gelang der gepanzerten Gruppe, bis auf den Friedhof von Bicske vorzudringen, weiter aber ging es nicht. Gegen Mittag war der Angriff gescheitert. Zugleich damit war auch der erste Versuch, Budapest zu entsetzen, mißlungen. Es war den Truppen der 3. Ukrainischen Front gelungen, diesen Entsatzversuch abzuwehren.

Nunmehr sollte zum zweiten Entsatzversuch aus dem Raume nordwestlich Szekesfehervar auf Zamoly angetreten werden. Das hieß, daß diesmal der Angriff aus Südwesten erfolgen würde.

Am späten Abend des 10. 1. trat die Division »Wiking« an. Bis zum 12. 1. kam sie bis auf 21 km an Budapest heran. Da geschah an diesem Tage gegen Abend das Unfaßbare: Um 20.00 Uhr traf ein Befehl ein, den Angriff abzubrechen. Die HGr. bestand auf dem Abbruch des Einsatzes. Die Div. »Wiking« erhielt den Befehl, in den Raum Vesprem zu verlegen.

Im mot. Marsch verlegte die Division, die das Ziel Budapest so greifbar nahe vor Augen gehabt hatte, über Komarom, Raab und Papa nach Vesprem, nördlich des Plattensees. Mit ihr versammelten sich in diesem Raum die 1. PD und die 3. PD sowie die zweite Division des SS-Korps, die Div. »Totenkopf«.

Mit diesen Truppen sollte ein dritter Entsatzversuch gegen Budapest gestartet werden, und zwar aus dem Raum westlich Stuhlweißenburg. Das erste Angriffsziel war die Donau südlich Budapest. Auf dem rechten Flügel stand die 3., während die 1. PD den linken Flügel übernommen hatte. Das IV. SS-PzK wurde in der Mitte dieses Angriffsverbandes eingegliedert. Dieser neue Angriff war von Hitler persönlich der HGr. Süd befohlen worden. Nach links bestand Anschluß an die 23. PD des III. PzK, nach rechts zum I. KavK, GendKav. von Harteneck.

Am 15. 1. traf die 3. PD in ihrem Bereitstellungsraum ein. Die 1. PD erhielt den Bereitstellungsbefehl erst am 17. 1. 1945. Damit war der Aufmarsch zum dritten Entsatzangriff auf breiter Front vollzogen.

Der Angriff selbst begann am 18. 1. 1945 um 05.30 Uhr. Ein Feuerüberfall der Artillerie und der kampfstarken Werfer-Batterien der beiden Waffen-SS-Divisionen eröffnete ihn. Dann rollten die

Panzer los, die Panzergrenadiere sprangen aus ihren Löchern und stürmten hinterher.

Beim IV. SS-PzK flogen 135 Maschinen der Luftflotte 4 Unterstützung. Der Durchbruch des ersten Tages konnte am zweiten Angriffstag auf 65 km vertieft werden. Die Div. »Wiking« überschritt am 19. 1. den Kanal bei Kaloz, und die 3. PD erreichte am 20. 1. bei Dunapentele die Donau. In Dunapentele übernahm OberstLt. von der Schulenburg die Führung der Kampfgruppe. Das gesamte PR 6, das I./PGR 3 und Teile der PzJägAbt. 543 griffen am Nachmittag dieses 20. 1. längs der Budapester Straße nach Norden an. Russische Tiefflieger versuchten, den Angriff aufzuhalten, doch der rollte weiter, erreichte Racz-Almas und Perkata. Erst bei Adony blieb er vor einem tiefgestaffelten Minenriegel liegen.

In der Nacht zum 21. 1. aber schwang das Pendel zurück. Das XVIII. PzK der Sowjets griff mit der 21., 104. und 122. SD die Front der Div. »Wiking« an und brach nach Süden durch. Die Spitzengruppen erreichten die Rollbahn beiderseits Hercegfalva. Die dort stehende PzAA 3 (der 3. PD) unter Hptm. Golze konnte den Feind nicht aufhalten und mußte die Ortschaft räumen. Die Panzergruppe unter Graf von der Schulenburg erfuhr davon nichts. Sie trat am 21. 1. in Richtung Adony an und nahm diese Ortschaft im Sturm. GenLt. Philipps brach den weiteren Vorstoß nach Norden ab und drehte die Kampfgruppe um 180 Grad, um die durchbrechenden sowjetischen Kräfte in der Flanke zu fassen. Aber dieser Angriff kam zu spät, um die durchgebrochenen Feindkräfte noch halten zu können, die mit der Masse bereits die genannte Rollbahn nach Süden überschritten hatten. Die tiefen Schneeverwehungen banden Panzer und SPW an die wenigen vorhandenen Straßen.

In dieser Situation stellte die eigene Luftaufklärung fest, daß der Feind bei Dunaföldvar weitere starke Kräfte über die Donau vorzog, die dort eine Biegung nach Nordwesten beschreibt. Es waren Verbände des XXX. sowjetischen AK mit drei bis vier Schützen-Divisionen. Es mußte — da die Möglichkeit bestand, daß der Feind kehrt machte und nach Norden angriff — eine Abwehrfront nach Süden entlang der bisherigen Rollbahn aufgebaut werden, um die rechte gefährdete Korpsflanke zu sichern. Hierzu mußte Hercegfalva unter allen Umständen zurückgewonnen werden.

Mit der PzKGr. wurde das I./PGR 394 zum Angriff auf diese Ortschaft angesetzt, in der starke Panzer- und Schützenverbände der Roten Armee steckten.

Es dauerte 24 Stunden, ehe der Angriff lief. Der Feind in Hercegfalva wehrte sich verbissen. Seine Panzer schossen auf die angreifenden Panzer der deutschen Kampfgruppen. Sie lagen im Bereich der Ortschaft in gedeckten, unerkannten Stellungen und hatten den Überraschungsfaktor für sich. Dichtes Schneetreiben behinderte zusätzlich den Angriff der gepanzerten Gruppen. Dennoch gelang es der I./PR 6, als erste nach Hercegfalva einzudringen. Vier Panther der Abt. wurden abgeschossen. Dann wurden die Feindpanzer erkannt und drei T 34 nacheinander abgeschossen. Das II./PGR 394 erreichte die Häuser. Hptm. Berg fiel am Nachmittag; auch der Chef der V./394, Lt. Deckwerth. Die 5. Kpn. wurde zerschlagen. Aber bis zum Tagesende war Hercegfalva in deutscher Hand.

Der Entsatzvorstoß der 6. Armee war auch an den übrigen Angriffspunkten nicht vorwärtsgekommen, wenn man von einigen örtlichen Geländegewinnen absehen will. Das Ziel wurde an keiner Stelle erreicht. Stuhlweißenburg, als Drehscheibe des Angriffs, war Zentrum eines erbitterten Ringens. Das I. mech. Korps der Sowjets verteidigte sich hier zäh. Am 21. 1. befahl General Gille, Stuhlweißenburg im Nachtangriff zu nehmen. Während die 23. PD von Westen antrat, sollten die Div. »Wiking« von Osten und die beiden PGRegimenter der 1. PD von Süden antreten. Hier die Berichte der einzelnen Kampfgruppen.

Der Angriff beim IV. SS-Panzerkorps

Am 18. 1. begann dieser Angriff auf die sowjetischen Stellungen und drang zügig vor. Die KGr. Dorr, die erst nach dem Durchbruch durch die feindliche HKL eingesetzt werden sollte, wurde direkt mit eingesetzt, nachdem GenMaj. Gaedtke, Chef des Gen-Stabes der 6. Armee, auf dem Gefechtsstand der »Wiking« mit General Gille zusammengetroffen war und laut Armeebefehl bekanntgegeben hatte, daß die KGr. Dorr mit angreifen solle. Oberführer Ullrich, der DivKdr., setzte die gepanzerte Gruppe ein, und mit ihrer Hilfe gelang es, gegen Abend die sehr stark mit schweren Waffen bestückte russische HKL zu durchbrechen. Die Gruppe Dorr erreichte am frühen Morgen des 19. 1. um 03.00 Uhr die Ortschaft Kislang, 40 km ostwärts der Feind-HKL. Nachdem gegen Mittag der Kanal überschritten war, ging es zügig weiter. Allerdings wurde der Kanal erst am folgenden Tag von der Div. »Totenkopf« und der 1. PD erreicht.

Am Sonntag, dem 21. 1., hatte sich der Gegner gefangen. Sein Druck konzentrierte sich nun auf Sarosd. Die Spitze der Div. »Wiking« wurde abgeschnitten und Sarosd vom Gegner in Besitz genommen. Aber bis 14.00 Uhr war diese Situation wieder bereinigt. An diesem Tage wurden auf dem Gefechtsstand des Regimentes »Germania« durch einen Pak-Volltreffer mehrere Offiziere, die zu einer Einsatzbesprechung zusammengekommen waren, getötet. SS-Obersturmbannführer Dorr wurde zum 16. Male verwundet.

Die sowjetische Führung bemühte sich, den deutschen Angriffskeil nach Süden abzuriegeln. Marschall Tolbuchin, der am 19. 1. hier von General Zacharow die Führung übernommen hatte, befürchtete, daß die deutschen Truppen bis zur Donau vorstoßen würden und dann gemeinsam mit der 2. PzArmee die 57. sowj. Schützen-Armee und die 1. bulg. Armee in die Zange nehmen könnten. Er teilte die Gefahr der drohenden Einkesselung über Funk dem OB der 57. Armee, GenLt. Scharochin, mit und stellte anheim, über die Donau zurückzugehen. GenLt. Scharochin lehnte dies ab. Er wollte seine erreichten Stellungen nicht aufgeben.

Am 21. 1. wurde Stuhlweißenburg erreicht. Die beiden SS-PDnen stießen an den Nordrand des Velenczesees vor. Der Vorstoß nach Süden, den Marschall Tolbuchin gefürchtet hatte, blieb jedoch aus, weil er nicht geplant war und Tolbuchin lediglich die deutschen Möglichkeiten überschätzt hatte.

Die ungarische Freiwilligen-Kampfgruppe Ney hatte in Stuhlweißenburg einen opfervollen Einsatz hinter sich gebracht. Ihre Parole lautete dennoch: »Auf nach Budapest!«

Die Umgebung von Stuhlweißenburg wurde von der 1. PD gesäubert, während die »Wiking« am 22. 1. weit nach Nordosten vordrang, gefolgt von der »Totenkopf«-Div., deren Spitzen am 23. 1. bei Adony die Donau erreicht hatten. Die 3. Ukrainische Front war aufgespalten.

Entsprechend dem Befehl wurde nach Erreichen von Adony die

Stoßrichtung nach Norden gedreht. Am folgenden Tag griffen die beiden Regimenter »Germania« (rechts) und »Westland« (links) am Donauufer entlang an. Aber der Angriff wurde immer langsamer. Das Wetter und starke Feindmassierungen zwangen am 25. 1. zur Einstellung des Angriffs. Bis zum 28. 1. stand die Division »Wiking« in heftigen Kämpfen gegen den aus Norden und dann auch aus Süden angreifenden Feind.

Beide SS-Divisionen wurden in die Verteidigung gedrängt. Bei Petend kam es zu einer mehrstündigen Panzerschlacht. Wegen des starken Feinddrucks mußte der Frontbogen in der Nacht zum 30. 1. vom Nordrand des Velenczesees bis in Höhe der Linie Baracska–Petend zurückgenommen werden.

Der russische Angriff am 29. 1., der mit starker Flieger-Unterstützung mit Schwerpunkt gegen die linke Flanke beim Batl. »Norge« von einem neu herangeführten Panzerkorps mit 180 Panzern geführt wurde, brachte dem Gegner schwere Verluste. Sturmbannführer Vogt vernichtete allein mit Panzerfaust sechs Feindpanzer. Nur unter Heranführung aller Reserven gelang es, die Feindeinbrüche bis zum Abend abzuriegeln.

Am Morgen des 30. 1. mußte GenMaj. Gaedtke, Chef des GenSt. der AGr. Balck, dem Chef des GenSt. der HGr. Süd melden, daß die Stärken der Panzer-Divisionen stark abgesunken seien. Die Div. »Totenkopf« verfügte noch über neun, die »Wiking« über 14 einsatzbereite Panzer. Am 1. 2. mußten sich die Divisionen von der Donau lösen und nach Westen absetzen. Der Entsatz von Budapest war gescheitert, und es war allen Beteiligten klar, daß dies der letzte Versuch gewesen war.

Der Einsatz der 1. Panzer-Division beim dritten
Entsatzvorstoß auf Budapest

Das verstärkte PGR 113, geführt von Major i. G. Marcks, das die 1. PD im vordersten Treffen des dritten Entsatzvorstoßes eingesetzt hatte, war in den vergangenen Tagen voll aufgefüllt worden und stand am Abend des 17. 1. westlich Ösi bereit. Die KGr. Huppert, das verstärkte PGR 1 und das PzArtRgt. 73 (ohne seine I. Abt.) standen westlich und nordwestlich Ösi, das verstärkte PR 1,

Oberst Philipp, versammelte mit etwa 45 Panzern, den SPW der verstärkten 10. (Pi)/113, und den Selbstfahrlafetten der I./Art-Rgt. 73 um Berhida.

Mit Angriffsbeginn am 18. 1. gingen die Panzerpioniere vor und räumten die ersten Minengassen, wobei sie durch den Feuerschutz des verstärkten PzArtRgt. 73 gedeckt wurden. Danach stieß das I./PGR 113 hinterher und räumte im Zusammenwirken mit der 1./PzPiBatl. 37 weitere Minengassen. Nun erst traten die Panzer des ersten Treffens an. Aber noch immer verzögerten Minen das Vorgehen. Hinzu kam flankierendes Pakfeuer. Birkas wurde vom II./PGR 113 genommen. Auf dem linken Flügel ging das I./PGR 1 frontal nach Osten vor und nördlich an Ösi vorbei.

Als sich der Angriff durch starkes flankierendes Pakfeuer festzufahren drohte, rollten die Panzer hinter dem I./113 weiter durch und markierten weitere Minengassen, durch welche das Gros der KGr. Philipp vorstoßen sollte.

Es gelang nunmehr, die russische Stellung im Raume Nadasdladany aufzureißen. Das Tagesziel wurde von der gepanzerten Gruppe erreicht, als sie sich bei Falubattyan einigelte.

Die weiter südlich zum Flankenschutz eingesetzte 6./PR 1, die unter flankierendem Pakfeuer stand und Verluste erlitt, fuhr mir dem Zug unter Ofw. Reif an der Spitze schnell vorwärts, durchbrach diesen Pakriegel hart westlich Ilona, um weiter nach Osten anzugreifen. Oberst Philipp und GenMaj. Thunert, letzterer im Funk-SPW der Division, setzten sich hinter Ofw. Reif an die Spitze der 6./PR 1, die weitere Feindgruppen zerschlug und bis Falubattyan vordrang. Hier trafen sie dann auf die Kampfstaffel des PR 1.

Die KGr. Marcks stieß bei Urhida in eine russische Riegelstellung hinein und erbeutete 25 Pak und 20 Lkw. Über den Sarviz-Kanal vorprellend, errichtete sie auf dessen Ostufer einen Brückenkopf. Die Kanalbrücke war stark beschädigt. Sie trug zwar SPW und Sturmgeschütze, aber keine Panzer V. Pioniere bemühten sich um die Wiederherstellung der Brücke.

Über diesen Brückenkopf rollte wenig später die PzKGr. Philipp, dicht gefolgt vom II./GR 113, auf den Panthern aufgesessen, und dem I./GR 113 auf SPW. Der Raum Sarpentele wurde erreicht. Hier hatte sich der Gegner in dem Weinberggelände eingegraben. Die PzGrenadiere erstürmten dieses Gelände und räumten die in den Weinbergkellern eingerichteten sowjetischen Bunker systematisch aus. Eine weitere Paksperre wurde im nächsten Anlauf überwunden.

Südlich davon waren die Panzer der KGr. Philipp angetreten. Sie stießen über die Straße Seregelyes–Stuhlweißenburg vor und sperrten sie. In der Nacht zum 20. 1. versuchten russische Sturmgruppen, diese Straße freizuschlagen, weil sie für ihren Nachschub von großer Bedeutung war. Diese Versuche wurden sämtlich abgewehrt. Die KGr. Huppert erreichte bis zum Abend den Raum südwestlich Stuhlweißenburg und besetzte die südlich und westlich der Stadt gelegenen Sperr-Riegel.

Am 20. 1. ging der Angriff weiter. Teile der Kampfgruppe Philipp, der DivKdr. an der Spitze, waren in breiter Front bis an die Südwestgrenze des Velenczesees herangekommen und nahmen die dort liegende Ortschaft Dinnyes in Besitz. Börgönd wurde von der 4./PR 1, Oblt. Hagen, besetzt. Damit waren auch die Durchgangsstraße Stuhlweißenburg–Budapest und die Ausfallstraße nach Süden gesperrt.

Am 21. 1. stand die 1. PD im Halbkreis südlich um Stuhlweißenburg herum mit Anschluß rechts an die Div. »Totenkopf« und links an die 23. PD. GenMaj. Thunert entschloß sich nun zu einem Angriff auf Stuhlweißenburg, da der eingenommene weitgespannte Bogen zu starke Kräfte verschlang.

Das IV. SS-PzK sagte Zuführung des PGBatl. »Norge« und einiger Tiger-Panzer zu. Außerdem wurde die 23. PD ersucht, sich von Nordwesten an diesem Angriff zu beteiligen. Das V. Art-Korps, GenLt. Rapke, sollte durch ArtFeuer den Angriff unterstützen.

Der Angriff begann am 21. 1. um 20.00 Uhr. Der Stadtrand von Stuhlweißenburg wurde im ersten Schwung erreicht. Trotz des sich hier versteifenden Feindwiderstandes gelang es, in die Stadt einzudringen, wobei die KGr. Huppert die zurückgehenden Feindpanzergruppen überholte. Die beiden vorn fahrenden Pz IV unter Ofw. Reif und Fw. Weimar stießen an diesen Sherman-Panzern vorbei und schossen sie in der Dunkelheit an einer Straßenkreuzung nacheinander ab. Der KpnFhr. der 6./PR 1 schoß zwei Shermans ab, ehe auch sein Wagen einen Treffer erhielt und er schwer verwundet wurde. Ofw. Reif übernahm die Führung der Kompanie. Im Nahkampf wurden die letzten Widerstandsnester des Gegners genommen. Nach Mitternacht meldete Oberstleutnant Huppert:

»Westteil Stuhlweißenburg in eigener Hand!«

Als der Morgen graute, war ganz Stuhlweißenburg in deutscher Hand. 40 Feindpanzer wurden hier erbeutet, eine große Anzahl abgeschossen. Der Gegner flutete über die Straßengabel der Ausfallstraßen nach Zamoly und Kiskeczkemet nach Norden und Nordosten zurück. Der OB der ungarischen 3. Armee, GenOberst Vitez von Heszelenyi, überreichte GenMaj. Thunert das »Ungarische Ritterkreuz«. Auch der Führer des vordersten Stoßtrupps, Oblt. Kohlmann vom PGR 113, erhielt diese hohe ungarische Auszeichnung.

Am 23. 1. als das Kdo. der 1. PD für die Fortsetzung des Angriffs südlich des Velenczesees in den Raum 2 km südlich des Sees verlegte, meldete der Wehrmachtsbericht:

»Stuhlweißenburg wurde im überraschenden Nachtangriff von einer thüringisch-hessischen Panzer-Division genommen.«

Der Kampf ging am 23. und 24. 1. weiter. Der Angriff auf Pettend am Morgen des 24. 1. wurde durch massiertes russisches Pak- und Panzerfeuer zurückgeschlagen. Die I./113 lag im dichten Feindfeuer fest. Ein Entlastungsvorstoß, geführt von GenMaj. Thunert, erlaubte diesem Bataillon, sich vom Feind zu lösen.

Auch bei der Kampfgruppe Marcks ging es am 24. 1. nicht mehr weiter. Im Kampf um Baracska kam es zu schwierigen Situationen, als sich der Gegner überrollen ließ und die deutschen Panzer aus dem Rücken mit Nahkampfmitteln angriff.

Die Kämpfe um Baracska dauerten auch am 25. 1. an. Dort sperrte der feindliche Riegel die Hauptstraße nach Budapest. Es gelang den Divisionen der Angriffsgruppe, auf 15 bis 18 km an die ungarische Hauptstadt heranzukommen. Russische Gegenstöße aus dem Raum nördl. Tordas wurden abgewiesen und dabei eine große Zahl Feindpanzer, darunter viele Sherman-Panzer, abgeschossen. Kurz vor der Abenddämmerung des 26. 1. nahm plötzlich ein Befehlspanzer, der in der Gegend 2 km westl. Gyuroj stand, einen Funkbefehl für die PzKGr. Philipp auf:

»Halt! — Angriff einstellen! — Neuer Befehl folgt!«

Als der KGrFhr. durch Lt. Seibold nachfragen ließ, erhielt er den neuen Funkbefehl, der offenbar direkt von der Armee kam:

»Zurück in die Ausgangsstellung — Sammeln bei Vereb!«

Etwa 16 km westlich des Einschließungsringes, bei zurück-
weichendem Gegner, mußte der Angriff auf Budapest eingestellt
werden. Der Gegner hatte mit starken Panzerverbänden über
Bicske auf Lovasberena antretend und von dort mit Teilen nach
Süden und Südosten eindrehend, die Einstellung dieses Gegenangriffs erzwungen.

Der Entsatzversuch von Budapest war endgültig gescheitert.

Die 1. PD, als linker Flügel des IV. SS-PzK, wurde noch am
26. 1. nachts nach Nordwesten abgedreht. Die KGr. Philipp rollte in
den Raum nordwestlich Pettend, wo die Rote Armee mit über 250
Panzern und starken Infanteriekräften angriff. Pettend wurde von
ihr in der kommenden Nacht erstürmt. Hier, im Einbruchsraum
nördlich Velencze, verstärkte sich der Gegner laufend. Es waren
Truppen der 3. Ukrainischen Front, die gleichzeitig zwischen dem
Velenczesee und der Donau angriffen.

Am 27. 1. gingen die Kämpfe ostwärts des Velenczesees zu Ende.
Mehr als 200 Feindpanzer waren abgeschossen worden. Der Befehl
zum Absetzen wurde mit Erleichterung aufgenommen, in die sich
Trauer und Niedergeschlagenheit mischten, das gesteckte Ziel, die
Kameraden in Budapest zu befreien, nicht erreicht zu haben.

Wie aber sah es auf dem Südflügel des IV. SS-PzK aus, wo die 3.
PD stand?

Die 3. PD stand am 23. 1. 1945 im schweren Kampf bei Hercegfalva. Die Stadt schien mit russischen Panzern vollgestopft, dennoch gelang es, sie in eigenen Besitz zu bringen. Am 24. 1. wurde
die 3. PD der 3. ungarischen Armee unterstellt und schied aus der
Offensive gegen Budapest aus.

Am 25. und 26. 1. kam es bei Miklos zum Kampf gegen sowjetische Streitkräfte, die sich in Miklos verteidigten und Salvengeschütze und T 34 einsetzten. Der Angriff drang nicht durch.

Als am 26. 1. GenLt. Philipp die Division verließ, weil er schon
mit Wirkung vom 1. 1. 1945 zum Heereswaffenamt versetzt
worden war, übernahm Oberst Söth, bisher Kdr. des PzArtRegt.
73, die Divisionsführung.

Am 27. 1. eröffnete die Rote Armee mit einem starken Trommelfeuer den Angriff gegen die Front der 3. PD, die sich über 45 km
vom Sarviz-Kanal bis zur Donau erstreckte. Starke Panzerrudel
erreichten die rechte Flanke. Sie wurden abgewiesen. Aber beim GR

394 brachen sechs T 34 ein und rollten bis zum RgtsGefStand durch. Mit Panzerfäusten wurden diese Panzer durch den Fernsprechtrupp unter Lt. Grießenbeck abgeschossen. In Dunapentele wurde das II./PGR 3 eingeschlossen. Auf dem linken Flügel kämpften das PR 6 und das PGR 3 gegen starke sowjetische Panzerrudel. Es gelang, eine Reihe T 34 und Sherman abzuschießen. Am 28. 1. mußte diese KGr. nach Norden ausweichen.

Am 29. 1. griff die 3. PD mit der Masse nach Süden an. Der Angriff drang nicht durch. Aber dem in Dunapentele eingeschlossenen Bataillon gelang der Ausbruch zur eigenen Division.

Der 1. 2. brachte der 3. PD den Befehl, sich 10 bis 15 km weiter abzusetzen. Sofort stießen sowjetische Stoßgruppen hinterher.

Bei der Division »Wiking« brach dieser Gegner durch. Seregelyes mußte aufgegeben werden, und die Sowjettruppen stießen an der Stadt vorbei weiter vor. GenMaj. Söth (seit dem 30. 1. zu diesem Dienstgrad befördert) befahl nach Rücksprache mit dem Kommandeur der »Wiking« ein örtliches Absetzen seiner Verbände. Wieder stießen die sowjetischen Spitzengruppen dichtauf nach. Westlich Sarosd wurde gehalten. Hier erhielt die 3. PD in der Nacht zum 5. 2. den Befehl zum Absetzen in die »Margarethenstellung«. Doch ein Besetzen dieser Stellung war unmöglich, weil diese völlig unter Wasser stand.

Ein Feindkeil, der links der 3. PD durchgebrochen war, wurde am 7. 2. im Gegenangriff durch die Div. »Wiking« und die 1. PD vernichtet. Bis zum 17. 2. waren die Absetzbewegungen beendet. Die deutschen Truppen waren wieder in die Linie Velenczesee–Soponya–Peterszallas–Plattensee zurückgegangen.

Ausbruch aus Budapest

Am Mittag des 11. 2. 1945 versammelten sich die Kommandeure der Truppenverbände in Budapest auf dem GefStand des IX. SS-GebKorps, SS-Obergruppenführer Pfeffer-Wildenbruch. Der Chef des Stabes, Oberstleutnant i. G. Lindemann, teilte ihnen mit, daß der KommGen. den Ausbruch befohlen habe. Dieser — als Plan von Oberst Jansa ausgearbeitet — sollte in drei Gruppen erfolgen. Während Gruppe I in Richtung Budakeszi durchbrechen sollte, würde die II. Gruppe zwischen Budaörs und Budafok die russischen Linien durchbrechen, und Gruppe III wiederum sollte sich der Gruppe I nach Budakeszi anschließen.

Der Ausbruch begann noch am selben Tag. Von den ursprünglich 33 000 deutschen und 37 000 ungarischen Soldaten waren nur noch 16 000 kampffähig. Diese traten an und versuchten, mit der blanken Waffe sich durchzuschlagen. Von ihnen erreichten nur 785 Mann die deutschen Linien. Etwa die gleiche Zahl ungarischer Soldaten konnte sich irgendwie durchschlagen.

Das Oberkommando der Roten Armee meldete am 13. 2. 1945 die Einnahme von Budapest und die Gefangennahme von 110 000 Soldaten. Sicher ist, daß Zehntausende Zivilisten mit in Gefangenschaft gerieten. Die 8000 Verwundeten wurden nicht versorgt. Rotarmisten legten in den unterirdischen Lazaretträumen Feuer und gossen Benzinkanister in den Flammen aus. Etwa 1000 Schwerverwundete verbrannten. Etwa 1000 Verwundete, die sich in das völlig überfüllte Pajor-Sanatorium flüchten konnten, kamen mit dem Leben davon.

Die letzte Offensive

Bereits im Februar hatte Hitler befohlen, in Ungarn eine neue Offensive zu eröffnen. Dazu wurde die aus den Ardennen zurückgewichene 6. SS-Panzerarmee vom Westen nach Ungarn verlegt. Hitlers Plan, den er gegen die Warnungen von GenOberst Guderian durchsetzte, sah folgendes vor:

Die HGr. Süd, General Wöhler, sollte mit der 6. SS-PzArmee, der 6. und 8. Armee und der ungarischen 3. Armee aus der Seenenge Plattensee–Velenczesee vorstoßen, während südlich des Plattensees die 2. Armee unter GendArt. de Angelis nach Osten angreifen würde. Beide Angriffsgruppen erhielten die Donau als Ziel.

In einem Telefongespräch, das GFM Keitel mit dem Chef des Generalstabes der HGr. Süd führte, wurden folgende Gründe für diese Offensive angegeben:

»Wien, eine Stadt von größter strategischer Bedeutung, ist trotz der dort eingesetzten Panzer-Divisionen unmittelbar bedroht. Der

Verlust der in Ungarn lagernden Getreidevorräte gefährdet die deutsche Volksernährung. Ein Verlust der Erdölvorkommen am Plattensee und bei Wien gefährdet die weitere Kriegführung ebenfalls unmittelbar.«

Dies alles hatte Hitler bereits im Januar zu der Überzeugung kommen lassen, daß eine große Offensivschlacht zuerst das gesamte Dreieck zwischen Plattensee–Donau–Drau in deutsche Hand bringen müsse. Danach sollte zwischen Donau und Theiß und schließlich auch auf beiden Donauufern nach Norden angegriffen und Budapest zurückgewonnen werden. Diese Operation sollte unmittelbar nach der Schneeschmelze und dem Abtrocknen des Bodens anlaufen.

Für die HGr. Süd war vorgesehen, daß die 6. Armee, die im Raume Stuhlweißenburg schnellstmöglich aufgefrischt werden sollte, und die in eben diesem Raum aufmarschierende 6. SS-PD mit dem linken Flügel dieses Angriffs nach Südosten auf Dunaföldvar vorgehen und die Donau erreichen sollten.

Die 2. PzArmee würde aus dem Raum ihrer Bereitstellungen zwischen dem Südwestufer des Plattensees und dem Zusammenfluß Drau–Mur über Kaposvar nach Osten bis Bataszek und an die Donau vorstoßen.

Die HGr. E hatte aus dem Raume Miholjac–Esseg südlich der Drau das Vorgehen der 2. PzArmee so zu unterstützen, daß sie mit Schwerpunkt im Westen an zwei bis drei Stellen über die Drau nach Norden vorstoßen müsse. Diese Divisionen der HGr. E sollten, sobald Anschluß an die 2. PzArmee gefunden war, zu dieser übertreten. Mit gesammelter Kraft würde dann die 2. PzArmee zwischen Baja und der Einmündung der Drau in die Donau die Donau überschreiten.

Ende Februar trafen die ersten Transporte der 6. SS-Pz-Armee unter GenOberst der Waffen-SS Dietrich im Bereitstellungsraum ein. Bis Mitte März waren hier die Waffen-SS-Divisionen »Leibstandarte«, »Hitlerjugend«, »Das Reich« und »Hofenstaufen« versammelt. Diese bildeten das I. und II. SS-PzKorps.

Aber noch vor dem Losbrechen dieser letzten deutschen Offensive erhielt die 12. SS-PzDiv. »HJ« Befehl, im Rahmen der 8. Armee mit dazu beizutragen, den sowjetischen Gran-Brückenkopf zu beseitigen. Hier die Einblendung über das Geschehen am Gran-Brückenkopf.

Zur Beseitigung des Gran-Brückenkopfes wurden von der 8. Armee die 44. ID »Hoch- und Deutschmeister«, die 12. SS-PD »HJ« und Teile des PzRgt. der 1. SS-PD »AH« angesetzt.

Die 12. SS-PD »HJ« rückte in der Nacht zum 17. 2. in den Bereitstellungsraum südwestlich Kolta ein und trat am nächsten Mittag zum Angriff an. Bis zum Abend wurde der Raum nördlich Köbölkut erreicht. Die 44. ID auf der linken Flanke hing allerdings noch zurück. Ein Gegenstoß der Sowjets, in der Nacht zum 18. 2. vorgetragen, wurde vom PGR 26 (der 12. SS-PD) abgewiesen. Im weiteren Vorstoß wurde Köbölkut am Mittag des 18. 2. erreicht und vom PGR 25 genommen. Die KGr. des SS-PR 1 (1. SS-PD) hatte inzwischen den Raum nördlich Muzsla erreicht, das am anderen Morgen nach Fortsetzung des Angriffs genommen wurde.

Bei einem sowjetischen Feuerüberfall auf diese Ortschaft fiel Obersturmbannführer Krause, Kdr. des PGR 26. Im gemeinsamen Vorstoß eroberten am Nachmittag des 19. 2. das PGR 25 und Teile der ID 44 Parkany, während das PGR 26 Ebed an der Donau gewann.

Der Brückenkopf der Sowjets war bis auf einen Rest vernichtet. Gegen diesen Rest trat am 22. 2. die 12. SS-PD aus dem Raum nördlich Bart, in den sie umgruppiert hatte, an. Im starken sowjetischen Abwehrfeuer blieb dieser Angriff vor Bart und Beny liegen. In der Nacht zum 24. 2. erstürmte das PGR 26 nach erbittertem Kampf Beny und erreichte, nachdem um 07.30 Uhr der Gegner geworfen war, den Gran. Noch im Verlauf des verlustreichen 24. 2. wurde auch Bart erobert.

Damit war der Gran-Brückenkopf beseitigt. Diese Operation war das letzte erfolgreiche Angriffsunternehmen der 12. SS-PD, das allerdings bei einigen Einheiten herbe Verluste gekostet hatte. Über Komorn und Bankesy marschierte die Division vom 25. 2. bis zum 5. 3. in den Raum nördlich der Enge zwischen Platten- und Velenczesee und stellte sich hier in der Nacht zum 5. 3. 1945 bereit.

Am 6. 3. begann um 04.00 Uhr das massierte deutsche Artilleriefeuer auf die russische HKL. Das Hauptquartier des sowjetischen Oberkommandos hatte — auch nachdem die deutschen Vorbereitungen zur Offensive bekannt geworden waren — die

Vorbereitungen zur eigenen geplanten Offensive nicht einstellen lassen. Es beabsichtigte, die deutschen Kräfte zunächst in Verteidigungskämpfen zu zermürben, um dann selber zur Offensive überzugehen und den gesamten deutschen Südflügel der Ostfront zu zerschlagen. Dazu erhielten die Truppen der 3. Ukrainischen Front Weisung, sich in der zweiten Februarhälfte und in den ersten Märztagen sowohl zum Angriff als auch für die Verteidigung einzurichten.

Marschall Tolbuchin trug den Erkenntnissen seines Feindnachrichtendienstes Rechnung, daß starke deutsche Panzerkonzentrationen vor seiner Front versammelt seien, indem er ein tiefgestaffeltes Panzerabwehrsystem aufbauen ließ. Er veranlaßte, den Schwerpunkt der Abwehrkräfte im Abschnitt Velenczesee–Plattensee zu verlegen, weil dort mit dem deutschen Großangriff gerechnet werden mußte. Drei Hauptaufgaben hatte diese Verteidigung zu lösen:

»1. Den Angriff massierter deutscher Panzerverbände abzuwehren;

2. ein rasches Vorstoßen des Gegners in die Tiefe des eigenen Verteidigungsraumes zu verhindern (falls überhaupt die HKL durchbrochen werden würde) und

3. die Bewegungsfreiheit der eigenen Kräfte und Waffen während der gesamten Operation zu gewährleisten.«

Die Panzerabwehr war Schwerpunktprogramm. Panzerartillerie, Pionieranlagen, Panzerminenfelder und Panzersperren wurden in tiefer Staffelung angelegt, um auch stärkste deutsche Panzerangriffe aufhalten zu können.

Damit sollte verhindert werden, daß die Front aufgespalten wurde. Die Manövrierfreiheit in der taktischen und operativen Tiefe der Verteidigung sollte gesichert werden.

Dort, wo mit deutschen Panzermassierungen zu rechnen war, weil das Gelände dazu einlud, wurden alle Mittel zur Panzerbekämpfung in engem Zusammenwirken aufgestellt, um eine entsprechende Feuerdichte von Artillerie und Pak zu erzielen.

Diese Verteidigungsmaßnahmen wurden durch vorbereitende Maßnahmen der sowjetischen Luftstreitkräfte unterstützt. Und zwar sollten 75 % aller Fliegerkräfte der 2. und 3. Ukrainischen Front gegen die Hauptgruppierung der deutschen Panzer angesetzt werden.

Nach dem deutschen Trommelfeuer, das um 04.00 Uhr eingesetzt hatte, eröffnete das III. PzK mit der 1. PD an der Spitze den Angriff. Von Föveny aus antretend, wurde im entschlossenen Vorgehen Belsö-Bar erreicht. Es ging durch tiefen Schlamm und immer wieder durch Pakriegel und Minenfelder vorwärts.

Auf der rechten Flanke des Angriffsstreifens stürmten die Divisionen des I. KavKorps unter GendKav. von Harteneck. In der Mitte rollten die Panzerverbände der 6. SS-PzArmee, und links traten die Sturm-Divisionen der 6. Armee an. Deren stärkste Formierung, das III. PzK, wurde von GendPzTr. Breith geführt.

Es gelang der 1. PD, im Morgengrauen die feindlichen Stellungen bei Belsöbarand zu durchbrechen und auf Seregelyes vorzustoßen. Die 356. ID, die links von der 1. PD angetreten war, brach in die sowjetische HKL ein und überwand eine Reihe stark befestigter Stützpunkte.

Beim PGR 1 schlug unmittelbar nach Beginn des Angriffs ein Volltreffer in den RgtGefStand ein. Der RgtFhr. Major Ritz, der Kdr. der II./PAR 73, Hptm. Weimar, und einige andere Offiziere wurden dabei schwer verwundet.

Die Kampfgruppe Bradel erstürmte wenig später Seregelyes. Hier aber stockte der Vorstoß. Es gelang am 7. 3. nicht, über den Ostrand von Seregelyes hinaus vorzudringen. In strömendem Regen, auf verschlammten Wegen und Feldern blieb der Angriff liegen, und auch der 8. 3. brachte keine Änderung dieses Bildes. Der 356. ID gelang es, die Nordbrücke in Besitz zu nehmen. Der auf die Ostbrücke vorstoßende gepanzerte Angriffskeil sah, wie diese von den Sowjets gesprengt wurde.

Die vorrollenden Panzer blieben im Schlamm stecken, und erst der 9. 3. brachte wieder zählbare Fortschritte, als der KGr. Bradel ein Durchbruch durch feindliche Pakriegel beiderseits Scerescseny gelang. Über die Höhe 128 hinweg wurde dieser Durchbruch bis in den Raum drei km südlich des Velenczesees vorgetrieben.

Als der vorgestaffelte DivGefStand von einer Fliegerbombe getroffen wurde, erlitt GenMaj. Thunert eine zum Glück nur leichte Verwundung. Aber in dem angrenzenden Gelände mußten die Pioniere 21 tote Kameraden bergen. Oberst i. G. Krantz übernahm bis zur Rückkehr des DivKdrs. die Führung.

Südlich des Velenczesees gewann auch am 10. 3. der Angriff der

KGr. Bradel weiter an Raum in Richtung auf Agard und Gardony. In diesen Abschnitt wurden Teile der 3. PD nachgeführt.

Die 3. PD war erst am 9. 3. angetreten. Links von ihr eingeschoben stand die 6. PD. Nach einem Feuerschlag des PAR 75 rollten die Sturmgruppen bei der 3. PD vorwärts. Wenig später griffen sowjetische Schlachtflieger und Bomber in den Erdkampf ein. Die 3. PGR 3 verlor binnen einer Stunde durch Fliegerangriffe sämtliche SPW. Der SPW des II./PGR 3 erhielt einen Volltreffer. Der BatlKdr. wurde verwundet.

Der riesige Sumpf zwischen dem Velenczesee und Seregelyes ließ alle Vorwärtsbewegungen erstarren. Die feindlichen Luftstreitkräfte wurden aktiv wie niemals vorher. Der Nachschub kam nicht nach vorn.

Der 10. und 11. 3. sah die Kampfgruppe Bradel noch im weiteren Vorgehen südlich des Velenczesees. Die gepanzerte Gruppe der 1. PD stieß bis nach Gardony vor. Dort blieben die Panzer vor geschickt angelegten Trichtersprengungen liegen. US-Bomber griffen nunmehr laufend in die Kämpfe südlich Stuhlweißenburg ein.

Am Abend des 11. 3. wurde nördlich Stuhlweißenburg die 6. PD aus der Front des IV. SS-PzK herausgelöst und stand um Mitternacht mit ihren vordersten Teilen südlich der Stadt im Anmarsch auf den Raum Seregelyes.

In der Mitte der Front war es dem II. SS-PzK mit den Panzern der 12. SS-PD und der 1. SS-PD gelungen, Simontornya zu erreichen und zu erobern. Eine Stunde später hatte das SS-PGR 1, der LAH unter Sturmbannführer Möllhoff, einen Brückenkopf über den Sio-Abschnitt gebildet. Die hier wenig später anbrandenden sowjetischen Gegenstöße wurden abgewehrt.

Hier die Übersicht über die ersten Tage aus der Sicht des II. SS-PzK unter General Bittrich:

Aus der Enge zwischen Plattensee und Velenczesee sollte das II. SS-PzK am 8. 3. antreten. Südlich davon stand das I. SS-PzK. Beide Korps sollten nach dem Durchbruch durch die sowjetische HKL in breiter Front südlich von Budapest die Donau erreichen und gegebenenfalls, wenn die Kräfte reichten und die Situation es erlaubte, nach Norden drehen und zum letzten Entsatzversuch in Richtung Budapest vorgehen.

Der Bereitstellungsraum konnte infolge einiger Regiefehler höherer Kommandostellen erst in letzter Minute erreicht werden. Am späten Nachmittag des 7. 3. wurden die Regimentskommandeure der 2. SS-PD durch den DivKdr. Gruppenführer Ostendorff im Gelände eingewiesen. Der RgtKdr. des Regimentes »Der Führer«, Obersturmbannführer Weidinger, war Zeuge eines Telefongespräches zwischen dem Chef des Stabes des II. SS-PzK Ostubaf. Keller und der 6. SS-PzArmee. Ostubaf. Keller teilte der Armee mit, daß der Angriff am kommenden Tag unmöglich starten könne, weil Teile der Division »Das Reich« noch im Fußmarsch zum Bereitstellungsraum begriffen seien. Doch die PzArmee beharrte auf dem Angriff am 8. 3. 1945. Dieser mißlang und mußte am 9. 3. wiederholt werden.

Mit Beginn des zweiten Angriffs um 05.00 Uhr am 9. 3. stürmten die Panzergrenadiere in Richtung der russischen Höhenstellungen. Mehrere dieser Höhen wurden genommen, doch die Höhe 159 widerstand den Angriffen mittels starken flankierenden Feuers, das die Angreifer niederhielt.

Die gepanzerte Gruppe des Regimentes »DF« wurde im Laufe des Vormittages auf die Höhe 159 angesetzt. Das Regiment »D« blieb in den erreichten Stellungen, um die Flankensicherung zu übernehmen. Zum I. SS-PzK nach Süden klaffte eine breite Lücke auf. Linker Nachbar war die 9. SS-PD »Hohenstaufen«. Aus dem Werk von Otto Weidinger eine Situationsschilderung aus der Sicht des RgtKdr. der PGD »DF«:

»Kaum rollen die ersten Panzer über die Höhe 159, als sie heftiges Pakfeuer aus nördlicher Richtung erhalten. Kurz hintereinander werden drei Panzer abgeschossen. Jeder Kampfwagen oder SPW, der über die Höhe fährt, wird also mit Sicherheit abgeschossen. Ein Umgehen ist unmöglich, da die Regenperiode das Gelände in den Tälern versumpft hat und die Panzer nicht vorwärtskommen können. So bleibt der Angriff zunächst stecken und soll erst weiter vorgetragen werden, wenn der flankierende Pakriegel ausgeschaltet ist.

Der Divisionskommandeur, Gruppenführer Ostendorff, kommt in den späten Vormittagsstunden zum Regimentskommandeur, und in den vordersten Stellungen wird die weitere Durchführung des Angriffs besprochen. Auf der Rückfahrt erhält Gruppenführer Ostendorff einen Volltreffer in seinen VW-Kübel und wird schwer verwundet. Der Begleitoffizier wird tödlich getroffen. Standartenführer Kreutz, Kommandeur des Rgt. 2, übernimmt zunächst die Führung der 2. SS-PD (Gruppenführer Ostendorff erlag dieser Verwundung wenige Tage nach der Kapitulation in Bad Aussee).« Soweit der direkte Bericht.

Der sowjetische Pakriegel konnte am Nachmittag ausgeschaltet werden, und am 11. 3. trat die gepanzerte Gruppe des Regiments »DF« um 09.00 Uhr abermals zum Angriff an. Die II./PR 2 schlug diesen Angriff mit, der gut vorwärts kam und die Ortschaft Csillag-Major zurückgewann.

Am 12. 3. übernahm Standartenführer Lehmann, bis dahin Chef des Stabes beim I. SS-PzK, die Führung der 2. SS-PD. An diesem Tage führte das Rgt. »DF« seinen letzten größeren Angriff, als es am frühen Morgen gegen den stündlich stärker werdenden Feindwiderstand Kulsö-Püsköp-Myr erreichte und darüber hinaus auf Meinrich-Kayor vorstieß. Hier mußte die gepanzerte Gruppe zur Verteidigung übergehen.

Die 12. SS-PD »Hitlerjugend«, geführt von GenMaj. Meyer, hatte sich bereits in der Nacht zum 5. 3. 1945 bereitgestellt. Rechts schloß die 1. KavDiv., links die 1. SS-PD an. Das PGR 25 stand rechts und das PGR 26 links im Divisionsabschnitt, während die gepanzerte Gruppe hinter dem PGR 26 folgen sollte, sobald es die Geländeverhältnisse gestatteten.

Der Angriff des PGR 26 begann um 04.45 Uhr. Stoßrichtung war Ödin-Puszta. Es galt, nacheinander fünf Gräben zu überwinden, aus denen das sowjetische Verteidigungssystem bestand. Dennoch gelang es, bis 05.00 Uhr des 6. 3. Ödin-Puszta zu nehmen. Major-Puszta wurde gegen 11.00 Uhr erreicht und dem Gegner entrissen. Ein sowjetischer Gegenangriff wurde abgewiesen.

Der 7. 3. sah die Division »HJ« im weiteren Angriff, der nach dem Durchbruch durch eine Pakfront bis in den Raum 4 km nördlich Deg führte. Bei einem Fliegerangriff fiel an diesem Tage der Kdr. des PGR 26, Stubaf. Kostenbader.

In der Nacht gelang es den Panzergrenadieren, durch Panzer und Panzerjäger unterstützt, Deg zu nehmen. Mehrere Feindstellungen wurden überwunden und der zurückflutende Gegner noch in der Nacht über Meszezilas hinaus verfolgt.

Alle Gegenangriffe der Sowjets am 10. 3. wurden abgewiesen, und am Morgen des folgenden Tages trat die Division »HJ« zum weiteren Vorstoß auf Simontornya und nach Eroberung dieser Stadt zum Übergang über den Sio an.

Gleichzeitig stießen die Panzer der 12. und 1. SS-PD in die Stadt hinein, und um 14.30 Uhr hatten die Panzergrenadiere den Sio-Kanal erreicht. Das I./PGR 26 setzte gegen Abend über den Kanal und bildete auf dem Südufer einen Brückenkopf.

Gegen diesen Brückenkopf richteten sich starke sowjetische Gegenangriffe, die abgewiesen wurden. Als es am 12. 3. gelang, die Höhe 503 zu nehmen, war der Brückenkopf gesichert, so daß am 13. und 14. 3. alle sowjetischen Angriffe abgeschlagen werden konnten. Das PGR 26 wurde am 15. 3. im Brückenkopf durch die 1. SS-PD abgelöst.

An das Südufer des Velenczesees angelehnt, weitete sich nunmehr die Angriffsfront der HGr. Süd in einem flachen Bogen nach Südosten aus, sprang dann bis in den Raum ostwärts Seregelyes zurück und verlief danach weiter nach Süden bis an den Sio-Abschnitt, wo das I. und II. SS-PzK standen. Da zwischen dem Südwestende des Velenczesees bis nördlich Seregelyes ein tiefes Sumpfgebiet lag, konnten die 1., 3. und 6. PD lediglich über Seregelyes versorgt werden. Diese Ortschaft war auf guten Straßen von Belsöbarand und Stuhlweißenburg zu erreichen. Aus diesem Grunde lag diese Ortschaft ständig unter Artilleriefeuer, Luftangriffen und Schlachtfliegereinsätzen der Russen.

Dadurch und durch die schwierigen Geländeverhältnisse — Schlamm und von Gräben und Wällen durchzogenes Gelände — hatte das PR 1 der 1. PD bereits bis zum 12. 3. den Hauptteil seiner Panzer verloren. Im Einsatz waren an diesem Tage noch zwei Befehlspanzer und fünf Pz. V unter Oblt. Neumann. Damit verfügte Oberst Streith als Kdr. des PR 1 nur noch über einen Panzerzug.

Am Abend des 13. 3. trat die 1. PD noch einmal zur Fortsetzung des Angriffs an. Gardony wurde genommen. Der Angriff auf Kisvelencze blieb südlich der Uferstraße liegen. Die Panzergrenadiere der KGr. Bradel igelten sich hier über Nacht ein.

Am Abend dieses denkwürdigen 13. 3. 1945 erschien der OB der 6. Armee, GendPzTr. Balck, bei der 1. PD und sprach der Division seinen Dank für ihre Leistungen aus. Die Lageorientierung aber, die der Ic der 6. Armee der Divisionsführung gab, war wenig hoffnungsfroh. Der Tenor der Orientierung war, daß sich der Angriff auf die Donau im verschlammten Gelände und am unerwartet harten Widerstand der Roten Armee festgelaufen hatte und nicht über die am Vortage erreichte Linie Ozora–Czecze–ostw. Seregelyes–Gardony hinausgekommen war. Das III. PzK stand im Großraum Seregelyes–Agard–Gardony im harten Abwehrkampf gegen die neue soeben eingeleitete Offensive der Roten Armee. Lediglich das I. KavKorps befand sich noch mit der 3. und 4. KavDiv. und der 44. ID im Angriff nach Süden in den Raum nordostwärts Fünfkirchen. Hier ging es rascher vorwärts, weil der Feind an dieser Stelle nicht über Panzerverbände verfügte. Hier allein ging es weiter, während die 10 Panzer-Divisionen der 6. SS-PzArmee und des III. PzK trotz letzten Einsatzes das Angriffsziel — die Donau zwischen Paks und Dunaföldvar — nicht erreicht hatten.

Der sowjetische Gegenschlag

Während die Kämpfe im vorher behandelten Kampfraum der deutschen Offensive auf des Messers Schneide standen, hatte sich der OB der Ukrainischen Front an das Hauptquartier des Oberkommandos der Roten Armee gewandt und um Zuführung von Reserven gebeten. Diese lagen südlich Budapest und waren für den geplanten Offensivschlag in Richtung Wien vorgesehen. Das sowjetische Oberkommando lehnte dies ab und legte in seiner Direktive vom 9. 3. 1945 fest, daß die für die geplante Offensive in Bereitschaft gehaltenen Truppenverbände nicht in die Verteidigungskämpfe einzubeziehen seien, sondern spätestens am 15. 3. zum Offensivschlag antreten müßten, um die feindliche Gruppierung nördlich des Plattensees endgültig zu zerschlagen und den Erfolg in Richtung Wien auszuweiten.

Die Fliegerkräfte der 2. und 3. Ukrainischen Front wurden vom 10. bis 12. 3. gegen die sich nach vorn kämpfenden Kräfte der 1. und 3. PD angesetzt und das Feuer der Artillerie auf diesen Raum verstärkt.

Beim letzten Vorstoß der Kräfte der 1., 6. und 3. PD am 14. und

15. 3. gelang es den sowjetischen Pakfronten, diesen Angriff zu stoppen und in Nachtkämpfen deutsche Panzer abzuschießen.

Am 16. 3. traten die Truppen der 2. und 3. Ukrainischen Front ihrerseits zur Offensive in Richtung Wien an. Dies erzwang die Einstellung der deutschen Offensive.

Nach den sowjetischen Unterlagen wurden in den zehn Tage andauernden Abwehrkämpfen von ihnen etwa 500 deutsche Panzer und Sturmgeschütze abgeschossen und 300 Feldgeschütze und Granatwerfer vernichtet. Hier am Plattensee wurde schließlich die letzte Verteidigungsoperation der Roten Armee erfolgreich zu Ende geführt. Die Besonderheit dieses Abwehrkampfes war die Verteidigung nach zwei Richtungen gleichzeitig. Nun kam es darauf an, daß die 2. und 3. Ukrainische Front den letzten großen Offensivschlag gegen Wien führten, für den die Abwehrkämpfe am Plattensee günstige Voraussetzungen geschaffen hatten.

Die noch während der letzten Kämpfe gegen die deutschen Stoßverbände durchgeführten Umgruppierungen der 2. und 3. Ukrainischen Front brachten die Truppen des linken Flügels der 2. und 3. Ukrainischen Front am Abend des 15. 3. in die Sturmausgangsstellungen auf der Linie Esztergom–Velenczesee–Seregelyes–Plattensee–Nagy–Barcs und weiter an der Drava entlang bis Osijek.

Gegenüber dem linken Flügel der 2. Ukrainischen Front zwischen Esztergom und Gant standen die 23. ungar. ID, die 711. und 96. ID, die 1. ungar. KavDiv., Teilkräfte der 6. PD, ferner verschiedene Kampfgruppen und selbständige Truppenverbände.

Im Bereich des rechten Angriffsflügels, bei der 3. Ukrainischen Front, von Gant bis zum Velenczesee stand das IV. SS-PzK mit der 3. SS-PD »Totenkopf«, der 2. ung. PD, der 5. SS-PD »Wiking« und einer Reihe von selbständigen Verbänden. Alle Wege von Budapest nach Wien führten über das stark bewaldete ungarische Mittelgebirge mit durchschnittlichen Höhen von 400 bis 500 m. Als starke Hindernisse für die sowjetische Offensive galten die Raab, die Donau und die Morava.

Am 16. 3. 1945 begann diese Offensive. Bis zum 25. 3. durchbrachen die Truppen der beiden eingesetzten Fronten die deutschen

Verteidigungslinien in der gesamten Tiefe und erreichten die Westhänge des Bakony-Waldes und das Westufer des Altaler. Dann wurde zu den Verfolgungskämpfen angetreten, die bis zum 4. 4. andauerten und vor die Tore der österreichischen Hauptstadt Wien führten.

Der rechte Flügel der 3. Ukrainischen Front, dem schließlich noch eine westlich Budapest versammelte PzArmee zugeführt werden mußte, kam dennoch nicht wesentlich vorwärts. Ungarische und deutsche Kräfte hielten diese sowjetischen Panzerverbände auf. Immer neue deutsche Gegenangriffe brachten ständig andere sowjetische Verbände in Bedrängnis. Bis zum Abend des 21. 3. kam im Abschnitt Csor–Varpalota dieser Stoßkeil bis auf 10 km an den Plattensee heran.

Der Stoßkeil, der aus dem Südosten hinter dem Nordteil des Plattensees antrat, kam bis zur Linie Polgárdi–Balatonfökájár. Bis zum Abend des 21. 3. war das Gros der 6. SS-PzArmee im Raume südlich Szekesfehervar locker eingeschlossen. 24 Stunden später hatte sich der Ring jedoch soweit verengt, daß nur noch eine schmale Rückzugsschneise für die Armee offen blieb, auf der sowjetisches Artilleriefeuer lag. Die 6. SS-PzArmee zog sich kämpfend durch diesen schmalen Schlauch zurück.

Zur gleichen Zeit überwand der südlich der Donau angreifende linke Flügel der 2. Ukrainischen Front das Vertes-Gebirge und erreichte nördlich Tovaros die Donau. Damit waren die deutschen Truppen in der tiefen Flanke von Süden umgangen, ihr Rückzug nach Westen abgeschnitten.

Gegen diesen Sturmkeil der 2. Ukrainischen Front wurden aus dem Raum südlich des Velenczesees die 2. SS-PD, die 6. PD und die 356. ID in den Abschnitt Komarom–Kisber dirigiert und leisteten dem Gegner entschiedenen Widerstand. Vom 21. bis zum 25. 3. fanden hier täglich deutsche Gegenangriffe statt. Dann mußte sich diese deutsche Kampfgruppe in Richtung Raab zurückziehen.

In zehntägigen Kämpfen gelang es der Roten Armee, den gesamten Raum in der Tiefe der deutschen Verteidigung zwischen Donau und Plattensee zu durchstoßen, die Hügel des Bakony-Waldes zu überwinden und zur Verfolgung der zurückweichenden deutschen Truppen überzugehen.

Seit dem 26. 3. befanden sich die deutschen Truppen vor dem

linken Flügel der 2. und dem rechten der 3. Ukrainischen Front auf dem Rückzug.

Am Hron wurde nördlich der Donau die deutsche Verteidigungslinie durchbrochen. Die Rote Armee stieß hier mit dem Zentrum und dem rechten Flügel der 2. Ukrainischen Front in Richtung Brünn und Prag vor, während Teilkräfte am Nordufer der Donau entlang in Richtung Preßburg vorgingen.

Am 2. 4. nahm der linke Flügel der 2. Ukrainischen Front den Verkehrsknotenpunkt Mosonmagyarovar in Besitz und erreichte zwischen Donau und Neusiedler See die ungarisch-österreichische Grenze. Die hier haltenden deutschen Kräfte wurden am 3. und 4. 4. überwunden, wobei zahlreiche deutsche Gegenangriffe abgewehrt werden mußten. Am Abend des 5. 4. erreichte dieser Stoßkeil den Raum Kittsee–Bruck.

Auf Befehl des sowjetischen Oberkommandos wurden die Truppen des linken Flügels der 2. Ukrainischen Front vom 5. bis 8. 4. auf das linke Donauufer übergesetzt. Sie sollten Wien von Norden umgehen und den in und um Wien verteidigenden deutschen Kräften den Rückzug abschneiden.

Im Angriffsgebiet der 3. Ukrainischen Front standen die Teile der 6. SS-PzArmee, die bis dahin noch nicht zerschlagen worden waren. Diese verfügten noch über etwa 20 Panzer und Sturmgeschütze.

Am frühen Morgen des 28. 3. hatten diese sowjetischen Truppen die Raab erreicht und teilweise überschritten. Am Abend des 30. 3. durchbrach der rechte Flügel der 3. Ukrainischen Front die deutschen Stellungen an der österreichisch-ungarischen Grenze und drang nach Österreich ein. Die ungarischen Truppen gaben auf und streckten die Waffen. Die Niederung um Wien wurde vom rechten Flügel dieser Heeresgruppe erreicht. Der Kampf um Wien begann.

Der deutsche Rückzug bis Wien

Mit Beginn des sowjetischen Großangriffs am 17. 3. 1945 stand das III. PzK noch weit südlich Stuhlweißenburg. Es befahl das Absetzen auf den Sarviz-Kanal. Die 1., 3. und 23. PD sowie die 44.

ID, die südlich Stuhlweißenburg lagen, zogen sich ebenfalls zurück.

Bereits am 17. 3. erzwang die 2. Ukrainische Front den Durchbruch durch die Front der Ungarn bei Mor. Auch beim IV. SS-PzK wurde der Durchbruch erkämpft. Bei der SS-PD »Totenkopf« gelang es, tiefe Einbrüche zu erzielen. Die aus dem Sio-Abschnitt herausgelösten Teile des II. SS-PzK wurden so rasch wie möglich in diesen bedrohten Abschnitt geworfen, mit dem Befehl, die nach Westen stürmenden Sowjetkräfte aufzuhalten. Dies gelang nicht völlig. Die deutschen Verbände wichen in die Linie beiderseits Zircz aus. Dort wurden sie von den durch den Bakony-Wald vorstürmenden russischen Divisionen nördlich und südlich umgangen.

Aus der Front südlich des Velenczesees eröffnete die Rote Armee am frühen Nachmittag des 17. 3. ein starkes Trommelfeuer mit Artillerie und Werfer-Batterien gegen die Stützpunkte des III. PzK. Das PGR 1 der 1. PD wurde aus der Front bei Gardony herausgezogen und in den Raum nördlich Seregelyes verschoben, während das PGR 113 weiter in der alten Front verblieb und die Linie Agard–Gardony mit unterstellten Panzern, Panzerpionieren und Panzerjägern hielt.

In dieser Situation mußte die 6. SS-PzArmee Truppen aus dem Sio-Abschnitt herauslösen und beschleunigt in den Einbruchsraum nördlich Stuhlweißenburg schaffen. Dies bewirkte, daß die Front des III. PzK mehr und mehr nach Westen und Nordwesten herumgedreht werden mußte. Dies schuf bis zum Abend folgende Kräfteverteilung:

Rechts neben der 1. PD hatte sich die 44. ID eingeschoben. Daran anschließend stand die 3. PD, die mit Teilen der 356. ID bis in den Raum südlich Polgárdi das Absetzen nach Norden zu decken hatten. Rechter Nachbar der 3. PD war das I. KavKorps, dessen Divisionen noch südlich Lepseny standen. Linker Nachbar der 1. PD war das IV. SS-PzK, das mit Teilen der Div. »Wiking« Stuhlweißenburg verteidigte. Links davon, nördlich der Straße nach Varpalota, waren die Divisionen »Totenkopf« und »Das Reich« eingesetzt, die russische Großangriffe zu stoppen versuchten.

Als russische Sturmgruppen in den Nordteil von Stuhlweißenburg eindrangen, wurden sie von der KGr. Streith und Teilen des IV. SS-PzK geworfen. Aber weitere sowjetische Streitkräfte umgingen die Stadt nach Westen und erreichten bis zu Mittag des 18. 3. den Raum nördlich Varpalota. Die Division »Das Reich« mußte am Nachmittag diese Ortschaft aufgeben. Ebenfalls am Nachmittag dieses Tages ging bei der Division »Wiking« ein Fernschreiben aus dem FHQ ein, nach welchem Stuhlweißenburg zur »Festung« erklärt wurde, die unbedingt zu halten sei.

Die Division »Wiking«, die Stuhlweißenburg verteidigte, war bereits umgangen. Nur ein schmaler Schlauch führte über die südliche Verbindungsstraße in die Freiheit. In diesem Schlauch lagen Teile von »Wiking« und der 1. PD. Sie hielten ihn auf einer Breite von drei bis acht km und in einer Länge von 15 km offen. Die Lage beim III. PzK und beim IV. SS-PzK verschlechterte sich stündlich. Am 19. 3. verlegte der Stab der 1. PD in seinen alten GefStand bei Belsöbarand.

Nördlich der Straße Stuhlweißenburg trat die SS-PD »Das Reich« zum Gegenangriff gegen die hier vorprellenden Feindverbände an und warf diese über Varpalota nach Norden zurück.

In der Nacht zum 20. 3. rollte das Gros des II. SS-PzK hinter dem I. SS-PzK über Veszprem nach Norden und Nordwesten, um beiderseits Zircz den dort stehenden Sperr-Riegel zu verstärken und nördlich davon Auffangstellungen zu besetzen.

Am Dienstag, dem 20. 3., ging ein Befehl des III. PzK bei der 1. PD ein, sich aus dem von dieser Division gehaltenen Brückenkopf Seregelyes zurückzuziehen. Die Division verlegte in einem Zuge bis auf die Höhen südlich Stuhlweißenburg zurück.

Zur gleichen Zeit kämpften in Stuhlweißenburg die KGr. Streith und die Division »Wiking« nach allen Seiten gegen angreifende Feindverbände und hielten die einzige Durchgangsstraße nach Südwesten offen, damit die Panzer-Divisionen darüber abrollen konnten.

Am 21. 3. überstürzten sich die Ereignisse. Die deutsche Luftaufklärung meldete im Raume Polgárdi über 200 Feindpanzer, die auf Stuhlweißenburg zielten. An diesem Tage faßte Oberführer Ullrich den Entschluß, seine 5. SS-PD aus Stuhlweißenburg herauszuführen. Am Nachmittag, mit beginnender Abenddämmerung, setzte sich die Division in zwei Stoßgruppen nach Südwesten ab. Das Regiment »Westland« unter Obersturmbannführer Hack schirmte die Absetzbewegung nach Norden hin ab. Vom Feind aus Süden angegriffen, gelang es, den Durchbruch zu erzwingen. Immer neue sowjetische Panzerverbände tauchten auf, die einzelne Stoßgruppen der Division abfingen und vernichteten. Alle gepanzerten Teile gingen in diesen Abwehrkämpfen verloren. Daß der Durchbruch überhaupt gelang, war der 9. SS-PD »Hohenstaufen« zu verdanken, deren Kommandeur, BrigFhr. Stadler, seine Front so weit wie möglich an den Nordteil des Plattensees vorschob, um der Division »Wiking« diesen Abschnitt offen zu halten.

In Balatonfökájár stieß Oberführer Ullrich auf GendPzTr. Breith, der ihn zum gelungenen Durchbruch der Division beglückwünschte. Die Division wurde dem IV. SS-PzK wieder unterstellt und erhielt am 23. 3. neue Einsatzbefehle.

Bei der 3. PD hatte der Gegner seit dem 17. 3. mit starkem Artilleriefeuer versucht, den von ihr gehaltenen Brückenkopf um Seregelyes aufzubrechen. Bis zum 19. 3. mußten die Geschütze der 3. PD nach drei Seiten schießen, um die aus diesen Richtungen angreifenden Feindgruppen abzuwehren. Lediglich nach Westen war der Rückzugsweg noch offen, obgleich die Rote Armee bereits südlich Stuhlweißenburg stand. Der DivGefStand verlegte am 19. 3. nach Külsörbarand, südlich des Flugplatzes Stuhlweißenburg. Die 3. PD war die letzte, die sich absetzte. Die deutsche Artillerie, die noch ostwärts des Plattensees stand, verschoß die letzte Munition. Nachdem die Masse des KavKorps und der 6. SS-Pz-Armee bereits über Veczprem zurückgewichen war, lagen nur noch die 1., 3., 23. PD und die 44. ID südlich Stuhlweißenburg und setzten sich am 21. 3. auf den Sarviz-Kanal ab.

Um 00.00 Uhr des 23. 3. zog die 3. PD ihre ersten Teile aus der Front. Das PR 6, Oberstleutnant Graf von der Schulenburg, war kurz vorher nach Nordwesten aufgebrochen, um die vom Gegner mit 80 Panzern gesperrte letzte Rückzugsstraße freizukämpfen. Es gelang, die Panzer abzudrängen und die Straße freizuhalten, über die wenig später das Gros der 3. PD über Falubattyan nach Polgárdi und Balatonkenese durchrollte. Bombenangriffe paukten auf die Verbände nieder. Munitionswagen flogen in die Luft. Sowjetische Schlachtflieger brausten im Tiefflug über die Kolonnen hinweg. Sowjetische Schützenverbände drängten scharf nach. Es gab schließlich nur noch ein Einigeln und Abwehren der

Feindangriffe. Sprungweise ging es weiter zurück. Vor einem Waldstück bei Balatonkenese gelang es den Verfolgergruppen, auf beiden Flanken an den deutschen Trossen vorbeizukommen. Ein verzweifelter Kampf um den Durchbruch begann, der unter schweren Verlusten geschafft wurde. Am frühen Morgen des 24. 3. hatte das Gros der Division den Nordzipfel des Plattensees und damit den Raum Veczprem erreicht. Hier wurde sie dem IV. SS-PzK unterstellt und erhielt Befehl, Veczprem zu verteidigen.

Feindliche Panzerrudel mit bis zu 50 T 34 und Sturmgeschütze griffen nach starkem Artilleriefeuer Veczprem an. Eine Gruppe gelangte in schnellem Vorpreschen in die Stadt und warf die letzten Truppen der 3. PD hinaus. Der feindliche Panzerverband wollte, das war nun klar geworden, die 3. PD noch am Plattensee abschneiden und vernichten.

Durch eine von der PzNA 39 hergestellte Verbindung zur 1. PD wurde gemeinsames Zurückgehen und Operieren vereinbart.

Die Absetzbewegungen gingen ununterbrochen weiter; sie mußten weitergehen, wenn man nicht abgeschnitten und vernichtet werden wollte. Bis zum 27. 3. ging es schrittweise, dann schneller und schneller zurück. Baltavar wurde am 28. 3. von den Resten des PGR 394 der 3. PD geräumt. Im Laufe des 28. 3. traf das IV. SS-PzK mit seinen Divisionen der 1., 3. und der SS-PD »Wiking« an der Raab ein. »Wiking« verteidigte am 29. 3. im Brückenkopf Vasvar an der Raab. Doch der Gegner war bereits südlich und nördlich an der Division vorbeigestoßen.

Auf Schloß Körmend und in der Umgebung desselben verteidigte das I./PGR 3 noch am 30. 3. An diesem Tage verlegte der DivGefStand »Wiking« in den Südteil des Brückenkopfes Vasvar, wo die einzige Brücke über die Raab noch stand.

Da das IV. SS-PzK sich am 30. 3. bereits abgesetzt hatte und nicht mehr führte, übernahm GenLt. Thunert, Kdr. der 1. PD, als ranghöchster Offizier hier die Führung. Er ordnete die Räumung des Brückenkopfes Eisenburg an. Bei Heiligenkreuz zogen die ersten Teile der 3. PD am 30. 3. über die Reichsgrenze. Am 31. 3. erhielt die Division den Befehl, sich in die Reichsschutzstellung zurückzuziehen.

Bei der 1. PD, die am 22. 3. noch die Linie südlich Felsösomlyo–Falubattyn–Urhida behauptete, wurden alle entbehrlichen Teile zurückgeschickt. Versprengte der 44. ID reihten sich am 22. 3. in die Reihen der 1. PD ein; unter ihnen auch der DivKdr., GenLt. von Rost.

Um Jenö wurde im Laufe dieses Tages die Division vom Gegner eingeschlossen. Von allen Seiten angegriffen, pausenlos unter dichtem Feindfeuer liegend, gelang es, den Kessel bis Einbruch der Dunkelheit zu verteidigen. Dann befahl GenLt. Thunert den Ausbruch.

Dieser Angriff begann um 19.00 Uhr. Vorn die DivBeglKpn., Oblt. Junge, dicht aufgeschlossen das I./PGR 113 und die 10./Pi-Batl. 113 auf SPW unter Oblt. Fink und Hptm. Hagen mit den letzten sechs Panthern der Division, stürmte dieser Keil los, der von Oberst Bradel geführt wurde. Danach kam das Gros der Division, die Teile der 44. ID und versprengte Teile der SS-Div. »Wiking«. Den Schluß bildeten Teile der I./PAR 73, SPW der FunkKpn. und das PiBatl. 37 unter Major Behaim.

Um 20.00 Uhr rollte der Angriff. Die ersten feindlichen Pakstellungen wurden überrollt. Die letzten Panzergranaten der sechs Panther schossen bei Küngös auftauchende Feindpanzer ab.

Als die Straße Berhida–Küngös erreicht war, drehte der Ausbruchsverband nach Süden ab und stieß dort auf die 2. sowjetische Sperr-Linie. Die Feindpak schoß hier aus allen Rohren. Die letzten vier Panther rollten — ohne Munition — in Höchstfahrt auf diesen Pakriegel zu und walzten ihn in den Boden. Durch dieses geschlagene Loch verließ die ganze Kolonne den Einschließungsring.

Als die Spitzengruppe, wieder nach Westen eindrehend, westlich des Punktes 185 auf eine neue russische Sperre stieß, führte Oberst Bradel zwei 2-cm-Vierlingsflak auf Sfl persönlich vor. Die beiden Waffen schossen im schnellsten Salventakt und brachen diesen Sperr-Riegel auf.

Der Nachhut unter Major von Behaim gelang es bei Janö, den sich wieder schließenden russischen Riegel erneut zu öffnen. Hier waren es vor allem die »Hummeln« der I./PAR 73, Major Theilen, die den Feindriegel knackten, so daß auch der Rest des Ausbruchtrecks durchkam.

Auf diese Art kämpfte sich die 1. PD durch das mehr als 20 km tiefe Feindgelände und stellte den Anschluß an die deutsche Hauptfront wieder her. GenLt. von Rost, der Kdr. der 44. ID, und sein Ia fielen bei diesem Durchbruch bei der ersten Paksperre, an der ihr SPW durch Volltreffer vernichtet wurde.

Bis zum Eintreffen der Division besetzte das I. KavKorps unter GendKav. von Harteneck südlich Balatonfüzfö einen Sperr-Riegel, der die Plattensee-Uferstraße für die 1. PD offenhielt.

Nunmehr wieder dem III. PzK unterstellt, erhielt die 1. PD am 24. 3. den Auftrag, Sperraufgaben im Raume Nagy Vazsony beiderseits der Straße Tomaj zu übernehmen.

Zu dieser Zeit ging die 6. SS-PzArmee nach Norden und Nordwesten auf die Donau zurück, während sich die 6. Armee nördlich des Plattensees schrittweise nach Westen absetzte.

Aufgabe der 1. und 3. PD, ferner von Teilen der 23. PD war es nunmehr, das Absetzen der deutschen und ungarischen Fußtruppen zu sichern, die in dichten Kolonnen auf den wenigen Straßen nach Westen strömten.

Die 1. PD deckte hier die Absetzbewegungen des rechten Flügels der HGr. Süd, der 6. Armee, der infolge der weiter im Norden erzielten Feindeinbrüche bis in die Linie Steiermark–Burgenland zurückgenommen werden mußte.

Alle Versuche, die nördlich von Stuhlweißenburg in die Front der 6. Armee geschlagene Lücke durch herangeführte Sperrverbände wieder zu schließen, scheiterten. Es war der 2. und 3. Ukrainischen Front möglich, stets frische Verbände in den Kampf zu werfen, die Widerstands-Riegel zu umgehen und daran vorbeizumarschieren. Die 6. Armee und die 6. SS-PzArmee wichen bis in den Abschnitt Körmend–Steinamanger–Wien zurück.

Am 27. 3. standen russische Panzerspitzen in Zalahalap. Am Abend des 29. 3. mußte Oloczka von der KGr. Bradel aufgegeben werden, und am Morgen des 30. 3. setzte sich das verstärkte PGR 1 über Vasvar auf das Südufer der Raab ab. Der Raum Körmend wurde am 30. 3. noch gehalten. Am Samstag, dem 31. 3. 1945, überschritt die 1. PD die Reichsgrenze nach Westen.

Am Ostersonntag, dem 1. 4. 1945, griff der Gegner nach starkem Fliegereinsatz zwischen Heiligenkreuz und Inzenhof mehrfach an. Er wurde hier ebenso wie südlich im Raab-Tal gehalten, wo Teile der Division »Wiking« zurückmarschierten. Links von der 1. PD stand nun die 3. PD.

Am 2. 4. wurde der Abschnitt der 3. PD von 268 US-Flugzeugen angegriffen, die ihre Bomben auf den Raum der Division warfen.

In der Nacht zum 3. 4. igelten sich die KGr. des PGR 3, der 1./PGR 394 und der PzAA 3 in Vaszentmihaly ein und wehrten am Morgen des 3. 4. einen russischen Voraustrupp ab, der auf Lastwagen Minen mitführte. Diese KGr. wurde von der Div-Führung am 5. 4. hinter die Reichsgrenze zurückbefohlen. Die Front hielt in den nächsten Tagen an dieser Stelle. Der Gegner hatte seine Panzerverbände offensichtlich auf Wien abgedreht.

In der Nacht zum 9. 4. sollte die 3. PD sich absetzen, weil sie im Norden längst überflügelt war. Doch dieses Absetzen wurde von der HGr. Süd, deren Oberbefehl GenOberst Rendulic am 25. 3. übernommen hatte, verboten.

»Die 3. PD bleibt im Frontbogen stehen!« lautete sein Befehl.

Am Morgen des 10. 4. eröffnete das nun auch hier herangekommene sowjetische Gros mit der Artillerie den neuen Angriffsschlag. Rund um Heiligenkreuz hämmerte Feindartillerie die deutschen Stellungen zusammen. Dann griffen die Sowjets mit Panzern und Schützenverbänden an. Das PGR 394 wurde aus Heiligenkreuz geworfen und setzte sich auf Poppendorf ab. Das PGR 3 kämpfte bei Rosenberg und rollte dann in schnellster Fahrt, vom Stalinorgelfeuer begleitet, nach Güssing.

In der kommenden Nacht setzten sich die Truppen befehlsgemäß ab und zog sich in den Raum Kaltenbrunn mit dem südlich davon liegenden Himlerberg zurück, wo steierischer Volkssturm mit verteidigte und starke Verluste erlitt.

Am 12., 13. und 14. 4. mußte immer mehr Gelände aufgegeben werden. Der Raum Fürstenfeld wurde erreicht und auf den letzten Höhen des Burgenlandes, zwei km vor Fürstenfeld, eine neue HKL aufgebaut. Russische Panzer griffen auch hier an. Die Division zog sich am 15. 4. bis Schloß Kalzdorf zurück. Die vor Fürstenfeld aufgebaute HKL wurde am 15. 4. von russischen Panzerrudeln durchbrochen, die die Verteidiger nach Fürstenfeld hineindrückten. Auf diese Stadt ging nunmehr vernichtendes Stalinorgelfeuer nieder. Feindliche Panzer- und SPW-Verbände eroberten in zehnstündigem Kampf Fürstenfeld. Als letzter deutscher Panzer verließ ein erbeuteter T 34 rückwärts fahrend und mit der Kanone einige T 34 abschießend Fürstenfeld.

Am Morgen des 16. 4. verfügte die 3. PD noch über zwei Panther und 12 Geschütze, zwei Granatwerfer und vier Pak. Dennoch konnte die HKL hinter Fürstenfeld gehalten werden. Die

Rote Armee blieb mit den Infanterie-Verbänden hinter Fürstenfeld stehen. Ihre Panzer aber rollten in Richtung Wien.

Widerstandskämpfer in Wien und ihr Plan

Die Hauptstreitkräfte von Marschall Tolbuchin hatten sich bis zum 4. 4. 1945 um Wien bereitgestellt. Die 4. Gardearmee mit dem I. mech. Garde-Korps sollte von Südosten gegen das Zentrum von Wien angreifen, während die 6. Garde-PzArmee mit dem V. Garde-PzK gegen den Südwest-Verteidigungsring antreten und ihn durchstoßen sollte. Das IX. mech. Garde-Korps erhielt Befehl, Wien nach Westen zu umgehen, den Verteidigern den Rückzugsweg abzuschneiden und ihre Versorgungsstraßen zu unterbinden. Doch unmittelbar vor Angriffsbeginn wurde noch einmal umgruppiert. Aus gutem Grund, denn am 3. 4. tauchten zwei Mitglieder der Wiener Widerstandskämpfer des Majors Szokoll in Gloggnitz, dem HQ der 9. Gardearmee, GenLt. Glagolew, auf. Sie brachten der Roten Armee die Verteidigungsunterlagen Wiens. Der Vorschlag, den Major Szokoll machte, war folgender:

Angriff der Roten Armee aus dem Raum Wiener Neustadt durch den Wiener Wald bis St. Pölten. Angriff auf Wien von Westen, Vereinigung mit den Widerstandskämpfern unter Major Szokoll bei Hütteldorf und kampfloser Einmarsch nach Wien, ehe die ostwärts und südostwärts der Stadt stehenden SS-Divisionen Wien erreicht hatten.

Aufgrund dieser Nachrichten, die Marschall Tolbuchin zeigten, daß Wien im Westen nicht verteidigt wurde, änderte er den Angriffsplan. Der Angriffstermin wurde vom 5. auf den 6. 4. verlegt. Bis dahin war die 46. Sowjetarmee der 2. Ukrainischen Front nach Norden über die Donau geschleust worden, um von dort den Verteidigern Wiens in den Rücken zu fallen.

Die Verteidigung Wiens wurde vom II. SS-PzK, General Bittrich, geführt. Ihm unterstanden die 2. SS-PD »DR«, die 3. SS-PD »Totenkopf« und die 6. PD. Die Führer-Grenadier-Div. des PzK »Großdeutschland« wurde im Blitztransport zugeführt. In der Nacht zum 6. 4. erhielten die drei erstgenannten Divisionen des Korps den Befehl, sich auf den Stadtrand zurückzuziehen.

Durch die Gefangennahme des Kommandanten der Heeres-
streife Groß-Wien, Major Biedermann, einem der führenden Köp-
fe des Wiener Widerstandes, und dessen Hauptfeldwebels wurde bei
Verhören am 5. 4. der Plan, Wien der Roten Armee zu übergeben,
herausgepreßt. Es kam auch heraus, daß die Schlüsselfigur des
Widerstandes, Major Szokoll, zum engsten Stab des Kampfkommandanten von Wien, GenLt. Bünau, gehörte. Der Aufstand fand
nicht statt. Die gefangengenommenen Mitglieder der Widerstands-
führung, Major Biedermann, Hptm. Huth und Oblt. Rasche,
wurden am 8. 4. zum Tode verurteilt und im Stadtbezirk Floridsdorf
an Straßenlaternen gehenkt. Major Szokoll konnte entkommen.

Der Reichsverteidigungskommissar von Wien, Baldur von
Schirach, forderte am 6. 4. die Bevölkerung auf, die Stadt zu
verlassen.

Der sowjetische Großangriff begann am Morgen des 6. 4. 1945.
Am Abend dieses Tages mußten sich die SS-Divisionen in die Stadt
zurückziehen. Wie sie kämpften, sei am Beispiel des Regimentes
»Der Führer« der 2. SS-PD dargestellt.

Die SS-Panzer-Division »Das Reich«
im Abwehrkampf um Wien

Am 4. 4. 1945 bezog das Regiment »Der Führer« dieser Division
ostwärts Leopoldsdorf eine neue Widerstandslinie mit dem Rgt-
GefStand in einer Ziegelei. Die von Nordwesten gegen Wien
geführten ersten Angriffe der Roten Armee zeigten der Divisionsführung, daß der Feind einen konzentrischen Angriff vorbereitete.
Dies wurde in den nächsten Stunden durch das starke Artilleriefeuer bestärkt. Nach einem Stellungswechsel der Divisionsführung
verlegte auch der RgtGefStand nach Vösendorf. Als der russische
Panzerkeil am Abend des 5. 4. die Straße Vösendorf–Leopoldsdorf
sperrte, traf ein Absetzbefehl ein.

Der sowjetische Großangriff auf Wien begann am Morgen des
6. 4. von drei Seiten. Starke Panzerkräfte und motorisierte Artillerie
unterstützten diesen Großangriff. Wien brannte wenig später an
mehreren Stellen. Russische Sturmtruppen drangen von allen

Seiten in die Randgebiete ein und kämpften sich, von Panzern und Pak unterstützt, Straße um Straße weiter vor.

Bis zum 7. 4. war das Regiment »DF« in das Zentrum Wiens zurückgedrängt. Die ersten sowjetischen Panzer rollten zur Innenstadt. Einige wurden abgeschossen, andere drangen weiter vor. Die Stadtverteidigung zerfiel in einzelne Stützpunkte, die sich selbständig der russischen Angriffe zu erwehren versuchten. Ein neuer Vorstoß der Roten Armee in Richtung Donaubrücken drohte das Regiment abzuschneiden. Nun organisierte die RgtFührung einen neuen Durchbruch zur Donau, der scheiterte. Am späten Abend des 8. 4. wurde bekannt, daß am anderen Morgen Teile der Division »Das Reich« zum Ring und zu den Donaubrücken durchbrechen sollten. Es waren Soldaten des PR 2, denen am Morgen des 9. 4. auch der Durchbruch zum Ring gelang. Der Donaukanal wurde erreicht, und das Rgt. »DF« folgte den sich absetzenden Verbänden. Das ArtRgt. der Division bildete die Nachhut und schoß immer wieder vorprellende Feindpanzer ab. Die Floridsdorfer Brücke wurde erreicht.

Entlang zum Donaukanal verlief am 10. 4. die HKL mit den Regimentern »DF« und »D«. Weiter, bis zur Reichsbrücke, schlossen sich Einheiten der 3. SS-PD an. Der Feind, der am Abend des 10. und am frühen Morgen des 11. 4. über den Kanal zu setzen versuchte, wurde abgewehrt. Den ganzen 11. 4. über wurde gehalten. Auch die starken, mehrfach wiederholten Angriffe des 12. 4. wurden abgewehrt. Dennoch gelang es den Sowjets, einige kleinere Brückenköpfe zu gewinnen.

Nördlich der Donau drückte die Rote Armee bereits nach Westen in Richtung Bisamberg vor. Abermals drohte eine Einkesselung, und als sich die 3. SS-PD, der linke Nachbar der 2. SS-PD, über die Reichsbrücke absetzte, fiel diese dem Gegner anschließend kampflos in die Hände.

Der 13. 4. 1945 brachte das Ende von Wien. Der Kampfkommandant der Stadt erteilte zwar den Befehl, die erreichten Stellungen zu halten, aber die mit vielen Divisionen und gepanzerten Verbänden mitten in der Stadt kämpfenden Rotarmisten schossen sich eine Gasse durch die Stadtviertel.

Der Brückenkopf des Regimentes »DF« war auf 400 m Durchmesser zusammengeschrumpft. Dieses kleine Gebiet lag unter stärkstem Feuer. Der Regimentskommandeur erteilte nunmehr den

Befehl, zuerst die Leichtverwundeten über die Brücke zu entlassen. Die Schwerverwundeten wurden unter den Brückenbögen direkt an der Donau zusammengetragen, um sie vor dem starken Feindfeuer zu schützen. Der Brückenkopf, das war die einhellige Auffassung von RgtKdr. und DivKdr., konnte sich nur noch bis Einbruch der Dunkelheit halten.

Am frühen Nachmittag wurde Standartenführer Lehmann verwundet. Er gab dem RgtKdr. den Auftrag, den Brückenkopf bis zum Einfall der Dunkelheit zu halten.

GenLt. von Bünau hatte gegen Mittag seinen Ia zum OB der 6. SS-PzArmee, Sepp Dietrich, geschickt, um neue Weisungen zu holen. Dietrich war der gleichen Auffassung wie der verwundete Kdr. der 2. SS-PD. Am Nachmittag kam in diesem Brückenkopf das Ende. Die eigene Artillerie, von einer Heeresflak-Batterie unterstützt, hielt den anrennenden Gegner noch einmal auf Distanz. Erst nach Einfall der Dämmerung begann das Absetzen. Als letzter Verband setzte sich das III./PGR »DF« unter HStuf. Bickel über die Brücke ab. Keiner der schwerverwundeten Kameraden wurde zurückgelassen. Nachdem alle Soldaten über die Brücke gelangt waren, wurde sie gesprengt.

Die letzten deutschen Soldaten, die nicht in russische Hand gefallen waren, hatten Wien verlassen. Sie zogen sich über Krems nach Gansbach zurück. Bis zum 22. 4. 1945 wurde der Raum St. Pölten erreicht.

Hitler ordnete an, daß alle Soldaten der 6. SS-PzArmee ihre Ärmelstreifen abzulegen hätten und es zu keiner Beförderung mehr kommen solle, weil die Armee ihren Kampfauftrag weder in Ungarn noch im Raume Wien erfüllt habe.

Das Ende der Heeresgruppe Süd

Die Rote Armee stieß nach der Einnahme von Wien am 13. 4. mit dem rechten Flügel der 3. Ukrainischen Front nach Nordwesten hinter den zurückgehenden deutschen Verbänden her und erreichte bis zum 15. 4. den Raum Stockerau–St. Pölten. Die Streitkräfte im Zentrum und auf dem linken Flügel der 3. Ukrainischen Front erreichten bis zum 15. 4. den Abschnitt St. Pölten–Maribor.

Der linke Flügel der 2. Ukrainischen Front wiederum, der die Rückzugswege der um Wien stehenden deutschen Divisionen sperren sollte, war bereits am 8. 4. durch die Einheiten der sowjetischen Donauflottille im Raume Preßburg auf das linke Donauufer übergesetzt worden. Sie stießen über die Morava vor und griffen in Richtung Westen auf Korneuburg–Floridsdorf an. Die rasche Eroberung von Wien machte das Vorhaben der deutschen Führung zunichte, eine »Alpenfestung« einzurichten und sich darin zu verteidigen.

Wie sich die Kämpfe der letzten drei Wochen des Krieges bei der HGr. Süd auswirkten, sei durch die Einsatz-Schilderung einiger Divisionen dargestellt.

Abwehr- und Rückzugskämpfe bei der 3. Panzer-Division bis Kriegsende

In ihren erreichten Stellungen beiderseits der Straße nach Graz nahe Ilz erlebten die Soldaten der 3. PD einige Tage der Ruhe und Erholung. Hier mußte sich am 21. 4. GenMaj. Söth verabschieden. Neuer DivKdr. wurde Oberst Schöne, der allerdings erst am 5. 5. bei der Division eintraf, so daß GenMaj. Söth auch erst am 5. 5. seine neue Dienststellung antreten konnte.

Es kam im Abschnitt der 3. PD zu keinen größeren Kampfhandlungen mehr. Lediglich Stoßtrupps prallten aufeinander, Artillerie schoß hinüber und herüber.

Nach dem Tode von Adolf Hitler übernahm Großadmiral Dönitz die Führung in Deutschland. GenMaj. Söth, bis dahin bei der Division verblieben, fuhr am 5. 5. 1945 im Auftrag des AOK 6 den westalliierten Truppen entgegen, um mit deren Befehlshabern oder Kommandeuren einen Waffenstillstand zu vereinbaren. Mit seinen ihm zugeteilten Einheiten verlegte er nach Gleisdorf bei Graz. Er hatte das SPW-Batl. des PGR 3, die PzAA 3 und Reste des PR 6 mitbekommen, um einen improvisierten Abwehrriegel zu errichten, falls es ihm nicht gelingen sollte, einen Waffenstillstand zu erreichen.

Der Transport rollte am 7. 5. über Graz nach Bruck an der Mur; er hielt in Liezen und wurde entladen. Dort erfuhren die Soldaten, daß der Krieg zu Ende sei. GenMaj. Söth ließ seine Voraustruppe in Radstadt an der Enns zur US-Demarkationslinie fahren, um dort das Durchziehen der eigenen Division zu sichern.

Am 7. 5. fand in Gleisdorf eine Kommandeursbesprechung der 6. Armee statt, die GendPzTr. Balck zusammengerufen hatte. General Balck befahl, daß sich auf das Stichwort »Stabsauflösung« hin die Armee von den Sowjets lösen und zur US-Front absetzen solle.

Am Morgen des 8. 5. erhielt die Division Befehl, die Steiermark in einem Zuge zu räumen und bis zum 9. 5. um 07.00 Uhr bei Liezen die Enns zu überschreiten, da alle Einheiten, die zu diesem Zeitpunkt noch nicht über die Enns gelangt seien, von den Russen vereinnahmt würden.

Oberst Schöne gab die entsprechenden Befehle aus, und um 08.00 Uhr des 8. 5. rollte die Division, nach links an die 1. GebDiv. angelehnt, rechts von der 1. PD begleitet, in Richtung Liezen.

Die Masse der Division fuhr in der Nacht zum 9. 5. durch und erreichte im Morgengrauen des 9. 5. Liezen. Die ersten Einheiten der Division kamen um 09.00 Uhr über die Brücke der Enns. Erst am späten Nachmittag dieses Tages kamen die Nachhuten an. Alle gelangten über die Brücke zu den Amerikanern, die diese kurze Zeit geschlossen, dann aber gegen Mittag wieder geöffnet hatten.

Am 10. 5. 1945 wurden die gefangenen Soldaten der Division in den Raum südlich Braunau gefahren. Zwischen Mattighofen und Braunau entstanden zehn Gefangenenlager, die sich von 20 000 Soldaten des ersten Tages schließlich auf 180 000 Soldaten auffüllten.

Die letzten Tage der 1. Panzer-Division

Auch die 1. PD erlebte ab 15. 4. eine kurze Zeit der Ruhe, als sie bei Fürstenfeld herausgezogen und als Armeereserve in den Raum Ilz verlegt wurde. Am 16. 4. übernahm Oberst Philipp, soeben aus dem Lazarett zurückgekommen, wieder die Führung des PR 1. Russische Angriffe im Raume Vorau–Pöllau wurden abgewiesen. Hier griff steierische HJ in die Kämpfe ein, welche die Ortschaft Fürstenfeld noch einmal zurück gewann, sie dann aber doch den Rotarmisten überlassen mußte.

Da der Panzerfeind am 16. 4. Birkfeld an der Feistritz, einen wichtigen Straßenknotenpunkt nordostwärts Graz, eroberte, griff die 1. PD mit verschiedenen Teilen am 17. 4. dort an. Birkfeld wurde zurückgewonnen und blieb in deutscher Hand.

Die Kampfgruppe Huppert sicherte am 20. 4. das Feistritztal und trat am 21. 4. entlang der Straße nach Falkenstein zum Entlastungsstoß nach Norden an. Als der Gegner hier wich, stieß Oberstlt. Huppert am 22. 4. nach Osten nach und erreichte bis zum 23. 4. Wenigzell. Hier fielen 20 Feindpanzer in die Hand der scharf nachdrängenden KGr. Huppert. Sie waren fast alle noch einsatzbereit und wurden sofort bemannt.

GendPzTr. Breith, KommGen. des III. PzK, traf am Abend des 22. 4. auf dem GefStand der KGr. ein und billigte den Entschluß von Oberstlt. Huppert, am nächsten Tag auf Vorau anzutreten.

Dieser Angriff begann kurz nach 04.00 Uhr des 23. 4. Tiefangelegte Pak- und Flammenwerferfelder wurden durchstoßen, 35 Feindpanzer eingebracht, das Chorherrenstift von Vorau zurückgewonnen, dessen Wirtschaftsteil von den fliehenden Russen in Brand gesteckt wurde. Dies war der letzte gepanzerte Gegenschlag der 1. PD im Zweiten Weltkrieg. Oberstlt. Huppert wurde durch Armeebefehl zum Oberst befördert und zum Eichenlaub eingereicht.

Nach Oberst Bradel (am 24. 4.) wurde auch Oberst Philipp am 1. 5. 1945 in die Führerreserve versetzt. Bis zum 7. 5. verblieb die Division in ihren Stellungen. Am Abend dieses Tages wurde bekannt, daß der Krieg zu Ende sei.

GenMaj. Gaedcke, Chef des Stabes des AOK 6, fuhr am 7. 5. 45 zu den Amerikanern, denen es gelungen war, an diesem Tage den Stab der HGr. Süd gefangenzunehmen, unter ihnen auch den Oberbefehlshaber, GenOberst Dr. Rendulic.

GenOberst Balck, OB der 6. Armee, hatte sich entschlossen, nicht — wie befohlen — auf der erreichten Linie stehenzubleiben und an die Rote Armee zu übergeben. Er befahl seinen Korps, sich von der Ostfront in Richtung US-Front abzusetzen und die Demarkationslinie nach Westen zu überschreiten.

Am 7. 5. stellte GenOberst Balck den in Gleisdorf versammelten Kommandeuren die Lage dar. Er erklärte, daß die Amerikaner bis zur Linie Liezen–Salzburg vorgedrungen seien und daß man sich beim Stichwort »Stabsauflösung« nach Westen zu diesen Linien durchschlagen solle.

Bis zu diesem Tage hatte man bei der 1. PD noch gehofft, die Alpenfestung besetzen und hier die Sowjets aufhalten zu können. Diese Parole wurde dadurch genährt, weil die US-Streifen aus Thüringen kommenden Ersatz für die 1. PD nach Prüfung der Marschpapiere anstandslos hatten passieren lassen, ohne auch nur einen Mann gefangenzunehmen. Aber dieser letzte Befehl von GenOberst Balck zeigte an, daß alles zu Ende war.

Die 1. PD löste sich vom Feind, als GenMaj. Thunert in der Nacht zum 8. 5. das Stichwort erhielt. Die Division marschierte nach Westen und benachrichtigte auch noch die 1. GebDiv. von dem letzten Befehl, die keine Nachricht erhalten hatte, nun aber ebenfalls kehrt machte und losmarschierte.

Aus den Räumen Kaindorf–Birkfeld und Gleisdorf marschierte sie bis zum Abend, ehe die Straße Graz–Bruck an der Mur erreicht war, die von langen Kolonnen der 6. Armee und Verbänden der HGr. E aus dem Balkan überfüllt war. Am Vormittag des 9. 5. wurde Leoben erreicht. Über Eisenerz ging es in Richtung Ennstal weiter.

Als die 1. PD über den Hengstpaß bei Windischgarsten fuhr, stieß das Vorkommando auf die ersten US-Truppen. Mit deren Kommandierendem General ließ GenMaj. Thunert Verbindung aufnehmen. Die Übergabe der 1. PD wurde von diesem angenommen. Am Abend des 9. 5. wurde durch GenMaj. Thunert bei Spittal die erste geschlossene Gruppe der 1. PD in völliger Ordnung an die US-Streitkräfte übergeben. Die aus Liezen kommende Gruppe der Division traf am 10. 5. 1945 im KG-Lager Uttendorf bei Braunau ein. Die Division konnte hier im Lager 12 000 Soldaten sammeln. Kein Soldat der 1. PD wurde von den Amerikanern an die Rote Armee ausgeliefert.

Auch die Panzer-Division »Wiking« rollte am frühen Morgen des 8. 5. 1945, nachdem Oberführer Ullrich aus Gleisdorf von der Besprechung zurückgekommen war, um 03.00 Uhr los. Da hier die Sowjets stark nachstießen, mußte die Infanterie noch einen letzten Gegenangriff führen, um das Absetzen des Gros zu ermöglichen. Alles gelangte jedoch noch nach Graz. Die letzten Einheiten, die auf Lkw nur Stunden später Graz passierten, wurden bereits beschossen und erreichten Bruck an der Mur, wo sie noch vor der Murbrücke von sowjetischen Panzern und Kavallerie überrascht wurden. Eine andere Gruppe gelangte bis Radstadt in den Tauern, wo sie auf Amerikaner stießen. Im Gebirge aber marschierte das Gros weiter und erreichte in den Nachtstunden zum 9. 5. Mauterndorf. Hier stieß es auf die ersten US-Vorauskommandos. Vor Wagrain entband Oberführer Ullrich die Offiziere ihres Eides und stellte ihnen frei, sich in die Büsche zu schlagen. Er selber wolle aber bei seinen Soldaten bleiben. Alle versammelten Offiziere taten es ihrem Kommandeur nach. Sie gerieten geschlossen in US-Kriegsgefangenschaft.

Die Heeresgruppe Süd bestand nicht mehr. Sie hatte sich aufgelöst, und ihre verschiedenen Divisionen gingen einem ungewissen Schicksal entgegen.

Kampf im eingeschlossenen Kurland

Der Überblick

Als die Rote Armee Mitte Oktober 1944 auf einer Breite von 120 km zwischen der Memelmündung und der Ostseeküste einige km südlich Libau an der Ostsee stand, hatte sie die HGr. Nord vom Reich abgetrennt. Wie war das geschehen?

Die 1. Baltische Front, Armeegeneral Bagramjan, war am 5. 10. 1944 mit drei Armeen westlich Schaulen zum Großangriff angetreten und führte zwei Tage später weitere zwei Armeen in die aufgerissenen deutschen Frontlücken hinein. Dem Panzerkorps Malachow gelang es bereits am Abend des 7. 10. die ostpreußische Grenze zu erreichen. Bis zum 10. 10. standen die Spitzenverbände der 51. Sowjet-Armee, GenLt. Krejser, bei Polangen, nördlich Memel, an der Ostsee. Damit war die HGr. Nord abgeschnitten. Die Häfen Windau und Libau wurden zu Festungen erklärt.

Während die 3. PzArmee außerhalb dieses großen Kessels blieb, am 10. 10. aus der Unterstellung unter die HGr. Nord ausschied und zur HGr. Mitte trat, lagen die 16. und 18. Armee im Kurlandkessel fest.

Der Versuch, im Unternehmen »Geier« mit dem XXXIX. PzK, GendPzTr. von Saucken, den Durchbruch auf das eingeschlossene Memel und dann weiter zur HGr. Nord in Ostpreußen zu erzwingen, sollte am 17. 10. 1944 beginnen. Einen Tag vorher jedoch eröffnete die Rote Armee mit der 2. und 1. Baltischen Front die 1. Kurlandschlacht, mit der die HGr. Nord zerschlagen werden sollte. Dieser Angriff drang nicht durch.

Die HGr. Nord erließ am 20. 10. 1944 einen Tagesbefehl, in welchem der Führerbefehl »Kurland zu halten« bekanntgegeben wurde.

Im Norden des Kurlandkessels stand die 16. Armee unter GendInf. Hilpert, dessen XXXXIII. AK den Küstenschutz und das Halten der Baltischen Inseln übernehmen sollte. Die Armeeabt. Grasser hielt die HKL zwischen Doblen und Windau besetzt.

Von Windau aber bis zur Küste stand die 18. Armee, GendInf. Boege, mit dem II. AK zwischen Moscheiken und Vainode, dem X. AK bei Vainode, dem III. SS-PzK südlich und südwestlich Prekuln und dem I. AK im Raume südlich Libau.

Im Großraum Libau lag der gefährdetste Punkt der Front der HGr. Nord. Wenn es der Roten Armee gelang, Libau zu besetzen, war die HGr. Nord verloren, denn der Hafen dieser Stadt war der einzige große Umschlagplatz für die Wehrmacht und für die Zivilverwaltung.

In der 2. Kurlandschlacht verursachte die Rote Armee südostwärts Libau einen Durchbruch zu erzwingen. Der Großangriff wurde unter Abschuß von 62 Panzern abgewiesen.

Am 21. 12. begann die 3. Kurlandschlacht. Die Rote Armee versuchte mit der 4. und 3. Stoßarmee, der 10. Garde-Armee und der 42. Armee Frauenburg und Libau zu erreichen. Mehrere Einbrüche wurden erzielt, die jedoch bis zum 23. 12. sämtlich bereinigt werden konnten.

Ab dem 25. 12. wurde von der Roten Armee mit Schwerpunkt Dzukste ein neuer Großangriff gestartet, der mit der 6. Garde-Armee gegen Libau gerichtet war. Die deutsche HKL stand mit der 126. ID, der 31. ID und der 14. PD unerschütterlich.

Im Raume Dzukste selbst aber wankte die Front am 25. 12. bedenklich. Hier hatte die Rote Armee zwei Panzerkorps angesetzt, welche die Front der 19. SS-Division durchbrachen. Eingreifreserven verhinderten am 1. Weihnachtstag ihren Zusammenbruch. Am Abend des 25. 12. trafen die 4. PD und das MG-Batl. »Stettin«, das aus Libau kam, als Verstärkung ein. 111 feindliche Panzer wurden an diesem 25. 12. 1944 von den Soldaten der HGr. Nord abgeschossen.

Die beiden nächsten Tage sahen Dzukste im Brennpunkt sowjetischer Panzerangriffe. Einzelne Einbrüche bis zu zwei km Tiefe wurden erzielt. Am Abend des 27. 12. stellte die Rote Armee ihre 3. Kurlandschlacht ein.

Am 31. 12. 1944 meldete der Wehrmachtsbericht:

»Die Heeresgruppe Kurland hat 513 Panzer, 79 Geschütze und 267 MG der Roten Armee vernichtet und 145 Flugzeuge abgeschossen.«

Während GenOberst Guderian, Chef des Generalstabes des Heeres, die Rückführung der HGr. Nord forderte, befahl Hitler, daß sie dort stehen bleiben solle, wo sie sich befand.

Am 25. 1. 1945 erhielt die HGr. Nord die neue Bezeichnung Heeresgruppe Kurland. Generaloberst Schörner verließ mit seinem Chef des Generalstabes, GenLt. von Natzmer, den Nordabschnitt, um die HGr. Mitte zu übernehmen. Neuer Oberbefehlshaber in Kurland wurde GenOberst Dr. Rendulic, sein Chef des Generalstabes wurde GenMaj. Foertsch. Die in Ostpreußen eingeschlossenen Verbände der 2. und 4. Armee erhielten gleichzeitig die Bezeichnung HGr. Nord.

Die HGr. Kurland verfügte am 15. 1. 1945 über insgesamt 399 500 Soldaten aller Wehrmachtsverbände, einschließlich 10 000 zivilen Angestellten. Ihre Front verlief von der Küste 20 km südlich Libau zunächst 10 km nach Osten, knickte dann nach Nordosten ab und führte hart südlich Durben und Schrunden bis in Höhe Frauenburg. Von hier aus nach Nordosten einschwenkend, führte sie hart ostwärts an Tukkum vorbei bei Koapkalnice an den Rigaer Meerbusen.

Unter Oberbefehl von Marschall der Sowjetunion Goworow standen im Raume Libau die 4. Stoßarmee, die 6. Garde-Armee und die 51. Armee mit insgesamt 28 Divisionen sowie das III. (mech.) Garde-Korps mit 18 Panzerbrigaden einsatzbereit.

Im Raume Pampali–Frauenburg standen die 10. Garde-Armee, die 42. Armee, das XIV. Garde-Schützenkorps und das XIX. Garde-Panzerkorps, während die 1. Stoßarmee, die 22. Armee und die 67. Armee mit dem V. Panzerkorps im Großraum Tukkum eingesetzt waren.

Am 24. 1. 1945 begann die 4. Kurlandschlacht. Beiderseits Prekuln stürmten elf sowjetische Schützen-Divisionen in Richtung Libau vor. Drei Tage dauerte das Gefecht. Die Verteidiger mußten in die zweite Stellung ausweichen.

Die 14. PD wurde am ersten Kampftag alarmiert und in den bedrohten Raum geworfen. Die sPzAbt. 510 unter Major Gilbert kam hinzu. Beide Panzerverbände traten noch am 25. 1. 1945 zum

Gegenangriff an. Wie er verlief, sei aus dem Geschichtswerk der 14. PD zitiert:

»Die Kampfgruppen traten am Morgen des 25. 1. in breiter Front (mit unterstellter sPzAbt. 510) nach Osten zum Angriff an und kamen zunächst gut vorwärts. Mehrere in der Tiefe des Einbruchsraumes angelegte Feind-Stützpunkte wurden überrumpelt. Dann aber trafen die Panzergrenadiere überall auf abwehrbereiten Feind, der sich verbissen und zäh mit MG und Werfern verteidigte und bald auch durch das Sperrfeuer seiner Artillerie und Raketenbatterien unterstützt wurde.

Bastion um Bastion mußte nun mühsam aus den Roten Linien herausgebrochen werden. Der Angriff löste sich in einer Vielzahl an Einzelgefechten auf und verlor dadurch an Stoßkraft. Erst als die Panzer, die wegen des überwiegend sumpfigen, von zahlreichen Wasserläufen durchzogenen Geländes in der Masse nicht schnell genug hatten folgen können, in den Kampf eingriffen, konnten die Panzergrenadiere zum Sturm auf die Höhenstellungen antreten.

Auf dem Südflügel wurde so die alte HKL in einer Breite von vier km bereits am Vormittag wieder in Besitz genommen. In der Mitte und am Nordflügel aber leistete der Feind nach wie vor erbitterten Widerstand und konnte nur schrittweise zurückgedrängt werden. Eine ganze Werferbrigade hatte er dicht hinter den Höhen auffahren lassen, die mit pausenlosem Feuer mehrere Gegenstöße mit Panzern unterstützte und ihnen zum Erfolg zu verhelfen suchte. Dennoch gewann der Gegenangriff auch in diesem Abschnitt an Boden.

Die Panzergrenadiere hielten die Rote Infanterie nieder und trennten sie von ihren Begleitpanzern, während die eigenen Kampfwagen unterdessen die amerikanischen Sherman-Panzer abschossen. Einzelne Russenpanzer, die im Schutz der Busch- und Kieferngruppen nach Westen durchgebrochen waren, wurden mit Panzerfäusten abgeschossen. Bis zum Abend gelang es, die alte HKL bis zum Nordabschnitt im großen und ganzen wiederherzustellen und gegen neue feindliche Einbruchsversuche zu halten.

Teile des SS-Regiments 24 und andere Einheiten der SS-Division »Nordland« wurden während der Nacht aus den rückwärtigen Auffangstellungen nach vorn geführt und in die vordere Linie eingeschoben, so daß die letzten Lücken geschlossen und zwei tiefere, brückenkopfartige Einbuchtungen mit ausreichenden Kräften abgeriegelt werden konnten.«

Soweit der direkte Bericht. Von der 14. PD wurden an diesem Tage 63 Feindpanzer abgeschossen, elf davon durch Panzerfaust. Die unterstellte sPzAbt. 510 hatte ihren Anteil am Erfolg, und wenn auch immer nur wenige Tiger eingesetzt werden konnten, so war doch ihr Einsatz zwischen Lalerie und Purmsati während der 4. Kurlandschlacht ein Faktor, mit dem die Panzerverbände der Roten Armee rechneten.

Die Schlacht ebbte ab. Der Gegner hatte keinen Durchbruch erzwingen können. Auch sein Versuch, bei Frauenburg entlang der Bahnlinie nach Libau vorzustoßen, blieb liegen. Zehn sowjetische Schützen-Divisionen schafften es nicht, die Stellungen der 205. ID, GenLt. von Mellenthin, und der 225. ID, GenLt. Risse, zu durchbrechen. Vor der HKL der 205. ID blieben 117 abgeschossene Feindpanzer liegen. Auch die anschließenden Divisionen, die 122. ID, GenLt. Fangohr, und die 71. ID, GenLt. von Bentivegni, hielten dem Ansturm stand, während Teile der 12. PD, GenLt. Frhr. von Bodenhausen, südlich Tukkum einen russischen Einbruch beseitigten. Ende Januar stellte die Rote Armee diese Angriffe ein.

Am 29. 1. 1945 übernahm GenOberst von Vietinghoff die HGr. Kurland. Er ließ sofort eine Studie zum Rücktransport aller Soldaten aus Kurland über See entwerfen, die am 15. und 17. 2. anläßlich der Lagebesprechungen im FHQ Gegenstand der Führerlagemeldungen war. Sowohl GenOberst Guderian als auch Großadmiral Dönitz unterstützten diesen Plan. Großadmiral Dönitz trug Hitler vor:

»Der Plan für die Rückführung ist ausgearbeitet. Bei rücksichtslosem Einsatz der verfügbaren Schiffe, Drosselung aller übrigen Anforderungen an Schiffsraum und stärkster Unterstützung durch die Luftwaffe rechne ich mit vier Wochen für die Rückführung der Mannschaften und des notwendigen Materials . . .

Die Verladekapazität von Windau und Libau ist ausreichend.«

Hitler starrte Großadmiral Dönitz zuerst wortlos und verblüfft an. Dann wandte er sich GenOberst Guderian zu.

»Eine Rückführung der Kurlandtruppen kommt überhaupt nicht in Frage!« lautete seine einzige und endgültige Antwort.

Kurland war damit abgeschrieben. Die dort im Einsatz stehenden Soldaten mußten sicher sein, nach Ende der Kämpfe in sowjetische Gefangenschaft zu gehen. Daß sie dennoch mit nie erlahmendem Einsatz kämpften, ist der HGr. Kurland hoch anzurechnen.

Ein sowjetischer Großangriff der Luftwaffe im Februar in Richtung Libau wurde von der 6. Flak-Division, GenLt. Anton, zusammengeschossen. 40 Flugzeuge stürzten noch vor Erreichen des Zieles ab.

Die wenigen FW 190 der I./JG 54 unter Major Eisenach, der einzige fliegende Verband, der in Kurland zur Verfügung stand, startete mit allen verfügbaren Maschinen. Sie schossen ebenfalls 60 Feindflugzeuge ab. Oblt. Kittel, Chef der 2./JG 54, errang an diesem Tag seinen 267. Luftsieg. Er wurde wenig später selbst abgeschossen.

Die weiteren Luftangriffe auf Libau und Windau deuteten eine nahe bevorstehende neue sowjetische Offensive an. Die HKL wurde teilweise geräumt und die Haupttruppen in die 2. und 3. Stellung zurückgenommen.

Am 20. 2. 1945 begann die 5. Kurlandschlacht. Zwischen Dzukste und Preekuln wurde sie mit einem Trommelfeuer begonnen. Dann rollten abermals sowjetische Panzer, dicht gefolgt von Infanterieverbänden, in Richtung Libau vor, während immer noch sowjetische Salvengeschütze und Werfer feuerten.

Die Hauptkampflinie beiderseits Preekuln, in der die 12. Lw-Feld-Division, die 121., 126., 263. und 290. ID verteidigten, wurde von 23 Schützen-Divisionen der Sowjets und mehreren Panzerbrigaden angegriffen. Um Preekuln kämpfte die 126. ID. Die Regimenter dieser Division hielten bis zum 22. 2. dem Ansturm der Sowjets, die rechts und links bereits an ihnen vorbeigestürmt waren, stand. Dann schlugen sie sich nach Westen durch.

Vor der Vartaja stabilisierte sich die Front. Nördlich Preekuln waren es die 11. ID, GenMaj. Feyerabend, die 14. PD, GenLt. Unrein, und die Sturmgeschütz-Brigade 912, die den Gegner hielten. Die 121. ID, im Zentrum eines feindlichen Angriffskeiles stehend, kämpfte in dieser Schlacht um das nackte Leben. Sämtliche Bataillonskommandeure dieser Division fielen. GenMaj. Rank hielt seine Division zusammen.

Das AOK 18 schob die 132. ID, Oberst Demme, und die 225. ID, GenLt. Risse, in die Front an der Vartaja ein. Der Angriffsschwung der Sowjets verpuffte an dieser Stelle.

Bei Frauenburg versuchte die Rote Armee am 1. 3. einen neuen Großangriff, der diesmal das VII. SS-Korps traf.

Unter SS-Obergruppenführer Krüger wurde die Stadt gehalten. Hier stand die 122. ID, GenLt. Fangohr, die bis auf den Lemzeresee zurückgedrückt wurde. Die 24. ID, GenMaj. Schultz, die 19. SS-Div., Brigadeführer Streckenbach, und die neu aufgestellte PzBrigade »Kurland«, Oberst von Usedom, hielten die Feindangriffe auf. Im Raume Dungaga verteidigte die 21. LwFeldDiv., GenMaj. Barth.

Als Mitte März Tauwetter einsetzte, blieb die Schlacht buchstäblich im Schlamm stecken. Die Rote Armee stellte ihren Großangriff ein. Die Einnahme von Dzukste, als einziger Erfolg der fünften Kurlandschlacht, hatte sie insgesamt 70 000 Mann, 608 Panzer, 436 Geschütze und 178 Flugzeuge gekostet.

In der Führerlagemeldung des 17. 3. erklärte Großadmiral Dönitz, vom Chef des Generalstabes des Heeres, GenOberst Guderian, daraufhin angesprochen, daß vom reinen Seekriegsstandpunkt kein Interesse am Halten von Kurland bestehe. Er betonte darüber hinaus, daß das Halten von Kurland und die Versorgung der dort kämpfenden Heeresgruppe lediglich eine Belastung für die Kriegsmarine bedeuteten.

Hitler beauftragte an diesem 17. 3. Großadmiral Dönitz, erneut zu überprüfen, welche Tagesleistungen die Kriegsmarine bei der Räumung von Kurland erbringen könnte.

Am 18. 3. führte der Oberbefehlshaber der Kriegsmarine dazu aus:

a) Unter Aufrechterhaltung der augenblicklichen Nachschubaufgaben, des Truppentransportes aus Norwegen im bisherigen Umfange und der Verwundeten- und Flüchtlingstransporte stehen für die Abtransporte aus Kurland zur Verfügung:

28 Schiffe mit 110 729 BRT.

b) Mit diesem Schiffsraum können in einmaligem Umlauf abgefahren werden:

23 250 Mann, 4520 Pferde, 3160 Fahrzeuge.

c) Unter Berücksichtigung zu erwartender Feindeinwirkung und Störung durch die Wetterlage dauert ein Umlauf zwischen Libau und Swinemünde im Durchschnitt 9 Tage.

d) Die Kapazität von Libau und Swinemünde reicht für diese Transportbewegung aus, unter der Voraussetzung, daß die Flüchtlings- und Verwundetentransporte anstelle von Swinemünde in andere Häfen geleitet werden.

e) Voraussetzung ist die Aufrechterhaltung der Kohlenlieferungen für Geleitstreitkräfte, Transporter und Reparaturwerften im bisherigen Umfang.

f) Ungewöhnliche Steigerung der Feindeinwirkung (starke Schiffsverluste, Zerstörungen der Häfen) kann im voraus nicht berechnet werden und ist daher in vorstehenden Zahlen nicht berücksichtigt.«

Hitler nahm diese Meldung des Großadmirals entgegen, ohne sich noch einmal zu diesem Thema zu äußern.

Die Kurland-Heeresgruppe wurde nicht evakuiert, sie kämpfte weiter gegen einen an Zahl weit überlegenen Feind, der Anfang März eine neue Offensive vorbereitete, mit dem erklärten Ziel, diesmal den Kurlandkessel auszuräumen.

Diese 6. Kurlandschlacht begann am 18. 3. 1954. Mit dem bisher stärksten Trommelfeuer in Kurland wurde die Offensive eröffnet. Zwischen Dangas und Skutini wurde eine Bresche in die deutsche HKL geschossen, ehe Panzerverbände und Infanteriekräfte antraten. Die ersten Einbrüche wurden gemeldet. Immer neue frische Panzerverbände wurden von den Sowjets in die Schlacht geworfen. Die 12., die 14. PD und die 11. ID kämpften als Feuerwehr und bügelten die Einbrüche teilweise aus. Beiderseits der Straße nach Frauenburg versuchten die Sowjets mit starken Panzerverbänden durchzubrechen. 92 dieser Panzer wurden am ersten Tag abgeschossen.

Die sowjetische 10. Gardearmee wiederholte ihre Durchbruchsversuche in den nächsten Tagen. Am 23. 3. stellte das sowjetische Oberkommando bei Frauenburg die Offensive ein. Nur im Norden von Frauenburg ging der Kampf weiter. Hier allein mußte der Rückzug angetreten werden, der von der 24. ID als Nachhut am Bahnhof Josta ermöglicht wurde.

Ende März ging auch die 6. Kurlandschlacht zu Ende, ohne der Roten Armee den erhofften und angestrebten Erfolg gebracht zu haben. Geben wir an dieser Stelle dem Chronisten der Sturmgeschütz-Brigade 912 das Wort zu den Einsätzen seiner Brigade während der Kämpfe in Kurland.

»Mit Beginn der 4. Kurlandschlacht am 24. 1. 1945 stand die StuGschBrig. 912 unter Führung von Major Josef Brandner im Brennpunkt der Abwehrkämpfe. In diesen Tagen und Wochen wurde sie für alle Kurlandkämpfer zu einem Begriff.

Der sowjetische Durchbruchsversuch bei Frauenburg begann am 24. 1. 1945. Sowjetische Panzerrudel standen plötzlich am frühen Morgen dieses 24. 1. mit aufgesessener Infanterie vor dem Gefechtsstand des GR 358 (der 205. ID), in dem Oberstleutnant Berg hockte. Damit standen sie zugleich auch dicht vor dem Stützpunkt von Oblt. Schubert, der mit seiner 1. Batterie der StuGeschBrig. 912 diesem Regiment zugeteilt worden war.

Aus eigenem Entschluß griff Oblt. Schubert sofort mit seiner Kampfstaffel an und vernichtete mit seinen Geschützen die meisten der durchgebrochenen Feindpanzer. Die sowjetischen Infanteriekräfte wurden ebenfalls zerschlagen. Hierbei verlor die 1./912 zwei Geschütze. Sie waren von Stalinpanzern durch Volltreffer vernichtet worden. Oblt. Schubert erhielt das Ritterkreuz.

Von dem Gehöft Mucikas auf einer Anhöhe bei Frauenburg warf Oblt. Schubert täglich in fünf bis sieben Gegenstößen die in die HKL immer wieder eindringenden Russen hinaus. In den ersten drei Tagen dieser 4. Kurlandschlacht schoß allein die 1./912 57 Feindpanzer ab. Davon kamen 11 auf das Konto von Oblt. Schubert. In den folgenden Tagen vernichtete diese Batterie weitere 14 Feindpanzer. Die 3./912, die ebenfalls Oblt. Schubert unterstellt worden war, brachte es auf sechs Abschüsse.

Zu Beginn des Infanterieangriffs stieß der Brigadekommandeur, Major Sepp Brandner, mit seinen drei Stabsgeschützen immer wieder in die Feindangriffe hinein und erzielte mit seiner eigenen Besatzung seinen 57. Abschuß. Als dabei Oblt. Egghardt neben einigen Panzerabschüssen auch noch seinen siebenten Feindpanzer im Nahkampf vernichtete, erhielt auch er das Ritterkreuz.

Noch im Januar 1945 trafen Personalersatz und wenig später neue Sturmgeschütze ein, die von einer auf Ösel eingesetzten StuGeschBrig. stammten, welche am 23. 12. 44 die Insel hatte räumen müssen. Jede Batterie der Brigade 912 erhielt nun zusätzlich zwei Sturmhaubitzen und drei Kanonen. Nunmehr hieß der Verband Sturmartillerie-Brigade 913. Major Brandner stellte dazu eine StuGeschBegleitBatterie auf, die von Lt. Friedel geführt wurde.

So gerüstet, rollte die Brigade am 20. 2. 1945 in die 5. Kurlandschlacht, die erst am 11. 3. enden sollte. Am Knüppeldamm bei Berzini stieß die Rote Armee überraschend durch eine zwei km breite Frontlücke durch. Hptm. Schubert warf sich mit der 1. Battr. dem Gegner entgegen. In der Nacht wurden drei T 34 abgeschossen. Am nächsten Morgen stand die Battr. in einem Gefecht mit einer vielfachen Übermacht von T 34, von denen 37 abgeschossen wurden. Hptm. Schubert erhielt das Deutsche Kreuz in Gold.

Am nächsten Tag erfolgte der Einsatz der gesamten Brigade unter Führung von Major Brandner. Innerhalb von 2 Stunden erzielte die Brigade 45 Panzerabschüsse. Die entstandene Frontlücke wurde geschlossen. Major Brandner erhielt für diesen schlachtentscheidenen Angriff das Eichenlaub zum Ritterkreuz.

In der nächsten Nacht fuhren Major Brandner, Hptm. Schubert und der OrdOffz., Oblt. Opel, einen Angriff gegen ein Waldstück. Dort war ein deutscher Gefechtsstand von russischer Infanterie eingeschlossen worden. Bei diesem Angriff, der den GefSt. wieder freikämpfte, wurden sieben Feindpanzer abgeschossen.

Einige Tage später geriet Hptm. Schubert mit seinem Geschütz in das Feuer überschwerer sowjetischer 37,5-cm-Werfer. Beide Ketten wurden abgeworfen. In dieser Situation griffen fünf Feindpanzer an. Drei von ihnen wurden von dem unbeweglichen Geschütz abgeschossen. Die beiden übrigen drehten ab und verschwanden. Unmittelbar darauf erzielte Major Brandner seinen 60. und 61. Abschuß. Beim Zurückrollen wurde er von einer sowjetischen Pak abgeschossen, blieb aber mit seiner Besatzung unverletzt.

In diesen Märzkämpfen fiel Lt. Friedel, der noch posthum mit dem Deutschen Kreuz in Gold ausgezeichnet wurde. Auch sein Nachfolger, Lt. Hoffmann, erhielt für seine Leistungen das Deutsche Kreuz in Gold.

Am 18. 3. begann die 6. und letzte Kurlandschlacht. Im Raum Frauenburg sowie bei Danges und Skutini lagen die feindlichen Angriffspunkte. Südlich von Schrunden kämpfte die 1./912 unter Hptm. Schubert. Lt. Krause erhielt auf dem Gefechtsfeld das Deutsche Kreuz in Gold, ebenso der Chef der 3./912, Oblt.

Siebenbürger, der in dem Wald- und Kusselgelände viele erfolgreiche Angriffe fuhr.

Die 2./912, Hptm. Egghardt, war im Raume Frauenburg eingesetzt. Als hier die Sowjets am 18. 3. bis auf zwei km an die Bahnlinie Frauenburg–Libau herankamen und diese unter Feuer nahmen, fing Major Brandner die soeben verlegende 2. Battr. ab und rollte mit ihr gegen die feindliche Panzerspitze. Hptm. Egghardt schoß hier seinen neunten Feindpanzer im Nahkampf ab. Durch die Sturmgeschütze wurden 17 Feindpanzer abgeschossen. Kein Panzer dieser sowjetischen Spitzengruppe konnte entkommen.

Am 1. 4. 1945 erhielt die Brigade das soeben gestiftete Ärmelband ›Kurland‹. Sie hatte an sämtlichen Kurlandschlachten teilgenommen.«

Soweit der Bericht.

Eine weitere Sturmgeschütz-Brigade kämpfte bei Preekuln und stand hier am 13. 1. 1945 im harten Einsatz. Es war die StuGeschBrig. 202 unter Hptm. Zollenkopf. Dieser Brigade gelang es, der hier kämpfenden Infanterie die notwendige Unterstützung durch schwere Waffen zu geben und die feindlichen Panzer aufzuhalten. Vier Panther der 4. PD griffen ebenfalls in den Abwehrkampf ein.

Am 17. 2. stand die 3./202 nördlich Preekuln in einem Wiesengelände. Es war einigen Feindgruppen gelungen, hier in ein Waldstück einzusickern. Dieser Feind wurde beim Heraustreten bekämpft und zurückgeworfen. Hptm. Zollenkopf stand zur gleichen Zeit mit fünf Geschützen mitten in der HKL, ein sechstes Geschütz unter Uffz. Heimann fuhr Aufklärung und Sicherung. Es fand ein Sturmgeschütz der Brig. 912, das neben einer Brücke mit der Wanne nach oben im Wasser lag. Mit vereinten Kräften wurde dieses Geschütz geborgen. Es gelang, noch zwei Kameraden lebend aus dem Stahlsarg herauszuholen.

Hptm. Spielmann, zu seiner Brigade zurückgekehrt, übernahm nun wieder die Führung und fuhr jeden Angriff in den nächsten Kurlandeinsätzen an der Spitze mit. Auch er erhielt am 23. 3. das Ritterkreuz. Hptm. Zollenkopf, der ihn vertreten hatte, fiel am 6. 3. 1945. Mit der StuGeschBrig. 912 kämpfte auch die Brigade 202 bis zum letzten Tag im Kurlandkessel.

Am 4. 4. 1945 erhielt GenOberst Dr. Rendulic, der von Ostpreußen wieder nach Kurland gekommen war, den Auftrag, die HGr. Süd zu übenehmen und im Südabschnitt der Front der Roten Armee das Eindringen in die Alpen und das Vorrücken im Donautal zu verwehren.

Am 1. 4. 1945 standen der HGr. Kurland noch zehn Divisionen zur Verfügung, deren Kampfwert gut war. Sieben weitere Divisionen waren angeschlagen, und eine war durch die harten Kämpfe der letzten Kurlandschlacht zerschlagen worden. GendInf. Hilpert, der die Führung der Heeresgruppe Kurland nach der Abberufung von GenOberst Rendulic übernommen hatte, bat am 13. 4. den Seekommandanten Lettland und den OB der Luftflotte 1, ihm Einheiten für den Erdkampf zur Verfügung zu stellen.

Am 14. 4. ging ein Befehl des OKH beim HGrKdo. ein, in dem neue Kampfeinweisungen gegeben wurden. Das HGrKdo. funkte am 14. 4. die getroffenen Maßnahmen zur Abwehr einer 7. Kurlandschlacht an das OKH. Darin heißt es:

»Die HGr. ist entschlossen, durch zähe Abwehr und aktive Kampfführung die augenblickliche Front zu halten. Grundbedingungen dafür sind ausreichende Munition und genügend Betriebsstoff.«

Noch im April stellte die Luftflotte 1 aus Luftwaffenverbänden 17 Bataillone auf, die für den Erdeinsatz zur Verfügung gehalten wurden.

Die Rote Armee aber dachte an keine 7. Kurlandschlacht mehr. Die Masse der hier konzentrierten Truppen wurde abgezogen. Im Raum Kurland blieben lediglich die 1. Stoßarmee, die 22. Armee, die 42. Armee, die 4. Stoßarmee, die 6. Gardearmee und die 51. Armee zurück. Sie warteten Gewehr bei Fuß auf das Ende des Krieges.

Am 1. 5. 1945 verkündeten Lautsprecher der Propagandatrupps der Roten Armee Hitlers Tod. Am 3. 5. 1945 ließ Großadmiral Dönitz einen Funkspruch an den seit dem 1. 5. zum Generaloberst beförderten OB der HGr. Kurland tasten:

»Die veränderte Lage im Reich erfordert den beschleunigten Abtransport zahlreicher Truppenteile aus den ost- und westpreußischen Räumen sowie aus Kurland. Die Kampfführung der

Armee Ostpreußen und der HGr. Kurland hat sich diesen Forderungen anzupassen.

Von den zurückführenden Truppenteilen ist das Personal mit leichten Infanteriewaffen zu verladen. Alles übrige Material, einschließlich der Pferde, ist zurückzulassen und zu vernichten. Die HGr. Kurland erhält Operationsfreiheit zur Zurücknahme der HKL in vorgeschobene Brückenköpfe um die Häfen Windau und Libau.«

Da kein Schiffsraum zur Verfügung stand, konnte diese Rückführung nicht durchgeführt werden. Die 16. Armee erhielt Befehl, Tukkum am 6. 5. zu räumen und eine rückwärtige Linie zu beziehen. Frontvorsprünge im Verlauf der HKL der 18. Armee wurden aufgegeben. Teile dieser Armee gingen auf den Vartaja-Abschnitt zurück.

Als Meldungen nach Kurland gelangten, daß zwischen deutschen und britischen Befehlshabern ein Waffenstillstand abgeschlossen worden sei, erließ GenOberst Hilpert einen Tagesbefehl, in dem er zum Ausdruck brachte, daß der Krieg im Osten weitergehe.

Während dieser letzten Tage waren es die Kleinschiffe der 9. Sicherungs-Division der KM, die von Windau und Libau mit ihren Booten Menschen nach dem Westen zurückschafften. Der Marinebefehlshaber Östliche Ostsee, Admiral Burchardi, verließ am Abend des 5. 5. Libau und ging mit seinem Stab nach Hela, um von hier aus die Gesamttransporte zu organisieren und zu leiten. Schnellboote, Räumboote, Vorpostenboote und Kriegsfischkutter (KFK) der KM fuhren noch bis zum 8. 5. Einsätze nach Libau und Windau und zurück. Als GenOberst Hilpert am 7. 5. 1945 von der Kapitulation erfuhr, setzte er sich über Funk mit dem Oberbefehlshaber der sowjetischen Streitkräfte in Kurland, Marschall Goworow, in Verbindung und bot ihm die Kapitulation der HGr. Kurland an.

Der Marschall war einverstanden. In der folgenden Nacht gab das Heeresgruppenkommando den letzten Befehl an die in Kurland kämpfenden Truppen der deutschen Wehrmacht aus:

»An alle!

Marschall Goworow hat zugestimmt, daß die Waffenruhe bereits am 8. Mai, 14.00 Uhr beginnt. Die Truppe ist sofort zu unterrichten. Weiße Flaggen sind in den Stellungen zu zeigen. Der

Oberbefehlshaber erwartet loyale Durchführung, da davon das weitere Schicksal aller Kurlandkämpfer entscheidend abhängt.«

Der Kampf in Kurland war zu Ende. Die Waffen schwiegen im äußersten Nordosten der Ostfront, wo eine der beiden Heeresgruppen der Wehrmacht in festgefügter Front gehalten hatte.

Sechs deutsche Geleite sammelten am 8. 5. 1945 unter Führung von FKpt. von Blanc in Libau und Windau. Auf den Booten des ersten Geleites (14. Sicherungsflottille) befanden sich 2900 Mann. Das zweite Geleit mit Einzelfahrzeugen verschiedenster Flottillen brachte 5720 Soldaten an Bord. Auf dem dritten Geleit befanden sich 3780 Mann, das vierte mit den Booten der 1., 2. und 5. Schnellboots-Flottille hatte 2000 Soldaten aufgenommen, und auf dem fünften und sechsten, bei denen sich 45 Pionier-Landungsboote befanden, die bis zuletzt ihren Dienst versehen hatten, kamen 11 300 Mann nach dem Westen. Alle Geleite kamen, wenngleich angegriffen, unversehrt in den Heimathäfen an.

Um 00.00 Uhr des 9. 5. 1945 gingen in Kurland 42 Generale, 8038 Offiziere und 181 032 Soldaten der HGr. Kurland und der Luftflotte 1 in die Gefangenschaft. 14 000 lettische Freiwillige teilten dieses Schicksal. Im letzten Wehrmachtsbericht wurde der Einsatz der HGr. Kurland noch einmal gewürdigt:

»Unsere Heeresgruppe in Kurland, die monatelang stark überlegenen sowjetischen Panzer- und Infanterieverbänden Widerstand geleistet hat und in sechs großen Schlachten tapfer standhielt, hat unsterblichen Ruhm errungen.«

Generaloberst Hilpert starb am 24. 12. 1948 in sowjetischer Gefangenschaft. Ein Großteil der 203 000 Soldaten der HGr. kehrte ebenfalls nicht mehr aus dieser Gefangenschaft zurück.

Der Kampf in Ostpreußen

Der alten Heeresgruppe Mitte, die nach ihrem Zusammenbruch im Sommer 1944 neu aufgestellt worden war und sich kämpfend bis Ostpreußen zurückgezogen hatte, war am Abend des 12. 1. 1945 klar, daß der Gegner in den nächsten 24 Stunden auch vor ihrer Front zur Offensive antreten würde. Zwei Schwerpunkte waren erkannt worden. Einmal am Narew und zum anderen südlich der Memel. GenOberst Reinhardt, der OB der HGr., hatte alles zur Abwehr des Angriffs Nötige veranlaßt.

Am Narew war es die 2. Belorussische Front mit dem HQ in Zambrow. Südlich des Bug stand die 1. Belorussische Front ostwärts Warschau, die nur noch auf den Südflügel der HGr. Mitte einwirkte, ganz im Norden die 3. Weißrussische Front zwischen Augustow im Süden bis nach Goldap.

Die 1. Baltische Front mit dem zweiten Schwerpunkt, von Memel an der Nordecke des Kurischen Haffs bis hinunter nach Tilsit, stand als äußerster rechter Flügel der Roten Armee bereit.

Die 3. Panzerarmee unter GenOberst Raus stand im Norden der Abwehrfront Ostpreußen der 1. Baltischen Front gegenüber. Die 4. Armee, General Hoßbach, in der Mitte der HGr., hatte bereits seit dem 12. 1. kleinere feindliche Angriffe abgewehrt. Auf ihre Stellungen im Raume westlich Suwalki ging ein starker Artillerie-Feuerschlag nieder.

Am frühen Morgen des 13. 1. 1945 begann auch bei der HGr. Mitte die sowjetische Offensive mit einem Trommelfeuer aus 350 Batterien Artillerie und Salvengeschützen, das zwei Stunden andauerte und vor allem nördlich der Straße Ebenrode–Gumbinnen im Abschnitt des XXVI. AK, GenLt. Matzky, der 3. PzArmee niederging.

Die Stellungen der 349. und 549. VGD und der 1. ID wurden schwer getroffen. Deutsche Artillerie erwiderte dieses Feuer. Danach begann der Angriff der russischen Stoßverbände; voran zwei Panzerbrigaden, dicht gefolgt von 13 Schützen-Divisionen.

Da sowjetische Überläufer am Abend des 12. 1. den unmittelbar bevorstehenden Angriff gemeldet hatten, waren die vordersten Gräben geräumt worden. Dadurch wurde der vernichtenden Wucht des Artillerieüberfalls und des Angriffs die erste Stoßkraft genommen. Die Tiefengliederung war vergrößert worden.

Im Hauptkampffeld stieß der russische Angriff auf einen zehnfach unterlegenen Verteidiger. Unter Einsatz aller Divisions- und Korpsreserven wurde der Gegner gehalten. Der sowjetische Stoß auf Schloßberg scheiterte an der Abwehr des II./Füsilier-Rgt. 22 der 1. ID, das den Gegner im Häuserkampf hinauswarf. Bei der 549. VGD gelang jedoch ein Feindeinbruch, der bis Kattenau nordostwärts Gumbinnen durchdrang. Dadurch hatte der linke Flügel der südlich daran anschließenden 61. ID (der äußersten Divisionen der 4. Armee) keine Flankensicherung mehr.

Gegen diesen Einbruch wurde von der 3. PzArmee — als der Gegenstoß des FüsBatl. 1, Hptm. Schröder, nicht durchdrang — die 5. PD unter Oberst Lippert angesetzt. Am Morgen des 14. 1. trat die Division mit dem ersten Büchsenlicht an. Das FüsBatl. folgte dicht aufgeschlossen den Panzern. Hinzu kam eine Sturmgeschütz-Abteilung mit 30 Sturmgeschützen. Von letzteren wurden durch in der Nacht vorgezogene sowjetische Pak 12 abgeschossen. Es gelang trotz der schweren Verluste, Kattenau zurückzugewinnen.

Der in Blumenfeld eingedrungene Feind wurde vom Füsilier-Regiment 22, Oberstleutnant Trautmann, gehalten. Die Füsiliere schossen 54 Feindpanzer ab.

Am 14. 1. trat auch die 2. Belorussische Front am Narew zum Angriff gegen die 2. deutsche Armee an.

Am selben Tage befahl Hitler der Heeresgruppe Mitte, zwei Divisionen an die schwer bedrohte HGr. A abzugeben, wo die Rote Armee bereits durchgebrochen war. Diese beiden Divisionen sollten eine dort aufklaffende Lücke schließen. Doch bis diese Divisionen den Einsatzort erreichten, war es zu spät, und bei der HGr. Mitte fehlten sie, während sie auf dem Bahntransport waren, zur Verteidigung des Nordflügels der Abwehrfront.

Auch vor der 2. Belorussischen Front eröffnete die Rote Armee den Angriff mit einem starken Trommelfeuer. Nun standen die 2. Armee, die 4. Armee und die 3. PzArmee im Abwehrkampf um

Ostpreußen. Dieser Abwehrkampf ging am 15. 1. weiter. Sowjetische Panzerverbände, die in ihren Bereitstellungen auf den Befehl zum Losrollen gewartet hatten, griffen an diesem Tage an. Südlich Schloßberg stießen sie mit schwersten Panzern durch. Kattenau ging zum zweitenmal verloren. Um Schloßberg wurde erbittert gekämpft. Erst am Morgen des 16. 1. erhielten die Verteidiger den Befehl, sich abzusetzen.

Ein Zerbrechen der Front konnte jedoch verhindert werden. Im Abschnitt des XXVI. AK führte GenLt. Matzky sein Korps schrittweise zurück. Durch dieses unumgänglich notwendige Ausweichen geriet jedoch der nach Osten vorspringende Frontbogen des IX. AK, GendArt. Wuthmann, zwischen Schirwindt und Trappen in Gefahr, abgeschnitten zu werden. Hitler lehnte den Antrag der HGr., dieses bedrohte Korps in die gut ausgebaute Memel-Inster-Stellung zurückzunehmen, ab.

Die Lage im Norden bei der 3. PzArmee wurde bedrohlich, als die Russen Schloßberg in Besitz nahmen, mit starken Panzerkräften auf Kussen angriffen und in die Romites-Zwischenstellung einbrachen.

Die 5. PD rollte dem Feindpanzerkeil entgegen und stoppte ihn nach Abschuß einer Reihe von Panzern. Aus dem noch nicht angegriffenen Abschnitt der 4. Armee wurden Kräfte zur Stabilisierung der Lage bei der 3. PzArmee herausgezogen. Aber auch bei der 4. Armee, vor allem bei deren nördlicher Flügel-Division, der 61. ID und der daran nach Süden anschließenden PGD »HG 2« stand alles im entschlossenen Abwehrkampf. Wenden wir uns diesem Abwehrkampf bei der 61. ID zu.

Die 61. Infanterie-Division im Abwehrkampf

Am 13. 1. 1945 stand diese Division in einer gut ausgebauten Stellung von Jägersfreude über Guddin–Roßbachkanal–Königseichen und Grünhof bis zum Ostrand des Teufelsmoors. Von rechts nach links waren die Regimenter 151/162/176 eingesetzt.

Als am Morgen des 13. 1. der Feind gegen die 2. Panzerarmee antrat, wurde auch die 61. ID davon betroffen. Die nördlich an sie anschließende 549 VGD der 4. Armee war bereits gegen Mittag schwer angeschlagen und teilweise aufgerieben worden. Die 61. ID kämpfte verbissen und hielt in ihren Stellungen aus. Als es Abend wurde, hatte sie bereits 1000 Mann an Toten und Verwundeten verloren. Dennoch hielt sie ebenso wie die 21. ID, die 2. PGD »HG« und die 28. JD diesem Ansturm stand und verteidigte unter dem Kommando des FschPzK »HG«, GenLt. Schmalz, ihre Stellungen.

Aus der weniger gefährdeten Front südlich Goldap wurde die 50. ID herausgezogen. Dies war notwendig, weil die Nordflanke der 4. Armee durch das Zurückgehen des XXVI. AK der 3. PzArmee täglich in der Tiefe offener wurde.

Zu ihrem Schutz wurden Truppen des FschPzK »HG« zwischen Gumbinnen und Insterburg eingesetzt.

Aus der Rominte-Stellung Baitschen–Roseneck ging die 61. ID unter starkem, nicht nachlassendem Feinddruck in die Linie Ohldorf–Preussendorf–Blecken hart ostwärts Gumbinnen zurück. Am Bahnhof Trakehnen erhielt Ofw. Ehm für besondere Verteidigungsleistungen das Ritterkreuz. Oblt. Pieper, der die Sturmkompanie der PzJägAbt. 161 führte, erhielt diese Auszeichnung ebenfalls.

Am 19. 1. mußte die 61. ID über eine Zwischenstellung in die Angerapp-Stellung zurückgenommen werden. Gegen den Nordteil dieser Stellung griff der Gegner mit starken Panzerverbänden von Norden her an und rollte sie auf. Die 61. ID wurde über Alt-Linden und Krausenbrück nach Süden zurückgedrückt. Das Bataillon Kempas, I./GR 176, wurde dabei eingeschlossen, konnte sich aber am 22. 1. zu den eigenen Linien durchschlagen. Major Kempas wurde mit dem Eichenlaub zum Ritterkreuz ausgezeichnet. Der in den Abwehrkämpfen bei Insterburg mit der II./AR 161 stehende Major von Kleist erhielt das Ritterkreuz.

In der Nacht zum 24. 1. 1945 wurde die Division herausgelöst und bezog südlich Allenburg am Masurenkanal neue Stellungen. Doch wenig später wurde die Stellung abermals unter sowjetischem Druck auf die Linie der Straße Gerdauen–Allenburg zurückgenommen. Erst in der Linie Landsberg–Kreuzburg (nahe dem Truppenübungsplatz Stablack) gelang es Anfang Februar, den Gegner endgültig zu halten. Doch zurück zum Geschehen in der Heeresgruppe.

Am 16. 1. erhielt die 3. PzArmee die Genehmigung, den nach Osten vorspringenden Frontteil des IX. AK nördlich Schillfelde zu räumen. Das Korps zog sich auf Befehl des PzAOK 3 in die Rominte-Zwischenstellung zurück, die allerdings bei Kussen bereits nach Süden durchbrochen worden war.

GenOberst Reinhardt hatte am 16. 1. auch den Antrag gestellt, die noch vorgestaffelt kämpfende 4. Armee in eine kürzere Abwehrlinie zurücknehmen zu dürfen. Diese Zurücknahme wurde von Hitler abgelehnt.

Es gelang zunächst, den Durchbruch der Roten Armee bis zum 17. 1. zu verhindern, wenn auch auf der Linie Gumbinnen–Trappen ein Geländeverlust von 20 km Tiefe hingenommen werden mußte.

In der Nacht zum 19. 1. mußte die 3. PzArmee an alle Korps den Befehl geben, in die Eichwald-Inster-Memel-Stellung zurückzugehen. Aber noch am 18. 1. war es einem russischen Panzerverband gelungen, sechs km nördlich Breitenstein die Eichwald-Inster-Memel-Stellung zu durchbrechen. In der Front der 3. PzArmee klaffte eine erste Lücke, die nicht mehr geschlossen werden konnte. Die deutschen Divisionen bluteten langsam aus, während die Rote Armee immer wieder neue Reserven in die Schlacht werfen konnte.

Am 20. 1. 1945, dem achten Tag der Schlacht um Ostpreußen, griffen die 2. Belorussische Front im Süden in Richtung Elbing und die 3. Belorussische Front im Norden in Richtung Königsberg an. Die Absicht beider sowjetischer Heeresgruppen war es, die Heeresgruppe Mitte einzukesseln. Wenn die deutsche 4. Armee in der Mitte, die nicht angegriffen wurde, in ihren Stellungen verblieb, mußte sie über kurz oder lang eingekesselt sein, wie ihr dies bereits bei der sowjetischen Sommeroffensive »Bagration« geschehen war.

GenOberst Reinhardt, der dies ganz genau erkannte, versuchte immer wieder Hitler von dieser drohenden Gefahr zu überzeugen, vergebens. Am 20. 1. sprach GenOberst Reinhardt per Telefon persönlich mit Hitler und trug diesem vor, daß in allerkürzester Zeit der Stoß der Roten Armee mit zwei Heeresgruppen von Norden und Süden erfolgen werde. Bei einem Durchbruch auf Elbing–Danzig müsse die HGr. eine neue, nach Westen gerichtete Front bilden, für die sie keine Kräfte zur Verfügung habe. Er forderte die Zurücknahme der 4. Armee auf die Masurische Seenplatte. Hitler lehnte abermals ab und versprach die Zuführung von Kräften aus Dänemark und Kurland.

An diesem 20. 1. 1945 wurden auf der Marienburg die Särge von Generalfeldmarschall von Hindenburg und seiner Gattin aus dem Tannenbergdenkmal über See in Sicherheit gebracht.

Am Abend des 20. 1. stellte sich die Lage bei der HGr. Mitte wie folgt dar: Die 2. Armee war in zwei Teile gespalten, und durch die Lücke in der Mitte konnte der Panzerfeind ungehindert in Richtung Elbing durchstoßen. Zum Schutz der tiefen Westflanke der 4. Armee standen der HGr. keine Truppen zur Verfügung. Die 3. Pz-Armee war durchbrochen worden und konnte erst wieder energischen Widerstand leisten, wenn sie in den neuen Stellungen am Masurenkanal, am Pregel und an der Deime angelangt war. Die beiden russischen Durchbruchskeile standen etwa 130 km auseinander, und die 4. Armee stand von dieser gedachten Linie zwischen diesen beiden sowjetischen Verbänden aus gesehen etwa 170 km weiter ostwärts vorgestaffelt.

Am 21. 1. bat GenOberst Reinhardt Hitler (nachdem er vorher mit GenOberst Guderian gesprochen und dieser ihm mitgeteilt hatte, daß der Führer die Zurücknahme der 4. Armee beim Lagevortrag am Abend des 20. 1. abgelehnt habe) ans Telefon.

GenOberst Reinhardt schilderte Hitler die Lage und erreichte nach langem Hin und Her, daß Hitler die Genehmigung zur Zurücknahme der 4. Armee in die Seestellungen erteilte. Diese Genehmigung kam allerdings um Tage zu spät.

Die sowjetische Durchbruchsschlacht ging rasant vorwärts. Bis zum Abend des 21. 1. hatte die Stoßgruppe bei der 2. Armee einen tiefen Durchbruch erzielt und sich bis auf 70 km an das Frische Haff herangeschoben. Bei der 3. PzArmee drang der Gegner in den Forst Eichwald ein. Die hier verteidigenden 349. und 549. VGD wurden zurückgeworfen. Die vom Volkssturm besetzten Auffangstellungen Angerapp–Eichwald–Forst Inster erlitten schwerste Verluste. Auch der Gegenstoß von Sturmgeschützen änderte die verzweifelte Lage dort nicht. Der Volkssturm mußte bis zum Westrand des Forstes weichen.

Russische Angriffsspitzen erreichten den Nahbereich des Kurischen Haffs. Der dichte Flüchtlingsstrom aus den Kreisen Insterburg und Wehlau, der bis zuletzt von den Parteispitzen nicht nur hingehalten, sondern sogar am Abzug nach Westen gehindert wurde, verstopfte alle Straßen. Nicht einmal Kradmelder kamen durch. Nördlich des Pregel wurden diese Flüchtlingskolonnen vom Feind überrollt.

Am 22. 1. durchbrach die Rote Armee die dünne Sicherungslinie vor Insterburg und drang in die Stadt ein. Wehlau wurde von Kräften der 3. PzArmee verteidigt, die am Südufer des Pregel eine Abwehrlinie aufbaute. Die Stadt blieb in deutscher Hand. Hier trat wieder die 5. PD in Erscheinung, die mit weiteren Verstärkungen von der 4. Armee als Feuerwehr kämpfte. Am 23. 1. standen die feindlichen Panzerspitzen vor Elbing. Damit war die Bahnverbindung von Königsberg über Elbing nach Dirschau und in den Westen gesperrt. Die HGr. Mitte war vom westlichen Reichsgebiet abgeschnitten.

Bei der 3. PzArmee hatte sich bis zum Abend des 24. 1. die Lage so entwickelt, daß in der Masurenstellung südostwärts Allenburg schwer gekämpft wurde. Die Sowjets standen dicht vor Allenburg. Der Bahnhof Tapiau nordwestlich Allenburg ging verloren. Königsberg lag nur noch etwa 30 km vor den russischen Angriffsspitzen.

In dieser Situation erfolgte am 25. 1. 1945 die Umbenennung der deutschen Heeresgruppen in folgender Weise: Die HGr. A wurde HGr. Mitte, die HGr. Mitte erhielt die Bezeichnung HGr. Nord, und die HGr. Nord bekam den neuen Namen HGr. Kurland.

Von nun an also HGr. Nord, erlebte GenOberst Reinhardt am 25. und 26. 1. schwere Krisenlagen, die es zu meistern galt. Die Masurenstellung wurde an vielen Stellen von sowjetischen Stoßverbänden durchbrochen. Die drei hier verteidigenden Divisionen, die 21., 50. und 61. ID, wurden in mehrere einzelne Kampfgruppen gespalten und aufgerieben. Eine der russischen Angriffsspitzen durchstieß den Forst Frisching und stand bald darauf an der Straße Königsberg–Domnau. Hier war es die PGD »HG 2«, die den Durchbruch des Gegners verhinderte. Die 548. VGD warf den fünf km nördlich Tapiau über die Deime gesetzten Gegner im Gegenstoß zurück. Als sie aber nach Süden und Norden umgangen wurde, mußte sie sich nach Westen absetzen.

Die 4. Armee mußte in dieser Notsituation für Königsberg zwei für den Durchbruch nach Westen vorgesehene Divisionen abgeben. Ein sowjetischer Panzerverband stieß bis Neuhausen hart nordostwärts Königsberg durch. Die soeben mit ihren ersten Einheiten herangekommene 367. ID stoppte hier den gefährlichen Panzerkeil. Dennoch war der Roten Armee der Durchbruch auf Königsberg gelungen. Doch nun zurück zum Südflügel der HGr. Nord.

Einsatz der schweren Panzer-Abteilung 511

Angesichts dieser Gesamtlage rang GenOberst Guderian Hitler den Entschluß ab, das zur 3. PzArmee gehörende XXVIII. AK im Brückenkopf Memel für den Einsatz in Ostpreußen freizugeben.

Als erste Einheit erhielt die sPzAbt. 502 — inzwischen gemäß GenStd.H./OrgAbt. Nr. I/30724/44 g.(AHA Nr. 920/45 g. vom 5. 1. 45) umbenannt in sPzAbt. 511 — den Befehl, sofort nach Ostpreußen zu verlegen. Das XXVIII. AK verabschiedete die Abteilung mit einem Korpstagesbefehl, in welchem zum Ausdruck gebracht wurde, daß diese Abteilung sich im Brückenkopf Memel große Verdienste erworben hatte.

Doch noch war die sPzAbt. 511 nicht abtransportiert. Es galt, Schiffe dafür zu finden, und Hptm. von Foerster trug seine Bedenken gegenüber kleinen Schiffen vor und erreichte, daß das Eisenbahn-Fährschiff »Deutschland« für den Transport der Abteilung befohlen wurde. Inzwischen erhielt Lt. Nienstedt Befehl, mit drei Tigern seiner 1. Kp. auf Marine-Fährprahme zu verladen und in Richtung Pillau abzufahren.

Nach Eintreffen der »Deutschland« begann das Verladen. Bereits nach 15 Minuten, der zehnte Tiger rollte eben an Bord, erschien der Kommandant des Schiffes beim AbtKdr. und meldete, daß sein Schiff bereits bis zur Grenze der Ladefähigkeit beladen sei. Es war gleichzeitig mit den Tigern ein Verband Infanterie an Bord gegangen. Nun mußten eilig das Schwesterschiff, die »Preußen-Saßnitz«, und sechs weitere kleine Einheiten herbeigeholt werden.

Noch in der Dunkelheit des frühen 24. 1. 45 erreichte die »Deutschland« nach einer ruhigen Nachtfahrt die Reede von Pillau.

Von der Kampfgruppe Nienstedt wurde inzwischen bekannt, daß sie auf höheren Befehl ohne Kraftstoff und Munition — außer der Bordausstattung — in Richtung Labiau-Deime-Stellung geschickt wurde. Die Stadt Labiau brannte an allen Enden. Dennoch sollte Lt. Nienstedt mitten in der Nacht vorfahren und eine verlorengegangene Brücke zurückgewinnen. Und zwar ohne Begleitinfanterie. Der Leutnant lehnte dies kategorisch ab. Es hätte den Verlust aller Tiger bedeutet.

Die Deime-Stellung war nicht mehr zu halten. Überall sickerte russische Infanterie ein. Auf einer kleinen Bahnstation vor Labiau mußte die inzwischen herangekommene 2. Kpn. bereits entladen werden.

Lt. Rinke kehrte mit dem ersten Kampfauftrag zurück. Er lautete: »Feindberührung suchen und — wenn möglich — russische Angriffsspitzen vernichten!«

Am frühen Morgen des 25. 1. fuhr die 2. Kpn. bei eisiger Kälte in nordostwärtiger Richtung gegen den Feind. Die Panzer rollten durch verlassene Dörfer. Erst im Laufe des Tages stießen sie auf Teile der AA 240 (58. ID). Gemeinsam sollte nun versucht werden, Anschluß an die Front zu gewinnen. Dies gelang am Abend.

In der Nacht igelten sich die Panzer ein. Uffz. Carpaneto war jedoch mit seinem Tiger zurückgeblieben, um einen Kettenschaden zu beseitigen. Mit zwei Stunden Abstand folgte er der Kompanie nach.

An einer Straßenkreuzung rollten plötzlich Panzer an ihm vorbei. Er erkannte sie schließlich als Feindpanzer, die hier im Rücken der eigenen Kompanie standen. Er mußte handeln.

Mit knappen Befehlen wies er seinen Richtschützen ein. Der Ladeschütze füllte die Drehbühne mit Panzergranaten. Da tauchte bereits der Schatten des Spitzenpanzers auf. Es war ein JS II. Der erste Schuß setzte seinen Motor in Brand. Die zweite Granate durchschlug die Turmpanzerung. Der JS II explodierte.

Durch den hellen Feuerschein des getroffenen ließen sich auch die übrigen Panzer besser anvisieren. Einer fuhr auf den anderen auf. Fünfzehn Schüsse jagte der Richtschütze hinaus. Fünfzehnmal Volltreffer, und 15 T 34/85 und JS II standen brennend auf diesem überraschend zum Gefechtsfeld gewordenen Straßenstück. Diese russische Panzerkompanie war erledigt.

Carpanetos Erfolg verschaffte den eigenen Truppen eine Atempause. Dennoch war die Front nicht zu halten. Am 26. 1. zog sich auch die 2./sPzAbt. 502 in Richtung Neuhausen zurück.

Die zurückgehende Infanterie, die viele Verwundete mit sich

führte, wurde durch die Tiger gesichert, die immer wieder nach links und rechts ausscherten und mit Sprenggranaten die nachdrängenden Rotarmisten niederhielten. Panzer folgten ihnen nicht. Die Sowjets hatten durch die wenigen Tiger 30 Kampfwagen verloren und waren auf der Hut.

Endlich konnte in einem kleinen Dorf Rast gemacht werden. Kerscher, Göring und Carpaneto erhielten Auftrag, in ostwärtiger Richtung aus dem Dorf vorzustoßen, um die weiteren Absetzbewegungen zu sichern. Als in etwa zwei km Entfernung Bewegungen erkannt wurden und man Panzer darunter vermutete, wollte Carpaneto der Sache auf den Grund gehen. Er fuhr weiter vor, beugte sich weit aus dem Panzer heraus, um mit dem Fernglas besser sehen zu können, und die beiden anderen Kommandanten sahen, daß er plötzlich zurücksackte. Fw. Kerscher berichtete darüber:

»Als das Unglück geschah, stand Carpanetos Panzer etwa 20 m neben mir. Knapp vor uns im Wald hatten sich die Russen festgesetzt. Wir waren gerade dabei sie niederzukämpfen und benutzten das Fernglas, um besser beobachten zu können.

Als es uns gefährlich um die Ohren summte, rief ich ihm zu, er solle den Kopf mehr einziehen, vergebens!

Wenige Augenblicke später sah ich, wie er im Turm zusammensackte. Nichts Gutes ahnend, ließ ich durch meinen Funker anfragen, was los sei. Niemand gab Antwort. Plötzlich rollte sein Wagen zurück. Hinter einem Haus trafen wir uns. Mit tränenerstickter Stimme sagten mir die Kameraden, daß Carpaneto tot sei. Ein Geschoß einer Panzerbüchse hatte ihn tödlich am Kopf getroffen. So endete das Leben eines Panzerkommandanten, der zehnmal lieber mit seinen russischen Panzergegnern Brüderschaft getrunken hätte, als sie zu bekämpfen.«

Nicht mehr versorgt — die am Bahnhof ausgelagerten Versorgungsgüter waren verschwunden —, konnten die Panzer weder der eigenen Infanterie noch den Flüchtlingen helfen. Nicht einmal die eigenen Kampfwagen konnten weitergebracht werden. Zum Glück erhielten sie in dieser krisenhaften Situation Unterstützung durch die AA 240. Ihr Kommandeur sorgte dafür, daß die Tiger Waffen und Sprit erhielten. Es war Rittmeister von Engelbrechten, der für sie im Dorf Prawten Munition und Kraftstoff bereitstellen ließ.

Hinter einer großen Scheune, in der Verwundete lagen, wurden

April 1945: Gefangene deutsche Soldaten werden durch das Karlstor in München geführt.

Oben: 30. Mai 1945: Auf dem Königsplatz in München gedenken Soldaten des VI. Corps der 45. US-Division des »Memorial Day«.
Links: Wetzlar wurde am 28. März 1945 von den Amerikanern eingenommen.

Rechts: 11. April 1945: Eine Patrouille der 42. Infanterie-Division der 7. US-Armee durchkämmt Schweinfurt.

Oben: In Torgau posieren amerikanische und russische Soldaten Arm in Arm in Siegeslaune.
Unten: Russische Truppen der 1. Ukrainischen Front in Gleiwitz.

diese Versorgungsgüter gefunden. Der Sprit mußte aus den 200 l fassenden Fässern mit Mundansaugung in die 534 l fassenden Tanks der Tiger abgefüllt werden.

Während dieser Zeit schossen russische Truppen plötzlich aus allen Rohren. Die Scheune geriet in Brand. Es gelang den Fahrern, die Tiger aus der Gefahrenzone zu bringen; jeden Augenblick konnten sie durch die drohende Explosion des restlichen Treibstoffes in Brand geraten.

Durch den dichten Rauch behindert, rammte der Tiger von Ofw. Göring ein Ziegelsteinhaus, fuhr mitten hinein und brachte es zum Einsturz.

Das Flüchtlingselend auf der Rückmarschstraße war für jeden Panzermann erschütternd.

In der Nacht zum 27. 1. 45 standen die Tiger der 2./502 in einer Stellung bei Neuhausen. Keiner der Überlebenden wird diese schreckliche Nacht jemals vergessen. Die Panzerbesatzungen hörten das Schreien und Wimmern der Frauen und Mädchen. Dazwischen fielen immer wieder Schüsse.

Machtlos mußten die Panzermänner zusehen, denn sie hatten sich völlig verschossen, bis Lt. Rinke schließlich Munition fand. Die ganze Nacht wurde aufmunitioniert und aufgetankt. Dann rollten die Tiger vor das Dorf Prawten. Auch hier hörten sie während der kurzen Wartezeit auf das erste Büchsenlicht die Schreie der Gemarterten, die hier noch einmal den Russen in die Hände gefallen waren.

Beim ersten Büchsenlicht eröffneten alle Kampfwagen das Feuer auf die Russenpanzer. Einige Tiger rollten um das Dorf herum, jagten einige Granaten in die Luft und kamen von der anderen Seite an die Häuser heran. Sie wollten nicht in die Häuser schießen, in denen mit Sicherheit Deutsche waren. Der Gegner floh. Alles was erreicht werden konnte, wurde abgeschossen.

Als die letzten Hilfesuchenden auf den Panzern aufgesessen waren, ging es in Richtung Neuhausen weiter. Von diesem Augenblick an verstummten die oftmals heimlich geführten Diskussionen um den Sinn der Fortführung eines aussichtslos gewordenen Ringens. Hier sahen die Soldaten die Dinge einfacher als jene Männer am 20. Juli 1944 in Berlin. Hier mußten sie bis zur letzten Patrone kämpfen.

Alle Erfolge änderten nichts daran, daß die 2. Kpn. mehr und mehr zusammenschmolz. Nach Uffz. Carpaneto traf es Heinz Kramer. Sein Panzer wurde beim Angriff auf Prawten schwer getroffen. Uffz. Kramer wurde in einem Sanka zurückgefahren. Dieser Wagen ist offenbar bei Neuhausen von eingesickerten russischen Trupps abgeschossen worden. Seit diesem 27. 1. gilt Uffz. Kramer als vermißt.

Der Wagen von Ofw. Göring fiel durch Getriebeschaden aus. Da ihm auch noch ein Stück des Leitrades abgeschossen war, wurde er sehr langsam und schließlich abgehängt. Aber Göring schlug sich in einer wahren Odyssee bis zur sPzAbt. 505 durch, die der 5. PD unterstellt war. Ein zweiter Tiger der Abt. 502 fand sich hier ein, der aber nur noch geschleppt werden konnte.

Am 30. 1. 45 unternahm die sPzAbt. 505 gemeinsam mit der 5. PD einen Ausbruchsversuch auf der Reichsstraße 1, Königsberg–Elbing. Königsberg sollte nunmehr geräumt werden. Gegen Mittag stand fest, daß dieser Versuch gescheitert war.

Die beiden Tiger der Abt. standen also in Königsberg. Sie wurden am 6. 2. wieder einsatzbereit, und am Abend dieses Tages wurde Ofw. Göring mit drei Tigern — ein Wagen der Abt. 505 wurde ihm noch zugeführt — zum Einsatz auf der Reichsstraße 1 befohlen. An der Uferstraße am Frischen Haff stand diese kleine Kampfgruppe bis zum 15. 2. 45 im Einsatz und half der hart bedrängten Infanterie.

Oft drangen hier die Russen in die deutschen Stellungen ein. Ebensooft wurden sie mit Hilfe dieser Tiger geworfen. Die Frontabschnitte stabilisierten sich.

Im Kampf um das Dorf Maulen am 9. 2. 45 erlitt diese kleine Tiger-Kampfgruppe einen empfindlichen Verlust. Die drei Tiger stießen auf eine starke russische Pakfront und kämpften zahlreiche Pak nieder. Aber auch zwei eigene Wagen blieben getroffen liegen. Ein Wagen hatte 3 Tote und war Totalverlust. Die Gefallenen wurden später geborgen und in Königsberg beigesetzt.

Allein fuhr Ofw. Göring weiter und griff Maulen an. Er durchbrach die Pakfront, der Gegner wich. Doch bald schoß die Feind-Artillerie so starkes Feuer, daß kein Infanterist durchkam, und so stand Görings Wagen plötzlich allein auf der Straße. Im Nahkampf schossen die Rotarmisten auf Sehschlitze und Winkelspiegel. Aus einem Dachfenster schoß ein Russe mit Panzerbüchse.

Das Geschoß durchschlug den Ladeschützen-Lukendeckel. Lade-schütze Albrecht erlitt eine glücklicherweise leichte Schädelver-wundung.

Göring ließ nun seinen Wagen ein Stück zurückrollen, richtete die Kanone auf den Dachstuhl ein und schoß ihn mitsamt dem Panzerbüchsenschützen herunter. Am Ende aber blieb ihm nichts anderes übrig, als den Rückzug anzutreten.

Soweit das Schicksal der Gruppe Göring. Wenige Tage später sollte ihr noch eine Rolle beim Ausbruch aus der Festung zufallen.

Wenden wir uns nunmehr den wieder in das Samland abge-drängten Kampfgruppen der sPzAbt. 511 zu.

Über das Schicksal der 1. Kpn. liegen nur wenige Einzelheiten vor. Die drei Tiger von Lt. Nienstedt gerieten ohne Versorgung und Wartung und ohne den Schutz der Abteilungsführung bald hinter die feindlichen Linien. Vor dem Durchbruch wurde bereits der Tiger von Stabsfeldwebel Christiansen abgeschossen. Sein Fahrer fiel. Die beiden übriggebliebenen Tiger gingen ebenfalls verloren. Lt. Nienstedt schlug sich mit dem Großteil der drei Besatzungen zu den eigenen Linien durch.

Von den Kampfwagen der 2. Kpn. waren zum Schluß nur noch die Tiger von Lt. Rinke, Fw. Kerscher und Fw. Köstler ununter-brochen am Feind. Auch sie wurden nicht gewartet und versorgt, und es schien nur eine Frage der Zeit, bis sie aufgeben mußten.

In der Gegend von Thierenberg konnte die KGr. Rinke auf-atmen. Der Gegner hielt seinen Vorstoß an. Von hier aus fuhr Lt. Rinke mit Fw. Kerscher nach Fischhausen, wo die Abteilungs-führung saß, zu der keine Verbindung mehr bestand. Sie konnten die Versorgung in Gang bringen. Leider wurde der erste Wartungs-trupp von den Russen abgefangen.

Die Rote Armee führte nunmehr frische Kräfte heran. Lt. Rinke und Fw. Köstler erhielten Befehl, eine Straßenkreuzung zu sichern. Von dort aus versuchte der Gegner, die Flanke der eigenen HKL einzudrücken. Fw. Kerscher wurde angewiesen, durch das vor ihm liegende Dorf zu fahren und am jenseitigen Dorfrand zu sichern, bis sämtliche verwundete Infanteristen, die in den Häusern unter-gebracht waren, abtransportiert seien.

Nachdem dieser Auftrag beendet war, erhielt Kerscher Weisung, in einem rückwärts gelegenen Gutshof zu versorgen. Die Panzer-männer sollten eine Ruhepause erhalten.

Als jedoch in der Nacht zehn durchgebrochene Feindpanzer gemeldet wurden, erhielt die Kampfgruppe den Auftrag, diese zu vernichten.

Binnen weniger Minuten waren Rinkes Tiger bereit. Ohne Licht rollten sie langsam durch die verschneite Landschaft. Nach einigen km Fahrt hielten sie vor einem InfGefStand. Hier wurden die Kommandanten in die Lage eingewiesen.

Der inzwischen eingesetzte Nebel hatte sich bis auf eine Sichtweite von 25 m verdichtet. Dies veranlaßte Lt. Rinke, gemeinsam mit Fw. Kerscher zu Fuß zu erkunden. Sie gingen rechts und links der Straße vor. Kerscher marschierte genau auf ein Gehöft los, aus dem die Infanterie in der Nacht starke Panzergeräusche gehört hatte.

Am Rande einer Sandgrube fand Kerscher deutsche Soldaten. Sie berichteten, daß 50 m weiter im Gehöft der Gegner mit Panzern stecke. Der Nebel war so dicht geworden, daß Kerscher nichts erkennen konnte. Dann wurde dort ein Panzermotor angeworfen. Nun wußte Kerscher, wo der Gegner stand. Die Geräusche näherten sich, und schließlich erkannte Kerscher einen modernen KW 85, der am Rande der Sandgrube hielt. Kerscher fragte nach einer Panzerfaust. Es war keine mehr da. Er bat die Männer in Deckung zu bleiben und sich still zu verhalten. Er würde mit seinem Tiger wiederkommen. Dann lief er los.

Schnell wurden die eigenen Besatzungen in das Vorhaben eingewiesen. Vorsichtshalber blieben Rinke und Köstler in einiger Entfernung vor der Sandgrube stehen. Kerschers Tiger rollte mit gedrosseltem Motor auf die Sandgrube zu. Als sie den Gegner erkannten, hielt der Tiger. Die erste Granate traf die Breitseite des KW 85, sofort schoß eine mehrere Meter hohe Stichflamme empor. Nach dem Schuß machte Kerscher Stellungswechsel und stand nun hinter der Sandgrube in Deckung. Das war sein Glück, denn aus dem Gehöft schossen zwei Panzer auf sein Mündungsfeuer.

Über Funk bat Kerscher seinen Kameraden Köstler, hin und wieder aus seiner Deckung heraus einen Schuß in Richtung Gehöft zu feuern. Während Köstler solcherart die Aufmerksamkeit auf sich lenkte, rollte Kerscher, unter Ausnutzung des dichten Nebels, links ausholend, an das Gehöft heran. Als er um die Hausecke fuhr, sah er einen im Hof stehenden JS II. Dahinter noch einen

KW 85. Beide schossen auf das Mündungsfeuer von Köstlers Wagen. Erst im letzten Moment, als die Tigerkanone auf ihn gerichtet war, merkte der russische Kommandant, der weit aus dem Turm herausgereckt stand, diesen neuen Gegner. Wild fuchtelte er mit den Armen. Abschuß und Einschlag verschmolzen miteinander. Die HL-Granate bohrte sich in den JS II und schlug durch. Die Besatzung büchste aus.

Nun wechselte Kerscher die Munitionsart. Der zweite Panzer explodierte nach dem ersten Schuß, als sein Treibstoff in Brand geriet.

Mit der MP bewaffnet, verließ Kerscher den Wagen und kletterte in den verlassenen JS II hinein. Mit 700 deutschen Zigaretten, welche die Russen organisiert hatten, kehrte er zurück. Dann wurde dieser Panzer ebenfalls in Brand geschossen.

Die Besatzung Kerscher kehrte zu den beiden Kameraden zurück, und hier erfuhr Kerscher, daß diese ebenfalls zwei Panzer abgeschossen hatten. Damit mußten irgendwo noch fünf der zehn gemeldeten Panzer stehen.

Nachdem die eigene Infanterie beim Besetzen der alten Stellungen unterstützt worden war, wurde die Suche nach diesen Panzern fortgesetzt. Der Nebel hatte etwas nachgelassen. Als sie zwei km ins Niemandsland hineingerollt waren, knallte es rechts der Straße. Mehrere Tiger-Abschüsse waren zu hören. Dann erfuhr Kerscher, der links der Straße rollte, daß Rinke und Köstler weitere drei Feindpanzer abgeschossen hatten. Aber noch waren zwei Panzer irgendwo versteckt.

Nach längerer Suche blies Lt. Rinke die Jagd ab. Sie rollten zurück, lediglich Kerscher fuhr mit seinem Tiger noch bis zur nächsten Mulde vor und rollte dazu zunächst auf einen Hügel zu.

Plötzlich schoben sich dort zwei Panzertürme herüber.

»Halt! — Turm 1 Uhr, Entfernung 600, zwei Feindpanzer!« rief Kerscher. Bevor sein Wagen stand, bellten schon die Panzerkanonen der Russen. Die beiden Geschosse flitzten über den Tiger hinweg. Der erste Russenpanzer wurde beschossen und am Turm getroffen. Ladeschütze Faßbender schob die nächste Granate ins Rohr. Wieder ein Abschuß, abermals Treffer. Die beiden letzten Gegner waren mit zwei Schüssen vernichtet worden. Nun war der Auftrag erfüllt.

Auf der Höhe hinter dem Gut Kragau, in Richtung Wischehnen und Gut Kallen, wurde die neue Abwehrstellung aufgebaut, die bis zum 19. 2. gehalten wurde. Mitten in der Nacht wurde die Kampfgruppe Rinke noch einmal gegen fünf durchgebrochene Feindpanzer angesetzt. Vier wurden abgeschossen, der fünfte entkam. Trotz aller Verluste griff der Gegner weiter an. Nur mühsam konnte die Front gehalten werden. Ein Angriff auf Gut Kallen wurde abgeschlagen. Dann trat Ruhe ein, bis die Tiger erneut alarmiert wurden, weil russische Panzer mit aufgesessener Infanterie im Gut Kragau verschwunden waren.

Die Tiger bildeten eine Sicherung. Jeweils ein Wagen sicherte die Ein- und Ausfahrt des Gutes. Einmal mußte der Gegner ja wieder auftauchen, dann sollte er vernichtet werden.

Um die Waldsiedlung Groß-Blumenau entbrannte ein erbitterter Kampf. Hier hatten versprengte Troßteile der sPzAbt. 502 und Panzerbesatzungen, die ihre Tiger verloren hatten, Unterschlupf gefunden. Bereits am 31. 1. wurden hier Russen gesichtet. JS-Panzer schossen auf der Straße von Groß-Blumenau nach Forken einen Flüchtlingstreck zusammen. Am nächsten Tag drang ein russischer Spähtrupp bis Groß-Blumenau vor. Russische Pak schoß in die Ortschaft hinein. Der Gegner schaffte weitere Verstärkungen hierher und kesselte die Waldsiedlung ein. Es gab Verwundete und Tote. In der folgenden Nacht durchbrach zuerst der Führungs-SPW diesen Umklammerungsring und bezog auf dem Gutshof in Forken eine neue Stellung. Oblt. Krüger, der Nachrichtenoffizier der Abteilung, hielt noch 24 Stunden länger aus. Er mußte schließlich Feuer auf den eigenen Standort befehlen, weil die Russen überall eingedrungen waren.

Deutsche Nebelwerfer eröffneten das Feuer, und nach drei Feuerschlägen brach Oblt. Krüger mit seiner Kampftruppe aus und erreichte unter empfindlichen Verlusten die eigenen Linien. Das XXVIII. AK, General Gollnick, erkämpfte sich den Ausgang der Kurischen Nehrung bei Cranz. General Gollnick schlug nunmehr der 3. Pz-Armee vor, weiter in Richtung Königsberg anzugreifen. Der Vorschlag wurde abgelehnt. Nun versuchte das Korps mit den bei Fischhausen stehenden Kräften der 3. PzArmee Verbindung aufzunehmen. Am 3. 2. 45 griff es mit der 58. und 95. ID in Richtung Neukuhren–Pobethen an. Bis zum 7. 2. wurde Thierenberg erobert und südlich davon die Verbindung mit den Verteidigern des Samlandes hergestellt. Bei Germau wurden starke Feindkräfte vernichtet.

Nunmehr verlief die Front von Neukuhren über Pobethen–Thierenberg–Norgau westlich an Powayen vorbei nach Süden ans Haff.

Im Verlauf der Rückzugskämpfe hatten neben der KGr. Rinke auch die übrigen Tiger-Besatzungen der sPzAbt. 511 erfolgreich gekämpft. Fast alle Angehörigen der Abteilung fanden nunmehr bei Fischhausen eine wohlverdiente Ruhezeit. Nur die Werkstatt arbeitete mit Hochdruck. Es gelang ihr, zehn Tiger wieder einsatzfähig zu machen.

Die Abwehrkämpfe der 2. Armee

Die 2. Armee hatte zwei Tage Galgenfrist, ehe die 2. Belorussische Front unter Marschall Rokossowski am Morgen des 14. 1. 1945 nach einem einstündigen Trommelfeuer auf die deutschen Stellungen am Narew zum Angriff antrat. GenOberst Weiß, OB der 2. Armee, war ebenfalls durch Überläufer-Berichte vom Angriffstermin unterrichtet, so daß auch hier die etwas zurückgestaffelte Großkampfstellung eingenommen werden konnte.

Aus den beiden Brückenköpfen am Westufer des Narew bei Serok und Rozan griffen 54 sowjetische Schützen-Divisionen, vier Panzerkorps und weitere Panzer- und mot. Verbände nach dem Trommelfeuer an. Die Feindspitzen drangen beinahe auf der gesamten Angriffsbreite in die deutschen Stellungen ein.

Der aus dem südlichen Brückenkopf vorbrechende Panzerfeind konnte durch Gegenangriffe der Reserven und der dort eingesetzten StGeschBrigade 190, Major Kröhne, im Hauptkampffeld abgefangen werden. Hier ein kurzer Bericht aus der Sicht der StuGeschBrig. 190 aus diesen ersten Tagen des Kampfes.

Als am 14. 1. im Abschnitt der Sturmgeschütz-Brigade 190 die russische Winteroffensive begann, zog die Brigade am Abend des 15. 1. in den Bereitstellungsraum nördlich Nasielsk. Während der Nacht zum 16. 1. vernahmen die Soldaten das nicht abreißende Dröhnen und Brummen russischer Panzerverbände, die in ihre Bereitstellungen rollten.

Alle Sturmgeschütze wurden in der Nacht von Major Kröhne weit auseinandergezogen mit Front nach Osten aufgestellt. Mit dem ersten Büchsenlicht des 16. 1. 1945 rollten die Feindpanzer aus ihren nur 500 m entfernt gelegenen Bereitstellungen heraus. Sie wurden von einem einzigen, geschlossen abgegebenen Feuerschlag aller Sturmgeschütze empfangen. Abschüsse blitzten, Brände flakkerten auf, Explosionen zerrissen die Morgenluft, Rauchfahnen zogen als Fanale der Vernichtung in den Himmel.

Fünf Minuten lang dröhnten die Kanonen der Sturmgeschütze, antworteten jene der russischen Panzer. Dann lagen 20 Feindpanzer auf der Plaine, und die übrigen drehten und jagten mit Vollgas weit über ihre Bereitstellungsräume zurück.

Major Kröhne ließ nun seine Sturmgeschütze hinter die nächste Bodenwelle zurückrollen und wartete auf den nächsten Feindangriff. Aber die Panzerverbände der 1. Gardearmee der Sowjets griffen an diesem Tag nicht mehr an.

In der folgenden schweren Panzerschlacht bei Plöhnen vom 17. bis 18. 1. wurden abermals unter persönlicher Führung von Major Kröhne 20 Feindpanzer abgeschossen. Die Frontlücke, die aufgeklafft war, konnte wieder unter Kontrolle gebracht werden. Über Plöhnen, Sichelberg und Gollupp ging es in die Drewens-Stellung zurück.

Am 26. 1. wurde Graudenz erreicht. Hier sollten die Weichselübergänge gehalten werden. In ständigen Gegenstößen waren es die Sturmgeschütze der Brig. 190, die immer wieder den Gegner banden und ihm schwere Schlappen zufügten. Am 26. 2. 1945 meldete der Wehrmachtsbericht:

»In Westpreußen und Pommern hat sich die Sturmgeschütz-Brigade 190 unter Führung von Major Kröhne in ununterbrochenen Angriffs- und Abwehrkämpfen besonders bewährt. Die Brigade hat entscheidenden Anteil an der Abwehr feindlicher Panzerkräfte und schoß bei nur vier eigenen Verlusten innerhalb eines Monats 104 Panzer des Feindes ab.«

Doch zurück zum Hauptgeschehen.

Die 5. Jäger-Division unter Führung von GenLt. Sixt wehrte russische Angriffe bei Ostenburg ab. Nördlich Ostenburg aber stieß die Rote Armee tief in die deutsche Abwehrfront hinein. Hier waren es die 7. PD, GenLt. Dr. Mauß, und die sPzAbt. (Tiger) 507, die den Gegner in diesem Angriffsraum sicher zum Stehen brachten.

Die Tiger-Abteilung 507, die der 7. ID zugeteilt worden war, hielt in ihrem Abschnitt tagelang die anrollenden sowjetischen Panzerverbände auf. Unter Führung von Hptm. Schöck gelang es im Zusammenwirken mit den Grenadieren der 7. ID, die örtlichen Einbrüche abzuriegeln. Zwei Tage und Nächte ununterbrochen im Einsatz, vernichteten die Tiger in Duellen 66 Feindpanzer, ohne eigene Totalausfälle.

Als der dritte Kampftag an dieser Stelle der Abwehrfront heraufzog, ließ Marschall Rokossowski aus Hunderten Geschützen auf die Tiger-Stellungen trommeln, um sie zum Weichen zu zwingen. Bomber und Schlachtflugzeuge unterstützten diese Aktion, mit der das Rückgrat der Verteidigung, die schwere PzAbt. 507, vernichtet werden sollte. Aber auch dieser Tag endete mit einer Niederlage der nach dem Trommelfeuer angreifenden Panzerverbände.

Die 7. ID und die sPzAbt. 507 mußten jedoch zurückgenommen werden, weil dem Feind auf den Flanken tiefe Einbrüche gelungen waren. Gegen Abend standen die Tiger aber bereits wieder im Raume Stary–Golmin–Zichenau–Praschnitz in einer festgefügten Abwehrfront. Nicht weniger als 70 Feindpanzer wurden an diesem Tage abgeschossen. Als der dritte Tag zu Ende ging, hatte die sPzAbt. 507 insgesamt 136 Feindpanzer abgeschossen. Im Wehrmachtsbericht des 19. 1. 1945 heißt es darüber:

»Die schwere Panzer-Abteilung 507 hat unter Führung von Oblt. Wirsching im Raume Zichenau–Praschnitz in drei schweren Kampftagen 136 feindliche Panzer vernichtet, davon in den ersten beiden Tagen 66 ohne eigene Verluste.«

Die Führung dieses Verbandes hatte nach Verwundung von Hptm. Schröck Oblt. Wirsching übernommen. Neben Oblt.

Wirsching erhielten die Tiger-Kommandanten Ofw. Ratajczak und Oblt. Koltermann das Ritterkreuz.

Dennoch mußten die sPzAbt. 507 und die 7. ID zurückweichen. Über Grudusk und Mlawa marschierte sie nach Brodnica und dann nach Graudenz.

Wie hatte sich der Angriff der Roten Armee vor der 2. Armee weiterentwickelt?

Ein verhängnisvoller Befehl

In der Nacht zum 15. 1. 1945 gab Hitler der HGr. Mitte den Befehl, das PzK »Großdeutschland« mit der PGD »Brandenburg« der FPD »HG 1« an die HGr. A abzugeben.

Als die Sowjets am 15. 1. ihre Angriffe fortsetzten, mit starker Artilleriemassierung die deutschen Verbände zerschlugen und über Nasielsk nach Westen sowie über Praschnitz nach Nordwesten vorstießen, fehlten diese beiden gutbewaffneten, mit Panzern ausgestatteten Divisionen als Reserve, die nun auf der Bahn lagen und weder bei der HGr. Mitte noch bei der HGr. A verfügbar waren.

Pultusk hielt sich noch. Hier stand die 5. JD, die schließlich Befehl erhielt, sich durchzukämpfen und wieder Verbindung mit ihren beiden Nachbarn — der 35. und der 7. ID — zu bekommen, da sie rechts und links überflügelt worden war.

Im nördlichen Einbruchsraum stand die 7. PD, die aber durch starkes Feuer niedergehalten wurde. Bei der 129. ID griff die PGD »Großdeutschland«, GenLt. Lorenz, nach Osten an, schlug den Panzerfeind zurück und schoß 30 Feindpanzer ab. Die sPzAbt. (Tiger) »Großdeutschland« hatte am Abwehrerfolg Anteil. Es gelang der 2. Armee, mit Einsatz aller Reserven, die aufgebrochenen Lücken zu schließen und den Durchbruch der Roten Armee zu verhindern.

Am 16. fand der vorher geschilderte Einsatz der StuGeschAbt. 190 an der Straße Modlin–Nasielsk bei Neustadt statt, der die feindliche Panzerlawine so lange aufhielt, bis ein Großteil der Infanterie hatte ausweichen können.

Die im Sommer 1944 neu aufgestellte 18. PGD wurde erwartet.

Sie war als Reserve zugesagt worden. Doch noch ehe sie eintraf, ging der Kampf am anderen Tag weiter. Der Gegner drang von Süden her in Modlin ein.

Am 18. 1. vergrößerten die sowjetischen Panzerkräfte ihren Geländegewinn und warfen die beiden rechts stehenden Korps der 2. Armee — das XXVII. und XXIII. AK — nach Westen und das links stehende XX. AK nach Norden zurück.

An diesem Tag traf die 18. PGD im Raume Milau ein und kämpfte mit der 7. PD und Teilen der PGD »Großdeutschland« gemeinsam gegen die russische Panzerwalze, ohne diese aufhalten zu können. Oberstleutnant Graf Pückler, Kommandeur des PR 25 (der 7. PD), fiel im Kampf gegen russische Panzer.

Beim Absetzen nach Norden versperrten die Sowjets Teilen der PGD »GD« den Weg in Richtung Neidenburg. Trotz Abschuß von drei Panzern mußte die Division nach Westen ausweichen und verlor auf dem Weitermarsch nach Norden zahlreiche Fahrzeuge durch Feindbeschuß und Brennstoffmangel. 16 Stunden später erreichte diese Kampfgruppe Neidenburg. Hier griffen kurze Zeit später sowjetische schwere Panzer des Typs JS an. Sie durchbrachen die dünne Sicherungslinie und schossen die 10. Batterie der Korpsartillerie von »Großdeutschland« zusammen.

Es war der 2. Belorussischen Front gelungen, die rückwärtigen deutschen Stellungen beinahe sämtlich zu durchbrechen, weil diese einfach zu schwach besetzt und zu wenig mit panzerbrechenden Waffen bestückt waren. Das Schicksal der 2. Armee war trotz versuchter Zuführung zweier neuer Divisionen besiegelt. Auf ihrem Südflügel hielt die Armee noch Schröttersburg. Sichelberg fiel in sowjetische Hand. Die Reste der 2. Armee zogen sich zurück. Auf der rechten Flanke nach Westen auf Drewenz, auf der linken Flanke nach Norden.

Am 22. 1. gingen die Absetzbewegungen weiter. Es fehlte an schnellen gepanzerten Kräften. Der auf diesen feindlichen Stoß angesetzte Angriff der 7. PD wurde von den schnellen sowjetischen Verbänden in Richtung Deutsch-Eylau umgangen. Das Panzer-Regiment der 7. PD, nunmehr geführt von Major Petersdorff-Kampen, hatte nur 20 Panzer einsatzbereit. Südlich Deutsch-Eylau gelang es diesen Panzern schließlich, gegen sowjetische Panzerrudel ins Gefecht zu kommen. Bei diesem Einsatz fiel der

Regimentsführer. 12 Panzer mußten — als sie von starken Panzer-kräften eingeschlossen waren — nach Verschuß der letzten Grana-ten gesprengt werden. Die Panzerbesatzungen schlugen sich zu Fuß durch.

Die PGD »GD« griff am 22. 1. russische Panzerrudel an, die im Vorstoß auf Allenstein begriffen waren. Der Feind wurde abge-wehrt. Am Abend dieses und am Morgen des nächsten Tages konnte aus Benzinmangel bei Allenstein nicht in den Kampf eingegriffen werden. Die Stadt ging verloren.

Am 23. 1. standen die Russen vor Thorn. Über die Bahnlinie Königsberg–Elbing–Marienburg vorstoßend, durchschnitten sie am selben Tage die letzte Verbindung der HGr. Mitte mit dem Reich. Ostpreußen war abgeschnürt. Die 2. Belorussische Front hatte ihr Operationsziel erreicht. Von nun an konnten Truppen und Zivilbevölkerung nur über See nach Westen transportiert werden. Da die 2. Armee durch das schnelle Vorstoßen der Russen von der HGr. getrennt wurde, trat sie am 24. 1. unter das Kommando der neugebildeten HGr. Weichsel, die der Reichs-führer SS, Himmler, führte. Der Kommandant von Elbing, Oberst Schoepffer, unterstand dem stellvertretenden Generalkommando XX, GenLt. Specht, und dem Kommandanten von Danzig, GenLt. Freytag.

In Elbing selbst standen dem Kommandanten nur die Ersatz-truppenteile der PGD »Feldherrnhalle«, ein Volkssturm-Batl. und zwei Volkssturm-Batterien zur Verfügung. Am 23. 1. wurden die Panzervernichtungstrupps alarmiert, als russische Panzer bereits in die Randgebiete der Stadt eingedrungen waren. Vier der sieben nach Elbing eingedrungenen Panzer wurden mit Panzerfaust abge-schossen, die drei anderen drehten ab und rollten nach Norden aus der Stadt hinaus. Ein fünfter Panzer wurde von den hinterher-fahrenden Nahkämpfern am Stadtrand vernichtet.

Diese sieben Feindpanzer waren im dichten Strom der Flücht-linge unbemerkt durch die deutsche HKL geschlüpft. Sie wurden für deutsche Panzer gehalten, weil die Besatzungen zum Teil feldgraue Uniformen trugen. Unmittelbar hinter der HKL wurden die Panzer, die von einem Landeskundigen geführt wurden, nach Norden auf die Straße Serpien–Elbing abgedreht und drangen, an der Flakkaserne vorbei, in die Stadt ein, um diese im Handstreich zu nehmen.

Damit war von den jungen Panzervernichtungstrupps der erste feindliche Panzerangriff gegen Elbing abgewehrt.

Die auf der Schichauwerft nahe Danzig liegenden beiden Torpedoboote erhielten Befehl, in der Nacht zum 27. 1. 45 auszulaufen. Sie wurden — da noch nicht ganz fertiggestellt — mittels Schlepper nach Pillau gebracht. Hunderte Flüchtlinge befanden sich an Bord.

Am 24. 1. stießen abermals Feindpanzer auf Elbing vor, und von dem Tage an ging es Schlag auf Schlag. Inzwischen war jedoch das neu aufgestellte GR 1142 der 561. VGD eingetroffen. Hinzu kamen Urlauber, die nicht mehr nach Königsberg zurück konnten und die in der Verteidigung von Elbing eingesetzt wurden. Teile der 7. PD standen westlich der Nogat an der Straße Elbing–Danzig, um in Richtung Elbing anzugreifen. Artillerie der 7. PD unterstützte den Feuerkampf. Dazu wurde sie vom Artillerieführer der Festung, Major Kühneck, eingewiesen.

In der letzten Phase des Kampfes um Elbing griffen die beiden deutschen Kreuzer »Lützow« und »Prinz Eugen« von See her mit ihrer schweren Artillerie in den Abwehrkampf ein. Die Elbinger Flak-Batterien unter Oberstleutnant Wolff schossen im Erdkampf eine Reihe Sowjetpanzer ab.

Teile der 7. ID, die unter GenLt. von Rappard mit Teilen des PR der 7. PD in den Niederungen westlich Elbing standen, fingen einen starken Einbruch der Sowjets auf.

Am 27. 1. gelang es den Sowjets, an der Nordfront Geländegewinne zu erzielen. Es kam zu den ersten Straßenkämpfen am Nordrand der Stadt. In der Nacht zum 28. 1. gab GendInf. Hoßbach zu verstehen, daß er mit der 4. Armee nach Westen durchzubrechen beabsichtige und daß dazu Elbing gehalten werden müsse.

Dieser Durchbruchsversuch erfolgte wenig später. Er wurde von der Roten Armee abgewehrt. Die deutschen Truppen wurden nach Osten zurückgedrängt.

Am Morgen des 2. 2. 1945 eröffneten die Sowjets mit einem starken Fliegerangriff den Sturmangriff auf die Stadt. Diese Angriffe setzten sich in den nächsten Tagen fort. Danach griffen sie in Regimentsstärke, durch Panzer unterstützt, westlich der Elbing an und drangen in diesen Stadtteil ein. Das GR 1142 war außerstande, diesen Gegner, der sich laufend verstärkte, zu werfen. Einbrüche und Gegenstöße wechselten einander ab, und noch immer befanden sich Zivilisten zwischen den Trümmern, die den Weg in die Freiheit, der bis vor wenigen Tagen offen war, nicht gegangen waren.

Am Morgen des 9. 2. erhielt Oberst Schoepffer den Befehl Himmlers: »Besatzung Elbing hat Erlaubnis, sich nach Nordwesten durchzuschlagen, unter Belassung eines Brückenkopfes nördlich der Stadt, und mit der 7. PD Verbindung aufzunehmen.«

Oberst Schoepffer brach am selben Tag gegen 19.00 Uhr in Richtung Norden aus. In der Nacht kam es zu Kämpfen, und in schnellen Stößen drangen die Soldaten weiter vor und hatten am Morgen des 10. 2. mit 3200 Mann und 850 Verwundeten, die nicht in die Hand des Feindes fallen sollten, unter ihnen auch eine Anzahl Frauen und Kinder, den Einschließungsring durchbrochen. Um Elbing herum lagen dreißig von Nahkampftrupps und Flak abgeschossene Panzer.

Der Weg nach Westen ist versperrt

Am 21. 1. 1945 hatte die Rote Armee mit ihren Panzerverbänden eine Linie zwischen Osterode–Allenstein im Südabschnitt des Angriffs erreicht. Hier zeichnete sich der Stoß auf Elbing bereits deutlich ab. Im Nordabschnitt wiederum war der Roten Armee die Besetzung von Kreuzingen, Heinrichswalde und Tilsit gelungen. Dieser Vorstoß zielte direkt auf Königsberg.

In der Mitte dieser beiden vorher schon dargestellten Angriffskeile lag weit vorgestaffelt nach Osten die 4. Armee, die an ihren beiden Flügeln in heftige Abwehrkämpfe verstrickt war. Auf dem rechten Flügel stand das XX. AK im Abwehrkampf im Raume Scharfenwiese. Der linke Flügel wurde vom FschPzK »HG« gehalten. Lediglich an seinem linken Flügel, bei Rominte, gelang dem Feind ein Durchbruch. Gumbinnen war Kampfgebiet geworden. Auf der gesamten Mittelfront der 4. Armee waren jedoch nur Fesselungskämpfe im Gange.

GenOberst Reinhardt erhielt von Hitler zu spät die Genehmigung zum Durchbruch nach Westen. General Hoßbach, der OB der 4. Armee, hatte bereits seit Tagen den Rückzug vorbereitet. Er wollte seine Armee vor dem Eingeschlossenwerden bewahren.

Die Absetzbewegungen begannen in der Nacht zum 22. 1. 1945. Ein Teil der Truppen zog sich in dieser Nacht auf die Masurische Seenstellung zurück, die zwischen Johannisburg–Festung Lötzen–Angerburg lag. Ein anderer Teil marschierte zur neu zu bildenden Westfront. Der nachstoßende Feind erzielte bei Goldap zwar einen Einbruch, der jedoch abgeriegelt werden konnte.

Den Angriffsdivisionen des VI. AK, General Großmann, mit der 170. und 131. ID sowie der 547. VGD, mit Teilen der 299. ID, wurden zwei ArtAbt., zwei Sturmgeschütz-, eine Panzerjäger- und eine Panzerstör-Abt. als schwere Waffen unterstellt. Der rechte Flügel sollte von Arnsdorf, die Schwerpunkt-Division (131. ID) von Guttstadt-Liebstadt aus in Richtung Stuhm vorgehen.

Diesem Plan entsprechend rollten und marschierten die Divisionen in Gewaltmärschen bei dichtem Schneefall nach Westen und legten die Entfernung von 150 km (Luftlinie) in vier Tagen zurück.

Mit dem Vorstoß der Sowjets auf Elbing und Abdrehen der Aufklärungsspitzen nach Osten gegen die Westflanke der 4. Armee entstand eine Krisensituation, die unter Umständen den gesamten Plan vereiteln konnte. Am selben Tag erreichten sowjetische Panzerrudel mit aufgesessener Infanterie Lötzen. Hier verteidigten die Division Hauser und die auf die Seen um Lötzen zurückgehenden Teile der 4. Armee, die 367. ID und die Polizeigruppe »Hannibal«. Der am 24. 1. beginnende Angriff auf Lötzen wurde abgewiesen, ein bis zur Stadtmitte vorgestoßener Feindpanzer abgeschossen.

In der Tagesmeldung der HGr. Mitte, die am nächsten Tag in Heeresgruppe Nord umbenannt wurde, an das OKH heißt es:

»Am Nachmittag schloß der Feind mit stärkeren Kräften gegen die Ostfront von Lötzen auf und erzielte ostwärts Lötzen einen Einbruch von vier km Tiefe. Da hier Kräfte zur Bereinigung des Einbruchs und Schließung der Lücke nicht zur Verfügung stehen, muß die Front auf den Westrand der Seenplatte zurückgenommen werden.«

Die Sowjets drangen am nächsten Tag weiter zum Stadtrand vor. Sie drückten die verteidigenden 605. und 367. ID weiter zurück und drangen in Lötzen ein. Am Abend des 25. 1. wurden sämtliche Brücken gesprengt. Der 26. 1. sah dann das Ende. »Lötzen«, so meldete der HGr. Nord an das OKH, »ging durch weit überlegenen Feindangriff verloren.«

Immer noch lag zwischen der 4. Armee bei den Masurischen Seen und den ostwärts Elbing kämpfenden sowjetischen Verbänden eine Distanz von etwa 130 km. Aber auch die 3. PzArmee war am Ende ihrer Kraft. Dort waren die Sowjets am 25. 1. bis unmittelbar an Königsberg herangekommen.

GenOberst Reinhardt meldete am Abend des 26. 1. dem OKH seine Absicht, den nach Südosten vorspringenden Frontbogen der 4. Armee auf die Alle zurückzunehmen. In einem Ferngespräch mit Hitler wiederholte GenOberst Reinhardt diesen Entschluß.

Hitler stellte seine Entscheidung bis 17.00 Uhr in Aussicht, meldete sich aber nicht mehr. Um 19.00 Uhr, nach vielen Anrufen und Nachfragen, meldete die HGr. dem OKH, daß sie nunmehr die Truppe — wie beantragt — auf die Alle zurücknehmen werde.

Um 21.00 Uhr ging ein Fernschreiben bei der HGr. ein, in dem der am 25. 1. 1945 verwundete Oberbefehlshaber, GenOberst Reinhardt, und sein Chef des Generalstabes, GenLt. Heidkämper, abgelöst wurden.

Der Nachfolger von GenOberst Reinhardt wurde GenOberst Rendulic. Rendulic, der sich gerade in Seewalchen am Attersee in Urlaub befand, flog am 26. 1. 1945 nach Kurland und erhielt am 27. 1. Befehl, die Führung der HGr. Nord zu übernehmen und Ostpreußen zu verteidigen. Er hatte soeben die Lappland-Armee, nach dem Abfall der Finnen vom Bündnis, nach Norwegen zurückgeführt.

Inzwischen aber hatte General Hoßbach den versammelten Kommandeuren und Offizieren in Borken bei Bartenstein seine Befehle für den Angriff und die Durchbruchsweisung gegeben. Doch sein Plan kam nicht zur Durchführung, weil zum einen die 558. ID im Kampf gebunden blieb und zwei weitere zu seiner Angriffsgruppe gehörende Divisionen auf Befehl der HGr. an die 3. PzArmee abzugeben waren. Dadurch wurde sein Stoßkeil entscheidend geschwächt. Ihm blieben zum Durchbruch nur noch die 28. JD, die 170. und 131. ID übrig.

Der Angriff begann am 26. 1. 1945 um 19.00 Uhr. Nach einem Anmarschweg von über 200 km traten die Sturmverbände ohne Ruhepause zum Durchbruchskampf an. Der Feind wurde überrannt, niedergeschossen, gefangengenommen. Die 170. ID erbeutete 96 Geschütze einer russischen Artillerie-Brigade. In den zurückgewonnenen Ortschaften sahen die Soldaten Bilder des Grauens. Ein Junge mit HJ-Abzeichen war von einem Panzer zu Tode gewalzt. Eine vergewaltigte Frau lag mit einem Messer in der Brust auf einem Dunghaufen. Männer waren gefesselt, mit Benzin übergossen und verbrannt worden.

Die drei Angriffsdivisionen — 28. JD, GenMaj. König, 170. ID, GenLt. Haß, und die 131. ID, GenLt. Schulze — drangen 72 Stunden lang gegen ständig härter werdenden Widerstand vor. Am 29. 1. kam dieser Durchbruch zum Stehen, da (durch Abgabe an die 3. PzArmee) keine frischen Kräfte, wie dies von General Hoßbach beabsichtigt war, nachgeschoben werden konnten. Am 30. 1. wurde auch General Hoßbach seines Kommandos als OB der 4. Armee enthoben. Dies geht auf ein Telegramm des Gauleiters von Ostpreußen, Koch, zurück, das direkt an Hitler gerichtet war:

»Die 4. Armee auf der Flucht ins Reich. Versucht feige, sich nach Westen durchzuschlagen. Ich verteidige Ostpreußen mit dem Volkssturm weiter!«

General d. Inf. F. W. Müller übernahm die Führung der 4. Armee. Ihm befahl Hitler, den Angriff nach Westen sofort einzustellen, die erreichten Stellungen zu halten und »Ostpreußen in fester Verbindung mit Königsberg zu verteidigen«.

Ein verzweifelter Kampf begann. Schrittweise mußten die an der Westfront der 4. Armee kämpfenden Divisionen vom Frischen Haff über Mühlhausen bis Liebstadt weichen. An der Südfront der Armee zwischen Guttstadt–Bischofsburg–Sensburg ging ebenfalls Gelände verloren. An der Ostfront kämpften sich Teile der 50. ID auf die Masurenstellung nördlich der Straße Gerdauen–Nordenburg zurück.

Südlich Königsberg erreichten feindliche Panzerrudel das Frische Haff bei Maulen-Waldburg, 9 km nordostwärts von Brandenburg und auch den Ostrand dieser Stadt. Damit war die 4. Armee zwischen Frauenburg und Brandenburg eingekesselt.

Der Gauleiter und Reichsverteidigungskommissar von Ostpreußen, Erich Koch, der die Zivilbevölkerung in Ostpreußen festgehalten hatte, ließ seine persönliche Habe in zwei Bahnwaggons nach dem Westen schaffen. Er verfügte über einen gepanzerten Kraftwagen und einen »Fieseler Storch«. Zwei Eisbrecher standen bereit, um ihm eine Fahrrinne zur Flucht freizubrechen.

Die Handelsschiffahrt versuchte zusammen mit der Kriegsmarine alle Menschen über See abzutransportieren, doch dies war nicht genug. Die von GenOberst Reinhardt rechtzeitig beantragte Erklärung Ostpreußens zum Operationsgebiet und die damit verbundene Evakuierung der Menschen Ostpreußens hätte Hunderttausenden das Leben gerettet. Aber auch dieser Antrag wurde von Hitler abgelehnt.

Eine Armee wird vernichtet

Am 27. 1. hatte GenOberst Rendulic in Zinten die HGr. Nord übernommen. Sein Chef des GenSt. wurde GenLt. von Natzmer, der von der HGr. Mitte kam.

Die 4. Armee unter GendInf. Müller stand mit dem Rücken zum Haff in der Linie Braunsberg–Wormditt–Heilberg–Bartenstein–Domnau–Brandenburg. Sieben Korps standen ihr zur Verfügung: Das VI., XX., XXVI., LV. AK, das VI. und XXXXI. PzK und das FschPzK »HG«. Etwa 100 sowjetische Divisionen und eine Reihe selbständiger Panzer-Brigaden der 2. und 3. Belorussischen Front griffen die insgesamt 24 deutschen Divisionen an, die sämtlich angeschlagen waren. Die Aufgabe der 4. Armee war: Zeit zu gewinnen und den verteidigten Raum so lange wie möglich zu halten, um dem in die Hunderttausende gehenden Flüchtlingsstrom den Weg zum Haff der Frischen Nehrung offen zu halten. Südlich Königsberg hatte die Rote Armee das Frische Haff bereits erreicht und die Landverbindung nach Königsberg unterbrochen.

Die PGD »Großdeutschland« erhielt Befehl, den Weg nach Königsberg freizukämpfen. Im heftigen Schneesturm antretend, konnte sie unter Führung von GenLt. Lorenz den Weg freikämpfen. Hier tobten die Kämpfe wochenlang. Aus Königsberg heraus griffen Panzer der 5. PD in diese Kämpfe ein. Ein schmaler Schlauch wurde nach Königsberg hinein freigehalten. Pioniere hatten eine »Haffstraße« gebaut, über die der Weg nach Königsberg noch frei war.

Anfang Februar spitzte sich der Kampf dramatisch zu. Um Waldburg wurde erbittert gekämpft. Die PGD »GD« stand hier im opfervollen Einsatz immer bereit, diesen Zugangsweg nach Königsberg zu halten. Im Dohnaschen Schloß bei Waldburg kam es zu dramatischen Kämpfen, wobei einige Male Sowjets und Deutsche gleichzeitig im Schloß saßen.

Wieder wurde ein Antrag der HGr., den Ausbruch aus Königsberg zu genehmigen, von Hitler abgelehnt. Aber auch einen Vorstoß massierter Kräfte zum Angriff in Richtung Elbing und zur Vereinigung mit der HGr. Weichsel lehnte Hitler ab.

Frauenburg ging am 8. 2. verloren. Um Wormditt wurde tagelang gekämpft. Die 131. ID blieb im Besitz dieser Stadt.

Am 19. 2. gelang es den im Samland stehenden Truppen, die Verbindung zwischen Pillau und Königsberg freizukämpfen. Schrittweise mußte die 4. Armee den ganzen Februar über zurückweichen. Anfang März kam dann der Verlust des Heiligenbeiler Kessels. Nunmehr beantragte die HGr. das Übersetzen der Reste ihrer 4. Armee auf die Frische Nehrung. Es bestand noch die Möglichkeit, sie vom Hafen Rosenberg aus zurückzuschaffen. Hitler lehnte auch diesen Antrag ab.

Der Heiligenbeiler Kessel war bis Anfang März zu einem flachen Kessel mit einer schmalen Landverbindung nach Königsberg zusammengedrückt worden. Er verlief vom Haff westlich Braunsberg — 14 km südlich und 20 km ostwärts Heiligenbeil —, wieder zum Haff nach Heide Maulen, neun km ostwärts Brandenburg.

Der am 6. 3. 1945 von der PGD »GD« geführte Angriff zur Verbesserung der Abwehrstellung südlich Konradswalde wurde von einigen Tigern verstärkt. Dieser Angriff blieb in einem wüsten Feuerorkan der sowjetischen Artillerie liegen. Der Gegenangriff der Sowjets mit Sturmgeschützen warf die Panzergrenadiere wieder in ihre alten Stellungen zurück.

Am 12. 3. übernahm GenOberst Weiß, der selbst aus Tilsit stammte, die Führung der HGr. Nord, während GenOberst Rendulic den Befehl über den Kurlandkessel übernahm.

Am 13. 3. begann der sowjetische Großangriff gegen den Kessel von Heiligenbeil. Die 4. Armee sollte im selben Angriffszug ins Haff geworfen werden. Ein kaum vorher gesehenes Trommelfeuer aus Geschützen und Salvengeschützen eröffnete diesen Großangriff. Schlachtflieger griffen mit Bomben und Bordwaffen in diesen Kampf ein. Es gelang der Roten Armee nicht, die Abwehrfront zu durchbrechen.

Im Schwerpunkt Brandenburg stand die PGD »GD« im Abwehrkampf. Die Tiger der sPzAbt. »GD« kämpften verzweifelt gegen feindliche Panzerrudel. Schließlich blieben nur drei übrig, von denen noch einer durch Treffer ausfiel. Der Feind gewann ostwärts Brandenburg die Küste des Haffs. Damit war die Verbindung nach Königsberg endgültig unterbrochen. Am 18. 3. wurden Wermten, Waltersdorf, Rehfeld, Königsdorf und andere Ortschaften vom Feind in Besitz genommen, und in der Nacht zum 20. 3. mußte der rechte Flügel der Armee ebenfalls zurückgenommen werden. Der Einschließungsring wurde immer enger. Braunsberg fiel am Morgen des 20. 3. in Feindeshand.

Am 21. 3. eröffneten die Sowjets den neuen Großkampftag mit einem dichten Trommelfeuer. Dann folgte ein Angriff dem anderen. Einbrüche wurden abgeriegelt und beseitigt. Immer noch war es möglich, vom Hafen Rosenberg aus wertvolles Gerät und Menschen zum Übersetzen auf die Nehrung, über das Haff zu schaffen. Der 9. Antrag, mit dem Oberst Frhr. von Ledebur, Chef des Generalstabes des VI. AK, zum Führerhauptquartier flog, um ihn Hitler persönlich zu übergeben, wurde abgelehnt.

Der 22. 3. sah harte Kämpfe an der Bahnlinie nach Heiligenbeil und am Stadtrand. Nach der russischen Artillerie-Feuerwalze folgten die Schlachtflieger, und dann kamen die Panzerrudel mit nachfolgender Infanterie. In der Heiligenbeiler Kaserne hatte General Schulze sich mit dem Stab der 131. ID eingerichtet. Hier wurde er hinausgeschossen und ging mit dem Gefechtsstab zur Ostdeutschen Maschinenfabrik, die ebenfalls in Trümmer geschossen und gebombt wurde. Nördlich des Bahnhofs, im Keller der Siedlung war der letzte GefStand. Heiligenbeil wurde nun mit Phosphorbomben belegt und brannte überall. Am Bahnhofsgelände begann der Endkampf um Heiligenbeil. Hier lagen sich Deutsche und Russen auf etwa 100 m gegenüber. Am 24. 3. mußte Heiligenbeil aufgegeben werden. Der Gegner stieß nicht nach, als sich die letzten Grenadiere absetzten.

Deutsch-Bahnau, das von der 102. ID, GenLt. von Bercken, gehalten wurde, ging am 25. 3. verloren. Hitler genehmigte an diesem Tage das Übersetzen der Reste der 4. Armee. Aber es war zu spät. Rosenberg war soeben von den Sowjets besetzt worden. Bei Bulga und Kahlholz konnten noch Übersetzbewegungen durchgeführt werden. Diese wurden von den letzten Kräften der 4. Armee gesichert. Nacheinander setzten Gruppen verschiedenster Divisionen über, während die Teile der 102., 131., 170., 292. und der PGD »GD« die angreifenden russischen Sturmgruppen aufhielten und zerschlugen und in einem engen Gürtel um Bulga und Kahlholz verteidigten. Das letzte Schiff legte hier in den frühen Morgenstunden des 29. 3. ab und erreichte mit der Frischen Nehrung eine verhältnismäßige Sicherheit. Die 4. Armee hatte sich nur noch mit Resten retten können. Das Gros blieb auf der Erde, auf der es gekämpft hatte.

Der Kampf um Königsberg

Die Lage in der Festung am 27. 1. 1945

An diesem Tage hatten die auf Königsberg zielenden sowjetischen Sturmverbände die Stadt im Abstand von etwa zwei km von Süden über Osten nach Norden im Halbkreis umfaßt. Sie standen von Norden bei Karmitten hart nördlich der Stadt am Fuchsberg, hart ostwärts des Bäckerberges im Nordosten, vorwärts Dossitten und Arnau im Osten, bei Gutenfeld im Südosten und bei Wickbold-Ludwigswalde im Süden.

Von Süden in umgekehrter Richtung verteidigten Königsberg: die 5. PD, die 561. VGD, 367. ID, 548. VGD und weit im Norden gegenüber dem bei Karmitten stehenden Feind die 551. VGD.

Am 25. 1. 1945 war GenLt. Schittnig mit dem Stab der 1. ID mit der Verteidigung von Königsberg beauftragt worden. Aber am Morgen des 28. 1. 1945 wurde dann GendInf. Lasch »zum Befehlshaber der Befestigungen bei Königsberg und der Festung Königsberg« ernannt.

Auf seinem Befehlsstand in Moditten erschien am Morgen des 28. 1. GenOberst Rendulic, der neue OB der HGr. Nord. Er erklärte General Lasch, daß der Führer entschieden habe, daß er, Lasch, die Festung Königsberg zu übernehmen habe. GenLt. Schittnig träte als z.b.V. zu seinem Stabe. Damit waren nach mehrmaligem Wechsel die Weichen gestellt.

In der Nacht zum 29. 1. erfolgte ein russischer Panzerangriff aus Norden beiderseits der Straße Cranz–Königsberg. Das GR 947 der 367. ID, Major Schaper, und die PzJägAbt. der Division, Major Hartmann, wehrten den Angriff ab, bei dem die Sowjets 30 Panzer verloren.

Der Gegner stellte in diesem Abschnitt den Angriff ein. Die Reichsstraße konnte nun in Höhe des Fuchsberges gesichert werden.

Bis zum 29. 1. 1945 hatten die Sowjets Königsberg eingeschlossen, als sie im Südwesten bei Heide-Waldburg und Haffstrom an das Frische Haff gelangten und im Norden über die Reichsstraße hinaus bis Metgethen vorstießen. Die nördlich Königsberg zurückgehende 548. VGD setzte sich auf Fischhausen ab. Dort bildete sie zum Schutz von Pillau einen Brückenkopf. Metgethen wurde in der Nacht zum 30. 1. im Handstreich von lautlos eindringenden Sowjets genommen. In derselben Nacht wurde auch Seerappen besetzt. In der Nacht zum 31. 1. erreichte der Feind die Reichsstraße 131 nach Pillau und stieß im Laufe der Nacht bis an den Königsberger Seekanal vor.

Am 8. 2. 1945 wurde der Stab der 3. PzArmee nach Pommern verschifft. Die Truppen im Samland und Königsberg wurden nun vom XXVIII. AK als neue »Armeeabteilung Samland« geführt.

Von der HGr. Nord war beabsichtigt, nachdem die Armeeabteilung Samland den Westen des Samlandes freigekämpft hatte, durch einen Angriff von Westen nach Osten und durch gleichzeitigen Gegenangriff aus der Festung nach Westen die Verbindung nach Königsberg wieder herzustellen.

Der Angriff aus Königsberg wurde von GendInf. Lasch mit der 1. ID, der 5. PD und den Resten der sPzAbt. 505 sowie der gesamten 561. VGD geplant.

Von der Gegenseite standen zum Durchbruch nach Königsberg die 58. und 93. ID und die 548. VGD bereit.

Der Angriff begann am 19. 2. 1945 um 05.30 Uhr. Die Angriffsdivisionen in Richtung Königsberg arbeiteten sich gegen starken Feindwiderstand vor. Bei den Höhen von Galtgarben wurde tagelang gekämpft. Aber am 20. 2. trafen sich beide Angriffsgruppen. Aus der Festung waren die 1. ID und die 5. PD nach Metgethen vorgestürmt und gewannen diese Ortschaft zurück. Die 5. PD stieß darüber hinaus bis Seerappen vor. Die Bahnstrecke nach Pillau wurde in den nächsten Tagen freigekämpft. Der Gegner wich nach Norden aus. Metgethen glich einem Breughelschen Höllenbild. In einem Sprengtrichter allein wurden die Leichen von 32 Frauen gefunden.

Wie dieser Angriff aus der Sicht der sPzAbt. 505 und der sPzAbt. 511 verlief, sei im folgenden Abschnitt dargestellt.

Um die verlorengegangene Verbindung mit Königsberg wieder herzustellen, begannen im Samland und in der Festung selbst umfangreiche Vorbereitungen. Die Lage in der Festung war am Abend des 18. 2. folgendermaßen:

Entgegen der Weisung der Heeresgruppe, zum Vorstoß nach Westen nur die 1. ID und Teile der 5. PD anzusetzen, nahm General Lasch das Risiko auf sich, für diesen Angriff die gesamte 1. ID, die ganze 5. PD — mit den Resten der Tiger-Abt. 505 — sowie die gesamte 561. ID bereitzustellen.

Ofw. Göring, der bereits seit drei Wochen von seiner 2. Kpn. getrennt war, berichtete über die dramatischen Stunden des Angriffs:

»Wir sollten aus der Festung Königsberg ausbrechen, uns mit den Samlandtruppen vereinigen und die unterbrochene Landverbindung mit Pillau wieder herstellen.

Die Samlandtruppen wiederum sollten am 19. 2. in Richtung Königsberg angreifen. Sobald dieser Angriff rollte, sollten wir aus Königsberg nach Westen antreten. Bereitstellung war in Juditten. Der Angriff führte über Metgethen mit dem Ziel Flugplatz Seerappen. Hier Vereinigung mit den Samlandtruppen, u. a. mit der im Schwerpunkt angesetzten sPzAbt. 511. Anschließend Aufbau einer Sicherungslinie nach Norden und Säuberung der Straße Königsberg–Fischhausen–Pillau.

Ich sollte mit meinem Tiger als erster die Minengasse durchfahren. Hinter mir kamen dann vier weitere Tiger, zwei davon vom neuen Typ II.

Vor unserer Kampfgruppe sollte ein erbeuteter T 34 mit deutscher Besatzung in russischen Uniformen fahren. Sein Kommandant, ein Fw., sprach perfekt russisch.

Zur X-Zeit rollte dieser T 34 los. Ohne zu schießen, fuhr er vor, während sein Kommandant auf russisch die erreichten sowjetischen Posten und Infanteristen aufforderte, zurückzugehen, weil die Deutschen ihm auf den Fersen seien. Der Gegner raste — teilweise in Hemd und Unterhose — los.

In kurzen, erbitterten Nahgefechten wurde die gesamte feindliche Pakfront von rückwärts aufgerollt und vernichtet. Die Tiger rollten auf Anhieb bis zur russischen Artilleriefront durch.

Ohne Panzerausfälle erreichten wir die HKL des Gegners. Trosse und Artillerie waren vor uns auf der Flucht. In Metgethen sahen wir — tief erschüttert —, was die Russen dort Ende Januar angerichtet hatten. Auf dem Bahnhof stand ein Flüchtlingszug. Frauen und Mädchen waren darin vergewaltigt und ermordet worden. Man schrieb nun auf die Flanken der Wagen: ›Rache für Metgethen!‹

Von nun an ging der Kampf gnadenlos weiter.

In der Morgendämmerung des 20. 2. wurde der Angriff fortgesetzt. Der Gegner hatte sich verstärkt. Dennoch erreichten wir den Flugplatz Seerappen. Allerdings war der geplante, auf den Flanken gesicherte Korridor nicht geschafft. Wir wurden drei km weiter nördlich auf den Gutshof Regitten verlegt, da der Gegner aus der Flanke angriff. Die Schlacht stand auf des Messers Schneide. Dieser Gutshof mit dem Mühlenberg — der Höhe 28 — beherrschte weithin das Gelände und auch den Gabelpunkt Seerappen.

In der Nacht griffen die Russen hier bereits an. Dreimal nacheinander wurden sie blutig abgewiesen. Im Laufe des folgenden Tages wechselte der Gutshof sechsmal den Besitzer. Diese entscheidende Höhenstellung durfte nicht verlorengehen.

Am Nachmittag des 21. 2. setzte der Gegner Schlachtflieger und Bomber ein. Beim Ausbruch aus der Festung hatten wir russische Signalmunition erbeutet, diese setzten wir nun ein und schossen ununterbrochen Weiß. Der Gegner fiel auf diese List herein und lud seine Bomben jenseits der Höhenstellung ab.

Die Hoffnung, mit unseren alten Kameraden der 2. Kpn. zusammenzutreffen, erfüllte sich zunächst nicht, denn diese standen bei Medenau in schweren Kämpfen. Erst am 26. 2. konnten wir unsere Heimkehr feiern.« Soweit Ofw. Göring.

Auf der Samlandseite verlief dieser Angriff ungleich schwieriger. Die Tiger standen in der motorisierten Kampfgruppe unter Major Frey, zu der die AA 240, Teile der PzJägAbt. 158 und zehn Tiger der sPzAbt. 511 gehörten. Sie sollte erst antreten, wenn es der Infanterie gelungen war, den Höhenrücken zwischen Wischehnen und Kragau zu nehmen.

Die Grenadiere blieben jedoch vor diesem Höhenrücken liegen. Nur dem II./GR 154 gelang es, sich über Kragau nach Mosehnen durchzukämpfen. Hier stand es dann allein und wurde von herangeführten Reserven des Gegners eingeschlossen und vernichtet. Unter den Toten befand sich auch der Kommandeur, Major Schindel.

Die Tiger-Bereitstellung war den Russen inzwischen aufgefallen. Sie schossen aus 36 Granatwerfern darauf und versuchten, sie auszuschalten. Die Tiger-Kanonen konnten diese auf dem Hinterhang stehenden Werfer nicht erreichen. Mit schwierigen Ausweichmanövern versuchten die Kommandanten, dem Einschlaghagel zu entkommen. Dann wurde es Uffz. Supper von der 2. Kpn. zuviel. Ohne Befehl jagte er mit seinem Tiger über die Höhe und bis vor den Gutshof. Fw. Kerscher und die anderen folgten ihm. Ohne anzuhalten wurde Gut Kragau überrollt. Kerscher selbst fuhr nicht bis zum Gut. Am Hinterhang angekommen, machte er rechtsum und schoß die Werferstellung völlig zusammen. Nachgerückte Pioniere nahmen den Gegner gefangen.

Ohne Verluste hatten die Tiger diesen Erfolg errungen, der Uffz. Supper und seiner Initiative zu verdanken war und wahrscheinlich den Erfolg des ganzen Unternehmens herbeiführte.

Hier offenbarte sich das Schicksal der Gutsfamilie. Die Frau hing erschlagen an einem Fensterkreuz. Der Besitzer und seine Tochter wurden mit schrecklichen Verstümmelungen tot gefunden.

Teile der 58. ID kämpften sich in der Nacht weiter durch das Höhengelände ostwärts Kragau. Im Laufe des 20. 2. wurde das Dorf Powayen zurückerobert.

Erst am 23. 2. begann der Vorstoß auf Groß-Medenau. Stundenlang dauerte der Kampf. Erst nachdem die Tiger die Paksperre durchbrochen und vernichtet und alle Sprenggranaten auf Infanterieziele abgeschossen hatten, konnte Groß-Medenau genommen werden.

Auch hier fanden die Panzermänner erschlagene und verstümmelte Zivilisten; sie lagen — vom Säugling bis zum Greis — auf der Dorfstraße, in den Häusern und aneinandergereiht in den Gärten.

Dies war keine Goebbels-Propaganda. Dies war schauerliche Wirklichkeit. Sie war schlimmer als alles Gehörte.

Es gelang schließlich, eine schmale Landverbindung zwischen Königsberg und dem Samland herzustellen. Hier wurden die Tiger mehrfach in kleinen KGr. eingesetzt, um diese Landverbindung abzuschirmen. Hieraus entwickelten sich Einsätze, die zu den härtesten des Krieges zählen. Beim Gut Sickenhöfen war Fw. Kerscher erfolgreich. Er vernichtete zunächst in einem dramatischen Gefecht drei Feindpanzer, danach abermals zwei, und dann vernichtete er ein Geschütz vom Kaliber 17,2 cm. Dann mußte er in eine Mulde hinunter, weil von der Höhe eine Reihe Pak auf ihn schoß. Jetzt konnte er nur noch auf Rettung durch die Kameraden hoffen. Allein kam er nicht mehr heil aus der Mulde heraus.

Lt. Rinke rollte mit vier Tigern und einigen inzwischen eingetroffenen SPW auf die pakgespickte Höhe zu, während die übrigen Tiger Schnellfeuer auf die Geschützbedienungen eröffneten.

Alle Pak wurden von Lt. Rinkes Tigern zusammengeschossen. Kerscher sicherte nunmehr die linke Flanke dieser KGr. Danach wurde im entschlossenen Vorfahren das Gut Sickenhöfen zurückgewonnen.

Nach diesem Erfolg waren die nächsten Tage angefüllt mit weiteren Einsätzen. Kerschers Tiger wurde sowohl von der eigenen Pak angeschossen als auch von russischer Pak. Uffz. Baresch wurde mitten in der Nacht geweckt, als zwei Panzer die Front durchbrochen hatten. Er rollte hinterher und schoß beide ab. Alle Tiger wiesen Beschußschäden auf. Aber sie hatten es geschafft. Teile zweier Sowjetarmeen waren geschlagen. Der Wehrmachtsbericht des 26. 2. 45 meldete dieses Ereignis, und im Divisionsbefehl der 58. ID wurde die sPzAbt. 511 gewürdigt, denn dort hieß es:

»Die Abteilung, die während der schweren Kämpfe um die Wiederherstellung der Landverbindung zur Festung Königsberg der Division unterstellt war, hat an den Erfolgen, die die Division erringen konnte, wesentlichen Anteil ... Der hervorragende Ruf, den sich die Abteilung bereits in früheren Einsätzen bei der Division erworben hat, ist erneut gefestigt worden. Gez. Siewert, GenLt.«

Königsberg war durch diesen Schlag befreit worden. In den nächsten Wochen breitete sich hier trügerische Ruhe aus. Allerdings waren der Festung die 5. PD und die 1. ID entzogen und an der Samlandfront eingesetzt worden. Dafür wurde die 548. VGD, GenLt. Sudau, in die Festung gelegt. Vergeblich protestierte Gend-Inf. Lasch gegen die »Ausplünderung« von Königsberg, der nicht weniger als 72 Flak entzogen wurden. Als alle Proteste nichts fruchteten, bat Gen. Lasch Ende März den neuen OB der HGr. Nord, GenOberst Weiß, um eine Entbindung von diesem Posten. Dem konnte GenOberst Weiß nicht zustimmen.

30 sowjetischen Schützen-Divisionen standen in Königsberg vier deutsche Divisionen gegenüber. Das Verhältnis an Panzern war hundert zu eins. Die Rote Armee führte zum Sturmreifschießen von Königsberg starke Artillerieverbände heran.

Durch einige Stoßtruppunternehmen, bei denen Gefangene eingebracht wurden, erkannte man, daß der sowjetische Großangriff vom 5. bis 7. 4. 1945 erfolgen würde.

Dieser erwartete Angriff setzte am 6. 4. 1945 ein. 30 sowjetische Divisionen, unterstützt von zwei Luftflotten und Artillerie in Stärke von tausend Rohren, einschließlich Salvenwerfer, schleuderten Verderben nach Königsberg hinein. Sämtliche Nachrichtenverbindungen wurden durch dieses massierte Trommelfeuer zerstört. Dann griffen mehrere Schützen-Divisionen, von Panzerverbänden unterstützt, Charlottenburg an, wo die 548. VGD verteidigte. Auch beim anschließenden GR 1143 der 561. VGD erzielte der Feind tiefe Einbrüche. Nach Einsatz aller Reserven beantragte General Lasch bei der Armee die sofortige Zuführung der 5. PD. Sie sollte die verlorengegangenen Stellungen zurückgewinnen.

Am 7. 4. setzte die Rote Armee ihre Angriffe fort. Bei Amalienau und Juditten wurde der Einbruch des Vortages erweitert. Als eben der Ia des Festungskommandanten mit der 5. PD die Verbindung aufnahm, erfolgte ein neuer russischer Angriff auf die Front der links an die 561. VGD anschließenden 1. ID. Die Unterstellung der 5. PD wurde rückgängig gemacht. Sie sollte, in mehreren Gruppen aufgeteilt, bei der 561. VGD und bei der 1. ID antreten und dort den Gegner vernichten.

Im Süden gelang es Verbänden der Roten Armee, bei der 69. ID bis zur Mündung des Pregel durchzustoßen. General Lasch beantragte die Genehmigung zum Ausbruch der gesamten Festungsbesatzung nach Westen. Dieser Antrag wurde von der Armee abgelehnt. Am Abend des 7. 4. verlief die HKL im Südabschnitt Königsbergs bei der Reichsstraße–Hauptbahnhof–Habersberger und Friedländer Straße zur Alten Wiesenschanze.

Um den erwarteten Pregel-Übergang der Feindverbände im Abschnitt der 69. ID zu verhindern, verlegte General Lasch Teile der 61. ID in diesen Raum, aber diese kamen zu spät. Bis zum Abend des

7. 4. 1945 bestand nur noch eine schmale freie Verbindung nach Westen.

Am frühen Morgen des 8. 4. setzten russische Sturmtruppen von Süden her über den Pregel. Damit war der Einschließungsring dicht. Im Verlauf des 8. 4. setzte sich die 61. ID auf die Stadt ab.

Der stellvertretende Gauleiter Großherr, der sich noch in Königsberg befand, beantragte bei Gauleiter Koch, der in Neutief zum Absetzen nach Westen bereitstand, notwendige militärische Kräfte zum Ausbruch nach Westen. Das Feigenblatt dieser Flucht war die »noch zu rettende Zivilbevölkerung«.

General Lasch schlug vor, mit allen Kräften auszubrechen, weil ihm dies der sicherste Weg schien. Aber die Armeeführung entschied, daß »die Festung Königsberg zu halten« sei.

Nur Stoßtrupps erhielten Genehmigung, nach Westen durchzustoßen und die Verbindung zur dort stehenden 561. VGD herzustellen. Diese Division sollte in Verbindung mit Teilen der 5. PD von Westen her angreifen, um den Durchbruch zu erleichtern. »Aber die 5. PD darf den Ostrand von Juditten nicht überschreiten«, wurde befohlen.

Um diesem Ausbruchsversuch wenigstens eine geringe Erfolgschance zu geben, setzte General Lasch den Stab der 61. ID, GenLt. Sperl, mit allen an der Ostfront entbehrlichen Bataillonen, Teile der 548. VGD, GenLt. Sudau, und Teile der Artillerie der 367. ID ein.

Der Ausbruch begann nach mehrstündiger Verspätung um 02.00 Uhr des 9. 4. und lief sich bald fest. GenLt. Sudau fiel, GenLt. Sperl wurde schwer verwundet; der stellvertretende Gauleiter Großherr fand ebenfalls den Tod. Alles flutete nach Königsberg zurück.

Dieser 9. 4. 1945 brachte schließlich das Ende. Es gab keine HKL mehr. General Lasch faßte den Entschluß, zu kapitulieren. In einem Funkspruch an das OKH meldete er um 17.30 Uhr den Schluß des Kampfes in Königsberg. Die sowjetische Führung versprach in der Kapitulationsurkunde, Sorge für die Zivilbewohner und die Verwundeten zu tragen und den Soldaten eine würdige Behandlung in der Kriegsgefangenschaft zuteil werden zu lassen. Das Gegenteil war jedoch der Fall. 48 Stunden erhielten die sowjetischen Soldaten freie Hand zur Plünderung.

General Lasch wurde durch ein von Hitler eingesetztes Kriegsgericht in Abwesenheit zum Tode verurteilt. Er kehrte 1955 aus sowjetischer Kriegsgefangenschaft zurück.

Das Ende in Ostpreußen war nunmehr nur noch eine Frage von Tagen oder wenigen Wochen.

General Müller wurde abgesetzt, sein Nachfolger wurde am 8. 4. 1945 General der Panzertruppe von Saucken, der den Befehl über die auf Hela und in der Weichselmündung zusammengedrängten Reste der 2. Armee geführt hatte. Er wurde neuer Oberbefehlshaber der nunmehr in »Armee Ostpreußen« umbenannten Verbände im Samland.

Die Kämpfe bei der 2. Armee

Die 2. Belorussische Front eröffnete am 12. 2. 1945 unter Führung von Marschall Rokossowski mit fünf Armeen ihre neue Offensive gegen die lange Südfront der 2. Armee, die bis Ende des Monats die Linie Mewe–Schlochau–Boden erreichte. Graudenz wurde am 16. 2. eingeschlossen. Auf Hitlers Befehl hin wurde die Stadt gehalten, bis sie am 5. 3. 1945 dem sowjetischen Sturmangriff erlag. Am 5. 3. fiel auch Mewe.

Als schließlich am 26. 2. 1945 die 1. Belorussische Front unter Schukow aus dem Raum südlich Neustettin antrat, unterbrachen die sowjetischen Stoßtruppen bereits zwei Tage später die für die Versorgung der 2. Armee entscheidend wichtige Bahnlinie zwischen Schlawe und Köslin und erreichten Anfang März in breiter Front die Ostsee. Am 5. 3. wurde Köslin besetzt. Kolberg wurde belagert und hielt sich bis zum 18. 3. 1945, bis die dorthin gelangten Flüchtlinge abtransportiert waren. In Kolberg verteidigte Oberst Fritz Fullriede. Hier sein Bericht über jene entscheidenden Tage in seinem Soldatenleben.

Die Verteidigung von Kolberg

»Am 14. 2. 1945 erfolgte meine Ernennung zum Kommandanten der Festung Kolberg. Hitler wünschte angesichts der geschichtlichen Erinnerung an den Kampf gegen Napoleon, daß diese Stadt bis zuletzt verteidigt werden sollte. Aber ich hatte ein anderes Ziel.

Für mich hatte dieser Abwehrkampf nur so lange einen Sinn, bis die in der Stadt eingeschlossenen Flüchtlinge und die Bevölkerung über See gerettet waren. Deshalb erklärte ich meinen Soldaten, daß sie nicht die Stadt Kolberg, sondern die Bevölkerung und alle in dieser Stadt lebenden Menschen zu verteidigen hätten.

Vom 4. 3. 1945 an mußte die Besatzung der Stadt nach allen Seiten kämpfen. Dieser Kampf dauerte bis zum 18. 3. an. Zweimal wurde ich von den Sowjets zur Kapitulation aufgefordert. Aber ich durfte nicht aufgeben, bis alle 80 000 Menschen aus der Stadt über See gerettet worden waren.«

Soweit der direkte Bericht. Kolberg hielt einer vielfachen Übermacht stand. Als alle Menschen gerettet waren — dies nicht zuletzt dank des unermüdlichen Einsatzes von Zerstörern und anderen Fahrzeugen der Kriegsmarine —, brachen die letzten Soldaten durch. Als letzter Soldat seines Kommandos verließ Oberst Fritz Fullriede die Stadt und wurde mit einer Jolle zum Zerstörer Z 43 gebracht. Um 06.30 Uhr des 18. 3. 1945 verließ diese letzte Jolle den Hafen. Zurück blieb eine Brandfackel, die Kolberg hieß.

Der sowjetische Vorstoß auf Danzig

Der rechte Flügel der 2. Armee versuchte den russischen Vormarsch auf ihrem rechten Flügel mit den Divisionen des XXIII. und XXVII. AK und des VII. PzK zu stoppen oder wenigstens zu verlangsamen. Hier war es wieder die 7. PD, die am 26. 1. mit ihren Räderteilen die Weichsel bei Marienwerder über eine Eisbrücke passiert hatte. Die Kettenfahrzeuge mußten über Graudenz ausholen, um eine passierbare Brücke zu finden.

Am 27. 1. erreichte sie Dirschau, wo die eintreffenden Truppenteile sofort nordostwärts Dirschau in den Einsatz geworfen wurden. Andere Teile kämpften bei Einlage, westlich der Nogat, an der Straße Elbing–Danzig, 10 km westlich Elbing. Sie griffen in Richtung Elbing an, das von sowjetischer Einschließung bedroht war. Doch der russische Panzerfeind, um ein vielfaches überlegen, drückte die Division weiter und weiter zurück. Die ausbrechende Besatzung von Elbing, der Entsatz der Stadt, wurde nicht geschafft, traf in der Nacht zum 11. 2. auf die vordersten Teile der 7. PD und wurde aufgenommen.

In Marienburg und Elbing kämpfte die Gruppe von Rappard (Kdr. der 7. ID), während GenLt. Dr. Mauss die 7. PD in den vielen Gegenstößen und Abwehrgefechten führte.

Der Angriff des Feindes auf Danzig zeichnete sich in diesen Kämpfen des Februars deutlich ab. Aus dem Raum Marienwerder–Graudenz rollten die Stoßdivisionen der Roten Armee nach Westen. Gegen diese Panzerflut wurde die 7. PD am 13. 2. 1945 über Tiegenhofen–Dirschau in den Raum Konitz an der pommersch-westpreußischen Grenze geworfen. Am 14. stand sie bereits im Kampf um Konitz, wo gegen stärksten Feind bis zum 24. 2. gekämpft wurde. Major Brandes, AbtKdr. im PR 25, und Lt. Hans-Bodo von Rohr, Chef einer Panzerkompanie dieses Regimentes, fielen in diesen Kämpfen. Beide waren mit ihren Panzern in das vom Feind genommene Konitz eingedrungen, packten den Panzerfeind von mehreren Seiten und vernichteten diese feindliche Gruppe völlig. Lt. von Rohr schoß in diesem Einsatz allein acht Feindpanzer ab und vernichtete zwei weitere im Nahkampf. Damit erhöhte sich die Zahl seiner Panzerabschüsse auf 58, von denen er sechs im Nahkampf vernichtet hatte.

Beim Vorstoß aus Elbing aber war es GenLt. Dr. Mauss, der an der Spitze der Grenadiere der 7. PD, mit einem MG kämpfend den Weg nach Westen bahnte. Am 26. 2. mußte die Division aus diesem Kampfraum herausgelöst werden. Sie wurde in einen neuen russischen Durchbruchsraum Baldenburg–Rummelsburg, Ostpommern, geworfen und kämpfte am 27. und 28. 2. mit nur noch 15 Panzern in und um Flötenstein und am 1. 3. um Reinwasser. Vom 2. bis 4. 3. stand sie im Abwehrkampf um Briesen. Südlich der Division stürmten bereits Verbände der Roten Armee nach Pommern hinein. Diese zwangen die 7. PD zum Ausweichen nach Nordosten über Groß-Tuchen, Bütow und Dübzow in den Raum Lauenburg und Neustadt, nur noch 20 km westlich von Gotenhafen. Teile der Division mußten nach Karthaus ausweichen. Die Russen standen bereits westlich Danzig.

In den nächsten Tagen bis zum 9. 3. kämpfte sich die Division in den Raum westlich Gotenhafen zurück und befand sich schließlich auf der Oxhöfter Kämpe, nördlich Gotenhafen.

Die starken sowjetischen Panzerverbände erreichten am 11. 3.

bei Putzig die Danziger Bucht. Es gelang mit vereinten Kräften deren Vordringen auf die Putziger Nehrung bei Großendorf zu verhindern und Gotenhafen abzuschirmen.

Weitere sowjetische Panzerkeile waren am 7. 3. zur gleichen Zeit über Preußisch-Stargard auf Schöneck vorgestoßen. Ihre Absicht war es, die westlich kämpfenden Divisionen der 2. Armee von Danzig abzudrängen. Die Armeeführung, GenOberst Weiß, faßte den Entschluß, alle Korps auf die Höhenzüge rings um Danzig–Gotenhafen, mit Anlehnung des linken Flügels an die Weichsel, zurückzunehmen. Durch diese Verkürzung der Front konnte der Raum Danzig noch mindestens 14 Tage gehalten und ein Großteil der noch in Danzig auf Rettung wartenden Zivilisten über See nach dem Westen transportiert werden.

Karthaus und Dirschau gingen am 11. und 12. 3. verloren. In der Nacht zum 9. 3. mußte Marienburg geräumt werden, das seit dem 25. 1. belagert wurde. Selbst als die Stadt bereits von sowjetischen Truppen besetzt war, kämpften in den starken Mauern der Burg noch die Verteidiger.

Das Danziger Werder wurde besetzt. In dieser Situation hatte auch die 2. Armee nur noch zwei Hauptaufgaben: den Schutz der Marinebasis auf Hela sicherzustellen, aus der heraus allein die HGr. Kurland versorgt werden konnte; zweitens das Halten der Danziger Bucht, um den Abtransport der in die Hunderttausende gehenden Flüchtlinge zu sichern.

Am 12. 3., dem Vortag des sowjetischen Sturmangriffs auf den Heiligenbeiler Kessel, übernahm als Nachfolger von GenOberst Rendulic, der die HGr. Kurland führen sollte, GenOberst Weiß die Führung der HGr. Nord. GendPzTr. von Saucken wurde OB der 2. Armee.

Im neuen Brückenkopf waren zwar fünf Armeekorps versammelt, doch ihre Stärke war zusammengeschmolzen, jede ihrer Divisionen war entscheidend geschwächt. Hinzu kam das XX. AK, GenLt. Specht, der zugleich Stadtkommandant von Danzig war und der später auch den Befehl über die Truppen auf Hela übernahm.

Seit dem 10. 3. griff die Kriegsmarine mit den Kreuzern »Prinz Eugen«, »Leipzig« und dem alten Linienschiff »Schlesien« mit ihrer schweren Artillerie in die Landkämpfe ein.

Angriffsschwerpunkt der Roten Armee war der Norden an der

Straße Quatschin–Gr. Katz. Bis zum 19. 3. arbeitete sich der Feind hier schrittweise bis an Oliva–Zoppot–Danzig heran.

Der angestrebte Durchbruch der Sowjets gelang am 21. und 22. 3. nördlich Zoppot bei Kl. Katz. Hier drangen sie bis an das Ufer der Ostsee vor. Die Front in Ostpreußen war geteilt. Zoppot ging am 23. 3. verloren. Der Südteil von Gotenhafen konnte durch Abwehrerfolge bei Steinberg für einige weitere Tage gehalten werden. Dadurch wurde eine Räumung ermöglicht.

Drei Tage andauernde schwere sowjetische Fliegerangriffe ab 22. 3. zeigten an, daß der Sturmangriff auf Danzig dicht bevorstand. In der eng gebauten Altstadt stand alles in Flammen. Am 24. 3. flatterten Hunderttausende Flugblätter auf Danzig und auf die Abwehrstellungen der 2. Armee herunter mit der Aufforderung von Marschall Rokossowski, die Waffen zu strecken.

Am 25. 3. fiel Oliva. Langfuhr wurde in der kommenden Nacht von den deutschen Verteidigern geräumt, ebenso der Westteil von Danzig, in den die sowjetischen Sturm-Divisionen am 28. 3. eindrangen.

In der Nacht zum 27. 3. setzte sich Gauleiter und Reichsverteidigungskommissar Forster in einem Salondampfer aus Danzig ab. Er lief am Morgen des 27. 3. an einer Notsignale schießenden, mit Flüchtlingen überfüllten Hafenfähre vorbei, ohne sich um die Hilflosen auf dieser Fähre zu kümmern. Das deutsche Torpedoboot T 23, das mit einem anderen T-Boot den Kreuzer »Lützow« sicherte und soeben zur Hilfeleistung auf die treibende, von Fliegern angegriffene Hafenfähre zulief, drehte auf diesen offenbar leeren Dampfer zu, um ihn zu stoppen und aufzufordern, die Hilfeleistung zu übernehmen. Der Dampfer wurde angerufen:

»Was halten Sie von Hilfeleistung auf See? — Nehmen Sie die Fähre in Schlepp mit nach Hela!«

Als Antwort kam herüber: »Hier Gauleiter Forster. Sie haben uns nichts zu befehlen!«

Beide Torpedoboote drehten zu dem Dampfer ein, und die Richtschützen der 2-cm-Flawaffen schwenkten die Rohre herunter, bis sie den Salondampfer des Gauleiters im Visier hatten. Dieses Zeichen wurde verstanden. Der Dampfer stoppte, und ein paar Herren stürzten unter Deck.

Der Kommandant von T 23, Kptlt. Weinlig, meldete sofort über Funk an Vizeadmiral Thiele auf der »Lützow« und bat um Handlungsfreiheit, die ihm sofort zugestanden wurde. Dieser befahl, den Dampfer notfalls mit Gewalt zur Hilfeleistung anzuhalten.

T 23 lief an den gestoppten Dampfer heran. Noch ehe Kptlt. Weinlig seine Weisungen über das Megaphon herüberrufen konnte, tauchte drüben auf Deck Gauleiter Forster auf.

»Hier spricht Gauleiter Forster von Danzig-Westpreußen. Ich werde Sie zur Rechenschaft ziehen!«

Die Antwort lautete: »Hier spricht Kapitänleutnant Weinlig, Dies ist ein Befehl! Veranlassen Sie sofort, daß Ihr Dampfer die Fähre abschleppt, sonst werden Sie beschossen!«

Der Dampfer gehorchte und schleppte die Fähre nach Hela. Mehr als alle anderen Dinge zeigen diese Fakten auf, wes Geistes Kinder die »Goldfasanen« und Reichsverteidigungskommissare im allgemeinen waren, auf deren Konto so hohe Zivilistenverluste kamen.

Bis zum 30. 3. konnte die Linie bei Motlau gehalten werden, nachdem die Armeeführung am 27. 3. die Weichseldämme hatte öffnen lassen, so daß auf dem Ostufer der Weichsel ein 20 km breites Fronthindernis entstand.

In Danzig selbst hatte sich seit dem 19. 3. 1945 die Situation nach einem Bericht von GendPzTr. von Saucken folgendermaßen entwickelt.:

»Die 4. Panzer-Division, und mit ihr das PR 35, war am Brückenkopf Gotenhafen–Danzig, etwa zehn km südwestlich der Stadt in Stellung gegangen. Am 19. 3. wurde ihre Verteidigungslinie unter dem ununterbrochenen Feuer aller Waffen, besonders Artillerie und Salvengeschütze, bis auf zwei km an den Stadtrand herangezogen. Hier befand sich die Division, als ich, ihr früherer Kommandeur, zu General Betzel kam, um mir einen Eindruck von der Lage und von der Verfassung zu machen. Ich hatte Mitte März den Oberbefehl dieses mit dem Rücken an das Meer angelehnten Brückenkopfes übernommen.

Noch nie während des ganzen Krieges waren unsere Stellungen mit einem so dichten Feuer belegt worden. Der Gegner hatte in dieser letzten Phase des Krieges Munition, Rohre und Kämpfer im Überfluß.

Inwieweit das Festhalten der beiden Brückenköpfe Kurland und Hela einen Einfluß auf die Große Lage und die sowjetischen Operationen im Großen gehabt hat, wird wohl kaum jemals festzustellen sein. Indessen gibt es einen Beurteilung der Lage, die meint, daß die Rote Armee *ohne* diese Bedrohung ihrer tiefen Flanke noch viel weiter nach Westen, zum mindesten bis zum Rhein, vorgedrungen wäre.

Durch unsere Armee verlief, etwa an der Weichsel, die Grenze zwischen den Heeresgruppen Rokossowski und Wassilewski. Beide hatten starke Kräfte gegen den Brückenkopf angesetzt, die damit dem großen Schwerpunkt des russischen Angriffs entzogen waren. Wenn die Russen, wie man nach der Kapitulation erfahren konnte, drei Luftflotten gegen uns angesetzt hatten, so spricht auch das dafür, daß sie einen wichtigen Grund hatten, diesen Brückenkopf auszuräumen.

Wir bildeten den Schild für alle, die aus den Räumen Danzig, Pillau und Hela den Westen erreichten.«

Soweit der direkte Bericht. Wie der Einsatz der 4. PD und insbesondere des PR 35 dieser Division aussah, soll an den Aufzeichnungen von Oberfeldwebel Hermann Bix dargestellt werden.

»Die Kompanie Tautorus, bei der ich jetzt bin, hat den Auftrag, die Russen im Raume Kletschau einige Zeit aufzuhalten. Ich führe eine Panzergruppe von drei Jagdpanthern mit der 8,5-cm-Kanone. Die Kommandanten der beiden anderen Wagen sind Igel und Schwaffert.

Am Nachmittag ist ein Gegenstoß geplant. Kletschau, in dem der Russe sitzt, soll noch einmal genommen werden, um der Truppe hinter uns Luft zum Ausbau der Stellungen zu verschaffen. Ein Major der Grenadiere bittet mich, mit meinen Panzern etwas nachzuhelfen, damit der Ortsrand schneller erreicht werden kann. Ich lasse mich überreden und fahre mit den Grenadieren zum Ortsrand. Im Ort selbst leistet der Gegner harten Widerstand. Ich versuche einige MG-Nester niederzukämpfen, erhalte aber unangenehmes Panzerbüchsenfeuer, stoße dennoch bis zur Dorfmitte vor. Da bekomme ich von Leutnant Tautorus einen Sonderauftrag über Funk. Ich flehe ihn an, noch etwas zu warten, da sonst die Grenadiere wieder zurückgeschlagen würden. Aber der Chef unterrichtet mich, daß 20 Feindpanzer auf der Hauptstraße (wo ich eigentlich aufpassen sollte) in Richtung Danzig vorrollen.

Schweren Herzens setze ich zurück. Unterwegs erhalte ich Auftrag, auf das Gut am Fuße des Toten Kopfes anzutreten. Der Tote Kopf, ein nicht zu übersehender Hügel, ist das Wahrzeichen der Gegend. Feindpanzer, so wird mir bedeutet, seien im Gut. Als wir uns diesem Gut nähern, suche ich durch mein Fernglas das Gelände ab und erkenne plötzlich große weiße Turmnummern von Feindpanzern. Schwaffert und Igel melden per Funk Feindpanzer, die ebenfalls auf das Gut zurollen.

Wir schieben uns vorsichtig näher. Dann gebe ich Feuererlaubnis. In dem schwachen Licht zielen wir auf die weißen Nummern. Der erste Panzer brennt auf Anhieb. Nun ist es taghell im Gutspark.

Die Russen wissen nicht, wie ihnen geschieht. Sie fahren wild durcheinander. Wir hören sie bis hierher schreien. Ich traue meinen Augen kaum. Ein zweiter Feindpanzer brennt, ehe wir den zweiten Schuß abschießen. Der Russe muß nun aus der Deckung heraus, weil sonst seine übrigen Panzer auch Feuer fangen. Er fährt auf das freie Feld und steht dort wie auf dem Präsentierteller, während uns die Dunkelheit einhüllt. Wir jagen Granate um Granate in das Panzerrudel, kaum eine verfehlt ihr Ziel. Der letzte russische Panzer will gerade in einer Mulde verschwinden, da erhält auch er noch einen Volltreffer. Er brennt noch nicht. Aus der Senke stößt wenige Sekunden später eine hohe Stichflamme in den Himmel empor.

Schwaffert und Igel melden je vier Abschüsse an der Straße, wo der Gegner durchzubrechen versuchte.

Hinter einer ausgebrannten Scheune mit einer Reihe leerer Fensterhöhlen rührt sich plötzlich etwas. An der Antenne erkenne ich, daß es ein Panzer sein muß. Wir richten die nächste Fensterhöhle an, und als er dort erscheint, schießen wir. Schon brennt wieder einer.

Dann holen wir die völlig verstörten Volkssturmmänner aus den Kellern des Gutes, in denen sie sich vor dieser Panzerlawine verkrochen hatten.«

Insgesamt wurden 19 abgeschossene Feindpanzer gezählt. Dies bedeutete, daß die Besatzung Bix elf abgeschossen hatte.

Zurück zur Lage der 2. Armee ab Ende März, wäre zu berichten, daß sich ihre Front hart westlich von Heubude bis zum 5. 4. hielt, ehe sich die dort verteidigenden Einheiten am 5. 4. auf die schützende Mündung der Alten Weichsel bei Neufähr-Bohnsack zurückzogen.

Der Ring um Gotenhafen hatte sich enger zusammengezogen. Entlang der Straße Sargosch–Kielau drangen die Sowjets vor. Granaten und Bomben hämmerten auf die Stadt herunter. Ab Ende März hatte mit Booten der 13. Räumboot-Flottille, KKpt. Wassmuth, die Räumungsbewegungen begonnen, die nach Oxhöft und Hela schafften, was möglich war. Die Molen und Hafenanlagen von Gotenhafen wurden gesprengt. Die Einfahrt durch die Versenkung des Schlachtschiffes »Gneisenau« blockiert. Am 28. 3. war Gotenhafen leer. Das dort stehende PzK setzte sich befehlsgemäß auf die Oxhöfter Kämpe ab. Hitler erklärte auch diese schmale Hochfläche zum »Festen Platz«.

Die wenigen Truppen des VII. PzK, GenLt. von Kessel, darunter die 7. PD unter GenLt. Mauss, kämpften hier um einen letzten Zeitgewinn, um das Übersetzen der Flüchtlinge und Verwundeten nach Hela zu sichern, während die Marine nach wie vor mit allen verfügbaren schwimmenden Untersätzen den Strom der nach dem Westen fliehenden Menschen aufnahm und heimbrachte.

Schrittweise mußten die Soldaten weichen. Feindpanzer standen brennend vor den Stellungen. Die ersten vier Apriltage brachten immer neue Feindangriffe. An diesem 4. 4. gab GendPzTr. von Saucken den Befehl zum Räumen und Absetzen auf Hela. Mit 30 MFP, 25 KFK und einer Reihe schwerer Artillerieträger fuhren mit Ausgabe des Stichwortes »Walpurgisnacht« die Soldaten nach Hela hinüber. Um 06.00 Uhr des 5. 4. legten die letzten Boote von den Stegen der Oxhöfter Kämpe ab. Kein Soldat blieb zurück. Dies war durch den Befehl von General von Saucken erreicht worden, der sich über den Führerbefehl hinweggesetzt hatte.

Auf der Halbinsel Hela wimmelte es nun von Menschen, die aus Gotenhafen und Danzig herübergekommen waren. Von hier aus gelangten allein im April 1945 387 000 Menschen in die Freiheit. Insgesamt wurden aus Hela 1 347 000 Menschen per Schiff in den Westen gebracht.

Nach dem Fall von Königsberg wurde GendInf. F. W. Müller abgelöst. GendPzTr. von Saucken übernahm alle noch übriggebliebenen Teile der HGr. Nord unter der neuen Bezeichnung »Armee Ostpreußen«.

Die Front verlief nach dem Ende in Königsberg vom Kobbelbudder Forst zwischen Gut Holstein und Nautzwinkel, hart westlich Metgethen, ostwärts Seerappen und ab Prilacken in der alten, seit Ende Februar festliegenden HKL, die mit einer Einbuchtung nach Westen ostwärts von Thierenberg über Pobethen nach Norden an die Ostsee führte.

Während ihrer Angriffe auf Königsberg hatte die Rote Armee auch an der südlichen Samlandfront mehrfach angegriffen. Die 1., 58. und 93. ID hatten diesen Angriffen immer wieder standgehalten. Die 58. ID konnte vom 6. bis 8. 4. 45 ihren Abschnitt bis auf einen Feindeinbruch bei Prilacken halten. Im Raume Metgethen war man dabei, eine neue HKL mit den Resten der 561. VGD und der soeben herangeführten 21. ID zu bilden und zu verstärken. GenLt. Matzky hatte mit seinem XXVI. AK das Kommando im südlichen Samland übernommen, nachdem die Armeeabteilung Samland aufgelöst worden war. Im Norden dieser Front stand das IX. AK, GendArt. Wuthmann. Volkssturm, Alarmeinheiten, Versprengte waren in die einzelnen Divisionen und Kampfgruppen eingereiht worden. Die Flak-Batterien der 18. Flak-Division hatten Anteil am Abwehrerfolg gegen sowjetische Panzer.

Das Luftwaffenkommando Ostpreußen, GenMaj. Uebe, verfügte noch über etwa 25 Maschinen. Der Betriebsstoffmangel ließ jedoch einen stärkeren Einsatz aller Flugzeuge nicht mehr zu.

Die Armee Ostpreußen verfügte als Reserve über die in der Neuauffrischung befindliche 5. PD und jene Teile der PGD »GD«, die aus dem Heiligenbeiler Kessel entkommen waren.

In der Festung Pillau befehligte seit dem 22. 3. GenLt. Chill mit dem Stab des LV. AK. Er führte die Verteidigung bis zum Tenkitter Riegel. Peyse war von ganz besonderer Bedeutung, weil hier das Großkraftwerk Ostpreußen lag, das noch bis April Königsberg und das gesamte Samland mit elektrischer Energie versorgte. Darüber hinaus befanden sich im Fischhauser Wald dieser Halbinsel ausgedehnte Anlagen und Baracken sowie Bunker des Marine-Sperrwaffen-Arsenals und der Munitionsanstalt Peyse, in denen Torpedos, Seeminen und Sprengmittel aller Art hergerichtet und aufbewahrt wurden.

Der sowjetische Großangriff

Nach der Einnahme von Königsberg gelang es Marschall Wassilewski binnen vier Tagen, den Aufmarsch der 3. Belorussischen Front gegen das westliche Samland zu vollziehen. Zwei starke Luftflotten standen ihm zur Verfügung. Mit einem Flugblatt forderte er am 11. 4. die Samland-Armee zur Waffenstreckung auf. General von Saucken und seine Soldaten wußten, was sie von den Versprechungen dieses Flugblattes zu halten hatten.

Am 13. 4. 1945 begann der Angriff der 3. Belorussischen Front nach einem starken Trommelfeuer. Danach begann unter der Deckung durch etwa 250 Panzer der Infanterieangriff. Noch im Verlauf des Vormittags ging die HKL größtenteils verloren. In den Riegeln und Laufgräben, um die Regimentsgefechtsstände und an anderen Stellen, versteifte sich der letzte Widerstand. Die gesamte Front geriet unter diesem übermächtigen Druck ins Wanken. Es gelang einem sowjetischen Panzer-Regiment, bis zur Försterei Seerappen durchzubrechen und die dort anschließende 1. ID in der südlichen Flanke zu bedrohen. Beim FüsRgt. 22 gelang den Sowjets ebenfalls ein tiefer Einbruch, und bei der 58. ID standen sich beide Seiten im Nahkampf gegenüber. Die Division hielt, mußte aber nach einem tiefen Einbruch bei ihren beiden Nachbarn bis in die eigene Artillerie-Schutzstellung zurückweichen. Der Zusammenhang zwischen der 58. und 1. ID blieb erhalten.

Weiter nördlich aber erzielten die Sowjets einige noch tiefere Einbrüche bei Pojerstieten-Thierenberg. General von Saucken setzte dagegen die als Armeereserve zurückgehaltene 5. PD ein. Oberst Herzog führte sie ins Treffen. Ihr gelang es zunächst, einen Durchbruch zu verhindern. Aber die 95. ID und die 551. VGD konnten gegenüber der Panzerwucht des Gegners nicht standhalten. Die 551. VGD mußte sich in der Nacht zum 14. 4. absetzen. Die 95. ID wurde zerschlagen. Der DivKdr., GenMaj. Lang, fiel.

Der Nordteil der Front im Samland konnte nicht mehr gehalten werden. Eine neue Abwehrfront wurde nach Norden aufgebaut, in die die 5. PD, Teile der PGD »GD« und die mit Anfängen herangekommene 32. ID einrückten. Die 28. JD verstärkte die Abwehr an der Südfront. Allerdings waren alle Divisionen — mit Ausnahme der 5. PD — nur noch Kampfgruppen, deren Offiziere größtenteils gefallen waren.

Der russische Großangriff wurde am 14. 4. fortgesetzt. Es begann abermals mit einem starken Artilleriefeuer mit nachfolgendem Panzer- und Infanterieangriff. Ständige Tieffliegerangriffe hielten den ganzen Tag über an. Mit seinen starken Panzerverbänden kam der Gegner im waldreichen Südabschnitt nicht weit vorwärts. Hier mußten die deutschen Verteidiger bis zum Abend in die Linie Haff—Elenskrug—Powayen zurückgehen. Die 1. ID und die 58. ID konnten einige Feindeinbrüche ausbügeln, mußten aber beide in die vorgesehene Riegelstellung ausweichen.

Weiter nördlich, im offenen Gelände des nordwestlichen Samlandes, stürmte die feindliche Panzerlawine vorwärts. Die deutsche HKL wurde durchbrochen. General von Saucken bemühte sich, mit den letzten Reserven zwischen Kragau und Germau eine nach Nordosten gerichtete Front aufzubauen. Als Georgenswalde geräumt war, schwenkte der Nordflügel der Armee zurück und entging so der Einschließung.

Auch am dritten Tag des Großangriffs stürmte die 3. Belorussische Front mit der Wucht der Vortage weiter. Die deutsche Front wurde aufgerissen, die zurückweichenden Verbände versuchten den rettenden Hafen Pillau zu erreichen. Unter den Soldaten befanden sich immer noch Flüchtlinge, die bis zuletzt in ihren Höfen geblieben waren. Die Trecks wurden auf den Straßen teilweise von russischen Panzern überwalzt, wie dies schon einmal im Samland geschehen war. Fast die gesamte Artillerie ging verloren. Es gelang nicht mehr, den Sperr-Riegel im Nordosten bei Germau zu besetzen.

Am Abend dieses Tages ging Bludau verloren. Große Teile des XXVI. AK wurden in den Raum Peyse abgedrängt. Nur noch eine schwache Front hielt südlich Kobbelbudde in der Bludauer Heide.

Um Fischhausen schloß sich ein enger Halbkreis in der Linie Kallen—Kauster Berg—Schloß Gaffken—Littausdorf. In der Nacht wurde die Fischhausen-Ost-Stellung durch Teile der 1. und 58. ID besetzt. Es gab nun nur noch zwei enge Brückenköpfe, den von Peyse und jenen bei Fischhausen.

Am 16. 4. wurden diese beiden Brückenköpfe weiter eingeengt. Pausenlose Luftangriffe gingen darauf nieder. Fischhausen wurde völlig durch Luftangriffe zerstört. Nachdem sämtliche Nachrichtenmittel ausgefallen waren, war an eine einheitliche Befehlsgebung nicht mehr zu denken. Im Kampf fiel hier der letzte Kommandeur der 1. ID, GenLt. von Thadden. Im Laufe des 16. 4. brach die Front bei Fischhausen zusammen. Die Sowjets drangen von Norden in die Stadt ein und besetzten sie während der Nacht.

Auf der Halbinsel Peyse drang der Gegner ebenfalls am 16. 4. gegen schwachen Widerstand weiter vor. Hier verteidigten noch Teile der 561. VGD unter Oberst Becker und der 28. JD unter Oberst von Tempelhoff. Die Armee versuchte noch in der Nacht des 17. 4. durch Pionierboote und Marinefahrzeuge möglichst viele Menschen zu retten. Am Strand bei Rosenberg-Balga und an einigen anderen Stellen wurden in Eigeninitiative Flöße gebaut, mit denen man versuchte, den Wasserstreifen bis zur Nehrung zu überwinden. Peyse fiel am 17. 4. 1945. Versprengte haben sich noch bis zum 18. 4. in den Waldstücken halten können, ehe auch für sie das Aus kam. Auf den Verwundetenbunkern wurden weiße Flaggen aufgesteckt, um diese zu retten.

Am Tenkitter Riegel hatte die erst am 15. und 16. 4. in diesem Raum eintreffende 32. ID, GenMaj. Boekh-Behrens, von der Lungenheilstätte Lochstädt aus den letzten Einsatz geführt. Die aus dem Raume Kahlberg herangeführte 170. ID stand um diese Zeit in der Tiefe des Hauptkampffeldes und wurde binnen dreier Tage bis zum 21. 4. völlig zerschlagen.

Am Tenkitter Riegel stießen die Rotarmisten am 17. 4. auf den letzten entscheidenden Widerstand. Vier Tage dauerte es, ehe es ihnen gelang, diesen Riegel zu knacken.

Hinter dem Riegel konnte derweilen etwas Ordnung geschafft werden. Auf dem 30 Quadratkilometer großen Nehrungsteil bei Pillau drängten sich die Reste der Samlandtruppen zusammen. Von hier aus konnten die Kriegsmarine unter FKpt. Brauneis und die Pionier-Landungsverbände unter Generalmajor (der Pioniere) Henke im ständigen Bombenhagel aus dem Tief, wo die letzten Einschiffungsmöglichkeiten bestanden, noch Rettungsfahrten durchführen.

Die übrigen Riegelstellungen nördlich Pillau wurden neun Tage lang gehalten, nicht um einen sinnlosen Widerstand bis zum letzten zu leisten, sondern um zu retten, was noch zu retten war. Hier hielten unbekannte Soldaten aus, um verwundeten Kameraden und Zivilisten, Frauen und Kindern den Weg nach dem Westen offen zu halten.

Vom 21. bis 23. 4. tobte der Abwehrkampf in dem 4 km tiefen Waldstück hinter dem Tenkitter Riegel. Die alte Burg Lochstädt war das Haupt-Verteidigungswerk in diesem Raum. Hier waren es die Reste der 18. Flak-Division und die Marinebatterie Lochstädt, die bis zuletzt kämpften. Auch vor Neuhäuser tobte der Kampf in ungekannter Erbitterung, bis die Stadt in der Nacht zum 24. 4. fiel.

Der Kampf um die Festung Pillau begann. GenLt. Chill erlebte mit seinen Soldaten hier Dutzende schwerster Luftangriffe und Artillerie-Bombardements. Vom 13. bis 23. 4. standen die Verteidiger im Abwehrkampf, bevor die Rote Armee am Morgen des 24. 4. die äußerste Befestigungslinie erreichte, wo die 21. ID kämpfte. Der Einsatz der 83. ID unter GenMaj. Wengler, die noch am Abend des 24. 4., von Hela kommend, in Pillau landete, war ein Verzweiflungskampf. Der DivKdr. fiel am 25. 4. bei Pillau-Neutief.

Der Seekommandant Pillau, Kpt. z. S. Strobel, gab am Morgen des 25. 4. den Befehl zur Sprengung der Molen und der Hafeneinrichtungen sowie zur Verminung des Seetiefs und Sperrung der Hafeneinfahrten. Danach setzte er als letzter mit seinem engsten Stab über das Seetief zur Frischen Nehrung über.

Noch am 25. 4. wurde die Altstadt gehalten. Dann war auch der Kampf um Pillau zu Ende gegangen.

Bereits am 23. 4. 1945 hatte Gauleiter und Reichsverteidigungskommissar Koch mit seinem engeren Stab, darunter Dargel und Knuth, mit den Eisbrechern »Ostpreußen« und »Pregel« Pillau verlassen. Ohne auch nur einen Flüchtling mitzunehmen, lief die halbleere »Ostpreußen« aus dem Hafen von Pillau. Auch während des Zwischenanlegens in Hela weigerte sich Koch, Flüchtlinge oder Verwundete an Bord zu nehmen. Er ließ Kurs auf Kopenhagen nehmen, zog dort eine feldgraue Uniform an und tauchte als Major der Reserve Berger in Hasenmoor bei Hamburg unter. Erst 1949 wurde er dort erkannt und nach Verurteilung durch ein britisches Gericht nach Polen ausgeliefert.

General der Pioniere Henke, der das Übersetzen mit seinen Pionierlandungsverbänden bis zuletzt geleitet hatte, bildete am frühen Morgen des 25. 4. 1945 aus Soldaten aller Wehrmachtsteile eine Kampfgruppe, um die letzten Ablandungen sichern zu können. Diese Kampfgruppe wurde am 26. eingeschlossen. Sie setzte dennoch den Kampf fort, weil sie noch auf einlaufende Boote hoffte. Sie verteidigte bei der Flakbatterie Lehmberg in Neutief. Diese war von den Russen umgangen worden. Am 27. 4. fiel sie um 15.30 Uhr dem Feind nach letztem Abwehrkampf in die Hände. Bei diesen Kämpfen fand GenMaj. Henke den Tod. Seine Landungspioniere aber führten von dem letzten Flecken beim Weichseldurchbruch von 1848 noch Tausende Flüchtlinge und Soldaten auf die Reede von Hela zurück.

Der Kampf um Berlin

Übersicht über die geplanten Operationen
der Roten Armee

Die abschließende Großoffensive der an der Oder stehenden Streitkräfte der Roten Armee richtete sich gegen Berlin. Zu diesem Großangriff standen die Verbände der 1. Belorussischen Front unter Führung von Sowjetmarschall Schukow auf dem Ostufer von Oder und Neiße und vom Raum südlich Schwedt bis nach Groß-Gastrose. Darin eingeschlossen waren der 50 km breite und zehn km tiefe Brückenkopf bei Küstrin auf dem Westufer der Oder. Die 1. polnische Armee wurde dieser Front zugeführt.

Von Groß-Gastrose nach Süden, bis zu den Ausläufern der Sudeten, war die 1. Ukrainische Front unter Marschall Konjew aufmarschiert. Ihr gehörte die 2. polnische Armee an.

Am Südflügel dieser strategischen Front führten die 2. und 4. Urkainische Front den Kampf gegen die HGr. Mitte im Raum der Tschechoslowakei.

Folgende Planungen waren für die zu Mitte April angesetzte letzte Offensive vorgesehen: Die 2. Belorussische Front, Marschall Rokossowski, im Norden der breiten Ausgangsstellung, löste die 1. Belorussische Front am Unterlauf der Oder im Abschnitt Kolberg–Schwedt ab. Teilkräfte waren aus dieser Front zur Vernichtung der letzten noch kämpfenden deutschen Truppen in Pommern an der Danziger Bucht eingesetzt. Sie sollten mit dem Gros den Unterlauf der Oder mit seinen breiten Flußarmen, die oft vier bis fünf Kilometer auseinander lagen, überwinden.

Die 1. Belorussische Front erhielt Weisung, aus dem Brückenkopf Küstrin heraus anzugreifen. Hier galt es ein tiefgestaffeltes deutsches Verteidigungssystem zu überwinden. Die 1. Ukrainische Front sollte im Angriff auf einer Breite von einigen Kilometern zunächst die Neiße überwinden. Hier konnte es zu einem Gegenschlag der HGr. Mitte kommen. Alle drei HGr., die 2. und 1. Belorussische und die 1. Ukrainische Front, sollten die deutschen

Verteidigungsstellungen aufreißen, sie an mehreren Stellen durchbrechen und die hier stehenden Kräfte des deutschen Heeres in drei Gruppen aufspalten. Danach sollten die einzelnen Teile vernichtet werden.

Die Durchbruchsversuche waren an folgenden Stellen angesetzt: Bei Schwedt an der Oder durch die 2. Belorussische Front, die in den Raum Neustrehlitz vorstoßen und die 3. deutsche PzArmee von den übrigen deutschen Truppen abschneiden sollte.

Mit Stoßrichtung auf Berlin wurde die 1. Belorussische Front angesetzt. Flankenverbände dieser HGr. sollten die Reichshauptstadt von Süden und Norden umholen und sich westlich von Berlin mit der 1. Ukrainischen Front vereinigen. Dadurch sollten die 9. Armee und alle in und um die Reichshauptstadt eingesetzten Verbände vernichtet werden. Gleichzeitig sollten von dieser Front zwei Nebenangriffe geführt werden. Im Norden mit der polnischen Armee nördlich des Küstriner Brückenkopfes entlang dem Südufer des Hohenzollernkanals auf Fehrbellin und im Süden aus dem Brückenkopf Küstrin südlich Frankfurt in Richtung Potsdam–Brandenburg. Dadurch sollte die 9. Armee von Berlin abgeschnitten werden.

In allgemeiner Richtung Belzig sollte die 1. Ukrainische Front aus den Bereitstellungen im Abschnitt Forst–Muskau antreten, die Neiße überwinden und mit den Spitzenverbänden bis in den Raum westlich Berlin vorstoßen. Hierdurch sollten der linke Flügel der 4. deutschen PzArmee zerschlagen und die 9. Armee von Süden umfaßt werden.

Als wichtigste Aufgabe dieser Front wurde die Einschließung der 9. Armee und Groß-Berlins gemeinsam mit der 1. Belorussischen Front angesehen. Den Nebenangriff in Richtung Dresden führte die 2. polnische Armee mit einigen unterstellten Verbänden.

Diese Offensive sollte für die 1. Belorussische und 1. Ukrainische Front am 16. 4. und für die 2. Belorussische Front am 20. 4. 1945 beginnen.

An der gesamten Offensive nahmen teil: drei HGr. mit 41 600 Geschützen und Granatwerfern, über 6300 Panzer, 8000 Flugzeuge und viele andere Kampfmittel.

Nach der durchgeführten Aufklärung traten die Truppen der 1. Belorussischen und der 1. Ukrainischen Front am 16. 4. 1945 zum Großangriff an. Zwei Stunden vor Morgengrauen bereits wurde der Angriff von der 1. Belorussischen Front aus dem Küstriner Brückenkopf begonnen, wie Marschall Schukow dies vorbereitet hatte.

Um 05.00 Uhr begann das Artilleriefeuer, gleichzeitig damit griffen sowjetische Nachtbomber der Front- und der Fernaufklärerverbände die rückwärtigen Linien des Hauptverteidigungsstreifens an. Sie konzentrierten sich auf erkannte Artilleriestellungen und Gefechtsstände. Nach Ende dieses 20 Minuten dauernden Feuerschlages wurden die in Position gebrachten 140 starken Scheinwerfer eingeschaltet.

Infanterie, Panzer und Sturmgeschütze traten hinter diesem Lichtfeld zum Angriff an. Dieser erste Angriff drang bis zu zwei km vor, ohne auf Widerstand zu stoßen. Dann aber versteifte sich der Widerstand, die Angriffstruppen blieben teilweise im Schlamm stecken.

Bis zum Abend des ersten Angriffstages war die 1. Belorussische Front nur 3 bis 8 km tief vorgedrungen. Dies obgleich auch die 1. und 2. Garde-Panzerarmee unter den Generalen Bogdanow und Katukow in den Einsatz fuhren.

Der Kampf dauerte hier insgesamt vier Tage, ohne daß diese Front wesentliche Fortschritte erzielt hätte. Deutsche Gegenangriffe hielten die sowjetische Panzerlawine im Verein mit dem Schlamm auf. Dennoch gelang es den massierten Panzerkräften des Gegners mit nachfolgender Infanterie auf einer Frontbreite von 70 km bis zu 30 km tiefe Geländegewinne zu erzielen. Der deutsche Oder-Neiße-Abschnitt wurde auf einer Breite von 20 km durchbrochen. Dabei überholten diese Truppen auf der rechten Flanke die Truppen des Hauptangriffs und stießen weiter vor, um Berlin von Norden zu umfassen. Diese beiden Armeen wurden sofort verstärkt, als sich bei ihnen der rasche Vorstoß abzeichnete.

Bei der 1. Ukrainischen Front wiederum begann die Offensive am 16. 4. um 06.55 Uhr. Hinter einem künstlichen Nebelschleier überwand die Truppe auf Pionierstegen und Behelfsbrücken die

Neiße und bildete zunächst auf deren Westufer Brückenköpfe. Danach wurden von Pionierverbänden Pontonbrücken gebaut, über die weitere Kräfte nachgezogen wurden. Um 08.45 Uhr begann der Angriff mit dem Ziel, die deutsche HKL nahe dem Westufer zu durchbrechen. Auf einer Breite von 26 km gelang dies am ersten Tage in einer Tiefe bis zu zehn km. Damit war ein genügend großer Brückenkopf geschaffen, um alle Kräfte der 1. Ukrainischen Front über den Fluß und in die endgültige Sturmausgangsstellung zu schaffen.

Die Nebengruppierung, die ebenfalls an diesem Tage die Neiße überwunden hatte, durchbrach die deutsche HKL und stieß in Richtung Bautzen fünf km vor. Ihren Spitzenverbänden gelang es bis zu zehn km weit voranzukommen.

Am 17. 4. wurde der Angriff des Gros in Richtung Durchbruch der zweiten Verteidigungslinie fortgesetzt. Die Panzer voran, wurde die Spree überwunden. Die dritte deutsche Verteidigungslinie westlich der Spree wurde beiderseits Spremberg durchbrochen.

Die beweglichen schnellen Truppen der Front lösten sich am 19. 4. von den übrigen Truppenverbänden. Sie setzten ihren Vorstoß selbständig fort und stießen dabei bis zum südlichen und südwestlichen Stadtrand von Berlin vor. Cottbus und Spremberg, die sich noch verteidigten, wurden umgangen.

Durch diese Operation zeichnete sich bereits am 19. 4. die Umgehung der 9. Armee und der 4. Panzerarmee ab, die den Frontbogen von Frankfurt entlang dem Westufer der Oder und Neiße sowie ostwärts und westlich Cottbus immer noch verteidigten.

Die 1. Ukrainische Front zerschlug den linken Flügel der 4. Panzerarmee. Das Gros der 4. Panzerarmee, das im Großraum Spremberg verteidigte, wurde umgangen. Auch die Nebenangriffe gingen zügig vorwärts.

Die Vorausabteilungen der 2. Belorussischen Front im Norden des Angriffsstreifens überwanden das Ostufer der Oder bis zum 19. 4. und bereiteten sich auf den Angriff über die Oder nach Westen und Nordwesten vor. Ihr Angriff band die 3. PzArmee, so daß diese keinen Verband zur Unterstützung der schwer kämpfenden 9. Armee abstellen konnte.

Am Morgen des 20. 4. begann hier erst der Angriff des Gros der

Links: Richard Heidrich, General der Fallschirmtruppe. Er führte das II. Fallschirmkorps aus Italien zurück.
Rechts: Generalleutnant Dr. Karl Mauss bei der Befehlsausgabe nahe Elbing.
Unten: Verdreckt und abgekämpft haben Truppen der 3. Armee in einem ehemaligen deutschen Unterstand bei Prün Schutz gesucht.

1

2

3 4

1   *General der Infanterie Friedrich Schulz als Oberbefehlshaber der 17. Armee.*
2   *Nach achtwöchigem Einsatz ostwärts der Oder.*
3   *Feldwebel Hermann Bix: In Danzig als Panzerkommandant hochbewährt.*
4   *Generalfeldmarschall Walter Model. Kapitulation im Ruhrkessel.*
5   *General der Panzertruppe Dietrich von Saucken (rechts) als Oberbefehlshaber*
     der »Armeegruppe Ostpreußen«.
6   *Generalleutnant Dr. Karl Mauss.*
7   *Georg Jauer, General der Panzertruppe.*

Links: General der Infanterie Hermann Niehoff, der Verteidiger von Breslau.
Rechts: General der Panzertruppe Walther K. Nehring.
Links unten: Leutnant Hans Deutsch von der Fallschirm-Sturmgeschütz-Brigade XII.
Rechts unten: Hauptmann Hans Bölter kämpfte bis zuletzt in Ostpreußen.

2. Belorussischen Front über das erhöhte Westufer der Oder nach Westen. Die Kämpfe zur Errichtung eines breiten und tiefen Brückenkopfes dauerten bis zum 25. 4. Danach standen die Hauptverbände auf einem 30 km breiten Abschnitt in 20 km Tiefe zum Schlußangriff bereit gegen die deutsche Verteidigung in Vorderpommern.

Währenddessen hatte die 1. Belorussische Front am 20. 4. mit ihrem rechten Flügel den äußeren Verteidigungsriegel um Berlin in etwa 15 km Breite aufgerissen und eröffnete die Umfassung der Reichshauptstadt von Norden. An diesem 20. 4. 1945, Hitlers Geburtstag, schickte die Artillerie der Roten Armee die »ersten Geburtstagsgrüße« in Gestalt von Feuerüberfällen ihrer Artillerie in die Reichskanzlei. Am 21. 4. drangen die Verbände dieser Front bis an die Stadtränder im Norden und Nordosten Berlins vor. Am 22. und 23. 4. ging es in ununterbrochen andauernden Kämpfen weiter in Richtung Stadtkern. Marschall Schukow befahl dem zum Nordwestrand Berlins vorprellenden Stoßkeil, Berlin von Norden zu umgehen, Potsdam zu erobern und sich dann mit den von Süden herankommenden Truppen der 1. Ukrainischen Front zu vereinigen. Durch diese Operation sollten die Verteidiger von Berlin von den im Waldgebiet südostwärts Berlin stehenden Kräften der 9. Armee und den dort haltenden Teilkräften der 4. Panzerarmee abgeschnitten werden.

Gegen diese beiden deutschen Gruppierungen im Südosten der Stadt richteten sich die Angriffe der sowjetischen Luftstreitkräfte.

Im Abschnitt der 1. Ukrainischen Front waren die Panzertruppen der 3. und 4. Garde-Panzerarmee unter den Generalen Rybalko und Leljuschenko zum südwestlichen Stadtrand von Berlin vorgestoßen und drangen am Abend dieses Tages in den ersten Berliner Verteidigungsriegel ein. Spremberg wurde von einer Teilgruppe dieser Front am Abend des 20. 4. in Besitz genommen.

Am 21. 4. führte Marschall Konjew die 28. Armee unter General Lutschinski in den Kampf, die ihm aus der Reserve des Oberkommandos zur Verfügung gestellt wurde. Sie sollte hinter Rybalkos 3. Garde-Panzerarmee aufschließen und auf Berlin vorstoßen.

Diese beiden Armeen stürmten in den folgenden zwei Tagen zum Teltow-Kanal am Südrand von Berlin vor. Die 4. Garde-Panzerarmee wiederum stieß auf Potsdam vor, drang in den Südteil ein und stand mit Teilgruppen bei Treuenbrietzen im Abwehrkampf gegen die dort von Westen angreifende 12. Armee, GendPzTr. Wenck.

In der Nacht zum 23. 4. befahl das sowjetische Oberkommando Marschall Konjew, mit seiner 1. Ukrainischen Front spätestens am 24. 4. die 9. Armee und Teilkräfte der 4. Panzerarmee südostwärts Berlin einzukesseln. Und zwar mit Truppen der 3. Garde-Panzerarmee und den soeben am Südrand Berlins eingetroffenen Verbänden der 8. Garde-Armee, Generaloberst Tschuikow, und der 1. Garde-Panzerarmee der 1. Belorussischen Front unter Generaloberst Katukow.

Die Panzerverbände beider Fronten trafen sich und hatten damit diese starke deutsche Kräftegruppe gespalten.

Am 25. 4. wurde die Einschließung Berlins vollendet, als sich um 12.00 Uhr Teile der 47. Armee unter General Perchorowitsch mit Spitzengruppen der 4. Garde-Panzerarmee, General Leljuschenko, bei Ketzin die Hand reichten. Damit war westlich Berlin der Einschließungsring vollendet.

Am selben Tag stießen Truppen unter General Schadow bei Torgau bis zur Elbe vor und reichten den soeben dort angelangten Truppen der 1. US-Armee die Hand. Damit war Deutschland in eine nördliche und eine südliche Hälfte gespalten.

Die deutsche Wehrmacht verfügte noch über zwei freie Verbände: die 12. Armee, die westlich Berlin stand, und die HGr. Mitte, die noch auf dem Boden der Tschechoslowakei kämpfte.

In dieser Endphase des Kampfes auf deutschem Boden drang der Großangriff der 2. Belorussischen Front im Norden durch den zweiten deutschen Verteidigungsgürtel und rollte bis zur Elbe, nach Schwerin und Rostock vor. Dann vereinigte sie sich mit den im Norden vorgerückten englischen Truppen. Die 3. Panzerarmee wurde zerschlagen, und ein Teil dieser Armee geriet in englische Kriegsgefangenschaft.

Der Kampf um Berlin aber rückte in seine letzte Phase. Nach der Vernichtung der 9. Armee und der Teile der 4. Panzerarmee im Raume Frankfurt–Guben durch Truppen der 13. Armee, General Puchow, und der 4. Garde-Panzerarmee unter General Leljuschenko, durchbrachen Reste der 9. Armee die russische Umklammerung und schlugen sich zur 12. Armee durch, die diesen Durchbruch vorbereitet hatte und so lange stehengeblieben war, bis die durchgekommenen Teile der 9. Armee aufgenommen waren. Am 1. 5. 1945 war das Schicksal dieser Gruppe entschieden, als sich die 12. Armee mit den Resten der 9. Armee kämpfend zur Elbe zurückziehen mußte.

In Berlin tobte seit dem 26. 4. der Straßenkampf. Teile der 1. Belorussischen Front stießen von Norden, Osten und Westen zum Zentrum der Reichshauptstadt vor. Von Süden und Südwesten drangen Verbände der 1. Ukrainischen Front zum Stadtkern vor, in dem seit dem 27. 4. bereits gekämpft wurde.

Endkampf in der Tschechoslowakei

Als die Rote Armee im April 1945 Wien und einen Teil von Mähren zurückerobert hatte, waren die Voraussetzungen zu einer Schlußoffensive ins Herz der Tschechoslowakei mit Stoßrichtung Prag frei.

In dieser Situation während des 20. April 1945 hatte General Eisenhower, der Oberkommandierende der westalliierten Streitkräfte, seine 3. US-Armee, die von Westen her Chemnitz zu erreichen versuchte, und die 7. US-Armee, die Nürnberg erreicht hatte, nach Süden und Südosten angesetzt mit dem Ziel, Westösterreich zu besetzen. Ganz Bayern war bis Ende April in der Hand der US-Truppen. Linz wurde am 1. 5. in Besitz genommen, und die 3. US-Armee, die den Raum Linz–Salzburg erreicht hatte, marschierte auf dem Wege dorthin etwa 300 km an der tschechischen Grenze entlang. Auf der Linie der Flüsse Elbe und Mulde und entlang der tschechischen Westgrenze blieben die US-Truppen stehen.

Anfang Mai verfügte die deutsche Wehrmacht nur noch über Böhmen und den nordwestlichen Teil von Mähren. Hier verteidigte sie in der HGr. Mitte mit der 1. und 4. Panzerarmee (letztere nur noch in Teilen vorhanden). Die 17. Armee und die Reste der im Wiener Raum dezimierten 8. Armee der HGr. Süd, die 7. Armee, die aus dem Westen zurückgegangen war, und Teile des Ersatzheeres kamen hinzu. Diese Truppen unter Generalfeldmarschall Schörner waren die einzigen, die der Roten Armee noch entscheidenden Widerstand leisten konnten.

Am 1. 5. 1945 befahl das sowjetische Oberkommando, daß die 1. Belorussische Front bis zum 4. 5. die im Großraum Berlin eingesetzten Teile der 1. Ukrainischen Front abzulösen habe. Der OB der 1. Ukrainischen Front, Marschall Konjew, erhielt Befehl, seine Heeresgruppe nördlich Dresden bereitzustellen und von dort aus in Richtung Prag anzugreifen. Einen Tag später wurde vom Oberkommando der Roten Armee der Befehl an Marschall Malinowski, OB der 2. Ukrainischen Front, gegeben, seinen Angriff mit Teilkräften auf Olmütz fortzusetzen und mit der Hauptgruppe im Raum Brünn zu sammeln und von dort aus in Richtung Jihlava–Prag anzugreifen.

Die 4. Ukrainische Front befand sich bereits im Angriff von Nordosten auf Olmütz. Das tschechoslowakische AK kämpfte innerhalb der 4. Ukrainischen Front bei Ostrava.

Dies bedeutete, daß die 4. Ukrainische Front von Nordosten und der rechte Flügel der 2. Ukrainischen Front von Süden vorstoßen würden, während die 1. Ukrainische Front von Nordwesten anrückte.

Bis zum Abend des 6. 5. hatte die 1. Ukrainische Front nach ihrer Umgruppierung die Ausgangsstellungen bei Dresden und Görlitz erreicht. Bei Dresden hatten sich 6000 Geschütze und etwa 1000 Panzer versammelt. 2000 Flugzeuge sollten diese Stoßgruppe aus der Luft unterstützen. Bei Görlitz, wo die Versammlung erst am Abend des 8. 5. beendet war, standen zum Angriff 3500 Geschütze und Selbstfahrlafetten zur Verfügung, ferner 350 Panzer und Sturmgeschütze. Hier sollten 350 Flugzeuge den Angriff aus der Luft unterstützen.

Die Umgruppierung war bei der 1. Ukrainischen Front rasch vonstatten gegangen. Schwieriger hatte es Marschall Malinowski mit seiner 2. Ukrainischen Front, die erst am 7. 5. umgruppiert hatte.

Am 6. 5. begann der Angriff in Richtung Prag, als durch die Aufklärung festgestellt wurde, daß der Gegner westlich Meißen seine Stellungen verließ und sich nach Süden zurückzog. Marschall Konjew hatte daraufhin um 14.00 Uhr antreten lassen. Aber am Abend prallte dieser Stoßverband im Raume Dresden auf entschiedenen deutschen Widerstand.

Am 7. 5. trat auch die 1. Ukrainische Front an, und gleichzeitig eröffnete die 2. Ukrainische Front aus dem Raum Brünn den Angriff. Am Abend wurde die Verteidigungslinie westlich Dresden von Truppen der 1. Ukrainischen Front durchbrochen. Der Weg über das Erzgebirge nach Prag war frei.

Generalfeldmarschall Schörner hatte bereits an diesem Tage den Rückzug der Heeresgruppe nach Westen befohlen.

Am Morgen des 8. 5. stießen alle Armeen der 1., 4. und 2. Ukrainischen Front weiter auf Prag vor. Dresden wurde erst am 8. 5. genommen. Die 4. Ukrainische Front unter Armeegeneral Jerjomenko erreichte Olmütz und stieß bis zur Morava vor.

Am Abend des 8. 5. war offiziell der Krieg zu Ende. Dennoch setzte die Rote Armee den Angriff auch am 9. 5. fort, »um den Gegner zu zwingen, die Waffen zu strecken«. Am 9. Mai 1945 erreichten die 3. und 4. Garde-Panzerarmee um 04.00 Uhr Prag. Weitere Truppen trafen im Verlauf dieses Tages in Prag ein.

Am 10. und 11. 5. nahmen die Truppen der Roten Armee auch in diesem Raum auf der Linie Karlovy Vary–Pilsen–Klatovy–Ceske Budejovice Verbindung mit den US-Streitkräften auf. Die Tschechoslowakei und ihre Hauptstadt Prag waren von der Roten Armee befreit worden.

Was aber war mit der sagenhaften 12. Armee? Wo stand sie, wer führte sie, und nach welcher Seite mußte diese Armee kämpfen, die von Hitler ursprünglich zum Entsatz des Ruhrkessels gedacht gewesen war?

Die 12. Armee zwischen Elbe und Oder

Aufstellung und Zielsetzung

Ende März 1945 erteilte Hitler dem Oberkommando der Wehrmacht Weisungen, im Bereich der Elbe, Raum Dessau und Wittenberge, eine neue Armee aufzustellen, die zum Kampf im Westen bestimmt sein sollte. Diese Armee rekrutierte sich aus den jüngsten Jahrgängen, jenen 17 bis 19 Jahre jungen Menschen, die gerade gezogen wurden. Hinzu kam das Personal von Waffenschulen und RAD-Führerschulen und anderer Einrichtungen.

Diese Armee erhielt folgenden Auftrag:

»Versammlung im Harz, westlich der Elbe, Angriff nach Westen zum Entsatz der Heeresgruppe B. Dadurch Spaltung der westlichen alliierten Streitkräfte und durch weitere Operationen Herstellung einer geschlossenen Westfront.«

Das Oberkommando der HGr. Nord, das Anfang April bei Führung der auf engem Raum in Ostpreußen eingeschlossenen Truppen entbehrlich war, wurde als Oberkommando der neuen 12. Armee vorgesehen. Es traf auf dem Seewege erst zwischen dem 15. und 20. 4. 1945 in Warnemünde ein. Damit kam es zu einem Zeitpunkt bei der 12. Armee an, als diese bereits im Einsatz stand.

Der Armeeoberbefehlshaber, General der Panzertruppe Wenck, hatte mit einem kleinen Arbeitsstab, seinem Chef des Generalstabes, dem Oberquartiermeister und dem Ersten Generalstabsoffizier, der kleinen Stabsgruppe und einer Funkstelle die Führung der teils bereits im Kampf stehenden, zum anderen Teil aber noch in der Aufstellung begriffenen Truppen der Armee übernommen.

General der Panzertruppe Wenck, der am Morgen des 18. 2. 1945 auf einer Fahrt aus dem FHQ zur Truppe schwer verunglückt war und sich zur Genesung in einem Erholungsheim am Chiemsee aufhielt, erhielt am 6. 4. den Befehl, sofort Berlin anzurufen.

General Burgdorf meldete sich am anderen Ende der Leitung, als Wenck anrief, und teilte ihm mit, daß er sich am 7. 4. im FHQ zu melden habe.

»Der Führer hat Sie zum Oberbefehlshaber der 12. Armee ernannt!« fügte er nach einer kleinen Pause hinzu.

»Der 12. Armee?« fragte Wenck verblüfft, weil er wußte, daß eine solche überhaupt nicht existierte. Aber General Burgdorf wollte oder konnte nichts dazu sagen.

»Alles Nähere erfahren Sie durch den Führer, sobald Sie hier sind«, erklärte er und beendete das Gespräch.

Am 7. 4. 1945 stand General Wenck Hitler gegenüber. Er berichtete darüber:

»Ich fand Hitler gesundheitlich noch stärker abgefallen als vorher. Sein rechter Arm und die Hand zitterten so stark, daß er sie mit der Linken festhalten mußte. Sein Gesicht hatte eine blasse Tönung angenommen. Innerlich aber erschien er mir ruhiger.

Nach der üblichen Lagebesprechung wandte Hitler sich mir zu: ›Herr General Wenck, ich ernenne Sie zum Oberbefehlshaber der 12. Armee.‹«

Anschließend fuhr Wenck nach Dahlem zum OKW, wo er von GenOberst Jodl, dem Chef des Wehrmachtsführungsstabes, über die Lage an der Westfront unterrichtet wurde. GendPzTr. Wenck erfuhr folgendes:

Im Ruhrgebiet war die HGr. B, GFM Model, eingeschlossen. Die Front klaffte in der Mitte auseinander. Der neue OB West, GFM Kesselring, wurde mit seinem rechten Flügel auf den Harz, mit dem linken Flügel auf die Alpen zurückgedrängt. Zwischen dem Harz und den im Ruhrkessel eingeschlossenen Truppen klaffte eine Lücke, durch welche die westalliierten Truppen nach Osten stürmten.

Im Norden wurde der OB Nordwest, GFM Busch, neu bestätigt.

Bei den schweren Kämpfen in Nord- und Süddeutschland waren bereits einige Divisionen, die der 12. Armee zugeteilt worden waren, zum vorzeitigen Einsatz gekommen. Sie kamen also für die Zusammenziehung in Mitteldeutschland nicht mehr in Frage.

Die Lage verschlechterte sich fast stündlich. Überall brachen britische und US-Truppen durch. Die HGr. B war eingeschlossen und stand vor ihrer Vernichtung.

Die neue 12. Armee, die er, Wenck, führen sollte, setzte sich aus den jüngsten Jahrgängen zusammen. Hinzu kamen das Personal der vielen Truppen-, Panzertruppen- und RAD-Führerschulen.

Ferner Personal aus den Offiziersanwärter-Lehrgängen. Damit war die 12. Armee das »letzte Aufgebot«. Im Durchschnitt betrugen die Gefechtsstärken jeder Division etwa 10000 Mann. Außer den Sturmgeschütz-Abteilungen und einigen Panzern aus den Panzertruppenschulen hatte keine Division schwere Waffen.

Die Panzerjagd-Abteilung 3, die schließlich der Division »Ulrich von Hutten« zugeführt wurde, war einer der wenigen gepanzerten Verbände. Darüber hinaus war nur noch die PD »Clausewitz« ausreichend mit gepanzerten Verbänden ausgestattet.

General Wenck stellte alle der 12. Armee gegebenen Anweisungen unter das Motto:

a) Rettung möglichst vieler Menschen, vor allem der Flüchtlinge, vor dem russischen Zugriff.

b) Diesen Krieg, der nunmehr fast sechs Jahre dauerte, für das deutsche Volk würdig zu beenden. Es sollte noch ein Funke von Anständigkeit, von selbstloser Disziplin und selbstlosem Helfen hinübergerettet werden in eine Zeit, die für die Deutschen damals mehr als dunkel erschien.

Zehn Divisionen standen für die 12. Armee in der Aufstellung. General Wenck wurde über die Aufstellungsräume der Divisionen orientiert, die folgende klangvolle Namen trugen:

Panzer-Division »Clausewitz«,

Panzergrenadier-Division »Schlageter« z.b.V.,

Infanterie-Division »Potsdam«,

Infanterie-Division »Scharnhorst«,

Infanterie-Division »Ulrich von Hutten«,

Infanterie-Division »Friedrich Ludwig Jahn«,

Infanterie-Division »Theodor Körner«,

Infanterie-Divsion »Ferdinand von Schill«,

eine Infanterie-Division in Norddeutschland (diese kam nicht im Rahmen der 12. Armee zum Einsatz),

eine SS-Panzer-Division in Süddeutschland; bei ihr Teile der SS-Junkerschulen (sie war bereits vor Beendigung ihrer Aufstellung in Süddeutschland in Kämpfe verwickelt und stieß ebenfalls nicht zur 12. Armee),

die Panzer-Jagdabteilung 3.

An Führungsstäben wurde das voll verwendungsfähige Generalkommando des XXXIX. PzK der Ostfront entnommen. Ferner das GenKdo. des XXXXI. PzK, das ohne Nachrichtenmittel und Kraftfahrzeuge war. Drittens das Generalkommando des XX. AK, das jedoch nicht verwendungsbereit war.

Darüber hinaus sollten die Reste der zerschlagenen 11. Armee General Wenck unterstellt werden. Mit dieser umgehend zusammengestellten 12. Armee sollte General Wenck dann aus dem Harz heraus nach Westen antreten, um die eingeschlossene HGr. B im Ruhrgebiet zu entsetzen.

GendPzTr. Wenck fuhr nach Blankenburg im Harz, wo das OKW das HQ der 12. Armee vorgesehen hatte. In der Nähe von Weimar wurde der Generalswagen von der Feldgendarmerie angehalten, und General Wenck erfuhr, daß Panzer der 3. US-Armee, General Patton, am Stadtrand Weimars aufgetaucht seien. Sein GefStand hatte sich bereits wegen der Gefährdung des Harzes nach Dessau abgesetzt und sich in der Pionierschule Dessau-Rosslau eingerichtet.

Ebenso wie der Armeeoberbefehlshaber war auch der Ia der 12. Armee in den ersten Tagen des Aprils aus dem Ruhrkessel, wo er Ia der HGr. B war, nach Berlin befohlen worden. Oberst i. G. Reichhelm ging zu GFM Model und bat diesen, er möge ihm ersparen, nach Berlin fliegen und ein anderes Kommando übernehmen zu müssen. Aber Model ließ dies nicht zu. Für ihn war auch dies ein Befehl, der befolgt werden mußte.

In Berlin erfuhr Reichhelm von General Wenck, daß er sein Chef des Generalstabes der neuen 12. Armee werden sollte. Zuvor aber hielt Oberst i. G. Reichhelm Vortrag vor Hitler, Jodl und Keitel und schilderte darin die hoffnungslose Lage der HGr. B im Ruhrkessel. Er endete mit den Worten:

»Feldmarschall Model ist die Seele des Widerstandes, doch in Anbetracht der Lage hat er keine Auswirkungsmöglichkeiten mehr. Es muß daher in kürzester Zeit mit einem Ende im Ruhrkessel gerechnet werden.«

Eine Minute verging in lastender Stille, dann ließ sich Hitler vernehmen:

»Ja, Model war mein bester Feldmarschall.« Und nach einer weiteren Minute der Stille fuhr er fort:

»Die Heeresgruppe B darf nicht kapitulieren. Meine 12. Armee, mit Wenck als Oberbefehlshaber und Ihnen als Chef des Generalstabes, hat einen Keil in die alliierten Verbände zu schlagen und im beherzten, zielstrebigen Angriff die Verbindung zur Heeresgruppe B wiederherzustellen und den Rhein wieder zu erreichen. Hierzu sind neue Divisionen mit bester und modernster Bewaffnung und mit jungen Menschen zusammengestellt worden, die das Beste vom Besten der deutschen Jugend bedeuten. Diese Menschen sind aus den Fahnenjunkerschulen, aus den RAD-Schulen und den Junker- und Panzertruppen-Schulen für diesen Befreiungskampf zusammengetrommelt worden.

Ferner erhalten Sie 3000 neue Volkswagen, die statt eines großen Trosses unmittelbar hinter den Spitzenverbänden zum Transport von Munition und Verpflegung mitzuführen sind.«

Mit genau 30 dieser Volkswagen fuhr Oberst i. G. Reichhelm am 12. 4. 1945 nach dem Lagevortrag in Richtung Kösen, um dort auf General Wenck und die bereitgestellten Divisionen der neuen 12. Armee zu stoßen.

Nahe Kösen wurden jedoch aus Richtung dieser Stadt Abschüsse von Panzerkanonen gehört. Das zeigte, daß der Feind bereits nach Kösen eingedrungen war. Reichhelms Überlegungen zielten dahin, daß sich General Wenck nur nach Dessau-Rosslau gewandt haben könne; er fuhr dorthin weiter und traf in der dortigen Pionierschule seinen neuen Oberbefehlshaber. Hier, wo alle technischen Voraussetzungen für die Führung einer Armee gegeben waren, blieb der GefStand bis zum 21. 4. 1945.

Noch am späten Abend des 12. 4. wurde nach Verbindungsaufnahme mit GenLt. Raegener, dem Kommandanten von Magdeburg, von diesem gemeldet, daß US-Panzer den Westrand der Stadt erreicht hätten und nach Abwehr dieses ersten Angriffs nach Süden eingedreht hätten. Dort seien allerdings US-Truppen zwischen Magdeburg und Barby an das Ostufer der Elbe gelangt.

Die sofort von der 12. Armee angesetzte Aufklärung bestätigte diesen Sachverhalt. Es war die 9. US-Armee, General Simpson, der bereits am 11. 4. die Elbe südlich Magdeburg erreicht hatte. Am 12. 4. hatten dann Verbände der 2. US-PD 16 km flußabwärts Magdeburg einen kleinen Brückenkopf bilden können.

General White plante mit seiner Division, die den Namen »Hell on Wheels — Hölle auf Rädern« führte, den Sturmangriff unmittelbar auf Berlin.

An diesem 12. 4. 1945, als die ersten US-Truppen nahe vor jenem Ziel waren, das Berlin hieß und für General Eisenhower kein Ziel mehr war, saß US-Präsident Roosevelt einem Maler in Warm Springs zu einem Porträtbild. Vor ihm auf dem Schreibtisch lag die Zeitung »The Atlanta Constitution«, deren riesigen Balkenüberschrift nicht zu übersehen war:

»Die Neunte 57 Meilen vor Berlin!«

Gegen 13.15 Uhr klagte Präsident Roosevelt plötzlich über starke Kopfschmerzen. Sekunden später sackte er zur Seite. Der Präsident der USA war tot.

In der Nacht zum 13. 4. 1945 erfuhren Eisenhower und General Bradley, die sich gerade zu einer Besprechung im HQ von General Patton befanden, über Radio vom Tode des Präsidenten.

General Omar N. Bradley hat eine Darstellung dieser Nacht gegeben:

»Gegen Mitternacht — Eisenhower und ich waren im Hause des Armeeoberkommandos untergebracht — verließ uns Patton und ging in sein nahebei liegendes Zimmer. Seine Uhr war stehengeblieben, und er stellte das Radio ein, um die Zeitansage zu hören. Eine Stimme der BBC meldete sich und berichtete, daß der Präsident der Vereinigten Staaten von Amerika gestorben sei.

George klopfte an meine Tür und öffnete. Ich war gerade zu Bett gegangen.

›Haben Sie etwas?‹ fragte ich ihn.

›Besser, Sie kommen mit mir, damit wir es Ike erzählen können‹, entgegnete Patton. ›Der Präsident ist tot.‹

Zusammen gingen wir in Eisenhowers Zimmer.« (Siehe Omar N. Bradley: »A Soldiers Story«.)

Der neue Präsident der Vereinigten Staaten von Amerika hieß Harry S. Truman.

Am Abend des 12. 4., als sich das HQ der 12. Armee in Dessau-Rosslau etabliert hatte, war die Ausgangslage wie folgt:

Südlich Wittenberge, bis Grimma ostwärts Leipzig an der Mulde, standen die Divisionen der 12. Armee verstreut. Das Generalkommando des XXXIX. PzK mit den Divisionen »Clausewitz« und »Schlageter« war dem OB Nordwest unterstellt worden und stand der 12. Armee nicht mehr zur Verfügung. Und zwar wollte das OKW mit dem XXXIX. PzK die Zugänge zum Harz von Norden her aus dem Raume Uelzen über Braunschweig nach Süden und von Osten her durch einen Angriff der 12. Armee aus den Bereitstellungen westlich der Elbe freikämpfen.

Der Angriff des XXXIX. PzK fand dann tatsächlich auch am 16. 4. statt. Wie er geführt wurde, sei in einem der nachfolgenden Abschnitte umrissen. Jener der 12. Armee jedoch konnte nicht geführt werden, da alle kampfbereiten Truppen Wencks sofort in örtliche Kämpfe verwickelt wurden.

Die Infanterie-Division »Potsdam« wurde noch während ihrer Aufstellung in die Kämpfe der 11. Armee im Harz verwickelt und war ebenfalls nicht für die 12. Armee greifbar.

Die ID »Scharnhorst« würde frühestens am 16. 4. verwendungsbereit sein, und die Aufstellung der ID »Ulrich von Hutten« war am 12. 4. beendet. Am weitesten hing die Aufstellung der ID »Friedrich Ludwig Jahn« zurück.

Aus der Sturmgeschütz-Schule Burg bei Magdeburg, deren Verwendung sich General Wenck persönlich vorbehalten hatte, schöpfte die Armee wesentliche personelle und materielle Kräfte. Dem Kommandeur dieser Schule, Major Müller, befahl Wenck an Ort und Stelle am 13. 4. die Aufstellung einer neuen teilbeweglichen Division mit dem Namen »Ferdinand von Schill«. Die Gliederung dieser aus dem Handgelenk aufgestellten Division umfaßte zwei Regimenter Infanterie, eine HArt.-, eine Flak- und eine Sturmgeschütz-Abteilung. Diese Division war im wesentlichen vom 24. 4. an voll einsatzbereit, kämpfte aber lange vorher mit ihren einsatzbereiten Teilen an der Elbe.

Ab 21. 4. war auch das Generalkommando XXI. AK, GendKav. Köhler, einsatzbereit. Es führte am 16. 4. im Abschnitt ostwärts Magdeburg. Am 17. 4. wurde die Panzer-Jagdabteilung 3 der Div.

»UvH« für die bewegliche Kampfführung westlich von Elbe und Mulde zugeführt.

Eine Luftwaffe war über dem Kampfraum nicht vorhanden.

Am 13. 4. 1945 erfolgte die Befehlsübernahme der 12. Armee über den Abschnitt des Kampfkommandanten Magdeburg, aufgrund einer Meldung, nach welcher der Feind in den Westteil der Stadt eingedrungen war. Die Armee nahm das Risiko auf sich, die Elbefront nur schwach zu besetzen, um wenigstens an den vermuteten Schwerpunkten des Gegners Abwehrkräfte zur Verfügung zu haben, die mit Aussicht auf Erfolg auch begrenzte Angriffsoperationen durchführen konnten.

Die Verteidigung der Muldefront sollte vom XXXXVIII. PzK, GendPzTr. von Edelsheim, geführt werden (die aus dem Raume Görlitz kommenden Verbände dieses Korps wurden beschleunigt im Landmarsch in den Raum Riesa/Elbe verlegt). GendPzTr. von Edelsheim erhielt am 11. 4. abends in Dessau-Rosslau seine erste Orientierung und entsprechende Befehle.

Gefechtsstand dieses Korps sollte Torgau sein. Die Verteidigung im Raume Halle und Leipzig sollte — unter Festhalten an diesen Städten — übernommen werden. Es kam hierbei darauf an, den Südflügel und die Südflanke der sich um Dessau versammelnden 12. Armee zu schützen. In Halle war GenLt. Radtke Kampfkommandant, während Leipzig durch Oberst von Poncet verteidigt wurde.

Im Einsatzraum standen dem XXXXVIII. PzK zur Durchführung seines Kampfauftrages keine Divisionen mit Kampferfahrung zur Verfügung. General von Edelsheim schrieb dazu:

»Mit der Zuführung vollwertiger Truppen durch die Armee war nicht zu rechnen. Nur etwa 50 Prozent der zur Verfügung stehenden Soldaten konnten mit Handfeuerwaffen und MG ausgerüstet werden. Mehr Schußwaffen standen nicht zur Verfügung. Einzig Panzerfäuste waren reichlich vorhanden, so daß zahlreiche bewegliche Panzervernichtungstrupps aufgestellt wurden.« (Siehe Maximilian von Edelsheim: »Das XXXXVIII. Panzerkorps beim amerikanischen Feldzug in Mitteldeutschland vom 11. 4. bis zum 3. 5. 1945.«)

Am 12. 4. 1945 begannen die erwarteten Feindangriffe gegen die Saale-Linie beiderseits Halle bis südlich Merseburg. Die vom XXXXVIII. PzK bezogenen Stellungen dieser HKL wurden an keinem Teil der Front durchbrochen. Lediglich nordwestlich Halle hatte die Rote Armee einen Brückenkopf über die Saale gebildet.

Bei Camburg, 15 km ostwärts Apolda, hatte der Gegner ebenfalls die Saale überschritten und war mit Panzerkräften über Weißenfels bis in den Raum Pergau–Zenkau vorgedrungen. Damit war auch Leipzig aus Süden und Osten bedroht. Es stand zu befürchten, daß der Gegner, weiter nach Osten gehend, die Mulde bei oder südlich Grimma zu erreichen versuchte, um sodann ostwärts dieses Abschnittes nach Norden vorzuprellen.

Für General von Edelsheim kam es darauf an, genügend taktische Reserven zur Verfügung zu haben, um sie im Bedarfsfall einsetzen und eine Katastrophe verhindern zu können.

Damit waren die ersten Teile der 12. Armee am 12. 4. 1945 in den Kampf eingetreten.

Am selben Tag trat auch die PD »Clausewitz«, GenLt. Unrein, — dem XXXIX. PzK, GendPzTr. Decker, unterstellt — ins Gefecht. Britische Panzertruppen fühlten seit dem 10. 4. aus Südwesten auf Uelzen vor, und GendPzTr. Wenck befahl am 11. 4. den Einsatz der PD »Clausewitz«. GenLt. Unrein konnte 20 Panzer, zehn Sturmgeschütze und das SPW-Batl. mit rund 80 SPW in die bereits eingesetzten Abwehrtruppen südlich Uelzen eingliedern. Er selbst wurde Abschnittskommandeur.

Als am 12. 4. die britischen Truppen mit stärkeren Kräften von Süden auf Uelzen antraten, konnte GenLt. Unrein von seinem GefStand aus die anrollenden Feindpanzer erkennen. Einer der Pulks marschierte genau auf die Bereitstellungen seiner Panzer und Sturmgeschütze zu. Als diese den Befehl zum Angriff erhielten, waren die Feindpanzer bereits in die deutsche HKL eingedrungen.

Alle 30 Panzer und Sturmgeschütze rollten dem Gegner entgegen und eröffneten das Feuer. Drei Minuten später brannten die ersten vier Feindpanzer. Dann ging es Schlag auf Schlag, als auch die Sturmgeschütze die richtige Schußdistanz erreicht hatten.

Auf beiden Flanken fuhren die SPW gegen die eingebrochene

gegnerische Infanterie vor, deren Angriffsspitzen liegengeblieben waren. Sie überflügelten diese Teile und klemmten sie ab. Als wenige Minuten darauf dieses Gefecht entschieden war, standen 14 Feindpanzer vernichtet auf dem Gefechtsfeld, und die Gefangenen sagten aus, daß sie seit den Kämpfen um Xanten am Niederrhein hier das erstemal wieder schwere Verluste erlitten und »Schläge bezogen hätten«.

Die englischen Truppen griffen Uelzen nicht mehr an, sondern setzten ihren Vorstoß 10 km westlich Uelzen in Richtung Bienenbüttel fort.

Als die Kämpfe am Abend des 12. 4. zu Ende gingen, trafen auf dem GefStand der PD »Clausewitz« die Soldaten und Offiziere des Stabes von GendPzTr. Decker ein. GenLt. Unrein erfuhr jetzt erst, daß seine Division diesem Korps unterstellt sei. Zwei weitere noch in Aufstellung befindliche Divisionen kamen hinzu. Das Korps hatte vom OKW Auftrag erhalten, »aus dem Raum Uelzen so bald wie möglich nach Süden, tief in Flanke und Rücken der amerikanischen Heeresgruppe über Helmstedt vorzustoßen. Es sucht über Helmstedt hinausfahrend Verbindung mit der im Harz kämpfenden 11. Armee und dreht — sobald sich rückläufige Bewegungen der US-Heeresgruppe von der Elbe nach Westen bemerkbar machen — unverzüglich, ohne diese Bewegungen zu beachten, nach Westen in Richtung Ruhrgebiet ein.« (Siehe GenLt. Martin Unrein: »Der Einsatz der Panzer-Division ›Clausewitz‹ vom 11. bis 21. 4. 1945«.)

Die Aufklärung am 13. 4. ergab, daß die Linie Langenbrücke–Dülzenbach nur schwach und teilweise überhaupt nicht feindbesetzt war. Hier war, wie sich später herausstellte, die Trennungslinie zwischen den britischen und den US-Kräften.

Die Division »Clausewitz« entschloß sich mit Einverständnis des Korps, nach vollendeter Aufstellung, die bis zum 17. 4. erwartet wurde, über Wittingen–Salzwedel in Richtung Fallersleben und der Elm auf den Harz vorzustoßen, um mit der 11. Armee, GendArt. Lucht, Verbindung zu bekommen. Das OKW hielt diesen Zeitpunkt für zu spät und befahl, sofort anzutreten.

Das Korps befahl, zunächst die in der Gegend Hollenstedt, südlich Uelzen stehenden britischen Kräfte in Flanke und Rücken anzugreifen und sie zu vernichten. Dann erst sollte nach Süden eingedreht werden.

GenLt. Unrein entschloß sich zum Nachtangriff mit seiner Panzer-Kampfgruppe aus 20 Panzern, zehn Sturmgeschützen und 80 SPW.

In der Nacht zum 15. 4. trat diese Kampfgruppe an. Vier Panzer vorn mit dem Kampfgruppenkommandeur, dicht gefolgt von der übrigen Kampfgruppe, rollte diese nach Nettelkamp hinein. Hier tauchten die ersten Feindpanzer auf. Aus 20 Panzerkanonen und zehn Sturmgeschützrohren schlugen die Abschlußflammen. Immer mehr Feindpanzer tauchten auf, die ersten Häuser gingen in Flammen auf.

»Durchstoßen, alles mir nach!« befahl der Kampfgruppenkommandeur über Sprechfunk. Die Panzer und Sturmgeschütze rollten weiter, und die Schützenpanzerwagen tauchten eben rechtzeitig auf, um mit ihren abgesessenen Panzergrenadieren die eigenen Panzer vor der englischen Infanterie zu decken.

In einer flachen Mulde hatten sich einige der Feindpanzer bereitgestellt. Sie eröffneten überraschend das Feuer auf die 1. Kompanie. Aber die Sturmgeschütze rollten von der anderen Seite heran und schossen diese Panzer zusammen, denen es gelungen war, zwei eigene Panzer abzuschießen.

Der Kampf, der um 03.00 Uhr begonnen hatte, dauerte bis zum Hellwerden. 40 zerschossene Panzer und Spähwagen des Gegners standen im ersten Tageslicht erkennbar auf dem Kampffeld. Nur drei eigene Panzer und zwei Sturmgeschütze waren durch Beschußschäden ausgefallen. Aber auch der Kampfgruppenführer wurde gegen Morgen schwer verwundet. Für ihn übernahm am Mittwoch, dem 15. 4., ein Major die Führung der Kampfgruppe.

Eigene Angriffsspitzen folgten dem weichenden Gegner bis zur Straße Braunschweig–Uelzen. In Bollesen sammelte die Panzergruppe, um aufzutanken und Munition an Bord zu nehmen.

Da das OKW auf die Fortsetzung dieses Angriffs drängte, trat die Kampfgruppe am 15. 4. gegen 17.00 Uhr über Borgenteich, Schmolau und Reddinghaus zum Vorstoß nach Süden an. GenLt. Unrein hatte dem Kampfgruppenführer zwar freie Hand gelassen, jedoch als erstes Ziel den Raum 15 km westlich Gardelegen befohlen.

Die Kampfgruppe rollte los und meldete gegen Mittag des 16. 4. durch einen OrdOffz., der mit einem VW durchgekommen war, daß sie am Morgen die Straße Gifhorn–Salzwedel, 2,5 km

320

nordostwärts von Brome, erreicht habe und diese sperre. Mit Einbruch der Dunkelheit sollte der Vorstoß fortgesetzt werden, mit dem Ziel, den Weser-Elbe-Kanal zwischen Buchhorst und Calvörde zu überschreiten. Zweites Ziel sei das Waldgelände zehn km südwestlich von Calvörde.

Unmittelbar nach Erhalt dieser Meldung ließ GenLt. Unrein eine zweite kleinere KGr. zusammenstellen, in der zehn weitere Panzer und Sturmgeschütze, einige SPW und eine Pi-Kpn. sowie Lkw mit einem Verbrauchssatz Treibstoff am Abend unter Führung des wegekundigen OrdOffz. in Richtung Brome rollten und gegen Mitternacht die große KGr. erreichten und sie verstärkten.

Im Angriff auf den Übergang des Weser-Elbe-Kanals erlitt die KGr. starke Verluste. Feindliche Panzerrudel stellten sich ihr entgegen, es kam zu schweren Panzerduellen. Diesmal war der Gegner gewarnt und hatte mehrere in der Tiefe gestaffelte Verteidigungslinien aufgebaut. Nach anfänglichen Erfolgen blieb die deutsche PzKGr. liegen.

Am 18. 4. erhielt die Division eine letzte Meldung von der KGr., nach welcher sie durch den Feind in ostwärtiger Richtung abgedrängt worden war und nördlich Gardelegen stand. Dann brach die Verbindung ab.

GenLt. Unrein entschloß sich nunmehr, eine dritte KGr. unter Major Benningsen zusammenzustellen, in die auch der DivStab eingefügt wurde. Sie bestand aus 12 Panzern und Sturmgeschützen, die frisch aus der Werkstatt gekommen waren, einer Kpn. der AA 2, zwei Batl. PzGren., die bisher im Abwehrkampf um Uelzen gestanden hatten, und einer schwere Flak-Abt.

Die Versammlung der KGr. fand im Raume Bons–Dahre–Henningen–Dahrendorf statt. Die beiden unterstellten PzGrenBatl., die südlich Uelzen abgelöst worden waren, gerieten auf dem Marsch in diesen Versammlungsraum am 18. 4. bei Schlieckau mit den aus Lehmke angreifenden Engländern ins Gefecht. Damit fielen diese beiden Bataillone einschließlich ihrer zehn Hetzer für die 3. KGr. aus. Sie sollten nunmehr, nachdem sie sich vom Feind gelöst hatten, als vierte KGr. in der allgemeinen Richtung Brome–Fallersleben folgen.

Da englische Truppen aber auch in die eigene Sicherungslinie eingebrochen waren, konnten die zugesagte Artillerie und Flak ebenfalls nicht zur KGr. 3 stoßen. Die Division »Clausewitz«

wurde auf diese Weise — vom OKW dazu angehalten — verzettelt und kleckerweise eingesetzt. GenLt. Unrein mußte entgegen besserem Wissen seine Division teilen und stückweise in den Kampf werfen. Bereits am Nachmittag des 18. 4. erhielt GenLt. Unrein den OKW-Befehl, mit der dritten KGr., die noch nicht versammelt war, »noch am 18. April anzugreifen«.

Es war 20.00 Uhr, als sie unter Führung von Major Benningsen antrat. 15 Panzer und Sturmgeschütze standen ihr zur Verfügung. Das erste Ziel war, aus dem Raume Bons–Dahre–Henningen–Dahrendorf das Forsthaus Malloh im Wald 15 km südlich von Wittingen zu erreichen.

Am 19. 4. gegen 03.00 Uhr riß in der Nacht die Verbindung des DivStabes, dem sich auch der Korpsstab des XXXIX. PzK angeschlossen hatte, mit der Spitzengruppe ab, in der sich alle Panzer befanden. Der Anfang der Infanterie-Marschkolonne verfuhr sich, mußte nach einer Wegeerkundung umkehren und fuhr dann mit nur einem Panzer an der Spitze über Lindhof in Richtung Haselhorst. Diese Ortschaft war inzwischen von US-Panzern besetzt worden. Der Spitzenpanzer rollte in eine US-Paksperre und wurde abgeschossen.

Die nachfolgende Kolonne fuhr in Lindhof dicht auf. Der letzte Teil der Marschkolonne mit dem Korpsstab fuhr auf Weisung des Ia der Division, Major i. G. Thomas, seitlich heraus, rollte über Süderwittingen nach Westen und erreichte am selben Tage noch das befohlene Marschziel.

Die vorausgerollten Panzer aber stießen bei Haselhorst auf US-Truppen. Über Sprechfunk befahl Major Benningsen den Angriff.

Weit auseinandergezogen rollten Panzer und Sturmgeschütze auf die Ortschaft zu. Einige Feindpak eröffneten das Feuer. In diesem Kampf, bei dem sich alle 14 Panzer und Sturmgeschütze jeweils ein Ziel aussuchten, das sie bis zur Vernichtung desselben nicht aus dem Visier ließen, gelang es, in die Ortschaft einzudringen. Der Widerstand wurde nun rasch gebrochen und die hier aufgestellte Feindpak zerschossen oder überrollt. Mit Sprenggranaten wurden MG-Nester ausgeschaltet. Der Gegner gab Haselhorst frei, und als seine Artillerie sich darauf einschoß, ließ Major Benningsen im Wald südlich Bergmoor sammeln.

Die Restgruppe, die sich im Wald südlich Lindhof versammelt

hatte, wurde gegen 08.00 Uhr des 19. 4. von feindlicher Artillerie, deren Feuer durch Flieger gelenkt wurde, beschossen. Die ersten SPW wurden getroffen und standen wenig später in Flammen. Nach zehn Minuten waren alle SPW vernichtet.

Die vom DivKdr. angesetzte Aufklärung fand die umliegenden Ortschaften feindbesetzt. GenLt. Unrein befahl die staffelweise Bewegung in den Wald nördlich Lindhof. Ein Teil der durchbrechenden Fahrzeuge verfuhr sich und wurde vom Gegner gestellt. Abends setzte der Rest den Marsch über Süderwittingen in den Wald 15 km südlich Wittingen fort und traf am Morgen des 20. 4. in der Wolfskehle, fünf km südostwärts des Forsthauses Malloh, auf die anderen Teile der KGr.

Am Abend rollten von hier aus die letzten 12 Panzer und Sturmgeschütze, einige übriggebliebene SPW und etwa 20 Lastwagen unter Major Benningsen in Richtung zum Elmrücken südlich Fallersleben. Die vorgetriebene Aufklärung fand die Brücke über den Weser-Elbe-Kanal feindbesetzt. Aus Fallersleben erklangen Panzergeräusche, die zeigten, daß der Feind bereits in der Stadt war.

Kurz vor der Brücke stießen die vorn rollenden Panzer auf Panzerfeind. Die Nacht wurde von den Flammenlanzen der Abschüsse durchloht. Der Gegner war völlig überrascht und erlitt schwere Verluste; zwei eigene Panzer wurden vernichtet, einige SPW abgeschossen. Das Gros der Kampfgruppe kam jedoch über die Brücke hinüber und stieß am Südausgang von Fallersleben abermals auf Panzer. Noch einmal entbrannte das Duell, bei dem acht oder neun Feindpanzer abgeschossen wurden und zwei eigene Kampfwagen verlorengingen. Die Spitzenpanzer erreichten den Elm im Raume südlich Bornum. Sie hatten sich verfahren, während der DivKdr. mit zwei SPW und drei VW, in der vorgeschriebenen Richtung fahrend, gegen 06.30 Uhr den Elm südostwärts Abbenrode erreichte.

Im Laufe des 21. 4. kam dann das Ende. Alle Panzer mußten wegen vieler Schäden und Spritmangel gesprengt werden, und gegen 18.00 Uhr des 21. 4. wurde GenLt. Unrein über Lautsprecherwagen namentlich aufgerufen, sich zu ergeben. Dieser teilte die bei ihm befindlichen zehn Offiziere und 60 Mann in zehn gleiche Gruppen auf, gab ihnen Weisung, sich nach Osten über die Elbe durchzuschlagen und bei der 12. Armee zu melden.

Es gelang der Gruppe GenLt. Unrein, sich bis zum 24. 4. bis Roxförde in der Letzlinger Heide durchzuschlagen. Dann wurden auch sie von einem US-Panzerspähtrupp gefangengenommen. In der Gefangenschaft erfuhr GenLt. Unrein, daß der ihm gegebene Auftrag, Feindkräfte zu fesseln und dadurch die Lage an der Elbe beiderseits Magdeburg zu entlasten, gelungen war. Allerdings wurde dies mit dem Verlust der gesamten Division bezahlt, die nun der 12. Armee nicht mehr verfügbar war.

Die 12. Armee an der Elbe

Der amerikanische Vorstoß mit den Panzer-Divisionen der 12. Armeegruppe unter Gen. Bradley kam mit der 3. und 1. US-Armee gut vorwärts. Auch die 9. Armee, die Bradley wieder zugeführt worden war, setzte ihren Vormarsch fort. Am 10. 4. erreichte GenLt. Simpson Hannover. Die Stadt wurde im Zusammenwirken mit der 2. brit. Armee genommen, und deren 2. PD rollte sofort nach Braunschweig weiter und stieß in Richtung Magdeburg vor.

Die 5. PD zielte auf Tangermünde, weil die für den Übergang über die Elbe vorgesehene Brücke bei Schönebeck bereits gesprengt war. Als die Panzer gegen Mittag in Tangermünde hineinrollten und sich auf dem Marktplatz sammelten, erscholl plötzlich das Geheul der Luftschutzsirenen. Auf dieses Zeichen hin eröffneten der Volkssturm und Hitlerjungen den Kampf mit Panzerfäusten gegen diese Panzer, von denen eine Anzahl vernichtet wurden. Als die Spitzenpanzer fast bis zur Brücke durchgestoßen waren, flog diese mit Donnergetöse in die Luft. Damit war der Vorstoß der 5. PD nur 85 km vor Berlin gestoppt. Nunmehr setzte Bradley alles auf einen Erfolg des Kampfkommandos B der 2. PD unter BrigGen. Hinds, der Weisung erhalten hatte, mit Amphibienpanzern bei Westerhüsen, südlich von Magdeburg, über die Elbe zu setzen, einen Brückenkopf zu bilden und dann eine Pontonbrücke über den Fluß zu schlagen. Der DivKdr. GenMaj. White, hoffte, als erster in Berlin zu sein.

Am 12. 4. setzten gegen 20.00 Uhr die ersten Amphibienpanzer über den Fluß, ohne Widerstand zu finden. In den frühen Morgenstunden des 13. 4. standen drei Bataillone auf dem Ostufer der

Elbe und bildeten den ersten Brückenkopf; gegen 07.30 Uhr meldete Gen. White an Gen. Simpson:

»Wir sind drüben!«

Als der Bau der Pontonbrücke im Gange war, eröffnete deutsche Artillerie vom Südwestrand Magdeburgs das Feuer, und binnen weniger Minuten war die Pontonbrücke zerschossen. Die aus dem Brückenkopf entlang dem Ostufer des Flusses vorgeschickten Spähtrupps meldeten, daß sie etwas weiter im Süden eine noch bessere Stelle zum Übersetzen gefunden hätten. Hier begann am Nachmittag des 13. 4. das Übersetzen.

25 km weiter südlich dieses Geschehens erreichten die ersten Einheiten der 87. US-ID, GenMaj. Macons, bei Barby ebenfalls die Elbe. Oberstleutnant Crabill, Kdr. des IR 331, jagte jeden eintreffenden Mann beinahe einzeln in die Sturmboote. Hier ging alles reibungslos. Die Brücke war zwar auch hier gesprengt worden, doch weder die Sturmboote, die die Infanterie übersetzten, noch die Pionier-Pontons, auf denen Artillerie über den Fluß gebracht wurde, erhielten Feuer. Am Abend des 13. 4. war die gesamte 83. US-ID auf dem Ostufer angelangt. Wenig später war auch die Pionierbrücke fertig, und an ihrer Auffahrt wurde ein Schild angebracht mit der Inschrift:

»Truman-Brücke — Tor nach Berlin. Eine kleine Aufmerksamkeit der 83. Infanterie-Division.«

Das Korps erhielt Meldung vom vollzogenen Elbeübergang, und GenLt. Simpson meldete dies sofort an die 12. Armeegruppe weiter, und General Bradley berichtete Eisenhower über dieses Ereignis.

Auf diese Meldung hin fragte Eisenhower:

»Brad, was meinen Sie, wird es uns kosten, von der Elbe aus durchzubrechen und Berlin zu nehmen?«

General Bradley erwiderte: »Ich schätze, daß es uns 100 000 Mann kosten wird.« Und nach einer kleinen Pause fügte er hinzu: »Ein hoher Preis für ein Prestigeziel, vor allem, wenn man in Betracht zieht, daß wir uns wieder zurückziehen und das von uns eroberte Gebiet den Russen überlassen müssen.« (Siehe Cornelius Ryan a. a. O.)

Dies gab offenbar den Ausschlag, die 9. US-Armee, deren Nachschublinien bereits gefährlich weit gedehnt waren, an der Elbe stehen zu lassen. Es erschien der militärischen US-Führung zwecklos, sie in einem möglicherweise erfolglosen Angriff auf Berlin aufs Spiel zu setzen.

Die Besatzungszonen standen bereits fest und waren in dem Dokument »Eclipse« zementiert worden. Die Europäische Beratende Kommission hatte die drei Besatzungszonen für Deutschland und zusätzlich eine besondere alliierte Verwaltung für Berlin vorgesehen. (Erst auf der Konferenz zu Jalta vom 4.—12. 2. 1945 kam auf Anregung Englands eine vierte Besatzungszone für Frankreich hinzu.) Demnach würde General Eisenhower bei weiterem Vorgehen keine andere Wahl gehabt haben, als nach Kriegsschluß seine Truppen aus einem von seinen Armeen eroberten Raum zurückzuziehen. (Siehe dazu auch Time vom 29. 9. 1961: »How Berlin got behind the curtain — A political decision which the soldiers did not reverse.«)

Am frühen Morgen des 14. 4. begann auch das Übersetzen der 2. PD südlich Magdeburg mittels einer aus drei Pontons zusammengesetzten Kabelfähre. Als erstes sollte ein Bulldozer übergesetzt werden, um das ostwärtige Ufer für Panzer und Fahrzeuge einzuebnen. Als sich die Fähre mitten auf dem Fluß befand, zerschmetterte eine Granate das Stahlkabel, an dem die Fähre geführt wurde. Und beinahe in der gleichen Sekunde erhielt BrigGen. Hinds Nachricht, daß der ostwärtige Brückenkopf von deutschen Panzern angegriffen werde.

Kampfgruppe Burg im Angriff

Am 13. 4. erhielt die ID »Scharnhorst« von der 12. Armee Befehl, ein verstärktes Regiment für ein Eingreifen im Raum Magdeburg bereitzuhalten. Die kampffähigen Teile wurden in eine Kampfgruppe umgegliedert, die den Namen »Kampfgruppe Burg« erhielt. Kommandeur wurde Major Alfred Müller, der vorher Kdr. der Sturmartillerieschule in Burg bei Magdeburg gewesen war. Sie war vorher unter Befehl von GenLt. Raegener am Ostufer der Elbe nördlich Magdeburg eingesetzt gewesen. Teile dieser Kampfgruppe, und zwar die Sturmgeschütz-Abteilung Burg, wurden beim Gegenangriff des Festungskommandanten Magdeburg gegen US-Kräfte angesetzt, die südlich Magdeburg einen Brückenkopf gebildet hatten.

Am Morgen des 14. 4. fuhren die Sturmgeschütze einen Angriff auf den Nordteil des Brückenkopfes, der von Oberstleutnant Anderson verteidigt wurde. Sieben Sturmgeschütze durchbrachen den ersten Infanterie-Riegel, erreichten die Infanteriestellungen der Amerikaner und schossen mit MG und Sprenggranaten hinein. Unangefochten drangen sie weiter vor, weil noch keine panzerbrechenden Waffen im Brückenkopf vorhanden waren. Lediglich einige Bazookas standen zur Verfügung, die rasch verschossen waren. Die US-Infanteristen ergriffen die Flucht.

Fast zur gleichen Zeit rollten auf der linken Flanke dieses deutschen Stoßkeiles einige Panzer vor, denen die Infanterie der Division »Scharnhorst« folgte. Sturmtruppen griffen den Brückenkopf von drei Seiten an. Wo sich der Widerstand versteifte, rollten Sturmgeschütze vor, die mit großer Schußgenauigkeit die MG-Nester niederkämpften. Immer mehr US-Soldaten gerieten in Gefangenschaft oder wurden in den Fluß gedrückt. BrigGen. Hinds befahl gegen Mittag die Zurücknahme aller Truppen aus diesem Brückenkopf südlich Magdeburg auf das Westufer.

Nach der Beseitigung dieses Brückenkopfes wurde bei der 12. Armee die Beseitigung jenes zweiten US-Brückenkopfes bei Barby ins Auge gefaßt. GenMaj. Götz, Kdr. der Div. »Scharnhorst«, erhielt Befehl, zur Abriegelung dieses Brückenkopfes vorzugehen. Dazu wurden der Division zwei Sturmgeschütz-Kompanien unterstellt. Mit Einbruch der Abenddämmerung des 14. 4. stießen Infanterie und Sturmgeschütze vor und erreichten die vordersten Stellungen der 83. US-ID, die auf das Gros zurückgedrückt wurden. Dennoch gelang es nicht, den Brückenkopf völlig einzudrücken, da ein Teil der Truppen von GenMaj. Götz bereits in den Raum Köthen umdirigiert worden war, weil ein Feindvorstoß auf Dessau gemeldet wurde. Außerdem war jener Teil der Division, der noch hart südlich Magdeburg stand, ebenfalls noch nicht verfügbar. Dennoch war hier der Angriffsschwung der Amerikaner empfindlich gestört worden.

Die ID »Hutten« wurde ebenfalls am 14. 4. von der 12. Armee in Marsch gesetzt, mit dem Befehl, aus dem Versammlungsort Wittenberg über Gräfenhainichen in den Raum Bitterfeld, westlich der Mulde, zu marschieren und sich dort zu versammeln. Diese Verlegung verfolgte das Ziel, den Gegner möglichst lange westlich der Mulde aufzuhalten.

Auf dem Marsch dahin kam die von GenLt. Engel, dem Div-Kdr., geführte Division gegen Abend in Feindberührung. Dennoch gelang es GenLt. Engel, einen großen Brückenkopf vorwärts der Autobahn Dessau–Leipzig aufzubauen. Hier erwartete die Division, allein auf sich gestellt, den Feindangriff.

US-Panzer, welche die Spitzengruppe des Stoßes bildeten, trafen in den frühen Morgenstunden des 15. 4. auf die vorgeschobenen Sicherungen der Division. Mit Pak, Flak und ein paar Sturmgeschützen wurden diese US-Panzerspitzen abgeschossen.

Drei Stunden später griffen die Amerikaner hier mit Infanterie an, die von Panzern unterstützt wurde. Aber auch dieser Angriff und alle folgenden des 16. und 17. 4. wurden von der Division »Hutten« gestoppt. Panzerjäger und Pioniere, Sturmartilleristen und Grenadiere schlugen sich hervorragend — und dies in einer aus dem Nichts aufgebauten Division.

Dennoch wurde der Brückenkopf der Div. »Hutten« mehr und mehr zusammengedrückt, bis er schließlich in zwei Teile aufgespalten wurde: einen Brückenkopf bei Jessnitz und einen bei Bitterfeld. GendPzTr. Wenck erteilte GenLt. Engel Befehl, beide Brückenköpfe zu halten.

Bei Barby führte der Gegner am 15. 4. weitere Kräfte über die Elbe in seinen Brückenkopf, ohne daß dies von der Div. »Scharnhorst« oder den Sturmgeschützen hätte verhindert werden können. Dennoch war der Angriffsschwung der US-Truppen gebremst, denn nun mußte die 2. US-PD ihre Panzer über die Brücke der 83. US-ID über die Elbe schaffen. Als diese ersten Teile der 2. US-PD gerade die »Truman-Brücke« der 83. ID benutzten, hatte General Eisenhower in Reims soeben einen Funkspruch an den Generalstabschef nach Washington gefunkt, in dem er General Marshall mitteilte, daß der Vorstoß seiner mittleren Streitkräfte mit Erreichen der Elbe abgeschlossen sei. Die nächste Aufgabe sei die Zerschlagung der deutschen Kräfte in Bayern und Norddeutschland.

Montgomerys 21. Armeegruppe habe mit ihrem kanadischen Korps Arnheim erreicht und sei dabei, den großen Kessel in Nordholland auszuräumen. Die 2. brit. Armee habe die Leine überschritten, Celle in Besitz genommen und stehe nunmehr vor Bremen.

Im Ruhrgebiet zeichne sich das Ende der HGr. B ab. Nunmehr

sollten Montgomerys Truppen über die Elbe setzen, auf Hamburg vorgehen und im weiteren Vorstoß Lübeck und Kiel erobern.

Eisenhower berichtete dem Generalstab weiter, daß er seine 6. Armee unter General Devers im Süden mit Stoßrichtung Salzburg ansetzen werde und meinte schließlich in bezug auf Berlin:

»Es wäre zwar wünschenswert, einen Vorstoß nach Berlin zu unternehmen, da der Feind möglicherweise Truppen um seine Hauptstadt zusammenzieht, und weil der Fall von Berlin von stärkster Wirkung auf die Kampfmoral des Feindes und die unserer Völker sein würde.«

Aber diese Operation auch durchzuführen, sah sich Eisenhower offenbar nicht imstande, denn in seinem Mittelabschnitt sah er in diesem Bericht an den Generalstab lediglich »eine feste Front an der Elbe« vor, die zu halten sei. Wichtiger erschien ihm das »Aufbrechen der Alpenfestung«, die noch immer in den Köpfen deutscher und alliierter Führer spukte.

Während also die Panzer der 2. US-PD über die Brücke der 83. ID fuhren, rief Bradley General Simpson, den OB der 9. US-Armee, ins Hauptquartier der 12. Armeegruppe, das sich in Wiesbaden befand. Als Simpson auf dem Wiesbadener Flugplatz aus der Maschine kletterte, wurde er von General Bradley empfangen. Dieser sagte ihm nun auf freiem Felde das, was er keinem Telefon anvertrauen wollte:

»Sie müssen an der Elbe stehenbleiben, Simpson. Sie dürfen nicht weiter in Richtung Berlin vorstoßen. Es tut mir leid, Simp, aber es ist nun einmal so.«

»Von wem, zum Teufel, kommt dieser Befehl?« fragte Simpson aufgebracht.

»Von Ike«, antwortete Bradley.

»Und wie soll ich das meinem Stab, den Korpskommandieren-den und den Divisionskommandeuren klarmachen?« fragte Simpson.

Das konnte Bradley ihm nicht sagen, und so flog der OB der 9. US-Armee in seinen GefStand zurück. Als er schließlich GenMaj. Hinds erklärte, daß sie nicht weiter vorgehen dürften, starrte dieser seinen Oberbefehlshaber an, als zweifle er an dessen Verstand. Aber dieser erklärte kategorisch:

»Wir stoßen nicht nach Berlin vor, Sid. Für uns ist der Krieg hier zu Ende.«

Und während noch immer die Division »Scharnhorst« und die Sturmgeschütze gegen diesen Brückenkopf der zwei US-Divisionen kämpften, war das Stehenbleiben der Amerikaner bereits verbrieft und gesiegelt.

Als am Abend des 15. 4. GendKav. Köhler, der KommGen. des XX. AK, auf dem Gefechtsstand der 12. Armee eintraf, erhielt er von General Wenck folgenden Auftrag:

»a) Unterstellung des Kampfkommandanten Magdeburg und der Division ›Scharnhorst‹, Verteidigung der Elbe im befohlenen Abschnitt und Bereinigung des Brückenkopfes Barby;

b) Auffrischung des Generalkommandos in Treuenbrietzen und Herstellen der völligen Verwendungsbereitschaft bis zum 20. 4.;

c) Überwachung der Aufstellungen der Divisionen ›Theodor Körner‹ und ›Friedrich Ludwig Jahn‹, deren Einsatzbereitschaft zu beschleunigen ist.«

Die 12. Armee wollte die Elbe halten und den Brückenkopf von Barby beseitigen. Doch an der Ostfront bereitete sich ein Ereignis vor, das alle Dispositionen der 12. Armee über den Haufen werfen sollte. Die Rote Armee setzte zum Sturmangriff auf Berlin an.

Die Kehrtwendung nach Osten

Am Morgen des 16. 4. 1945 erfuhr auch das AOK 12, daß die Rote Armee von der Oder her zum Sturmangriff nach Westen angetreten war. General Wenck ließ sofort alle Eventualitäten, die sich beim Durchbruch der Roten Armee ergeben konnten, durchspielen und kam zu der Überzeugung, daß es notwendig sein würde, Truppen aus seiner Westfront herauszuziehen und mit diesen und den nach Norden herangezogenen Truppenteilen eine Sicherungslinie gegenüber dem russischen Gegner aufzubauen.

Am 17. 4. wurden diese Bewegungen eingeleitet, während zur gleichen Zeit die Div. »Scharnhorst« mit einer unterstellten Sturmgeschütz-Kompanie von Norden und Osten gegen den US-Brückenkopf Barby antrat. Diesmal kam es zum Duell mit US-Panzern, die sich aus geschickt getarnten Stellungen in den Kampf einschalteten. Major Müller führte nun die Kampfgruppe Burg ins Gefecht. Alle Sturmgeschütze griffen an, doch dieser Angriff schlug nicht durch. Der Gegner hatte diesen Brückenkopf schon zu stark mit Flak und Pak und Panzern ausgebaut. Nunmehr befahl General Wenck das Heranführen der ID »Theodor Körner«, die am 22. 4. mit der Division »Scharnhorst« den US-Brückenkopf ausräumen sollte.

Am 17. und 18. 4. blieb es an der Elbefront ruhig.

Die Kämpfe beim XXXXVIII. Panzerkorps

Am 13. 4. begannen im Abschnitt dieses PzK unter GendPzTr. von Edelsheim die Kämpfe um die Linie der vorgeschobenen Stellungen Halle-Saale-Abschnitt bis südlich Merseburg und um Leipzig. Stückweise ging der Saale-Abschnitt am Westrand von Halle verloren, aber es gelang GenMaj. Radtke, dem Kampfkommandanten von Halle, diese Stadt am 14. und 15. zu halten. Am 16. aber wurden die letzten Verteidiger aus dem Ostteil hinausgedrückt. Die beabsichtigte Verteidigung südlich Halle mit einer Flak-Kampfgruppe hatte ebenfalls keinen Erfolg. Bei Nacht mußte sich GenMaj. Radtke mit dem Rest seiner Kampfgruppe von etwa 600 Mann auf die Mulde-Stellung des XXXXVIII. PzK zurückziehen.

Im Kampf um Leipzig wurden die ersten Panzer- und Infanterieangriffe bereits im Vorfeld und zwischen dem 13. und 15. 4. solche um die Stadt selbst abgewiesen. Am 17. 4. gelang den US-Truppen der entscheidende Einbruch in den Stadtkern. Der Stadtkommandant, Oberst von Poncet, wurde am Völkerschlachtdenkmal eingeschlossen. Von den Verteidigern konnten sich nur wenige nach Osten durchschlagen.

Insgesamt hatten zwei bis drei US-Divisionen des V. US-Korps mit der 69. ID als Hauptstoßverband um Leipzig gekämpft. Noch am 17. 4. stießen US-Truppen mit Panzern und Infanterie ostwärts Leipzig gegen die Mulde bei Grimma und Wurzen vor. Dort wurden sie gestoppt.

Durch die hartnäckige Verteidigung des Halle-Saale-Abschnitts mit Leipzig als »Festung« hatte das XXXXVIII. PzK einen Zeitgewinn von sechs Tagen errungen. Dieser konnte der Vorbereitung der Abwehr im Mulde-Abschnitt zugute kommen. Kaum ein Mann war jedoch aus Leipzig herausgekommen, und aus Halle waren nur etwa 600 Soldaten dem Untergang entronnen.

Mit dem 15. 4. hatte das XC. AK, GendInf. Petersen, den südlichen Nachbarabschnitt des XXXXVIII. PzK übernommen. Es hielt mit der Div. z.b.V. 464 den Anschluß an das Korps Edelsheim südlich von Grimma.

Die Auswirkungen des sowjetischen Großangriffs auf Berlin machten sich im Abschnitt des XXXXVIII. PzK seit dem 18. 4. bemerkbar. Mit zunehmendem Druck des sowjetischen Südflügels über die Linie Bautzen–Ruhland–Wittenberg gegen die Elbe mußte bald gerechnet werden. General von Edelsheim wurde ins HQ nach Dessau-Rosslau befohlen. Als er am 19. 4. dort eintraf, erhielt er durch General Wenck den Auftrag, die Mulde vom Anschluß an die ID »Hutten« bis zur südlichen Armeegrenze zu verteidigen. Ferner sollte er die Verbindung mit den Kampfkommandanten Leipzig und Halle suchen, die seit dem frühen Morgen des 19. 4. abgebrochen war.

Dieser Aufgabe unterzog sich das XXXXVIII. PzK ohne einen einzigen gegliederten Truppenverband und ohne Panzer und Sturmgeschütze. Darüber hinaus erhielt General von Edelsheim den Auftrag, in der Linie der Schwarzen Elster eine neue Ostfront vorzubereiten und auszubauen.

Da nach dem Verlust von Leipzig und Halle bald mit dem planmäßigen Angriff von etwa vier US-mot.- und Panzerverbänden zu rechnen war, dessen Schwerpunkt über die Linie Eilenburg–Wurzen und südlich davon erwartet wurde, mußten wenigstens die Hauptübergänge stützpunktartig besetzt werden. Auf 70 km Frontbreite des XXXXVIII. PzK waren in vorderster Linie nur insgesamt fünf Bataillone und zwei ArtBatterien im Einsatz. Allerdings brauchte infolge der vielen Panzerhindernisse an der Mulde, deren Übergänge gesprengt worden waren, vorläufig mit keinem Panzerangriff gerechnet zu werden.

General von Edelsheim rechnete aber auch damit, daß der Südflügel der HGr. Marschall Konjews beim Angriff auf Berlin beiderseits der Schwarzen Elster über die Linie Großenhain–Ruhland zum Flankenschutz die Elbe-Linie anstreben würde. Der sowjetische Vorstoß über Königsbrück bedrohte bereits die Südflanke der noch im Aufbau begriffenen Verteidigungslinie an der Schwarzen Elster.

Die Lage des XXXXVIII. PzK war am 18. und 19. 4. bereits durch den Kampfverlauf an der Ostfront schwierig geworden. Es stand ein Kampf mit zwei Fronten nach entgegengesetzten Seiten bevor, deren Seiten nur 55 km voneinander entfernt lagen. Für den Fall, daß die Schwarze-Elster-Stellung verlorenging, rückten diese Fronten bis auf 30 km Distanz zusammen. Dies bestärkte General von Edelsheim in seiner Absicht, die Mulde-Stellung zu halten, um nicht mit seinen Truppen an der Elbe zerquetscht zu werden.

Am 19. 4. beginnend, machte sich der Feinddruck gegen die Mulde-Stellung des XXXXVIII. PzK zunehmend bemerkbar. Bis zum 21. 4. wurden örtliche Feindversuche, Brückenköpfe auf dem Ostufer der Mulde zu bilden, abgewehrt oder abgeriegelt. Ein Brückenkopf des Korps bei Eilenburg ging bei einem Feindangriff mit weit überlegenen Panzerkräften verloren. Diesen Panzern konnten nur Panzervernichtungstrupps mit Panzerfäusten entgegengeworfen werden.

Im Raume Bitterfeld, beim rechten Nachbarn des Korps, dem XX. AK, ging der von Teilen der Div. »Hutten« gehaltene Brückenkopf Jessnitz-Bitterfeld verloren, nachdem die jungen Grenadiere drei Tage und Nächte den angreifenden Panzerverbänden nur die Abwehr mit Panzerfäusten entgegensetzen konnten. Über 30 Feindpanzer gingen hier im Feuer der Panzerfäuste unter. Dann mußte die Division »Hutten« hinter die Mulde ausweichen und richtete sich neben den Truppen des XXXXVIII. PzK zur Verteidigung ein.

Im Verlauf des 20. 4. stellte der Gegner seine Angriffe ein, so daß die Linie Mulde–Freiburger Mulde–Tschoppau einschließlich Chemnitz gehalten werden konnte.

Die nach Osten vorgeschobenen Spähtrupps des Korps stellten zwischen der Elbe und der Schwarzen Elster ein russisches Kav-Korps fest, das in breiter Front vorrückte und am 20. 4. die Bahnlinie Riesa–Elsterwerda erreichte und diese nach Nordwesten überschritt. Es näherte sich rasch der Straße Mühlberg–Bad Liebenwerda. Von Nordosten her hatten andere sowjetische Verbände die Schwarze Elster zwischen Elsterwerda und Herzberg erreicht und versuchten, dort Übergänge zu erkämpfen.

Dort aber hatten sich die deutschen Verteidiger, die von GenLt. Scherer geführt wurden, durch Truppenteile der HGr. Mitte, GFM Schörner, verstärkt und konnten diesen Angriff abwehren. Da aber keine Truppen zur Verfügung standen, um den russischen Vorstoß zwischen der Schwarzen Elster und der Elbe zu verhindern, wurde von General. von Edelsheim die Zurücknahme der Ostfront des Korps auf die Elbe verfügt.

Es waren vor allem Divisionen der 5. Gardearmee der Sowjets, die sich nördlich Senftenberg von der 3. und 4. Garde-Panzerarmee getrennt hatten, um auf die Schwarze Elster und — darüber hinaus — auf Torgau an der Elbe vorzustoßen.

Am 20. 4. traf der Befehl der 12. Armee bei General von Edelsheim ein, daß das XX. AK aus der Front herausgezogen werden mußte, um im Raum Belzig für die von General Wenck geplante Verteidigung nach Osten bereitzustehen. Das XXXXVIII. PzK sollte deshalb bei Wittenberg und Coswig die Elbe nach Norden überschreiten, um dort wieder die Flanke der 12. Armee zu schützen.

Durch den Abmarsch des XX. AK nach Norden verschob sich dessen Südflügel an der Ostfront in die Gegend um Niemegk, 12 km südostwärts Belzig.

In diesem Raum und weiter südlich bei Treuenbrietzen sammelten zur gleichen Zeit auch die eintreffenden Teile der Div. »Theodor Körner«.

Der sowjetische Angriff auf Wittenberg drohte nunmehr dem XXXXVIII. PzK die unmittelbare Verbindung mit der 12. Armee abzuschneiden, bevor das Korps die Elbe überschritten hatte. Immerhin hatte die Masse des Korps bis zur Erreichung des neuen Kampfraumes zwischen 130 und 150 km im Fußmarsch zurückzulegen. Die Wege da hin waren schlecht, die Orientierung sehr schwierig. Die Masse des XXXXVIII. PzK konnte unter Berücksichtigung des Elbeüberganges in drei bis vier Tagen — also bis zum 24. oder 25. 4. — den neuen Kampfraum Coswig erreicht haben und dort verwendungsbereit sein.

Am 20. 4. begann der Abmarsch bei Grimma und Riesa. Die weiter nördlich davon stehenden Truppen wurden dem Abfluß der Marschbewegungen entsprechend abgerufen. Bis zum 25. 4. waren die Marschbewegungen und der Flußübergang geschafft. Der GefStand des Korps wurde am Abend des 24. 4. nach Buko, acht km nordwestlich Coswig, verlegt.

Nach dem Abmarsch des Korps hatte sein amerikanischer Gegner über die Linie Eilenburg–Torgau vorrollend mit Aufklärungsverbänden die Verbindung mit den bei Torgau stehenden russischen Truppen hergestellt.

Es war am 25. 4., als die motorisierten Spitzen der 69. ID der Amerikaner auf die Elbe zufuhren. Der Spähtrupp unter Lieutenant Kotzebue, in Stärke von 26 Mann, langte gerade bei der Ortschaft Leckwitz an, als ihnen ein einzelner Reiter auf einem struppigen Pferd entgegenkam. Es war der erste Russe, der über die Elbe gesetzt war und Einmann-Aufklärung betrieb. Der Stoßtruppführer ließ weiterfahren. Der Stoßtrupp erreichte den Fluß, fand ein Boot und ruderte hinüber. Auf der anderen Seite stießen sie auf Rotarmisten der 58. Garde-Division. Die Begrüßung war frostig, denn vorher hatten die Amerikaner eine Gruppe deutscher Zivilisten passieren müssen, die ermordet auf dem Ostufer der Elbe lagen.

Diese erste Zusammenkunft auf dem Ostufer der Elbe gilt heute nicht mehr als »das erste offizielle Zusammentreffen« zwischen Ost und West. Dieses wird am Nachmittag jenes denkwürdigen Tages notiert, als ein anderer Spähtrupp der 69. ID 30 km nördlich des ersten Zusammentreffens an die Elbe vordrang und dort auf eine Gruppe Rotarmisten stieß, die den Fluß überwunden hatten und auf dem Westufer standen. Es waren Truppen der 1. US-Armee und der 1. Ukrainischen Front, die sich hier trafen und Deutschland in zwei Hälften teilten.

General von Edelsheim setzte alle Truppen, die bei Coswig die Elbe hatten überqueren können, im Kampf mit Front nach Osten ein. Nach Westen konnte keine Abwehrlinie mehr aufgebaut werden. Aber das war auch nicht notwendig, weil der Westgegner hier nicht mehr angriff. Am 26. 4. mußte der Brückenkopf, der um Coswig gehalten wurde, im Morgengrauen geräumt werden.

Die Kampfgruppe Burg und der
Untergang von Zerbst

Die KGr. Burg, die unter Major Müller durch den Festungskommandanten von Magdeburg zum Gegenangriff gegen die im Kessel südlich der Stadt liegenden Amerikaner angesetzt worden war, stand noch immer mit dem linken Flügel an der Autobahnbrücke bei Hohenwarthe, während der rechte Flügel in Höhe von Rogätz hielt.

Die Sturmgeschütze spielten auch bei der Abwehr eines amerikanischen Angriffs auf Zerbst — aus dem US-Brückenkopf Barby heraus — eine Rolle. Und zwar hatte das XIX. US-Korps über Funk den Stadtkommandanten von Zerbst aufgefordert, sich mit seiner Besatzung zu ergeben. Geschehe dies nicht, werde Zerbst am anderen Morgen gebombt. Der Stadtkommandant lehnte die Übergabe ab.

So sahen die Männer der Sturmgeschütz-Lehrbrigade Altengrabow, die der Sturmgeschütz-Schule Burg unterstellt gewesen war, wie am nächsten Morgen die Amerikaner aus ihrem Brückenkopf heraus antraten, um diesen zu erweitern. Wieder einmal mehr erscholl hier der Ruf: »Sturmgeschütze vor!«

Die Sturmgeschütze rollten an, eröffneten das Feuer und schlugen die bereits bis zum Stadtrand vorgedrungenen Angreifer zurück. Einige Feindpanzer, die diesen US-Angriff unterstützten, wurden abgeschossen.

Unmittelbar nach Abwehr dieses Angriffs eröffneten US-Bomber den Angriff auf Zerbst. Oblt. Schuldt, Adjutant der Lehr-Brigade Altengrabow, sah diesen Angriff, den er wie folgt schilderte:

»Die Stadt fiel — aus der Ferne gesehen — wie ein Kartenhaus zusammen und ging schließlich, nach den Brandbombenwürfen der letzten Angriffswelle, in Flammen auf. Es war ein Bild vollständiger Zerstörung, bei der die Zivilbevölkerung insbesondere durch die Brandbomben entsetzliche Verluste erlitt.

Unsere Brigade wurde alsdann zum Flugplatz zurückgenommen und kurz darauf in Richtung Belzig in Marsch gesetzt, um gegen die Sowjets eingesetzt zu werden.«

Die Kampfgruppe Burg wuchs indessen durch Zuführung und Unterstellungen weiter an und hatte binnen weniger Tage Divisionsstärke erreicht. Am 20. 4. nahm die 12. Armee unmittelbare Verbindung mit ihr auf und bat Major Müller, nach Dessau-Rosslau zu kommen. Dort erfuhr der Kampfgruppenführer seine Beförderung zum Oberstleutnant. Die Kampfgruppe wurde in Division »Ferdinand von Schill« umbenannt und dem XX. AK unterstellt. Sie erhielt Befehl, nach Osten zu schwenken und in den Raum Belzig zu verlegen.

Als die Division im Raume Belzig ankam, wurde sie dort ostwärts Belzig neben der Div. »Theodor Körner« eingesetzt.

Kerntruppe dieser neuen Division war die Sturmgeschütz-Brigade »Schill« unter Führung von Major Nebel, die in den nächsten Tagen immer wieder in die Feindpanzeransammlungen hineinrollte und schließlich auch in Richtung Potsdam vorstieß, um dort die Korpsgruppe Potsdam aufzunehmen.

Am 21. 4. rollten die ersten Sowjetpanzer, ein JS und vier T 34 mit aufgesessener Infanterie, am vorgeschobenen GefStand der Division »Theodor Körner« vorbei. Weitere Infanterie folgte. Bis zum Abend waren 12 Feindpanzer und etwa eine Infanterie-Kpn. vorbeigezogen. Die Panzer stießen in Richtung zur Straße nach Wittenberg vor. Im Nachtgefecht rollten die Sturmgeschütze unter Major Nebel heran und schossen alle 12 Feindpanzer ab. Dieses Gefecht, das drei Stunden dauerte, rettete wahrscheinlich auch das Armee-HQ in Dessau-Rosslau, das am späten Abend dieses 21. 4. zur Medewetzer Hütte, 22 km nordostwärts Zerbst, verlegt wurde.

Die Sowjets aber drangen nicht weiter nach Westen vor, sondern drehten kurz vor Jüterbog nach Norden und Nordwesten ab und schlossen Potsdam ein. Eine kleine Panzergruppe fühlte direkt auf Potsdam vor.

Der Endkampf beginnt

Am Nachmittag des 22. 4. 1945 begann die tägliche Lagebesprechung im Führerbunker der Reichskanzlei. Zu dieser Besprechung waren neben Keitel und Jodl noch General Krebs, General Burgdorf, Martin Bormann, der Botschafter Hewel und einige Adjutanten erschienen.

Den ganzen Vormittag über hatte Hitler versucht, den Armee-GefStand der 11. Armee in Liebenwerda zu erreichen. SS-Obergruppenführer Steiner hatte Befehl erhalten, dieses AOK 11 aufzustellen und Truppen zur Verteidigung der Reichshauptstadt zu sammeln. Der Feind stand vor den Toren Berlins. Eile war geboten, denn die 9. Armee war eingekesselt und lag südlich Frankfurt/Oder zwischen Cottbus und Baruth fest.

Am östlichen Stadtrand von Berlin kämpften die ebenfalls angeschlagenen Divisionen des LVI. PzK unter GendArt. Weidling. General Weidling hatte in der Nacht zum 22. 4. sein HQ von Schöneiche nach Biesdorf-Süd verlegt. Die Oder-Front war in ihrem Nordabschnitt zusammengebrochen.

GenOberst Jodl begann die Lagebesprechung mit dem Vortrag. Anschließend sprach General Krebs. Beide hatten unmittelbar vorher Nachricht erhalten, daß General Steiner noch nicht genügend Truppen versammelt hatte. GenOberst Jodl mußte darüber hinaus berichten, daß die Rote Armee auch am Südflügel der 3. PzArmee durchgebrochen war und daß die Truppen unter Sowjetmarschall Schukow südlich Berlin die Linie Treuenbrietzen–Zossen überschritten hatten.

Noch bevor Jodl seinen Vortrag beenden konnte, fiel Hitler ihm ins Wort und wollte wissen, wie weit SS-Obergruppenführer Steiner sei und wann dessen Armee angreifen könne.

Der Chef des Wehrmachtsführungsstabes mußte melden, daß Steiner nicht nur noch nicht zur Befreiung Berlins angetreten sei, sondern daß er darüber hinaus noch überhaupt keine Armee habe.

Hitler erlitt einen Nervenzusammenbruch. Er schrie und tobte und schloß mit den Worten, daß er in Berlin bleiben werde, um sich beim Eindringen der Roten Armee selbst zu erschießen. Seine abschließenden Worte waren:

»Alles ist aus, aus, aus!«

Als GenOberst Jodl wenig später ans Telefon gerufen wurde, wandte sich GFM Keitel an Hitler und bat ihn um ein Gespräch unter vier Augen. Hitler schickte alle anderen hinaus, und nun trug der GFM vor, daß es nur noch zwei Möglichkeiten gebe:

Erstens: Die Kapitulation anzubieten, und zweitens: Nach Berchtesgaden zu fliegen und von dort aus Verhandlungen einzuleiten.

Hitler fiel Keitel ins Wort:

»Ich habe meinen Entschluß bereits gefaßt. Ich werde Berlin *nicht* verlassen. Ich werde die Stadt bis zum Ende verteidigen. Entweder gewinne ich die Schlacht um die Reichshauptstadt, oder ich falle als Symbol des Reiches.«

Nachdem Jodl wieder hereingerufen worden war, trug Hitler ihm seinen Plan vor, den er soeben überlegt hatte. Dieser schien ihm die einzige Möglichkeit, Berlin doch noch zu entsetzen. Kern dieses Planes war es, die Elbe-Front aufzugeben, nachdem die Westalliierten dort stehengeblieben waren, und sich ausschließlich zur Abwehr der sowjetischen Streitkräfte nach Osten zu wenden. In diesem Sinne sollte die auf dem Ostufer der Elbe stehende 12. Armee dort herausgelöst werden, nach Osten drehen, auf Berlin marschieren und die Reichshauptstadt entsetzen.

Feldmarschall Keitel erbot sich, persönlich zur 12. Armee zu fahren. Er wollte dafür Sorge tragen, daß unverzüglich alle Maßnahmen zum schnellstmöglichen Vorstoß der 12. Armee nach Osten getroffen wurden. Er versicherte, daß Wenck die Reichshauptstadt entsetzen würde, selbst wenn diese völlig von den Sowjets eingeschlossen sei. Die 9. Armee würde sich gleichzeitig aus ihrer Umklammerung lösen, sich mit der 12. Armee vereinigen und mit zum Entsatz der Reichshauptstadt aufmarschieren.

Hitler billigte diesen Plan. Und während GenOberst Jodl in seinen neuen Gefechtsstand nach Krampnitz bei Potsdam zurückfuhr, machte sich GFM Keitel auf den Weg zur 12. Armee.

Die Straßen westlich und südwestlich Berlin waren mit Flüchtlingskolonnen überfüllt, als GFM Keitel in Richtung Belzig fuhr.

Mit Einbruch der Dunkelheit erreichte er Wiesenburg, südwestlich Belzig. Hier gab ihm General Köhler auf dem GefStand des XX. AK einen kurzen Lagebericht. Wenig später fuhr Keitel zur Försterei »Alte Hölle« weiter.

An diesem Tage wußte General Wenck, daß die Division »Clausewitz« und außerdem die Division »Albert Leo Schlageter«, die beide aus dem Raume Uelzen über Braunschweig nach Süden angegriffen hatten, nahe Fallersleben vernichtet worden waren. Damit hatte die Armee, die noch nicht voll aufgefüllt gewesen war, bereits zwei Divisionen verloren.

Als gegen 01.00 Uhr des 23. 4. im Armeegefechtsstand der Fernsprecher klingelte, war Wenck gerade von einer Frontfahrt zurückgekehrt und in einem Lehnstuhl vor Übermüdung eingeschlafen. Er ging selbst an den Apparat und nahm die Meldung eines Offiziers des XX. AK entgegen, daß GFM Keitel auf dem Weg zur 12. Armee sei und gleich dort eintreffen werde.

General Wenck ließ den Chef des Generalstabes Oberst i. G. Reichhelm rufen. Als dieser nach einer Minute bei ihm erschien, sagte Wenck:

»Wir bekommen gleich Besuch. Und zwar Feldmarschall Keitel!«

Kaum ausgesprochen, waren auch schon Wagengeräusche zu hören, und dann hielt der Wagen vor der Försterei. Feldmarschall Keitel, in voller Uniform, den Marschallstab in der Hand, trat ein, dicht gefolgt von seinem Adjutanten. Er grüßte förmlich. Die beiden Offiziere der 12. Armee grüßten ebenfalls.

Während der Adjutant eine Karte auf dem Tisch ausbreitete, deutete GFM Keitel auf den schwarzen Fleck in deren Mitte, der Berlin darstellte, und begann ohne jede Einleitung:

»Wir müssen den Führer befreien!«

Als er bemerkte, daß dies ein schlechter Anfang war, unterbrach er und bat zunächst General Wenck um seinen Lagebericht.

Nachdem Wenck den Bericht gegeben hatte, sprang Keitel auf. Wortlos hörten General Wenck und Oberst i. G. Reichhelm zu, als der Chef des OKW berichtete, daß die Schlacht um Berlin bereits begonnen habe und daß von nun an Hitlers Schicksal und damit das Schicksal Deutschlands auf dem Spiele stünden.

»Es ist Ihre Pflicht, General Wenck, anzugreifen und Berlin zu befreien.«

Walther Wenck, der genau wußte, wie man mit Keitel zu verhandeln hatte, erwiderte: »Die Armee wird angreifen, Herr Feldmarschall!«

»Gut«, meinte dieser und nickte. »Sie werden Berlin aus dem Raum Belzig–Treuenbrietzen angreifen ...« Der GFM entwickelte seinen Plan weiter, und General Wenck mußte feststellen, daß es ein Plan war, der sich auf die Lagekarte und nicht auf die tatsächlichen Kräfteverhältnisse stützte. Da waren überall noch Divisionsfähnchen eingesteckt, wo gar keine Divisionen mehr bestanden, sondern allenfalls Kampfgruppen. Andere Divisionen, mit denen bereits operiert wurde, standen noch in der Aufstellung.

Keitel befahl, daß die 12. Armee über die Linie Wittenberg–Niemegk auf Belzig–Treuenbrietzen vorgehen und von dort aus in Richtung Jüterbog angreifen solle. Dort würde sich die 12. Armee mit der 9. Armee vereinigen und im Weiterstoßen nach Norden Berlin entsetzen und den Führer befreien.

An der Lagekarte wies General Wenck darauf hin, daß von der inzwischen eingeschlossenen 9. Armee kein großer Einsatz mehr zu einem Angriff auf Berlin zu erwarten sei.

»Anhand der Lagekarte und der zur Verfügung stehenden Kräfte hat ein Angriff lediglich nördlich der Havel, aus dem Raum ostwärts Rathenow, Aussicht auf Erfolg«, erklärte General Wenck. »Nur dort«, fuhr er nach einer kleinen Pause fort, »ist eine Zusammenfassung aller Kräfte der Armee möglich. Nur dort kann die Trennung der Armee durch die Havel in zwei auseinandergezogene Gruppen verhindert werden.«

Da diese Operation zwei Tage der Vorbereitung benötigte, da ja das XX. AK erst über Genthin nach Norden marschieren mußte, wurde der Vorschlag von GFM Keitel schroff abgelehnt.

»Zwei Tage können wir nicht warten«, erklärte er barsch. »Die Lage um Berlin duldet keinen Zeitaufschub. Die Armee hat unverzüglich das Erforderliche zu unternehmen, um den erteilten Befehl des Führers durchzuführen.«

Keitel erhob sich, um die Försterei zu verlassen. An der Tür wandte er sich noch einmal um: »Ich wünsche Ihnen vollen Erfolg!« sagte er, dann klappte die Tür hinter ihm und seinem Adjutanten ins Schloß.

Mit seinem Chef des Generalstabes erwog General Wenck während der Nacht alle Möglichkeiten, und beide kamen zu dem

Entschluß, auch in nicht aussichtsreicher Lage zu versuchen, nach Osten vorzustoßen, um der 9. Armee den Weg in die Freiheit zu erkämpfen und so viele Flüchtlinge wie möglich zu retten.

Sollte sich wider Erwarten dann doch noch die Möglichkeit bieten, nach Berlin durchzustoßen, dann würde die 12. Armee diese Möglichkeit ergreifen. General der Panzertruppe a.D. Wenck sagte dazu später dem Autor:

»Es muß erwähnt werden, daß sich im Laufe der Kämpfe Tausende und Abertausende von Flüchtlingen aus den verlorenen Ostgebieten, aus Schlesien, aus dem Oder- und Wartheraum, aus Pommern und anderen Gegenden in den Schutz unserer Armee gerettet hatten. Sie wollten das westliche Deutschland erreichen.

Die Soldaten unserer Armee aber, die die grauenerregenden Bilder sahen und die Schilderungen der gequälten Menschen vernahmen, die nach den Erlebnissen der ersten russischen Besatzungen geflohen waren, sie stellten sich noch einmal in bewunderungswürdiger Tapferkeit dem Feind und kämpften, um durch ihren Einsatz diesen Menschen — in der überwiegenden Masse Frauen und Kinder — den Weg nach dem Westen zu ermöglichen.

Darin lag auch der tiefere Sinn des erschütternden Heldentums der letzten, jüngsten Soldaten unseres Vaterlandes.«

Als am Morgen des 23. 4. schlagartig auch die US-Luftkampftätigkeit über dem gesamten Kampfraum der 12. Armee aufhörte, atmete alles auf. Im Abschnitt der Division »Hutten« bei Bitterfeld traf GenLt. Engel Maßnahmen zur Sicherung der rückwärtigen Verbindung für den Fall des Durchbruchs der Roten Armee nach Berlin.

Bis zum Abend dieses Tages erhielt er Gewißheit, daß die sowjetischen Stoßarmeen nördlich und südlich in die Höhe des Raumes Berlin gelangt waren. Die Division, die noch immer auch nach Westen verteidigte, bereitete sich auf die Schwenkung des Gros vor. Dazu ließ GenLt. Engel die DivRes. (ein IR, eine ArtAbt. und unterstellte Sturmgeschütze und Panzerjäger) so verlegen, daß sie jederzeit nach Osten angreifen konnte.

Als der Funkbefehl des OKW am Morgen des 24. 4. eintraf, sofort kampfkräftige Teile der 12. Armee in Divisionsstärke nach Osten zu drehen und zum Angriff bereitzustellen, hatte GenLt.

Engel bereits in diesem Sinne gehandelt. So erhielt die Div. »Hutten« von der Armee den Befehl, sich unter Belassung schwacher Sicherungen an der Elbe-Mulde-Front nach Osten in Marsch zu setzen, um im Raum Wittenberg, ostwärts der Elbe einen möglichst großen Brückenkopf zu bilden. Dieser Brückenkopf war notwendig, weil drei sowjetische SchDiv. im Vorrollen auf Wittenberg erkannt worden waren.

GenLt. Engel berichtete dem Autor darüber:

»Bereits in den Morgenstunden des 25. 4. waren die beiden Regimenter, die ich im Pendelverkehr über die 50 km weite Distanz verlegen mußte, mit eingegliederter Artillerie und eingegliederten Sturmgeschützen ostwärts und südostwärts der Lutherstadt Wittenberg im Kampf gegen gerade angetretene drei russische Schützen-Divisionen. Hier vollzog sich, wie es selten im Krieg geschieht, ein regelrechtes Begegnungsgefecht von zwei aufeinanderprallenden Spitzen. Beide wußten nichts voneinander. Und ich darf hier, bei aller Bescheidenheit, für die Leistungen meiner Truppe sagen, daß der stärkere Elan und der härtere Wille bei uns lagen.

Meine beiden Regimenter mit den wenigen Sturmgeschützen, nur unterstützt durch einige ortsfeste Flak-Batterien, die bisher den Brückenschutz über die Elbe versahen, warfen im Laufe von 12 Stunden die drei Schützen-Divisionen des Gegners über zehn km weit zurück, befreiten eingeschlossene deutsche Verbände und bildeten einen Brückenkopf von 15 km Tiefe und 30 km Breite um Wittenberg.

Dieser Brückenkopf war entscheidend für die weiteren Maßnahmen der Armee und ihrer nunmehr erfolgenden hastigen Umgruppierung in Richtung Berlin und somit die Voraussetzung für die Rückführung Hunderttausender Zivilisten und Soldaten.«

Der Kampf im Brückenkopf Wittenberg ging am 26. und 27. 4. weiter. Die aufgeschlossenen sowjetischen Panzerverbände, überwiegend T 34, rollten in den Einsatz.

Am späten Abend des 26. 4. erhielt GenLt. Engel Weisung, sich in der Nacht vom Feind zu lösen und den befohlenen Bereitstellungsraum Belzig so schnell wie möglich zu erreichen.

GenLt. Engel löste diese Aufgabe angriffsweise, weil nach seiner Ost-Erfahrung die Sowjets bei plötzlichen Gegenangriffen in ihren Angriff hinein kopfscheu zu werden pflegten.

Noch am Abend zusammengestellte Kampfgruppen — verstärkte Stoßtrupps mit Panzerfäusten —, einzelne Sturmgeschütze und Panzer mit begleitender Infanterie griffen in den frühen Morgenstunden des 27. 4. noch bei Dunkelheit an und hatten fast an allen Stellen den gewünschten Erfolg.

Die Sowjets wurden nervös, und nun gelang es der Division, sich vom Feind zu lösen. Die zurückbleibenden Nachhuten wurden erst gegen Mittag des 27. 4. angegriffen, so gut hatte diese Verschleierungstaktik gewirkt. Zu diesem Zeitpunkt war jedoch die Masse der Division einschließlich aller schweren Waffen entlang der Elbe in den tiefen Wäldern nordwestlich Coswig im zügigen Abmarsch. Die Division erreichte in voller Stärke den neuen Bereitstellungsraum Belzig. Panzerspähwagen wurden mit SPW der Panzer-Jagd-Abt. 3 auf breiter Front nach Osten vorgeschoben, um die Division »Hutten« vor unliebsamen Überraschungen zu schützen.

Am Nachmittag des 24. 4. erreichten sowjetische Sturmgruppen den Nieder-Neuendorfer Kanal nordwestlich Spandau. Das in Krampnitz untergezogene Oberkommando der Wehrmacht zog ins Forsthaus nach Fürstenberg um.

An diesem Tage erfuhr die sowjetische Führung auch die Nachricht vom Vorhandensein einer neuen Armee. Diese Nachricht, die für sie entscheidend wichtig, und deren Verschweigen für die Armee Wenck und deren Aufgaben entscheidend war, erhielt die Rote Armee durch einen Führerbefehl in Form eines Flugblattes, in dem Hitler am 23. 4. der Armee Wenck »Mut und Angriffsgeist« zusprach. Unter anderem heißt es in diesem Führerbefehl:

»Der Führer hat Euch gerufen. Ihr seid, wie in alten Zeiten des Sieges, zum Sturm angetreten. Berlin wartet auf Euch! Berlin sehnt Euch mit heißem Herzen herbei!«

Zwar ließ General Wenck das Flugblatt sofort verbrennen, dennoch gelangten einzelne Exemplare in die Hand der Russen, die nun wußten, daß die 12. Armee existierte und daß sie zum Entsatz von Berlin nahte.

Ebenfalls am 24. 4. erhielt die 12. Armee vom OKW einen Befehl: »Die Armee hat sofort kampfkräftige Truppen in mindestens Divisionsstärke nach Osten abzudrehen und sie in der allgemeinen Linie Wittenberg–Treuenbrietzen zum Angriff nach Osten bereitzustellen. Einzelheiten über Zweck und Ziel des Angriffs werden noch befohlen.

Die ID ›Friedrich Ludwig Jahn‹ wird ab sofort dem OKH unterstellt. Der DivKdr. hat ohne Rücksicht auf Abschluß der Aufstellung seiner Division zum Abmarsch nach Norden oder Osten bereit zu sein und mit dem OKH Verbindung aufzunehmen.«

Dieser Befehl wurde Oberst Weller, dem Kdr. der Division »Friedrich Ludwig Jahn«, übermittelt. Oberst Weller stellte die Verbindung mit dem OKH her und erhielt über Fernsprecher folgenden Befehl:

»Sie haben sofort den Marsch nach Potsdam anzutreten und sich dort bei General Reimann, dem Befehlshaber der Korpsgruppe Potsdam, zu melden.«

In dem Augenblick, da an die Soldaten der Division die Waffen ausgegeben wurden, erfolgte Panzeralarm. Ein Stoßkeil sowjetischer Panzer, die von Süden auf Berlin und Potsdam eingedreht hatten, war auf Jüterbog eingeschwenkt. Dieser Keil traf auf die Division »Jahn«.

Aus Kanonen und MG schossen sowjetische Panzer in die angetretene Division hinein. Es kam zu einem verbissenen Gefecht. Die am weitesten vorgedrungenen Feindpanzer wurden mit Panzerfäusten abgeschossen. Panzervernichtungstrupps griffen den Panzerkeil aus den Flanken an. Hinzu kamen rasch alarmierte Sturmgeschütze der Division »Hutten«, die ja ebenfalls in der Drehung begriffen war.

Eine Stunde dauerte der Kampf, dann war die Gefahr beseitigt, und die Division »Jahn« marschierte los. Auf dem Marsch stieß sie immer wieder auf durchgeprellte Feindgruppen, die nach Westen aufklärten. Ostwärts Beelitz kam es zu einem stärkeren Gefecht. Auch hier konnten die Feindkräfte durchstoßen werden. Danach mußten die wenigen eigenen Sturmgeschütze noch zweimal den Weg nach Potsdam freischießen, ehe die Division die Stadt erreichte und sich der Korpsgruppe Potsdam anschloß.

Zwei Stunden nach diesem ersten Befehl an das AOK 12 erhielt dieses einen weiteren Befehl des OKW, erneut starke Kräfte aus der Front nach Westen herauszunehmen und zum Angriff nach Osten bereitzustellen.

Noch am 24. 4. griff die Div. »Körner« Treuenbrietzen an, wo die Sowjets eingedrungen waren. Die auf deutscher Seite mit dem Jäger-Batl. eingesetzten Sturmgeschütze unterfuhren das feindliche Panzerfeuer und schossen eine Lücke in die sowjetische Panzerkolonne. Im Häuserkampf wurde anschließend Haus um Haus gesäubert. Als der Angriff vor einer Pak- und MG-Sperre liegenblieb, rollten vier Sturmgeschütze heran, die in schnellstem Salventakt schossen. Ihnen gelang es, die Sperre auszuschalten und den Jägern den Sturm zu ermöglichen. Wenige Minuten nach diesem Ansatz war Treuenbrietzen wieder in deutscher Hand.

Am 25. 4. 1945 hatten die Div. »Hutten« bei Wittenberg, »Schill« bei Niemegk, »Scharnhorst« dahinter gestaffelt bei und ostwärts Zerbst und »Körner« bei Treuenbrietzen zum Angriff nach Osten umgegliedert. Am Morgen des 25. 4. ging ein weiterer OKW-Befehl ein:

»12. Armee tritt mit allen verfügbaren Truppen unverzüglich über die Linie Wittenberg–Niemegk nach Osten in Richtung Jüterbog an und vereinigt sich dort mit der 9. Armee, die sich nach Westen durchkämpft, um sodann gemeinsam nach Norden, zum Entsatz von Berlin anzugreifen.«

Die Armee befahl das Herauslösen der Division »Scharnhorst« aus der Front des US-Brückenkopfes Zerbst–Barby. Dazu ließ General Köhler diese Division seines Korps trotz der noch immer bestehenden Befürchtung eines US-Angriffs in den Raum Wittenberg in die Ausgangsstellung bringen. Dort kämpfte zu dieser Zeit ja noch die Division »Hutten«.

Für General Wenck war die Einschließung der 9. Armee hart ostwärts Baruth von besonderer Bedeutung. Da die Russen nach dem Abmarsch der Division »Jahn« aus Jüterbog nach Potsdam Jüterbog in Besitz genommen hatten und ostwärts Wittenberg sehr starke Feindverbände aufgeschlossen hatten, deren Panzer beinahe ununterbrochen nach Westen angriffen, war eine Krisensituation entstanden. Diese vertiefte sich noch, als südlich Niemegk, zwischen dem offenen Nordflügel der Div. »Hutten« und dem Südflügel der Div. »Körner«, sowjetische Verbände in die Wälder an der Autobahn einsickerten. Sowjetische Panzerrudel fühlten am selben Tag auch noch bis hart ostwärts Brandenburg/Havel vor.

In dieser Situation konnte die 12. Armee nicht an einen Angriff auf Jüterbog, mit dem Ziel der Zurückgewinnung dieser Stadt, denken. Die vorgetriebene Aufklärung in dieser Richtung erkannte außerdem, daß sich dort ein sowjetischer Schwerpunkt bildete.

Bereits an diesem Tag war der Armee folgendes klar:

»Ein Angriff auf Berlin konnte, wo immer er geführt wurde, die Stadt nicht entsetzen. Ein geschlossener Angriff mit den zwar wenigen, aber gut disziplinierten und bis dahin geschickt und tapfer kämpfenden Truppen an geeigneter Stelle konnte dem Gegner große Verluste bringen und zahllose Menschen in letzter Minute noch einmal den Weg in den Westen öffnen. Die 12. Armee mußte Zeit gewinnen. Ein Zeitgewinn aber konnte nur erreicht werden, wenn es gelang, einen Angriff durchzuziehen und den russischen Vormarsch zu stoppen. Dafür boten sich der Armee zwei Möglichkeiten an.

1. Nach Vorschlag des XX. AK Angriff aus dem Raum Belzig über Potsdam nach Berlin. Bei diesem Angriff erschien die Aufnahme der sich nach Westen durchschlagenden 9. Armee nördlich Treuenbrietzen möglich.

2. Ein Angriff aus dem Abschnitt des XXXXI. PzK zwischen den Seenketten nördlich der Havel, in Verbindung mit dem linken Flügel der HGr. Weichsel, der sich bei Fehrbellin in einer haltenden Front zu stabilisieren schien.

Der über Funk gestellte Antrag der 12. Armee an das OKW, die zweite Absicht auszuführen, wurde abgelehnt, und erst nach langer Besprechung des OB der 12. Armee mit dem OKW wurde der erste Vorschlag gebilligt.

Am frühen Morgen des 26. 4. wurde der 12. Armee das XXXIX. PzK unterstellt, das sich nach der Zerschlagung der beiden Divisionen »Clausewitz« und »Schlageter« unter Führung von GenLt. Arndt in der Neugliederung befand. Das Korps hatte vom OKW den Auftrag erhalten, die ResDiv. »Hamburg« und die Div. »Meyer« an der Elbe zu belassen und die Truppen der 84. ID mit den Resten der Div. »Clausewitz« zusammenzulegen. Beide Divisionen hatten in den schweren Kämpfen der vergangenen zwei Wochen je zwei Drittel ihres Bestandes verloren.

In den frühen Morgenstunden des 28. 4. sprach General Wenck mit seinem Chef des Stabes über die Möglichkeit, an diesem Tage auf die 9. Armee vorzustoßen und gleichzeitig mit den Divisionen »Schill« und »Hutten« in Richtung Potsdam zu marschieren, um der Besatzung dieser Stadt, darunter ja auch die Division »Jahn«, eine Gelegenheit zum Ausbruch zu verschaffen und diese aufzunehmen.

»Das sind unsere letzten Aufgaben«, sagte Wenck. »Wenn wir

das geschafft haben, werden wir uns an die Elbe zurückziehen und unsere Armee den Amerikanern übergeben.«

Mit dem ersten Büchsenlicht dieses 28. 4. kam der Befehl: »Angriff nach Osten!«

Auf der linken Flanke der Division »Hutten« griff die Division »Schill« an. Ihr Vorstoß ging nach Nordosten, direkt auf den Lehniner Forst zu. Die Sturmgeschütz-Brigade »Schill« marschierte an der Spitze. Sie bildete einmal den Stoßkeil der linken Flanke und zum anderen die Flankensicherung nach Norden.

Dieser gepanzerte Angriffskeil stieß wenig später auf biwakierende Sowjets und Feindpanzer. Im ersten massierten Feuerschlag wurde diese Feindgruppe vernichtet. Die Russen zogen sich fluchtartig zurück und verschanzten sich in einem Dorf.

Major Nebel befahl, daran vorbeizurollen. Auf der Flanke angelangt, ließ er eindrehen und in die Ortschaft rollen. Hinter den Sturmgeschützen, welche die feindlichen MG-Stellungen ausschalteten, rollten die Füsiliere in die Ortschaft und räucherten die letzten Widerstandsnester aus.

Rechts von dieser Division stürmte »Hutten« in Richtung auf die Beelitzer Heilstätten. GenLt. Engel hatte in der Nacht zuvor bereits eine Vorausabteilung antreten lassen, die aus schweren Achtrad-PzSpähWagen mit der 7,5-cm-KwK, aus Kradschützen und einer SPW-Kpn. bestand.

Die an der breiten Flanke von »Hutten« im Süden eingesetzten Divisionen »Körner« und »Scharnhorst«, die bereits am 27. 4. schwere Kämpfe zu überstehen hatten, gingen ebenfalls zügig vor.

Sehr bald stieß die gepanzerte Aufklärung der Div. »Hutten« nordostwärts Belzig im unübersichtlichen Waldgelände auf Feindwiderstand. Aus der Bewegung heraus entwickelte GenLt. Engel den Angriff, um den Russen keine Zeit zu lassen, sich wieder zu setzen. Im schwungvollen Angriff wurde dieser Gegner noch in den Vormittagsstunden geworfen und flutete, verfolgt von den Sturmgeschützen, nach Osten zurück. Abgeschossene Spähwagen zeigten, daß der Division vorerst nur motorisierte Aufklärungskräfte gegenüberstanden.

Dies sollte sich jedoch im Verlauf des Tages ändern, je näher die Division den dichten Wäldern südwestlich Potsdam entgegenfuhr. Hier versteifte sich der Widerstand. Pak tauchte auf. Feindartillerie griff von Osten her in den Kampf ein. Die Tageskrise trat ein: der

Zeitpunkt also, an welchem durch Feindeinwirkung der Angriff ins Stocken gerät.

Aber GenLt. Engel entschloß sich, den Angriff fortzusetzen. Sehr bald wurde die zweite sowjetische Widerstandslinie 15 km nordostwärts Belzig erreicht. Hier gelang es der Division mit Brisanz-Munition und Flak-Leuchtspurschießen — gegen beide Mittel waren die Sowjets allergisch — den Durchbruch zu erzwingen.

Abermals wichen die Rotarmisten geschlagen durch die Wälder zurück. Schwerer Geschützdonner und Gefechtslärm auf der rechten Flanke zeigten, daß auch die Nachbar-Divisionen im schweren Kampf lagen.

Am Nachmittag dieses 28. 4. waren die Division »Hutten« und mit ihr auf ihrer linken Flanke auch die Division »Schill« in den Lehniner Forst eingedrungen. »Hutten« stand mit den vordersten Teilen 15 km vor dem Ziel: dem Havelübergang südwestlich Potsdam.

In der Nacht zum 29. 4. wehrte die Division mehrere sowjetische Erkundungsvorstöße ab. GenLt. Engel setzte nunmehr für den weiteren Vorstoß am 29. 4. zwei Regimenter in der vordersten Linie ein. Dem einen wurde die DivStGeschKpn. unterstellt, dem zweiten zwei Züge Panzer. Diese sollten auf den Feld- und Waldwegen, als Sturmböcke dienend, die Infanterie vorwärtsbringen. Um die Flankenbedrohung auszuschalten, GenLt. Engel rechnete mit starken Feindkräften im Lehniner Forst, setzte er die SPW seiner PzAbt. mit einigen zusätzlichen schweren Spähwagen als Flankenschutz ein.

Im schweren Waldkampf bahnten sich die beiden Regimenter ihren Weg. Funkwagen der Division meldeten laufend die Fortschritte der Flankensicherung und der Nachbar-Division »Schill«, die ebenfalls im Waldkampf stand, nachdem sie am Vorabend bereits Teile der Korpsgruppe Reimann aus Potsdam aufgenommen hatte. Hierüber wird im folgenden Abschnitt zu berichten sein.

Bis zum Mittag hatte »Hutten« sechs feindbesetzte Dörfer zurückgewonnen. Nachrichten von den Divisionen »Scharnhorst« und »Körner« besagten, daß diese in schweren Kämpfen gegen zwei mechanische sowjetische Korps standen und daß erbittert um Beelitz gekämpft werde. Doch diese beiden Divisionen hielten und ermöglichten den Weiterstoß von »Hutten« in Richtung Potsdam. Dann war die große Autobahnspinne südostwärts Potsdam erreicht. Hier hatten die Sowjets Josef Stalin 3-Panzer eingesetzt, die eine 15,2-cm-Haubitze führten. Wenn es gelang, diese Spinne, die auch Leipziger Dreieck genannt wurde, zu gewinnen, dann war die Möglichkeit zur Aufnahme der 9. Armee geschaffen.

GenLt. Engel ließ besonders erfahrene Sturmgeschütz-Besatzungen vorgehen, die genau wußten, wie man diesen überschweren Feindpanzern beikommen konnte, die nach jedem Schuß erst ihr Rohr herunterkurbeln mußten, um nachladen zu können. Das war der Augenblick zum blitzschnellen Angriff.

Die Sturmgeschütze schossen auf diese Weise die sechs dort stehenden überschweren Stahlkolosse ab, ohne einen einzigen Verlust zu erleiden. Damit entschieden sie die Schlacht. Die Aufnahmestellung für die 9. Armee wurde erreicht. Die Division »Hutten« hatte die Zugänge über die Havel und die Nord- und Südufer des Schwielow-Sees in der Hand und sicherte stark auf beiden Flanken. GenLt. Engel setzte nunmehr sein rechts stehendes Regiment in Richtung Beelitz an, um die dort schwer ringenden Divisionen »Körner« und »Scharnhorst« zu unterstützen.

Was war inzwischen dort geschehen?

Vorstoß nach Beelitz

Auf der rechten Flanke der 12. Armee stieß die ID »Körner« vor, um den Hauptstoß der Armee auf Berlin und Potsdam an der Ostflanke abzuschirmen. Sooft die Sowjets am Nachmittag des 27. 4. hier durchzubrechen versuchten, wurden sie abgewiesen. Auch ihre Durchbruchsversuche des 28. 4. blieben erfolglos.

Das Regiment Malow der Division »Scharnhorst« aber stürmte dicht neben der Division »Hutten« auf Beelitz vor. Teile der Division »Hutten« waren dicht mit dem Regiment Malow verzahnt. Der Angriff zielte direkt auf die Beelitzer Heilstätten. Kurz vor Erreichen dieses Zieles setzte ein Granatwerfer-Volltreffer den Stab des II. Bataillons außer Gefecht. Am Nachmittag des 28. 4. stießen die SPW des Regimentes Malow auf die mit über 3000 deutschen Verwundeten und lungenkranken Soldaten und Zivilisten belegten Heilstätten von Beelitz zu. Die dort bereits eingedrungenen Russen rannten aus den Häusern ins Freie. Sie wurden überwältigt. Ein Leutnant des Regimentes Malow drang in die russische Wachstube ein und zerschnitt alle Fernsprechleitungen. Fünf Minuten darauf war die gesamte Heilstätte wieder frei. General Wenck erschien hier wenig später und versicherte dem Chefarzt, daß die Armee alles unternehmen werde, um die Verwundeten so rasch wie möglich herauszuholen. Was die Armee an Fahrzeugen freimachen konnte, rollte nach Beelitz, Sankas, Lastwagen, sogar ein Lazarettzug wurden aufgeboten und brachten die Verwundeten und Kranken im ununterbrochenen Pendelverkehr nach Barby.

Der Angriff aber ging weiter. Am 28. 4. hatten die Spitzengruppen es XX. AK bereits Ferch, südlich Potsdam, erreicht. Das XXXXVIII. PzK hatte inzwischen über die Elbe aufgeschlossen, und so konnten auch die letzten noch dort haltenden Kräfte des XX. AK herausgezogen und nach Nordosten zum Einsatz gebracht werden.

Dank der Vermittlung des Vertreters des IRK aus Genf, der zufällig in Beelitz war, als die Sowjets dort einfielen, ließen sich die Amerikaner bereits am 29. 4. dazu bewegen, die ersten in Barby eintreffenden Verwundeten der Beelitzer Heilstätten zu übernehmen.

Am Mittag des 28. 4. erreichte ein Funkspruch des AOK 12 die Verteidiger von Potsdam. Er lautete:

»XX. AK hat Ferch erreicht. Mit allen Mitteln Verbindung aufnehmen und zur 12. Armee durchstoßen.«

General Reimann handelte sofort. Er ließ seine Truppen, weit über 20 000 Mann, zum Ausbruch formieren. Es gelang den Spähtrupps, mit den in den Lehniner Forst eingedrungenen Verbänden der Divisionen »Hutten« und »Schill« Verbindung aufzunehmen. Und während »Schill« von Südwesten gegen den Umklammerungsring anrollte und den Feind in seinen Stellungen am Süd- und Südwestrand von Potsdam niederkämpfte, stürmten die ausfallenden Truppen den hallenden Abschüssen der Panzer und Sturmgeschütze entgegen.

Oberstleutnant Müller führte seine Division durch den Wald den ausbrechenden Gruppen des Generals Reimann entgegen. Major Nebel, der die nunmehr Sturmartillerie-Brigade »Schill« benannte Sturmgeschütz-Abt. führte, konnte die in den Waldschneisen aufgefahrenen Sowjetpanzer aus der linken Flanke packen und so den sicheren Untergang der in dieser Richtung ausbrechenden Soldaten vereiteln. Eine der ausbrechenden Gruppen erreichte den Abschnitt der Division »Hutten«, nachdem diese rechts bereits an der Division »Schill« vorbeigestoßen war.

Durch den Lehniner Forst zwischen den kleinen Seen, über die immer wieder kleinere Gruppen in Booten herübergerudert kamen, hallte das Kampfgetöse.

Als General Reimann Oberstleutnant Müller erreichte, gaben sich beide Offiziere stumm die Hände. Während der General zur Meldung zur Armee weiterfuhr, wurden die von der Division »Schill« aufgenommenen Soldaten der Korpsgruppe Potsdam der Division unterstellt.

Aus seinem HQ in Pritzerbe funkte General Wenck an das OKW die Nachricht vom vollzogenen Ausbruch der Besatzung von Potsdam und seine Erfolge bei Beelitz und Ferch, damit man dort unterrichtet war. Während die Rote Armee bereits in den Außenbezirken von Berlin kämpfte, nahmen die Funker des OKW diesen Funkspruch auf. Der Nachrichtenoffizier gab die Meldung weiter an das FHQ.

Auch die 9. Armee, inzwischen völlig eingekesselt, erfuhr von der Nähe der 12. Armee und von ihren Erfolgen. Durch ständige Funkverbindung beider Armeen untereinander war General Wenck über die verzweifelt sich zuspitzende Lage im Kessel der 9. Armee unterrichtet. Er wußte, daß die Kräfte der Armee erlahmten. General Busse, der OB der 9. Armee, würde, selbst wenn ein Ausbruch mit Teilen gelang, nicht mehr in der Lage sein, mit auf Berlin, zum Entsatz der Reichshauptstadt, anzutreten.

Die Morgenmeldung der 9. Armee vom 29. 4. zeigte dem OB der 12. Armee, wie es im Kessel stand. General Busse berichtete zum Schluß dieser Meldung:

»Körperlicher und seelischer Zustand von Offizier und Mann sowie die Munitions- und Brennstofflage gestatten weder einen

Oben: Oberst Horst Niemack. Als Generalmajor führte er im Ruhrkessel die Panzer-Lehr-Division.

Unten: Generaloberst der Waffen-SS Sepp Dietrich führte die 6. SS-Panzer-Armee in den Ardennen und in Ungarn.

Links: Generalfeldmarschall Albert Kesselring: Der letzte Oberbefehlshaber West.

Rechts: Major Alfred Druschel, Oberst und Kommodore des Schlachtgeschwaders 4. Er fiel am 1. Januar 1945 beim Unternehmen Bodenplatte.

Unten: Engländer besichtigen ein liegengebliebenes deutsches Sturmgeschütz.

Links: Leutnant Hans Sturm in Berlin.
Rechts: Hauptmann Albert Ernst. Er übergab die Stadt Iserlohn dem Gegner.

Rechts: Großadmiral Karl Dönitz. Seine entscheidende Leistung: Das Unternehmen »Rettung«.

Oben: General der Infanterie Eberhard Kinzel unterzeichnet am 4. Mai 1945 die deutsche Teilkapitulation an der britischen Front. Neben ihm Feldmarschall Montgomery.

Unten: Am 3. Mai 1945 erschienen deutsche Unterhändler im Hauptquartier der Briten in Lüneburg, um Feldmarschall Montgomery die Teilkapitulation anzubieten. (Mit Aktentasche): Generaladmiral Hans-Georg von Friedeburg.

erneuten planmäßigen Durchbruchsversuch noch langes Durchhalten. Besonders belastend ist die erschütternde Not der im Kessel zusammengedrängten Zivilbevölkerung.

Nur durch die von sämtlichen Generalen getroffenen Maßnahmen ist es gelungen, die Haltung der Truppe bis jetzt zu gewährleisten. Haltung und Kampf der 9. Armee bis zum letzten selbstverständlich.«

In Berlin aber machte das Gerücht die Runde: »Wenck steht vor Potsdam! Wenck kommt und befreit uns!«

Und wieder war das FHQ jene Institution, die dem Gegner von dieser Bewegung Kunde gab, als der Wehrmachtsbericht des 29. 4. meldete:

»In dem heroischen Kampf der Stadt Berlin kommt noch einmal vor aller Welt der Schicksalskampf des deutschen Volkes gegen den Bolschewismus zum Ausdruck.

Während sich in einem in der Geschichte einmaligen grandiosen Ringen die Hauptstadt verteidigt, haben unsere Truppen an der Elbe den Amerikanern den Rücken gekehrt, um von außen her den Kampf der Verteidiger von Berlin zu entlasten. Die vom Westen eingesetzten Divisionen werfen den Feind in erbittertem Ringen auf breiter Front zurück und haben Ferch erreicht.«

General Wencks Kommentar zu diesem Wehrmachtsbericht:

»Wenn man so leichtfertig unser Ziel in die Welt hinausposaunt, dann kommen wir morgen keinen einzigen Schritt mehr vorwärts. Der Russe wird jetzt alle Kräfte gegen uns werfen.«

An diesem Abend dieses 29. 4. wurde die Lage auf beiden Flanken der 12. Armee kritisch. Im Süden versuchten sowjetische Truppen mit starker Panzerunterstützung im Raume Treuenbrietzen durchzubrechen und die Spitzen der 12. Armee abzuschneiden.

Immer wieder griffen Sowjets auch mit Panzerrudeln Beelitz aus Osten an. Die beiden Divisionen »Körner« — auf der rechten Flanke — und »Scharnhorst« — bei Beelitz — wiesen den Gegner ab. Dreimal wechselte Beelitz den Besitzer. Ohne Panzerunterstützung, mit der Panzerfaust — der »Pak des kleinen Mannes« — wurden die durchgebrochenen Feindpanzer unschädlich gemacht.

Schließlich rollten sowjetische Verbände in drei Stoßkeilen aus Richtung Treuenbrietzen–Jüterbog heran. Unter Aufbietung aller Kräfte wurde diesem dreifachen Angriff die Stirn geboten.

Der Hauptdruck lag auf der rechten Flanke bei den Divisionen

»Körner« und »Scharnhorst«, während die Divisionen »Hutten« und »Schill« halblinks vorgeschoben kämpften und die am Abend des 29. 4. aus Potsdam vortastenden Sowjets im Lehniner Forst und an der Autobahnspinne Leipziger Dreieck aufhielten.

Dennoch sickerte sowjetische Infanterie nach und nach in den Wald von Lehnin ein. Die Sturmgeschütze mußten sich schrittweise zurückziehen.

Das westlich Berlin liegende Brandenburg/Havel wurde aus Süden und Osten von sowjetischen Truppen angegriffen und eingeschlossen. Damit war die gesamte Nordflanke der 12. Armee offen. Hier mußte die Division »Schill«, von der Korpsgruppe Reimann unterstützt (soweit diese den Ausbruch aus Potsdam geschafft hatte), unter allen Umständen halten, damit die Armee nicht von Norden und Westen umgangen und ebenfalls eingeschlossen wurde. Die einzelnen Sturmgeschütz-Kampfgruppen fuhren deshalb in den Wäldern mit wenigen aufgesessenen Infanteristen gegen vorfühlende sowjetische Panzerspitzen und schossen diese zusammen. Einzelne Panzerverbände, die sich auf Straßen und durch Schneisen des Forstes vorschoben, wurden von geschickt getarnten Sturmgeschützen mit überraschendem Feuer empfangen, die erst dann schossen, wenn die Feindpanzer bis auf 100 m herangekommen waren und jeder Schuß ein Volltreffer wurde. Bald waren Wege und Schneisen mit abgeschossenen Feindpanzern verstopft. Der Feind kam an dieser Stelle nicht durch.

Aber auch die 12. Armee wurde mehr und mehr erschöpft und hatte dennoch zwei Hauptaufgaben zu leisten.

1. Die 9. Armee aufzunehmen und

2. ein geordnetes Zurückkämpfen an die Elbe durchzuführen und im Zuge dieses Zurückkämpfens so viele Zivilisten und Flüchtlinge wie möglich mitzunehmen.

Diese Aufgabe wurde durch das überraschende Antreten der Amerikaner vom 29. 4. bis zum 2. 5. aus dem Brückenkopf Barby–Zerbst in Frage gestellt. Dieser Stoß zielte auf Wittenberg in den Rücken des XXXXVIII. PzK und drohte, dieses aus den Angeln zu heben. Glücklicherweise blieb es bei diesem einen begrenzten Vorstoß, so daß die Sicherung der tiefen Südflanke der 12. Armee aufrechterhalten blieb.

Die Kämpfe des 29. 4. sahen die 12. Armee in der Verteidigung nach drei Seiten. Am Nachmittag ließ General Wenck folgenden Funkspruch an das OKW nach Fürstenberg senden:

»Die Armee und insbesondere das XX. AK, welches zeitweilig die Verbindung mit der Besatzung von Potsdam hatte, und diese auch hatte aufnehmen können, ist auf der gesamten Front so in die Abwehr gedrängt worden, daß der Angriff auf Berlin nicht mehr möglich ist, zumal auch mit Unterstützung durch die Kampfkraft der 9. Armee nicht mehr gerechnet werden kann.«

Dieser FT-Spruch erreichte zwar das OKW, wurde aber von diesem nicht mehr in die Reichskanzlei und den Führerbunker nach Berlin weitergegeben. Das OKW sah sich nämlich am frühen Nachmittag des 29. 4. gezwungen, aus seinem Waldlager bei Fürstenberg weiter nach Norden auszuweichen. Es fuhr los und erreichte am Abend dieses Tages das Gut Dobbin und bezog hier Quartier.

Dort traf am späten Abend des 29. 4. Hitlers letzter Funkspruch ein. Er lautete verzweifelt:

»An Chef des Wehrmachtsführungsstabes, GenOberst Jodl:

1. Wo Spitze Wenck?
2. Wann tritt er an?
3. Wo 9. Armee?
4. Wo Gruppe Holste?
5. Wann tritt er an? . . . gez. Adolf Hitler.«

Anscheinend hoffte man im Führerbunker noch immer auf den Entsatz der Reichshauptstadt. Und dies an einem Tage, da die Rote Armee bereits an mehreren Stellen in Berlin kämpfte. 18 Stunden später war Hitler tot. (Siehe Abschnitt Der Kampf um die Reichshauptstadt.)

Die 9. Armee wird aufgenommen

Am 29. 4. fuhr General Wenck in seinem Stabswagen zu allen Abschnitten der Front seiner 12. Armee. Als mit dem Wagen kein Durchkommen mehr war, stieg er auf ein schweres Krad um. Trotz starken Feinddrucks hielten seine Divisionen die gewonnenen Stellungen.

Am anderen Morgen ließ General Wenck einen Funkspruch an die 9. Armee tasten:

»12. Armee liegt in hartem Abwehrkampf. Durchbruch ist zu beschleunigen. Wir warten auf euch!«

General Busse las den Funkspruch und gab ihn dann an seinen Chef des GenStabes, GenMaj. Hölz, weiter. Dieser verlor keine Zeit.

»Wir werden alles, was wir haben, zusammenkratzen und zum Westteil des Kessels schaffen, Herr General«, sagte er und handelte entsprechend, als General Busse zustimmte.

Während sich im Kessel alles zum Durchbruch rüstete und die beiden Tigerpanzer und die SPW vollgetankt wurden, fuhr General Wenck noch einmal die Frontlinie ab, wo aller Voraussicht nach die Armee Busse eintreffen mußte. Er sagte seinen hier stehenden jungen Soldaten, worum es ging, und sie verstanden ihn.

Währenddessen konnten die aus Berlin geflohenen Mitglieder der Schweizer Gesandtschaft und Teile der dänischen Gesandtschaft, einschließlich der schweizerischen Kolonie Berlins, von der Division »Hutten« aufgenommen werden. GenLt. Engel ließ sie sofort zurückschaffen und zwischen dem 1. und 4. 5. an der Elbe an die Amerikaner übergeben.

Im Abschnitt der Division »Scharnhorst« südlich Beelitz warteten mit Beginn der einfallenden Abenddämmerung des 30. 4. die Soldaten auf das Herankommen der 9. Armee. Waffenlärm wurde vernommen. Dann das Knallen schwerer Panzerkanonen und die wuchtigen Einschläge von Artillerie-Salven. Der Lärm kam näher. »Konnten die Kameraden der 9. Armee es schaffen?« Das war die bange Frage, die alle bewegte. Wie sah es dort eigentlich aus?

Durchbruch aus der Sicht der 9. Armee

»Wir wurden mit drei Armeekorps, etwa 40 000 ausgemergelten Soldaten und Tausenden Flüchtlingen eingeschlossen«, berichtete General Busse in seinem Werk »Das Ende der 9. Armee«. Um fortzufahren: »Immer wieder waren unsere Versuche, mit den marschfähigen Kampfgruppen im Raume Baruth nach Westen durchzustoßen, gescheitert. Der körperliche und seelische Zustand dieser Soldaten, die Munitions- und Betriebsstoff-Lage gestatteten kein langes Durchhalten mehr. Besonders belastend war die erschütternde Not der im Kessel zusammengepreßten Zivilbevölkerung. Nur durch die von sämtlichen Generalen getroffenen Maßnahmen war es gelungen, die Haltung der Truppe bis zum Schluß zu gewährleisten. Der Durchbruch zur 12. Armee sollte unser letzter Versuch sein. Wir mußten raus aus dem Kessel!«

Wie sich die Bewegungen der 9. Armee bis zu diesem Zeitpunkt vollzogen, das sei anhand einiger Tagebücher von Mitkämpfern der schweren SS-Panzer-Abteilung 502 berichtet, die im Zentrum des Kampfes gestanden haben.

»Im Zuge der Absetzbewegungen nach Westen gelangten die Reste der sSS-PzAbt. 502 (Tiger) über Bad Snarow-Storkow an den Nordrand des Wolziger Sees, wo sie gegen vorstoßende russische Panzerverbände hielten. Bald wurde die Abt. in die See-Enge von Pricors zurückgezogen, die sie nach Westen sperrte.

Die eingeschlossene 9. Armee, zu der wir — im Rahmen des XI. SS-AK stehend — gehörten und mit der wir eingeschlossen worden waren, gliederte sich bereits am 27. 4. 1945 zum Ausbruch. Sie hatte von der 12. Armee den günstigsten Durchbruchsraum erfahren, von wo aus ihr die 12. Armee entgegenkommen würde.

Unsere letzten fünf einsatzbereiten Tiger erhielten die letzten Panzergranaten und wurden mit Sprit versorgt, denn sie sollten für diesen Durchbruch als Stoßkeil dienen.

Gegen 19.00 Uhr des 27. 4. gab Sturmbannführer Hartrampf Gliederung und Ausbruchsziel bekannt.« Soweit der Bericht, dem anschließend eine Einsatzschilderung des SS-Unterscharführers Ernst Streng über den Durchbruch selbst folgen soll.

»Wir fahren an. Langsam schiebt sich der dröhnende Koloß über die Anfahrt zur Straße empor, verhält einen Augenblick und bricht dann unter dem Hämmern seiner Maschinenwaffen in den jenseitigen Wald ein. Was sich den fünf Tigern entgegenstellt, wird überfahren, ausgelöscht. Die Stoßkraft unserer Panzer schafft den Einbruch. Der Strom der Zehntausende schwillt an, drängt neben den Panzern vor, weitet sich zu einer Breite von mehreren hundert Metern aus.

Wir durchrollen nun auf einem engen Pfad den Wald. Vor uns liegt das von den Russen besetzte Halbe.

›Panzersperren und Barrikaden!‹ melden die Spähtrupps an der Ausfahrt von Halbe zur Autobahn. Der General befiehlt: ›Sofortigen Angriff auf die Stadt! Unsere Parole heißt: Durch!‹

Wir stehen nun mit unseren Panzern 30 m vor der Straßensperre und können in der Enge der baumbewachsenen Straße weder ausweichen noch schießen. Ein eigener Stoßtrupp geht vor. Auf schmaler Front entbrennt ein erbittertes Ringen von Haus zu Haus. Die lange Straße ist mit Toten übersät. Überall jammern Verwundete. Die Häuser brennen. Grelle Explosionen zucken durch die Finsternis. Dabei wird das russische Feuer immer stärker. Vor allem dieses entsetzliche Granatwerferfeuer. Phosphorgranaten explodieren mit weißglühendem Sprühen; dann erhalten wir auch Panzerbeschuß. Wir erhalten einen Volltreffer. Binnen Sekunden steht unser Wagen in Flammen. Wir reißen die Luken auf, fallen kopfüber auf das Straßenpflaster und rennen vom Wagen weg, um dann plötzlich zu erkennen, daß es nur eine Brandgranate war und unser Wagen selbst nicht in Brand geraten ist. Nun laufen wir zum Tiger zurück, klettern hinein, und Fahrer Ott startet durch. Der Motor brummt, und wir müssen bis zur nächsten Querstraße zurücksetzen.

Kuhnke, der vorn fuhr, antwortet nicht mehr. Wir erfahren an der nächsten Querstraße, daß sein Panzer abgeschossen ist und er lebt.

Wir haben Halbe hinter uns gelassen und rollen nach rechts in den Wald hinauf. Hunderte Soldaten begleiten uns und zeigen uns den Weg, der am Beginn der Wälder durch eine Senke führt. Diese Senke liegt unter Beschuß. Dort entbrennt aufs neue ein gnadenloser Kampf. Panzer Harlander wird abgeschossen. Der Kommandant ist tot, die übrige Besatzung kann ausbooten.

Kurz vor Tagesanbruch des 28. 4. gerät die Panzerspitze in eine russische Batteriestellung, die überrollt wird. Der Weg ist frei.

Ein paar hundert Meter weiter wieder ein Halt, und wir erfahren zu unserer Erleichterung: ›Wir stehen vor der Autobahn Berlin–Cottbus!‹

Damit haben wir das erste Ziel erreicht. Spähtrupps melden die Brücke frei. Sie wird gesichert, und die Spitzenpanzer fahren über die Autobahnüberführung südwestlich von Halbe. Dann rollen wir in den Baruther Forst hinein und bilden mit der Infanterie einen Brückenkopf, in dem die Verbände aufschließen.

Beim Forsthaus Massow hält die Spitze abermals. Ein nicht endenwollender Strom deutscher Soldaten und Flüchtlinge schließt auf. Hier wird das Ausmaß der blutigen Verluste von Halbe erkennbar. Unter den Toten dieser Nacht befindet sich auch der Kommandierende General des XI. SS-AK, Obergruppenführer Kleinheisterkamp. GenMaj. Hölz, Generalstabschef der 9. Armee, ist ebenfalls tot.«

Soweit der Bericht. Der Weitermarsch wurde befohlen. Es ging zunächst durch den Baruther Forst. Am Nachmittag des 28. 4. stand die Panzerspitze vor dem Bahndamm und der dicht daneben verlaufenden Straße Zossen–Baruth. Hier standen Sowjetpanzer und Pak, die mit Flankenfeuer von Norden und Süden in die Marschkolonne hineinschossen und sie so auseinanderrissen.

Mit den letzten Tigern wurde entlang des Bahndammes vorgestoßen und die Lage bereinigt.

Beim Forsthaus Wunder verbrachte das Gros die Nacht zum 29. 4., wobei es einigen abgehängten Kolonnen gelang, wieder aufzuschließen. Hier mußten viele Räderfahrzeuge ihren Sprit zum Betanken der letzten Panzer abgeben, weil ohne die Panzer ein Durchbruch unmöglich geworden wäre.

In dieser Nacht zum 29. 4. gelang es, Dorf und Schießplatz Kummersdorf im Sturm zu nehmen. Hier konnten die vielen Verwundeten an der Schießbahn 2 auf die Feldbahn-Loren gelegt werden, die dann von einem Tiger zum Westrand des weiten Schießplatzes gezogen und in Sicherheit gebracht wurden.

Nach Westen vorfühlende eigene Spähtrupps meldeten an der Straße Trebbin–Luckenwalde einen neuen Panzer- und Pakriegel.

Am Abend des 29. 4. setzte sich der Ausbruchsverband erneut in Bewegung. Die russische Paksperre wurde im ersten Anlauf niedergekämpft. Als es völlig finster war, rollte die Ausbruchsgruppe, gefolgt von den Fußgruppen, nördlich Luckenwalde über die Straße und tauchte in den schützenden Wäldern unter.

Um Mitternacht waren Berkenbrück und die Försterei Martinsmühle fast erreicht. Nun kam es darauf an, in einem letzten entschlossenen Ansprung die russische Umklammerung zu durchbrechen und zur 12. Armee durchzustoßen, die gegenüber dem Ausbruchsring stand und den Gegner fesselte.

Das feindbesetzte Heinickendorf wurde im Nachtkampf von den Königstigern erreicht, der Feindwiderstand gebrochen. Auf Dobbrikow weiterfahrend, erhielten die Tiger Pakfeuer. Auch Strengs Wagen wurde mehrfach getroffen. Er berichtete darüber:

»Ein schwerer Treffer erschüttert unseren Tiger. Bis zum Waldrand sind es etwa 400 m. Unsere Panzerkanone brüllt gegen diesen Wald; grelle Explosionen schleudern drüben Stämme und Baumwipfel durcheinander. Blitzartig erhellt ein zweiter Treffer das Innere unseres Kampfraumes. Die Granate prallt gegen die rechte Wannenseite und steigt steil nach oben. Dann erfolgt ein zweiter furchtbarer Knall. Treffer an der rechten Turmseite.

›Fahrer, hart links anziehen! — Vollgas!‹ schrie ich über Bordfunk.

Wir rollten nach links in das abfallende Feld, gegen einen kleinen See zu. Nach einigen Hundert Metern fahren wir wieder nach rechts. Die anderen Tiger haben inzwischen die Pak vernichtet. Der Marsch der Tausende geht weiter.

Unser Benzin ist zu Ende gegangen. Wir ergattern irgendwo welches und wollen weiter. Beim Einsteigen erhält unser Wagen von halblinks über den See einige Treffer von einem Russenpanzer. Ich werde am rechten Oberarm und am rechten Oberschenkel verwundet. Meine Leute legen mich behutsam auf den Panzer, den nun Läbe übernimmt. Wir finden bald wieder Anschluß an die Hauptkolonne.«

Den ganzen 30. 4. ging der Kampf weiter. Bei Weittbrietzen–Rieben–Zauchwitz stand ein unüberwindlicher russischer Sperr-Riegel. Keine zehn km weiter, bei Beelitz und Eisholz, aber wartete die 12. Armee.

Mit dem Mute der Verzweiflung durchbrachen in der Nacht zum 1. 5. die Männer die Sperrstellungen des Gegners. Nun waren nur noch die beiden Königstiger von Klust (1. Kpn.) und Streng (2. Kpn.) einsatzbereit. Jeder Mann der beiden Besatzungen war teilweise mehrfach verwundet, aber alle wollten diesen letzten Sturm noch durchstehen. Während des letzten Durchbruchs wurde der Panzer von Streng abermals getroffen und geriet hierbei wirklich in Brand, der allerdings gelöscht werden konnte. Wenig später, in einem Duell mit drei russischen T 34, wurden alle drei Feindpanzer abgeschossen. Dann aber wurde Strengs Tiger von einer Pak getroffen. Der Benzintank brannte sofort lichterloh. Diesmal war der Tiger nicht mehr zu retten.

Wenig später wurde der letzte Tiger von Ustuf. Klust vernichtet. Der letzte Panzer, der der 9. Armee den Weg in die Freiheit gebahnt hatte, war nicht mehr.

Der Ausbruch der 9. Armee aber war geschafft. General Busse, der die Soldaten immer wieder mit den Rufen »Wenck wartet auf uns, vorwärts!« angefeuert hatte, und GenMaj. Wolf Hagemann, der Kommandeur einer der Divisionen der 9. Armee (der 336. ID), rissen ihre Männer vorwärts. Wo die Sowjets die Reste der 336. ID aufzuhalten versuchten, ließ Hagemann mit MG »Lücken« schießen. Dieser Durchbruch mußte Erfolg bringen. Als im Morgengrauen des 1. 5. 1945 Leuchtkugeln voraus gen Himmel stiegen, die die Auffanglinien der 12. Armee ankündigten, und die Antworten den wartenden Soldaten der 12. Armee zeigten, daß die Ausbruchsgruppen nahe herangekommen waren, sprangen die Panzergrenadiere auf und rannten aus MGs schießend in die russischen Umklammerungslinien hinein und rissen sie auf.

Die Soldaten der 9. Armee sahen, wie vor ihnen plötzlich die Sowjets auseinanderspritzten, und dann tauchten deutsche Stahlhelme, deutsche Uniformen aus dem Dunst auf. Sie hatten es geschafft. Der Durchbruch war gelungen.

Auf den Flanken riegelten die Männer der 12. Armee ab, um alle Kameraden und die Tausende Flüchtlinge passieren zu lassen.

General Wenck kam auf einem Krad angebraust und sprang zu den Männern in den Graben. Er sah die Soldaten der 9. Armee vorbeitaumeln, in schrecklicher Verfassung, aber glücklich. Dann löste sich aus der Marschkolonne eine abgemagerte Gestalt und kam auf Wenck zu. Es war GendInf. Busse, der OB der 9. Armee. Wortlos drückten sich die Männer die Hände. Erst als Walther Wenck seine Bewegung überwunden hatte, konnte er ein paar Worte herausbringen:

»Gott sei Dank, daß Sie und Ihre Männer hier sind!«

Auch im Abschnitt der Division »Hutten« brach eine der in mehrere Marschsäulen zerfallenen Ausbruchsgruppen durch. Hier ließ GenLt. Engel eine Sturmgruppe aus Grenadieren und Sturmgeschützen bilden, die fünf km weit durchstießen und einen Ausbruchsschlauch bildeten, durch den diese Gruppe in die Freiheit gelangte. Mann für Mann wankten die erschöpften Soldaten hinter den Schutzwall der 12. Armee. Flüchtlinge und Soldaten gingen nebeneinander. Auf dem Gefechtsstand der 12. Armee in Klein-Wulkow sagte wenig später General Busse zu Wenck:

»Unser Durchbruch ist abgeschlossen ... Meine Leute sind fertig. Durch nichts in der Welt sind sie mehr zu bewegen, weiterzumarschieren oder zu kämpfen.«

30 000 Menschen, darunter mindestens 5000 Flüchtlinge, waren hinter den Linien der 12. Armee in Sicherheit. Alles was Räder hatte, wurde nun aufgeboten, die Flüchtlinge aus der Gefahrenzone in Richtung Elbe zurückzuschaffen.

Rückzug der 12. Armee zur Elbe und Kapitulation

Am späten Abend des 1. 5. 1945 erklang aus dem Wehrmachtslautsprecher auf dem neuen Armeegefechtsstand der 12. Armee in Hohenbellin die Stimme von Großadmiral Dönitz, der aus dem Lager Plön sprach:

»Der Führer hat mich zu seinem Nachfolger bestimmt. Im Bewußtsein der Verantwortung übernehme ich die Führung des deutschen Volkes in einer schicksalsschweren Stunde. Meine erste Aufgabe ist es, deutsche Menschen vor der Vernichtung durch den vordrängenden bolschewistischen Feind zu retten . . .«

Den Soldaten der Wehrmacht sagte der Großadmiral:

»Ich verlange Disziplin und Gehorsam . . . Ein Feigling und Verräter ist, wer sich gerade jetzt seiner Verpflichtung entzieht und damit deutschen Frauen und Kindern Tod und Versklavung bringt. Der dem Führer geleistete Treueid gilt nunmehr für jeden einzelnen von Euch ohne weiteres mir, als dem vom Führer eingesetzten Nachfolger.«

Einen Augenblick herrschte Schweigen. Hitler war also tot. Aber es war keine Zeit für Diskussionen. Es mußte sofort gehandelt werden, wenn nicht beide Armeen am Ende doch noch in sowjetische Hand fallen sollten.

Die Meldungen die einliefen, zeigten, daß der Feinddruck ständig wuchs und daß man nicht mehr lange standhalten konnte.

Am frühen Morgen des 2. 5. durchstießen sowjetische Truppen bei Havelberg die Front des dort verteidigenden XXXXI. PzK. In diesem Großraum war die Rote Armee am Abend des 1. 5. beiderseits Friesack vorgestoßen, hatte die dünnen deutschen Linien überwalzt und Rhinow — auf halbem Wege zwischen Friesack und Havelberg — genommen. Von hier aus stürmten sie weiter in Richtung Havelberg vor. Dort lag die 1. Panzervernichtungs-Brigade »Hitlerjugend«. Dieser Verband, der in keiner kriegshistorischen Arbeit genannt wird, kämpfte in diesem Raum mit dem Mute der Verzweiflung. Aus der Feder eines Soldaten, der seinerzeit dabei war, haben wir einen authentischen Bericht, der hier eingeschoben werden soll.

Die 1. Panzervernichtungs-Brigade »Hitlerjugend« im Kampf um Havelberg

Dieser Verband, der unter der Bezeichnung »Panzerjagdbrigade Hitlerjugend« aus dem III. Aufgebot des Volkssturms in Stärke von vier Bataillonen aufgestellt worden war, rekrutierte sich überwiegend aus Schülern der Lehrerbildungsanstalten, Adolf-Hitler-Schulen, Nationalpolitischen Erziehungsanstalten und HJ-Führerschulen sowie Wehrertüchtigungslagern. Die dorthin kommandierten Heeresoffiziere erhielten vergleichbare HJ-Dienstränge. Hinzu kamen als Führer Leutnante und Oberfähnriche des letzten OA-Lehrganges. Kommandeur dieser Brigade war (wenigstens nominell) Reichsjugendführer Axmann.

Dieser erteilte der Brigade am 23. 4. auch den Befehl, aus dem Raum Großberlin in den Einsatz jenseits des erwarteten Einschließungsraumes um Großberlin zu gehen.

Axmann, der »zur Verteidigung der Reichskanzlei« in Berlin blieb, übergab das Kommando an HJ-Oberbannführer Kern, der Offizier der Luftwaffe war.

Am 23. 4. wurde der Brigade auch die Ersatzbrigade unter HJ-Oberbannführer Ohlendorf nachgeführt und erreichte sie im Raume Ruppin.

Die Brigade war zu einem Sicherungsauftrag in der Elbe-Front dem AOK 12, GendPzTr. Wenck, unterstellt und wurde von diesem Oberkommando dem XXXXI. PzK unterstellt.

Als am 29. 4. die Sowjets aus Norden über Rheinsberg zum Angriff antraten, wurde das HJ-Jagd-Bataillon »Mecklenburg«, das gerade in Neu-Ruppin angelangt war, in dem Verteidigungs-Abschnitt nördlich Neu-Ruppin eingesetzt.

Am 30. 4. war Neu-Ruppin HKL. Als ein MarineInfVerband herangeführt wurde und die RAD-Männer und HJ-Einheiten abgelöst hatte, atmeten alle auf.

Am 1. 5. griff die Rote Armee hier an und versuchte nach Rathenow vorzustoßen. Russische Flieger unterstützten die vorgehende Infanterie, die jedoch an diesem Tage nur langsam vorankam.

Die Panzervernichtungsbrigade »HJ« marschierte am 2. 5. nach Norden. Die Rote Armee sollte mit einigen Sturmgruppen an diesem Tage Havelberg erreicht haben. Als dort der Verbindungsoffizier der Brigade, Oblt. Voigt, Aufklärung betrieb, stieß er auf HJ-Soldaten seiner Brigade. Es war das IV. HJ-Jagd-Batl. »Sachsen« unter Stammführer Zoch. Havelberg war in deutscher Hand, aber soeben meldete ein Spähtrupp, daß der Feind vorfühle. Oblt. Voigt erhielt Weisung, sofort zum Kampfkommandanten von Havelberg zu fahren und dort darauf hinzuweisen, daß sich noch Truppen der PzVernBrig. »HJ« auf dem Nordufer der Havel befänden und daß aus diesem Grunde die geplante Brückensprengung zu unterbleiben habe. Als Oblt. Voigt Havelberg erreichte, traf er hier ein vollkommenes Chaos an. Auf den Straßen lagen tote Zivilpersonen. In Doppelreihe aufgefahrene Flüchtlingstrecks waren verlassen und versperrten die Straße. Kopflos rannten Soldaten am Elbe-Ufer entlang und riefen laut um Hilfe zu den am jenseitigen Ufer stehenden Amerikanern hinüber.

Vor der Havelbrücke standen drei brennende Sowjetpanzer. Sie waren von einem Luftwaffenoberst mit Panzerfaust abgeschossen worden. Er allein war von seinem Regiment der Luftwaffe übriggeblieben. Als Oblt. Voigt ihn ansprach und den Kampfkommandanten von Havelberg suchte, zeigte sich, daß dieser Offizier der Kampfkommandant war.

Währenddessen machten sich Pioniere an der Brücke zu schaffen. Neben ihnen ein Major mit Ritterkreuz, der sich schließlich als der richtige Kampfkommandant herausstellte.

Oblt. Voigt gab ihm einen Bericht und bat dringend darum, den Zündbefehl noch nicht zu geben. Der Major entsprach dieser Bitte.

»Bringen Sie so rasch wie möglich das Bataillon Zoch an die Brücke heran, Voigt!« sagte der Kampfkommandant.

Russische Kavalleristen, die mit den an der Brücke abgeschossenen Panzern nach Havelberg eingedrungen waren, schossen sich dort mit den Soldaten herum, die die Verteidigung der Stadt übernommen hatten. Die Rote Armee hatte mit diesen schwachen Kräften nördlich Havelberg die Elbe gewonnen. Dadurch war die

Verbindung mit den in Richtung Mecklenburg ausweichenden eigenen Kräften unterbrochen und die 12. Armee nach Norden isoliert.

Stammführer Zoch ging mit einem Batl. an die Brücke zurück und bildete nördl. der Havel einen Brückenkopf. Das IV. JagdBatl. der 1. HJ-PzVernBrig. deckte an der Havelbrücke das Abfließen der dort noch befindlichen Truppenteile nach Havelberg hinein.

Nach einem Erkundungsauftrag meldete Oblt. Voigt, der nun den Dienstrang eines Hauptgefolgschaftsführers hatte, an Stammführer Zoch, daß sich südlich Havelberg bei Sandau noch eigene Infanterie befinde. Er wurde ermächtigt, alle greifbaren Reserven zu sammeln und zur Brücke zu führen.

Es galt, die Brücke zu halten, damit die Sowjets nicht die Stellungen überrannten und alles kassierten, bevor die Amerikaner die fliehenden Soldaten über die Elbe ließen. Es gelang Oblt. Voigt, einen dort führenden Oberst zu bewegen, eineinhalb Bataillone zur Brücke zu schicken.

So konnte gehalten werden, bis alles über die Brücke hinübergelangt war. Schrittweise zogen sich die Hitlerjungen zurück, bis sie im Rahmen des HJ-Volkssturm-Regimentes Kiesgen unter Bannführer Kiesgen, der als junger Leutnant im IR 239 am 5. 10. 1941 das Ritterkreuz erhalten hatte, am 6. 5. 1945 bei Tangermünde die Elbe erreichten und nach den Ersatztruppenteilen der Div. »Feldherrnhalle« über den Fluß zu den Amerikanern in Sicherheit kamen. Doch nach diesem Zwischeneinschub zurück zur 12. Armee.

Am frühen Morgen des 2. 5. hatten sowjetische Truppen, wie vorher geschildert, die Front des XXXXI. PzK bei Havelberg durchbrochen. Die Masse der Truppen dieses Korps wurde in den Raum ostwärts Wittenberg abgedrängt. Das XXXIX. PzK, das der Armee wieder unterstellt worden war, erhielt Befehl, die Verteidigung der Havel zu übernehmen. An das XX. AK erging der Befehl zum Rückzug in Richtung des großen Brückenkopfes Tangermünde an der Elbe.

Es bestand die Gefahr, daß die Sowjets von Havelberg aus entlang dem Ostufer der Elbe nach Süden angreifen würden. Das würde — wenn dieser Vorstoß gelang — das Aufrollen der gesamten deutschen Elbe-Front bedeuten. Damit waren gleichzeitig auch ein Übersetzen über den Fluß und Rettung zu den Amerikanern unmöglich gemacht.

General Wenck gab GenLt. Engel Befehl, ein Rgt. aus seiner Division herauszulösen, es auf den zur Verfügung stehenden Kolonnenraum zu verlasten und in den Raum Havelberg zu bringen. Dort sollte das weitere Vordringen der Sowjets gestoppt werden.

Als das Rgt. gegen Mittag des 2. 5. Havelberg erreichte, befanden sich die Sowjets bereits in der Stadt. Die Grenadiere des Regimentes der Division »Hutten« konnten die Stadt nicht zurückgewinnen. Es gelang immerhin, die Lage südlich Havelberg zu stabilisieren. Die Sowjets griffen weder am 2. noch am 3. 5. hier an.

Mit dem Gros hatte GenLt. Engel die Aufgabe, als Nachhut der Armee den Feind so lange wie möglich aufzuhalten und zu binden. Die Division zog sich kämpfend zurück.

Bis zum Abend des 4. 5. erreichte das Nachhut-Regiment von »Hutten« mit allen schweren Waffen den Brückenkopf Tangermünde.

Kapitulation der 12. Armee

Neben den Divisionen »Hutten«, »Scharnhorst« und »Körner« kämpfte sich auch die Division »Schill« zurück. Bis zum Morgen des 2. 5. hatte sie hart südlich Brandenburg mit Front nach Norden verteidigt. Nun marschierte sie über Genthin zurück und erreichte — immer wieder mit den Sturmgeschützen Front machend, mit der letzten Panzermunition den nachdrängenden Panzerfeind abschießend — zwischen Jerichow und Ferchland die Elbe und wurde hart westlich Hohenbellin zwischen der im Norden anschließenden Div. »Scharnhorst« und den südlich davon stehenden Kräften des XXXXVIII. PzK in die Brückenkopffront eingegliedert.

Am frühen Morgen des 3. 5. war der Zeitpunkt gekommen, da die 12. Armee die Kapitulationsverhandlungen mit der 9. US-Armee aufnehmen mußte, weil der Abschub der Verwundeten bereits seit ein paar Tagen im Gange war.

General Wenck bestimmte den KommGen. des XXXXVIII. PzK, GendPzTr. von Edelsheim, mit der Führung der Kapitulationsverhandlungen. Von Edelsheim wurde zum GefStand der Armee befohlen. Dort sagte ihm der Oberbefehlshaber, daß er ihn beauftragen wolle, zu den Amerikanern über die Elbe zu fahren und mit der gegenüberstehenden 9. Armee die Verhandlungen zur Kapitulation aufzunehmen.

General Wenck bildete einen Sonderstab, dem neben dem General von Edelsheim noch Oberstleutnant i. G. Seidel, Major Kandutsch, der Ic des XX. AK als Dolmetscher, und ObGefr. Kiehm als Fahrer angehörten.

Mit dem schriftlichen Kapitulationsangebot wurde diese Gruppe in einem Schwimmwagen zur Elbe geschickt. Kurz nach Mittag erreichte der Wagen den Fluß, rollte ins Wasser und »schwamm« an das andere Ufer hinüber, während ObGefr. Kiehm die Parlamentärsflagge schwenkte.

Als der Wagen das Westufer der Elbe erreichte, wurde er von amerikanischen Soldaten umringt. Major Kandutsch trug dem erscheinenden Captain vom BatlStab des US-IR 105 den Wunsch der Verhandlungsgruppe vor. Dieser führte sie zunächst zu Oberstleutnant Fresner, seinem BatlKdr. Jener telefonierte sofort mit seiner 102. US-ID, und der DivKdr. verfügte, daß sich die kleine deutsche Gruppe nach Gardelegen begeben müsse. Sie trafen dort gegen 17.00 Uhr ein, gaben das Kapitulationsangebot ab und erfuhren, daß sie die Antwort am anderen Morgen um 08.00 Uhr erhalten würden. Oberstleutnant i. G. Seidel fuhr wieder über die Elbe zurück. Er meldete General Wenck.

Am Morgen des 4. 5. 1945 begannen im Rathaus von Stendal die Kapitulationsverhandlungen. Zur gleichen Zeit versuchten die Russen den deutschen Brückenkopf zum Einsturz zu bringen. Russische Artillerie schoß in den Brückenkopf hinein, während schon die Pioniere der Divisionen das Übersetzmaterial fertigmachten.

In Stendal wurde festgelegt, daß die Benutzung der beschädigten Elbebrücke Tangermünde freigestellt sei. Der Fährverkehr über die Elbe für jene Soldaten, die sich in Kriegsgefangenschaft begaben, wurde bei Schönhausen, Tangermünde und Ferchland genehmigt.

Die Übergabe von Verwundeten unter Mitgabe von Sanitätspersonal wurde ebenfalls genehmigt, nicht aber der Übergang von »Zivilpersonen aller Art«. Ferner wurde jede materielle und personelle Unterstützung beim Flußübergang abgelehnt, unter Hinweis auf das Bündnis mit den Russen. General Moore hatte seinen Worten »No Civilians« nichts hinzuzufügen. Dieser Akt der Menschlichkeit wurde ohne Angabe von Gründen kategorisch verweigert.

General von Edelsheim nahm diese Bedingungen unter Protest an.

Oberstleutnant i. G. Seidel fuhr zum zweitenmal über den Fluß, um General Wenck Bericht zu erstatten. Er mußte die Weigerung der Amerikaner, Zivilisten über die Brücke gehen zu lassen, zweimal wiederholen, ehe General Wenck diese Ungeheuerlichkeit verstand.

In den frühen Morgenstunden des 5. 5. begann zunächst der Abfluß der Verwundeten und der unbewaffneten Soldaten über die Elbe, wozu in der Hauptsache der Übergang Tangermünde benutzt wurde. Unter Ausnutzung aller Gelegenheiten wurden so viele Zivilisten wie möglich mitgenommen. Aber immer wieder wurden solche Zivilisten auch erkannt und über den Fluß zurückgetrieben. Schließlich waren es Zehntausende verzweifelter Zivilisten, die auf dem Ostufer standen.

In der Nacht zum 6. 5. traten deutsche Pioniere in Aktion und holten in Sturmbooten, Barkassen und Ruderbooten, sogar in Schlauchbooten die Flüchtlinge ab und brachten sie über die Elbe. Im russischen Artilleriefeuer wichen auf dem Ostufer die Amerikaner zurück und machten so, durch ihre eigenen Verbündeten dazu gezwungen, den Weg für diese Flüchtlinge frei.

Die Division »Körner« in Schönhausen und die Division »Hutten« im Brückenkopf auf dem Ostufer hielten dem Druck der nachstürmenden Sowjets stand. Am 7. 5. gingen die letzten Nachhut-Kompanien über den Fluß.

Bei der ID »Scharnhorst« wurde verzweifelt gekämpft. Bei Wust schoß das Bataillon Malow am 6. 5. die letzten sowjetischen Panzer ab. Bis zum Abend dauerte der Kampf. 14 Feindpanzer wurden überwiegend mit Panzerfaust abgeschossen.

Bis 10.00 Uhr des 7. 5. hielt das Batl. Malow den Westrand von Wust, dann zog es sich nach Fischbeck zurück. Hier kämpfte die Nachhut unter Lt. Henning und Oblt. Denk unter Verschuß der letzten Munition.

Erst gegen Abend dieses 7. 5., an dem die Amerikaner das Feuer eingestellt hatten, gelang es der Roten Armee weiter nördlich, wo die Divisionen »Hutten« und »Körner« bereits übergesetzt hatten, zur Elbe zu durchbrechen. Bei »Körner« ging GenLt. Frankewitz, der DivKdr., als letzter am Nachmittag des 7. 5. 1945 über die Elbe.

Die Division »Schill« aber sprengte am Nachmittag des 7. 5. auf den Elbedämmen die letzten Sturmgeschütze und setzte auf das Westufer des Flusses über.

Mit den letzten deutschen Soldaten gingen bei Ferchland auch General der Panzertruppe Wenck und sein Chef des GenSt., Oberst i. G. Reichhelm, der Ia, Oberst von Humboldt, zwei OrdOffz. und einige Soldaten in das letzte Boot.

Auf dem Ostufer sprangen einige russische Soldaten auf und schossen mit MG und MP auf dieses Boot und verwundeten drei Soldaten darin. Sie erreichten das Westufer.

Der Kampf der 12. Armee war zu Ende. Das letzte Wort zu diesem Einsatz einer Armee, die knapp einen Monat alt wurde, sei Oberst i. G. Reichhelm vergönnt:

»Rückblickend muß festgestellt werden, daß dieser letzte Kampf in soldatischer Pflichterfüllung für das deutsche Volk würdig beendet worden ist. Insgesamt wurden etwa 100 000 Soldaten zwischen Havelberg und Ferchland geordnet über die Elbe in US-Gefangenschaft überführt. Die Zahl der über den Fluß geschmuggelten Zivilisten geht in die Zehntausende.«

Was aber war alles in Berlin geschehen? Welche Truppe hatte die Reichshauptstadt verteidigt, welches Schicksal war allen jenen beschieden, die in Berlin das Kriegsende erlebten?

Der Sturmangriff auf Berlin

Der Durchbruch der Roten Armee

Am Morgen des 16. 4. 1945 begann an der Oder-Front der Sturmangriff der Roten Armee auf Berlin. Die 1. Belorussische Front eröffnete die Offensive mit einem Feuerüberfall von solcher Dichte, wie man sie vorher nie erlebt hatte. 22 000 Geschütze, darunter 400 Salvengeschütze, feuerten auf die erkannten Stellungen der 9. Armee. Gleichzeitig damit jagten Hunderte sowjetischer Kampf- und Schlachtflugzeuge über die deutschen Stellungen hinweg und bombten alles, was sich diesem Angriff in den Weg werfen konnte.

Nach 35 Minuten verstummte das Trommelfeuer. Aus dem Raum südlich Schwedt bis nach Groß-Gastrose und aus ihrem 50 km breiten Brückenkopf auf dem Westufer der Oder bei Küstrin traten die Divisionen der 1. Belorussischen Front an.

Die 1. Ukrainische Front eröffnete auf der daran anschließenden Frontlinie von Groß-Gastrose bis zu den Sudeten die Offensive. Schwerpunkt war der Brückenkopf Küstrin.

Die 9. Armee, GendInf. Busse, mit dem HQ in Fürstenwalde, gliederte sich zu Beginn des Angriffes wie folgt:

V. SS-GebK, Obergruppenführer Jeckeln, mit der 32. SS-GD, 286. und 337. ID.

Festung Frankfurt/Oder: Oberst Bieler.

XI. SS-K, SS-Gruppenführer Kleinheisterkamp, mit der PD »Müncheberg«, 169. und 712. ID und 9. FJD.

CI. AK, GendArt. Berlin, mit der 303., 309. und 606. ID und der 5. JD.

Armeereserve: PD »Kurmark«, 25. PGD.

Die Stellungen der 9. Armee wurden vom sowjetischen Trommelfeuer umgewühlt. Aber der Versuch der Sowjets, südostwärts Eberswalde die Oder zu überwinden, wurde verhindert. Die Festung Frankfurt behauptete sich ebenfalls. Im Raume westlich Küstrin und bei Wrietzen drangen russische Sturmgruppen jedoch durch und erreichten den Höhenrand westlich der Oderniederungen. Hier wichen die deutschen Divisionen drei bis acht km zurück, ehe sie sich wieder festsetzten.

Auf den Westhöhen der Oder kämpften in den späten Abendstunden des 16. 4. die deutschen Verbände, nur schrittweise dem übermächtigen Druck weichend, vergebens gegen diesen Druck. Lediglich die PD »Müncheberg« konnte unter Führung von Gen-Maj. Mummert den angreifenden sowjetischen Panzerkeil stoppen. Am 17. 4. klaffte zwischen dem CI. AK und dem XI. SS-K eine Lücke auf. Das CI. AK mußte weichen. Die Divisionen dieses Korps bestanden aus Ausbildungsverbänden. Diese kampfunerfahrenen Divisionen hielten nicht mehr stand.

Generaloberst Heinrici, OB der HGr. Weichsel, gab an diesem Tage sein LVI. PzK, GendArt. Weidling, zum Einsatz frei. Es sollte die beim CI. AK entstandene Lücke schließen. Gen. Weidling schob die 11. SS-PGD, Brigadeführer Ziegler, und die 18. PGD, Oberst Rauch, in die Front bei Wrietzen ein. Doch auch diese beiden kampferfahrenen Verbände genügten nicht mehr, um die Flut der sowjetischen Panzer zum Stehen zu bringen. Am 18. 4. brach die Front. Sowohl beim V. AK der 4. PzArmee im Süden bei Cottbus als auch im Norden bei Wrietzen im Abschnitt des CI. AK stieß der Gegner durch. Die 9. Armee wurde beiseite gefegt, und vor dem Feind zog sich die Hauptgruppe des LVI. PzK auf Berlin zurück.

GenOberst Heinrici bat um die Genehmigung zur Zurücknahme der 9. Armee. Hitler verweigerte dies. Er verlangte, daß die 9. Armee die Oder-Front halte und daß sie auch noch nach Süden antrete, um die an der Neiße entstandene Durchbruchslücke zu schließen.

Den zurückweichenden Verbänden des LVI. PzK folgten sowjetische Panzerrudel dichtauf. Am 19. 4. eroberte die Rote Armee Straußberg. Bei Spremberg überschritt sie am selben Tag die Spree. Die ersten Fernkampfbatterien eröffneten das Feuer auf die Reichshauptstadt. Am 20. 4. standen Panzerverbände der 1. Ukrainischen Front bereits tief im Rücken der 9. Armee. General Busse wurden an diesem Tage die Divisionen des V. AK, die 33. und 36. SS-Div., die 342. ID und die 391. SichDiv., unterstellt.

Diese zogen sich unter dem wachsenden sowjetischen Druck auf Lübben zurück.

Das von der 9. Armee zum Schutz der Nordflanke in den Abschnitt Fürstenwalde verlegte XI. SS-K hatte sich gegen die 3. und 69. Sowjetarmee und gegen die 8. Garde-PzArmee zu wehren. Alle Versuche halfen jedoch nichts, und als sich am 21. 4. bei Königswusterhausen die Angriffsspitzen der beiden sowjetischen Heeresgruppen trafen, war die 9. Armee im Raume Guben–Müllrose–Königswusterhausen–Lübben eingeschlossen.

Noch hielt die Oder-Front der Armee zwischen Frankfurt und Guben an der Oder. Die Festung Frankfurt, in deren Großbereich die 32. SS-FGD, die 35. SS-PolGD, die 286. und 391. ID verteidigten, wehrte in den ersten vier Tagen des Kampfes jeden Übersetzversuch der Russen ab. Erst am 21. 4. gelang es der 33. Sowjetarmee, auf das Westufer des Flusses überzusetzen. Nun wich die Front zurück, und die Festung Frankfurt/Oder stand allein und isoliert da. Oberst Bieler verfügte nunmehr nur noch über 30 000 Mann, etwa 100 Geschütze und 25 nicht mehr fahrbereite Panzer.

Da die 9. Armee mehr und mehr umschlossen wurde und sich gegen die 3. und 69. Sowjetarmee im Norden, gegen die 33. Sowjetarmee im Osten und im Süden gegen die 3. Garde-PzArmee und die 28. Armee zu verteidigen hatte, genehmigte des OKH am 23. 4. ihre Zurücknahme. Am 24. 4. erhielt auch die Besatzung von Frankfurt die Genehmigung zum Ausbruch nach Westen.

Es gelang General Busse, seine Divisionen aus der Oder-Front zu lösen und im Raume Fürstenwalde–Beeskow–Lübbenau–Lübben–Halbe nach Zossen zurückzuziehen.

Bis zum 25. 4. hatte die Rote Armee starke Kräfte zwischen Berlin und Zossen eingeschoben, und die 9. Armee wurde — da sie ihren Nordflügel weit nach Süden herumbiegen mußte — auf einem enger und enger werdenden Raum um Lübben–Halbe–Zossen zusammengedrängt.

Im Führerbunker der Reichskanzlei stand am 20. 4. 1945, nach der Geburtstagsfeier Hitlers, Reichsmarschall Göring vor seinem Führer und versetzte diesem einen schweren Schlag, als er fragte:

»Mein Führer, Sie haben wohl nichts dagegen, wenn ich jetzt

nach Berchtesgaden fahre?« Hitler starrte Göring eine Weile überrascht an, dann antwortete er kühl:

»Meinetwegen, fahr los!« (Siehe Irving: »Hitler und seine
Feldherren«.)

Als wenig später die von der Roten Armee aufgerissenen Lücken
sich ausweiteten und die Feindpanzer mit Stoßrichtung Berlin vor-
drangen, meldeten General Krebs, Chef der Führungsgruppe des
OKH, und GenMaj. Dethleffsen, der stellvertretende Generalstabschef des OKH, daß Gefahr für die Reichshauptstadt be-
stünde.

Hitler erwiderte offenbar sehr ruhig: »Verrat!«

»Mein Führer«, entgegnete Dethleffsen, »Sie sprechen soviel von
Verrat der militärischen Führung und der Truppe. Glauben Sie,
daß wirklich so viel verraten wird?«

»Die ganzen Mißerfolge im Osten sind auf Verrat zurückzuführen«, erwiderte Hitler sofort.

Hitler, der seine ganze Hoffnung auf die Armeegruppe Steiner
setzte und diesem befohlen hatte, Berlin zu entsetzen, sollte auch in
dieser Hinsicht enttäuscht werden. General der Waffen-SS Steiner
hatte gegenüber dem OKW in Fürstenberg und gegenüber der
HGr. Weichsel die Durchführung des Angriffs auf Berlin abgelehnt, weil seine Armeegruppe (später zur 11. Armee hochstilisiert)
nur die Stärke eines schwachen Armeekorps hatte. Er schickte die
ihm zugeführten, nur unzulänglich bewaffneten und nicht für den
Infanterieeinsatz vorbereiteten Hitlerjungen ebenso zurück wie
die Luftwaffensoldaten aller Dienstgrade, weil ihr Einsatz unver-
antwortlich gewesen wäre.

Als GFM Keitel ihn am 22. 4. umzustimmen versuchte, blieb
Steiner hart. Er marschierte nicht auf Berlin. Hitler, der bereits am
21. 4. gegen 20.30 Uhr General der Flieger Koller, Chef des
GenStabes der Luftwaffe, angerufen hatte, forderte von diesem
den Einsatz eines jeden verfügbaren Soldaten der Luftwaffe für den
Angriff der Armee Steiner auf Berlin. Als Koller mit einigen
Telefonaten Klarheit der Lage zu gewinnen trachtete und auch
General Krebs im Führerbunker anrief, schaltete sich plötzlich
Hitler in das Gespräch ein. Er hielt Koller einen Lagevortrag und
schloß mit den Worten:

»Sie werden sehen, der Russe erleidet die größte Niederlage
seiner Geschichte vor den Toren von Berlin.«

Am Nachmittag des 22. 4. erlitt Hitler beim Lagebericht einen schweren Nervenzusammenbruch. Anschließend diktierte er Dr. Goebbels den Wortlaut einer Bekanntmachung, in der er verkündete, daß er in Berlin bleiben werde. Alle Versuche von Goebbels, Bormann und Keitel — und telefonisch auch von Dönitz und Jodl —, diesen Entschluß rückgängig zu machen, fruchteten nichts. Hitler blieb dabei und bekräftigte ihn mit den Worten:

»Ich sehe den Kampf als verloren an und fühle mich von denen, denen ich mein Vertrauen geschenkt habe, betrogen und belogen. Ich habe mich entschlossen, in der Hauptstadt des Kampfes gegen den Bolschewismus zu bleiben und die Verteidigung Berlins selbst zu übernehmen.« (Siehe Irving a. a. O.)

Am nächsten Tag versetzte Hermann Göring Hitler einen neuen schweren Schlag mit einem Funkspruch aus Berchtesgaden:

»Mein Führer!
Sind Sie einverstanden, daß ich nach Ihrem Entschluß, in der Festung Berlin zu verbleiben, gemäß Ihres Erlasses vom 29. 6. 1941 als Ihr Stellvertreter sofort die Gesamtführung des Reiches übernehme, mit voller Handlungsfreiheit nach innen und außen?
Falls bis 22.00 Uhr keine Antwort erfolgt, nehme ich an, daß Sie Ihrer Handlungsfreiheit beraubt sind. Ich werde dann die Voraussetzungen Ihres Erlasses als gegeben ansehen und zum Wohle von Volk und Vaterland handeln. Was ich in diesen schwersten Stunden meines Lebens für Sie empfinde, wissen Sie und kann ich durch Worte nicht ausdrücken. Gott schütze Sie und lasse Sie trotz allem baldmöglichst hierher kommen.
Ihr getreuer Hermann Göring.«

Gleichzeitig versuchte Göring mit einem Fernschreiben vom 23. 4. 1945 17.59 Uhr den Reichsaußenminister zu sich zu zitieren, um mit ihm die notwendigen Schritte zu beraten, die gerüchteweise auch die Reichshauptstadt erreichten. Kern dieser Gerüchte war ein beabsichtigter Flug Görings ins HQ des Alliierten Oberbefehlshabers in Europa, General Eisenhower, um diesen um die Friedensbedingungen zu bitten. Hitler handelte blitzschnell. Er ließ Göring folgende Antwort per Funk übermitteln:

»Der Führererlaß vom 29. 6. 1941 ist hiermit für ungültig erklärt. Ihr Verhalten und Ihre Maßnahmen sind ein Verrat an meiner Person und an der nationalsozialistischen Sache. Ich bin im vollen Besitz meiner Handlungsfreiheit und verbiete jede weitere Maßnahme.«

Er legte Göring nahe, alle seine Ämter niederzulegen. Doch dazu kam es erst gar nicht, denn Reichsleiter Bormann hatte ebenfalls einen Funkspruch zum Obersalzberg absetzen lassen. Empfänger war jedoch nicht Göring, sondern SS-Obersturmbannführer Dr. Frank, der Kdr. der SS-Wacheinheiten war. Der Text:

»Göring hegt hochverräterische Absichten. Ich befehle Ihnen, Göring festzunehmen, um alle Möglichkeiten zu unterbinden. Vollzugsmeldung hierher.«

Aufgrund dieses Befehls ließ Dr. Frank mit drei Kpn. Waffen-SS den gesamten Obersalzberg hermetisch abriegeln. Göring wurde festgenommen und nach Österreich geschafft. Dort blieb er bis zu seiner Gefangennahme durch die Amerikaner.

Die Verteidigung von Berlin

Noch am 22. 4. mußten das OKH und das OKW verlegen. Das OKH zog nach Potsdam-Eiche, während das OKW nach Krampnitz ging. Lediglich General Krebs, Chef des GenSt. des Heeres, blieb in Berlin zurück.

Bis zum Abend des 22. 4. hatten die sowjetischen Truppen von Süden aus bei Klein Machnow den Teltowkanal erreicht.

Von Nordosten waren Panzerverbände mit Spitzengruppen in die Bezirke Weißensee und Pankow eingedrungen. Nördlich Spandau erreichten andere Verbände die Havel und überschritten sie. Die Stadtrandsiedlungen wurden zur neuen HKL der Verteidigung.

Im Berliner Norden schossen sowjetische Panzer bereits die Straßensperren zusammen; als sie in das Gebiet des Tegeler Sees kamen, wurden sie von einem Werkschutz-Batl. aufgehalten, das sich mit Karabinern und Panzerfäusten zur Wehr setzte. Nachdem mehrere Feindpanzer in Brand geschossen waren, drehten die übrigen ab. Um Mitternacht zum 23. 4. griffen die ersten Stoßtrupps dieses Verteidigungsbollwerk an. Aber das Batl. hielt diesen Angriffen stand.

Am westlichen Stadtrand mit dem Flugplatz Gatow stand das Volkssturm-Batl. Komorowski. Major Komorowski verfügte über einige 8,8-cm-Flak, die auf der Plattform des Hochbunkers am Zoo standen. Sie konnte den ersten Angriff abwehren. Dann verstärkten die Sowjets die Stoßgruppen. Große Panzerrudel rollten heran und walzten das Bataillon in seinen Stellungen ein. Nur die Flak und ein InfGeschZug hielten noch weitere 24 Stunden durch.

Die Verteidigungskraft von Berlin bestand vor dem Eintreffen des LVI. PzK lediglich in zwei Wach-Bataillonen, einigen Pioniereinheiten und 30 Volkssturm-Bataillonen. Als schwere Waffen waren nur Flak vorhanden. Und zwar auf den Flaktürmen am Zoo, im Humboldtshain und Friedrichshain.

Erst am 24. 4. wurde GendArt. Weidling von Hitler zum Kampfkommandanten von Berlin ernannt. Ihm standen von diesem Tage an die Reste seines Korps, einige Waffen-SS-Verbände, eine Panzervernichtungsbrigade der HJ (die bald aus Berlin hinausgeschafft wurde), einige Polizeikräfte und Flaksoldaten zur Verfügung. Die Verteidigung der Stadt wurde organisiert. Der engere Verteidigungsring um den Führerbunker — die Zitadelle — wurde SS-Brigadeführer Mohnke unterstellt. Ihm stand das Erste Rgt. der Waffen-SS aus Berlin-Lichterfelde zur Verfügung. Angehörige der Waffe-SS-Div. »Charlemagne« stießen im Verlauf der Kämpfe um Berlin bis zur Zitadelle durch. Mohnke selbst unterstand direkt Hitler.

Am Nachmittag des 25. 4. wurden weitere Verteidigungsabschnitte gebildet. Im Osten entstanden Abschnitt A und B. Hier zogen die Soldaten der PD »Müncheberg«, GenMaj. Mummert, in Stellung. Der Abschnitt C, der den Südosten umschloß, wurde SS-Brigadeführer Ziegler, Kdr. der 11. SS-FreiwPGD »Nordland«, unterstellt.

Beiderseits des Flughafens Tempelhof befand sich der Verteidigungsabschnitt D. Hier verteidigte Oberst Wöhlermann, Art-Kdr. des LVI. PzK, mit unterstellten Verbänden.

Im Abschnitt E, im Südwesten Berlins und im Grunewald, standen die Reste der 20. PGD, die sich bereits am Vortage dort im Kampf befand.

Spandau und Charlottenburg erhielten die Bezeichnung F. Hier verteidigte Oberstleutnant Eder mit seiner Kampfgruppe. Die Abschnitte G und H im Norden der Reichshauptstadt wurden von der 9. FJD, Oberst Herrmann, verteidigt, und den Abschnitt Z, im Zentrum der Stadt, führte Oberstleutnant Seifert.

Von nun an stießen die Sowjets auf ständig härter werdenden Widerstand. Dennoch gelang es ihnen — wenn auch unter schweren Verlusten —, den Teltowkanal zu überwinden und zum Flugplatz vorzudringen. Damit war der allgemeine Flugverkehr von und nach der Reichshauptstadt unterbrochen.

Die Bunker im Stadtkern hielten sich, auch wenn sowjetische Truppen daran vorbeigerollt waren. Flak und Einzelkämpfer mit Panzerfäusten vernichteten jeden Tag weit über 100 russische Panzer. Nach Aussagen von Sowjetmarschall Konjew gingen in den sechs Tagen des Kampfes in Berlin über 800 sowjetische Panzer und Sturmgeschütze verloren.

Daß es einem Flugzeug gelang, nach Berlin durchzukommen und dort zu landen, war Hanna Reitsch zu verdanken, der Testpilotin und Weltrekordfliegerin. Generaloberst Ritter von Greim, der anstelle von Göring zum neuen OB der Luftwaffe ernannt werden sollte, erhielt Befehl, nach Berlin zu kommen. Er bat Hanna Reitsch am 25. 4. zu sich nach München, wo er ihr eröffnete, daß er nach Berlin müsse, und sie bat, ihn zu begleiten. Hanna Reitsch stimmte sofort zu. Sie starteten, und als sie nach mehrmaligem Umsteigen in andere Maschinen in Berlin–Gatow zur letzten Etappe in einen Fieseler Storch stiegen, stand Hanna Reitsch hinter dem steuernden Generaloberst. Dies sollte sich als Rettung erweisen.

Ihre Maschine wurde beim Einfliegen in das Zentrum Berlins beschossen. Ein Panzersprenggeschoß durchschlug den Fuß des Generalobersten. Ritter von Greim verlor die Besinnung. Steuerlos geworden geriet der Storch ins Trudeln.

Da griff Hanna Reitsch über den Bewußtlosen hinweg nach dem Steuerknüppel und Gashebel. Sie hielt den Storch in Wedelbewegungen und entging dadurch weiteren Treffern. Dicht vor dem Brandenburger Tor, auf der Ost-West-Achse, setzte sie sicher auf und half dem zu sich kommenden Generalobersten hinaus.

In einem Kraftwagen, der anhielt und sie mitnahm, fuhren sie durch die Wilhelmstraße in die Voßstraße und hielten vor dem

Eingang zum Luftschutzbunker der Reichskanzlei an. SS-Wachen brachten Ritter von Greim in den Operationsbunker, in dem Dr. Stumpfegger sofort die ärztliche Behandlung übernahm.

Im Führerbunker trafen nachher von Greim und Hanna Reitsch in dem kleinen, dielenartigen Gang Adolf Hitler. Mit fast tonloser Stimme begrüßte dieser sie. Generaloberst Ritter von Greim erstattete Bericht. Dann erfuhr er durch Hitler, warum dieser ihn hatte rufen lassen. Er glaubte sich von Göring verraten.

Hitler ernannte Ritter von Greim zum Generalfeldmarschall und als Nachfolger Görings zum neuen OB der Luftwaffe.

Vorausgeschickt sei hier die Schlußepisode des Aufenthaltes dieser beiden Flieger im Führerbunker. Kurz nach Mitternacht des 28. 4. 1945 betrat Hitler das Krankenzimmer Greims. In der Hand einen Funkspruch und eine Karte haltend, wandte er sich an Greim:

»Nun hat auch Himmler mich verraten«, sagte er. »Sie beide müssen so schnell wie möglich den Bunker verlassen. Ich habe Nachricht, daß der Russe im Verlauf des Vormittags die Reichskanzlei erstürmen wird.«

Hitler erklärte, daß er beiden eine Arado 96 an der Siegessäule im Tiergarten zur Verfügung gestellt habe. GFM von Greim und Hanna Reitsch fuhren dorthin, sie kletterten in die Maschine, und die Ar 96 startete über ein 400 m langes Stück der Achse, das von Bombensplittern frei war. Sie flogen nach Rechlin. Von dort ging es nach dem Auftanken weiter nach Flensburg.

Was aber war mit Himmler? Was hatte Hitler zu der Überzeugung gebracht, daß auch dieser ihn verraten habe?

Himmler und seine Friedensfühler

Etwa zur Jahreswende 1944 wandte sich der norwegische Gesandte Ditleff, der in der Gesandtschaft von Stockholm arbeitete, an den Grafen Bernadotte, den damaligen Vizepräsidenten des Schwedischen Roten Kreuzes, und schlug diesem vor, alles zu versuchen, um die in Deutschland in verschiedenen Lagern einsitzenden norwegischen Zivilgefangenen zu befreien. Die einzige Möglichkeit zum Erfolg war, daß man sich direkt mit Himmler in Verbindung setzte. Bei der schwedischen Regierung kam man überein, daß Graf Bernadotte versuchen sollte, mit Himmler Kontakt aufzunehmen. Bernadotte flog am 16. 2. 1945 von Bromma nach Berlin. Offiziell,um sich mit der schwedischen Gesandtschaft dort um die Heimreise von Schwedinnen zu kümmern.

Graf Folke Bernadotte sprach zunächst am 17. 2. mit dem Chef der deutschen Sicherheitspolizei, Obergruppenführer Kaltenbrunner. Bei diesem Gespräch war auch Brigadeführer Schellenberg, Chef des Nachrichtendienstes, zugegen.

Ein zweites Gespräch mit Reichsaußenminister von Ribbentrop im Auswärtigen Amt zeigte Bernadotte, daß auch von Ribbentrop mit seinem Vorschlag einverstanden war, gewisse Arbeiten in den deutschen Konzentrationslagern auszuführen.

Himmler selbst erklärte sich nach Vortrag Schellenbergs dazu bereit, im Lazarett Hohenlynchen, 120 km nördlich Berlin, mit Bernadotte zu sprechen.

Himmler, der wenig vorher mit dem früheren schweizerischen Bundespräsidenten Musy eine Vereinbarung zur Freilassung von Juden aus dem Konzentrationslager Theresienstadt in die Schweiz und von dort zur Weiterbeförderung in die USA getroffen hatte, stand bei Hitler nicht mehr in voller Gunst. Durch Veröffentlichungen in der Auslandspresse war dieser Austausch bekannt geworden. Deutsche Presseleute hatten Hitler informiert, und dieser wiederum zitierte Himmler zu sich. Als Himmler bekennen mußte, daß Deutschland keine Entschädigung für diese Transaktion erhielt, wurden die Transporte, die schon angelaufen waren, angehalten. Jean-Marie Musy war sofort nach Berlin gereist, um zu retten, was zu retten war. Aber er wurde nicht mehr zu Himmler vorgelassen.

Vor diesem für Himmler nachteiligen Hintergrund fand nunmehr das Gespräch zwischen ihm und dem Grafen Bernadotte statt. Das Gespräch dauerte 150 Minuten. Schließlich trug Bernadotte seinen Plan vor, die in deutschen Lagern festgehaltenen Dänen und Norweger nach Schweden zu überführen und dort zu internieren. Dies lehnte Himmler vorerst ab. Daraufhin trug Bernadotte vor, daß das Schwedische Rote Kreuz in jenen Konzentrationslagern arbeiten wolle, in denen Norweger und Dänen untergebracht seien. Himmler erklärte sich damit einverstanden und nahm auch den Vorschlag an, Greise, Kranke und Mütter nach Norwegen zurückkehren zu lassen. Es bestand Grund zu gedämpftem Optimismus.

Vor seiner Abreise nach Schweden unterrichtete Schellenberg den Grafen Bernadotte darüber, daß er mit Himmler noch einmal alles durchgesprochen habe, und daß dieser auch seinen ersten Vorschlag gutgeheißen habe.

Am 12. 3. 1945 traf die daraufhin zusammengestellte Fahrzeugkolonne des Schwedischen Roten Kreuzes in Friedrichsruh ein. Hier wurde Quartier gemacht, weil das Lager Neuengamme bei Hamburg den heimzuführenden Norwegern und Dänen als Sammelpunkt dienen sollte. Es gelang, trotz der Durchkreuzungsversuche Kaltenbrunners, 2200 Dänen und Norweger aus dem KZ Sachsenhausen, 600 Skandinavier aus Dachau und 1600 dänische Polizeibeamte aus den Lagern nahe Dresden nach Neuengamme zu schaffen.

Am 30. 3. besuchte Graf Bernadotte Neuengamme. Er war der erste Mensch aus einem neutralen Land, der ein Konzentrationslager besuchen durfte.

In Hohenlynchen stand er am 2. 4. abermals Himmler gegenüber. Dieser erklärte ihm im Gespräch, daß er bereit sei, »für das deutsche Volk alles zu tun«. (Siehe Graf Folke Bernadotte: »Das Ende«.)

Als Himmler wenig später ans Telefon gerufen wurde, wandte sich Brigadeführer Schellenberg mit der Frage an Bernadotte, ob dieser nicht Verbindung mit General Eisenhower aufnehmen könne, um die Möglichkeit einer Teilkapitulation im Westen zu erkunden. Bernadotte erklärte, daß es eine solche Möglichkeit nicht gebe.

Nach Himmlers Rückkehr drehte sich das Gespräch um den Heimtransport der dänischen und norwegischen Frauen und Kranken und von 461 norwegischen Studenten nach Schweden. Himmler erklärte sich bereit, auch eine Reihe norwegischer Zivilinternierter und mehrere französische Staatsbürger freizulassen, die Bernadotte auf einer Liste hatte.

In den folgenden Tagen trafen Schellenberg und Bernadotte noch einige Male zusammen. Dabei erklärte Schellenberg, daß auch Himmler eine Reise des Schweden ins HQ von General Eisenhower wünsche. Bernadotte erklärte sich jedoch nur unter der

Bedingung dazu bereit, daß Himmler öffentlich verkünden müsse, daß »er zum Nachfolger Hitlers an der Spitze des deutschen Volkes bestimmt worden« sei. (Siehe Graf Folke Bernadotte a. a. O.)

Am 18. 4. kam Graf Bernadotte noch einmal nach Friedrichsruh. Dort herrschte helle Aufregung. Himmler hatte die Transporte kranker Skandinavier zwischen Neuengamme und Schweden, die bereits seit einiger Zeit liefen, stoppen lassen. Himmler erklärte dem Grafen, daß die Publizität, welche die Alliierten den Zuständen in Buchenwald und Bergen-Belsen gegeben hatten, an der Sperre schuld sei. Es gelang Bernadotte, die Wiederaufnahme der Transporte zu erreichen.

Am 20. 4. fuhr Graf Bernadotte nach Berlin weiter. Es kam dann noch ein weiteres Gespräch in Hohenlynchen mit Himmler zustande. Während dieses Gespräches — am Morgen des 21. 4. 1945 — stimmte Himmler zu, daß alle ausländischen Frauen aus dem KZ Ravensbrück, wo überwiegend Französinnen gefangensaßen, freigelassen würden. Als dies in die Wege geleitet war, erhielt Graf Bernadotte um 03.00 Uhr des 23. 4. einen Telefonanruf von Himmler. Dieser sagte, daß Schellenberg den Grafen unbedingt sprechen müsse. Dieses Treffen kam am 23. 4. um 15.00 Uhr in Flensburg zustande. Schellenberg erklärte Bernadotte:

»Mit Hitler ist es aus. Man rechnet damit, daß er höchstens noch ein paar Tage zu leben hat . . .

Himmler hat beschlossen, eine Begegnung mit General Eisenhower herbeizuführen, um ihm mitzuteilen, daß er bereit ist, die deutschen Streitkräfte an der Westfront kapitulieren zu lassen. Wären Sie geneigt, General Eisenhower eine solche Botschaft zu überbringen?« (Siehe Graf Folke Bernadotte: a. a. O.)

Der Schwede äußerte seine Zweifel an der Durchführbarkeit und Wirksamkeit dieses Vorgehens. Dennoch kam es kurz nach Mitternacht des 24. 4. in Lübeck, im Hause der schwedischen Gesandtschaft, zur entscheidenden Besprechung Bernadottes mit Himmler. Letzterer erklärte, daß Hitler wahrscheinlich schon tot sei und daß er in der dadurch entstandenen Lage »freie Hand« habe und bereit sei, an der Westfront zu kapitulieren, um möglichst große Teile Deutschlands vor einer russischen Invasion zu bewahren. Er sei aber nicht in der Lage, an der Ostfront zu kapitulieren.

Bernadotte war bereit, diesen Vorschlag an den schwedischen Außenminister weiterzuleiten, wenn auch Dänemark und Norwegen in die Kapitulation im Westen einbezogen würden. Himmler sicherte dies zu.

Um 02.30 Uhr des 24: 4. war diese Besprechung beendet. Bernadotte flog nach Stockholm und erstattete dort Außenminister Günther Bericht. Eine Stunde später waren Günther und Bernadotte beim schwedischen Ministerpräsidenten zum Vortrag. Noch in der Nacht kam es zu einer Sitzung zwischen Außenminister Günther, dem englischen Gesandten Sir Victor Mallot, dem US-Gesandten Herschel Johnson, Kabinettssekretär Boheman und Graf Bernadotte.

Die politischen Mühlen begannen zu rotieren. 48 Stunden vergingen, und am Abend des 26. 4. teilte Kabinettssekretär Boheman Bernadotte mit, daß US-Präsident Truman dem US-Gesandten seine Antwort geschickt habe. Auf der US-Botschaft konnte Graf Bernadotte wenig später dieses Telegramm lesen:

»Eine deutsche Kapitulation kann nur unter der Bedingung angenommen werden, daß diese Kapitulation an allen Fronten, sowohl vor Großbritannien und der Sowjetunion als auch vor den Vereinigten Staaten vollständig stattfindet. Ist diese Bedingung erfüllt, so müssen die deutschen Streitkräfte an allen Fronten und auf allen Kriegsschauplätzen sofort vor den örtlichen Kommandierenden der Alliierten die Waffen strecken. Wo auch immer der Widerstand fortdauert, werden die Angriffe der Alliierten so lange rücksichtslos fortgesetzt, bis ein vollständiger Sieg errungen ist.«

Am 27. 4. flog Graf Bernadotte nach Odense, wo er Brigadeführer Schellenberg die Antwort auf Himmlers Angebot aushändigte. Es wurde vereinbart, daß man sich am 28. 4. in Lübeck mit Himmler treffen könne. Am Morgen des 28. 4. kam Schellenberg nach Aabenraa (Appenrade), Bernadottes Quartier, und berichtete, daß Himmler nicht nach Lübeck fahren könne. Nun sollte Schellenberg allein zum neuen Aufenthaltsort Himmlers fahren und diesem die Antwort überbringen.

Am Mittag des 28. 4. 1945 um 13.55 Uhr wurde im Rundfunk der Alliierten die Nachricht verbreitet, daß Graf Folke Bernadotte nach Informationen aus London und New York mit dem Chef der SS, Heinrich Himmler, Verhandlungen über eine deutsche Kapitulation eingeleitet habe.

Damit wurde auch Himmler von der Liste der Nachfolger Hitlers gestrichen. Hitler schloß nun auch Himmler (nach Göring) aus der

Partei aus und setzte eine Persönlichkeit zu seinem Nachfolger ein, an die niemand in diesem Zusammenhang gedacht hatte: Großadmiral Karl Dönitz. Damit waren die Weichen für ein rascheres Verhandeln gestellt, weil Großadmiral Dönitz gegenüber allen Alliierten als Verhandlungspartner anerkannt wurde. Er war nicht mit irgendwelchen nazistischen Greueltaten in Verbindung zu bringen, weil er ausschließlich Soldat war. Mit ihm konnten die Alliierten verhandeln. Doch nun zurück zu den kriegerischen Ereignissen in der Reichshauptstadt und zu den spektakulären Ereignissen in der Reichskanzlei und im Führerbunker.

Die letzten Tage in der Reichshauptstadt

Aus der Reichskanzlei war am 27. 4. der Verbindungsoffizier Himmlers zu Hitler, SS-Obergruppenführer Fegelein, verschwunden. Er hatte am Nachmittag dieses Tages von Erich Kempka, dem persönlichen Fahrer Hitlers und Verwalter des Wagenparks, zwei Wagen zu einer Informationsfahrt erbeten. Beide Wagen kehrten nach 30 Minuten in die Reichskanzlei zurück, nicht aber Fegelein. Martin Bormann, der Kempka nach Fegelein fragte, erhielt diese Auskunft.

Als wenig später Fegeleins Adjutant in die Reichskanzlei zurückkehrte, wurde er sofort von Kriminaldirektor Högl, dem Chef der Dienststelle des Reichssicherheitsamtes beim Führer, verhört. Man erfuhr, daß Fegelein, Eva Brauns Schwager, in seine Privatwohnung gegangen sei und sich dort Zivilkleider angezogen habe.

Kurz nach Mitternacht wurde Fegelein im Kohlenbunker der Reichskanzlei gestellt und zum Verteidigungskommandanten des Regierungsviertels, Brigadeführer Mohnke, geschafft. Er hatte eine Aktentasche mit wichtigen Dokumenten aus seinem Zimmer hinter dem Kohlenbunker holen wollen. In dieser Aktentasche wurden weitere Unterlagen für seinen und Himmlers Verrat gefunden. In einem Reisekoffer, den Fegelein ebenfalls aus seinem Zimmer holen wollte, fand man zwei lange Rollen englischer Goldmünzen und Pfund- und Dollarnoten in Millionenhöhe.

Das sofort einberufene Kriegsgericht verurteilte Fegelein wegen

383

Hochverrats zum Tode durch Erschießen. Das Urteil wurde wenig später im Garten des Auswärtigen Amtes vollstreckt.

Die Panzer der Division »Müncheberg«, die sich in der Nacht zum 24. 4. aus den südostwärtigen Vororten Berlins in Richtung Tempelhof zurückzogen, wurden von einem sowjetischen Panzerrudel verfolgt, das durch Pak und Flak abgeschossen wurde.

In dieser Nacht wurde auch im Stabsquartier der Division »Charlemagne« Alarm gegeben. Ihr Kdr., Brigadeführer Krukenberg, erhielt Befehl, sofort nach Berlin zu kommen und sich bei General Krebs zu melden. Er ließ die Division »Charlemagne« zum sofortigen Einsatz bereitstellen und veranlaßte, daß 700 Mann seiner Division als Kampfgruppe unter Führung von SS-Hauptsturmführer Fernet nach Berlin abmarschieren konnten.

Dicht hinter Brigadeführer Krukenberg rollte dieses Sturm-Bataillon, bewaffnet mit Panzerfäusten und MG, am 24. 4. um 08.30 Uhr aus Neustrelitz los. Vorbei an sowjetischen Infanteriekolonnen, gelang es diesem Verband, auf der letzten freien Straße nach Berlin zu kommen. Kurz nach Mittag erreichte er die Kanalbrücke bei Falkenrehde. Unmittelbar vor dem Gros flog die Brücke in die Luft. Hierbei wurde auch Brigadeführer Krukenberg leicht verwundet.

Über die Trümmer der Brücke überquerten die Freiwilligen den Kanal. Es waren Männer des Volkssturms gewesen, die die Brücke gesprengt hatten, weil sie die Anrückenden für Russen hielten.

Zu Fuß marschierte die Kolonne, die alle Fahrzeuge jenseits der Brücke hatte zurücklassen müssen, über die Ringbahn und Glienikke nach Gatow weiter. Sie fanden hier die ersten Verteidiger: Hitlerjungen, die mit Panzerfäusten ausgerüstet waren.

Im Grunewald, nicht weit vom Reichssportfeld, wurde biwakiert. In den ersten Morgenstunden erreichte der weiterfahrende Brigadeführer Krukenberg mit seinem Adjutanten die Reichskanzlei. Als Krukenberg wenig später vor General Krebs stand, erfuhr er, daß sie die einzige Kampfgruppe seien, die den Befehl, nach Berlin zu kommen, befolgt hatte.

Krukenberg meldete sich am Vormittag im Gebäudeblock des Kommandierenden Generals des III. Wehrbereiches bei GendArt. Weidling. Dieser erklärte Krukenberg unter vier Augen, daß das LVI. PzK nur noch ein Torso sei. Er befahl ihm, mit der 11.

SS-PGD »Nordland« und dem Sturmbataillon »Charlemagne« den Verteidigungsabschnitt C zu übernehmen. Am späten Nachmittag des 25. 4. traf das Batl. der Div. »Charlemagne« im Einsatzraum Neukölln–Hasenheide ein.

Der erste Einsatz führte die französischen Freiwilligen nach einigen Vorgeplänkeln am frühen Morgen des 26. 4. zum noch nicht feindbesetzten Rathaus von Neukölln. Von dort aus wurden die Gegenstöße zur Bereinigung feindlicher Einbrüche angesetzt.

Der erste dieser Angriffe begann um 06.00 Uhr in einem dramatischen Ringen, bei dem schwere Verluste durch Feindpanzer verursacht wurden. Als auch ein deutscher Panzer, mit Rotarmisten besetzt, durchrollte und aus nächster Nähe das Feuer eröffnete, kam es schließlich zum Nahkampf. Der Angriff blieb liegen, und die französischen Freiwilligen mußten sich wieder zum Rathaus Neukölln zurückziehen.

Das Rathaus wurde zur Festung. 300 Hitlerjungen kamen den Franzosen zur Hilfe. Der nächste russische Panzerangriff wurde abgewehrt. Die sowjetische Infanterie umging dieses Bollwerk der Verteidigung und griff aus Rücken und Flanke an. Im Gegenstoß wurden diese Infanteriegruppen vernichtet. Sie hatten sich bereits bis auf 50 m dem Rathaus genähert.

Danach griffen sowjetische Panzer an. Die ersten wurden von den Panzervernichtungstrupps mit Panzerfäusten abgeschossen. Aber immer neue T 34 tauchten aus dem Dunst auf. Ein der Division »Nordland« zugeführter Königstiger, der in einer Querstraße stand, wurde herbeigeholt. Er schoß mehrere angreifende T 34 ab. Hauptsturmführer Fernet leitete die Verteidigung.

Als Feindpanzer bereits den Hermannplatz, rund 900 m hinter dem Rathaus, erreicht hatten, kämpften sich die Männer um Hauptsturmführer Fernet zurück. Sie erreichten die Nachbar-Kpn. unter HStuf. Rostand, nahe dem Hermannplatz. Hier erhielten alle verteidigenden Soldaten gegen Mitternacht den Befehl zum Absetzen.

In der Umgebung des Anhalter Bahnhofs richteten sie sich erneut zur Verteidigung ein. HStuf. Fernet ging zum GefStand der Div. »Nordland«, der sich im Keller der Oper befand. Er erfuhr, daß die Divison und das Sturm-Batl. »Charlemagne« neue Verteidigungsabschnitte erhalten hatten. Die Verbände sollten nunmehr in einem Abschnitt verteidigen, der im Westen die Wilhelmstraße, im

Osten den Dönhoffplatz, die Kommandantenstraße und die Alex-
anderstraße als Grenze hatte.

Während dieser Besprechung lag pausenloses Artilleriefeuer auf
der Oper und ihrer Umgebung, dem Kaiserlichen Schloß. Wenig
später verlegte Brigadeführer Krukenberg den GefStand aus der
Oper ins Schauspielhaus und schließlich in den U-Bahn-Schacht
Mitte.

Am Samstag, dem 28. 4., erreichte das Batl. »Charlemagne« die
HKL am Belle-Alliance-Platz. Wenig später griffen auch hier
sowjetische Panzer an. Der erste wurde mit Panzerfaust abgeschossen. Drei, vier weitere Feindpanzer erlitten das gleiche
Schicksal. Ihr Vorstoß war zunächst gestoppt.

Als es der Roten Armee am Morgen des 28. 4. gelang, am
Halleschen Tor über den Landwehrkanal Behelfsbrücken zu
schlagen, rollten weitere Panzer darüber vor. Die Regimenter
»Norge« und »Danmark«, die Division »Nordland« und das
Sturm-Batl. »Charlemagne« verteidigten mit letztem Einsatz. Aber
nicht nur sie waren es, die in der Reichshauptstadt kämpften.

Das LVI. Panzerkorps in Berlin

Die letzten 12 einsatzbereiten Panzer der PD »Müncheberg« standen im Großraum Tempelhof seit dem Morgen des 24. 4. im
Einsatz, nachdem sich die Division in der Nacht zuvor aus den
Vororten südostwärts Berlin hierher zurückgezogen hatte. Als
hier russische Panzer auftauchten, eröffneten die wenigen deut-
schen Panzer das Gefecht und schossen die russischen T 34
zusammen. Infanterie aber drang durch die Häuserblocks zum
Flugplatzrand vor. Im GefStand der Division, im Flughafenge-
bäude, gab GenMaj. Mummert den Auftrag zum Gegenstoß des
PzRgt. auf dem Mariendorfer Damm, mit Richtung Ullsteinhaus.
Panzergrenadiere saßen auf oder schlossen sich den vorrollenden
Panzern an.

Es war Nacht geworden. Schemenhaft tauchten feindliche T 34
auf. Das Feuer wurde eröffnet, die T 34 schossen zurück. Grelle
Mündungsflammen durchzuckten die Nacht, Brände loderten empor. Der erste deutsche Panzer ging in Flammen auf; die Besatzung

konnte aussteigen. Dieses Gefecht vor dem Tempelhofer Feld dauerte bis zum Morgen des 25. 4. an.

Zur gleichen Zeit kämpften die Männer der Heeres-Feuerwerkerschule in Lichterfelde gemeinsam mit dem Volkssturm gegen die auch in diesem Abschnitt angreifenden Russen. Zwischen Lichterfelde–Steglitz und Lankwitz waren HJ-Einheiten mit Panzerfäusten in Stellung gegangen und hatten die angreifenden Feindpanzer aufgehalten.

Am Morgen dieses 25. 4. eröffnete die Rote Armee den Sturmangriff auf das Stadtzentrum Berlins mit einem einstündigen Trommelfeuer. Dann stürmten die Panzer-Stoßkeile auf Tempelhof, Dahlem, in Richtung Flugplatz Gatow und zum Alexanderplatz vor. In Gatow verteidigten 2000 Fahnenjunker der Luftwaffenkriegsschule Kladow den Flugplatz. Bis zum Mittag dieses Tages schloß sich der Ring um das Zentrum.

An diesem Tage war General Weidling beinahe pausenlos unterwegs. Er erlebte im Flakbunker am Zoo auf dem GefStand von GenMaj. Sydow, dem Kdr. der Luftverteidigung von Großberlin, einen starken sowjetischen Luftangriff und richtete anschließend seinen GefStand im Bendlerblock ein, weil er von dort aus schnell zur Reichskanzlei und zum Führerbunker gelangen konnte.

Im Raume Spandau wurde an diesem Tage eine HJ-KGr. unter Gruppenführer Heißmeyer eingeschlossen. Bei Zehlendorf griffen frische sowjetische Kräfte an.

Als General Weidling am Abend des 25. 4. um 22.00 Uhr zur Führerlagebesprechung kam, gab er den Lagebericht. Er trug die Feindlage vor, gab auf vorbereiteten Skizzen die Stoßrichtungen der sowjetischen Hauptangriffe und deren Stärken bekannt und stellte diesen die eigenen Kräfte gegenüber.

Danach sprach Hitler und legte dar, daß nach dem Fall von Berlin die Niederlage Deutschlands besiegelt sei und daß er aus diesem Grunde hierbleiben und »siegen oder untergehen« wolle. General Krebs nährte die verzweifelten Hoffnungen, indem er vortrug, daß trotz der falschen Angriffsrichtung der 9. Armee, die nicht auf Berlin ziele, und trotz des breiten und tiefen Einbruchs der Russen im Bereich der HGr. Weichsel Hoffnung vorhanden sei, weil die Armee Wenck sich mit dreieinhalb Divisionen unterwegs befinde, um den Blockadering um Berlin zu durchbrechen und die Reichshauptstadt zu entsetzen. Mitten in dieser Besprechung wurde im Rundfunk der Wehrmachtsbericht verlesen. Über Berlin hieß es darin:

»In der Schlacht um Berlin wird um jeden Fußbreit Boden gerungen. Im Süden drangen die Sowjets bis in die Linie Babelsberg–Zehlendorf–Neukölln vor. Im südlichen und nördlichen Stadtgebiet dauern heftige Kämpfe an. Westlich der Stadt erreichten feindliche Panzerspitzen den Raum von Nauen und Ketzin. Nordwestlich Oranienburg wurde das Nordufer des Stettiner Kanals gegen heftige Angriffe gehalten. Wiederholte Angriffe des Feindes auf Eberswalde führten zu Einbrüchen.«

Am Abend des 25. 4. übernahm Oberst Wöhlermann den Befehl über alle im Stadtgebiet stehenden Art.-Einheiten. Die erste Besprechung mit Oberstleutnant von Plathow, dem vorherigen Art-Kdr., Major Bollinger, und GenMaj. von Sydow, mit Oberstleutnant Jacobi, dem Kdr. des in Berlin stehenden Heeres-ArtRgt., und Oberst von und zu Gilsa, dem ArtKdr. der 18. PGD, brachte Wöhlermann zu der Überzeugung, daß ein Kampf in dieser zerstörten Stadt Wahnsinn sei, da nicht einmal die Munitionslage einen längeren Abwehrkampf erlaubte.

Am Morgen des 26. 4. wurden die Abschnitte A und B im Osten der Stadt mit einem gewaltigen Trommelfeuer belegt. Es traf die Panzergrenadiere der 18. PGD am Rande und die Soldaten der Div. »Müncheberg« voll, denn letztere hatten diese beiden Abschnitte zu verteidigen. Nach Südosten schlossen die SS-Verbände an.

General Weidling war am Morgen bei der Div. »Müncheberg«. Von dort fuhr er zur 18. PGD weiter, die in der Enge zwischen Schlachtensee und Krumme Lanke stand und ebenfalls von starkem Feuer überrascht worden war, dennoch aber den Durchstoß der Roten Armee in den Grunewald vereitelte. Daneben kämpfte die 20. PGD unter GenMaj. Scholze. Auf der Nahtstelle zwischen diesen beiden PGDivisionen brachten sowjetische Sturmgruppen den Widerstand zu Fall und stießen am Morgen des 28. 4. durch. Die 20. PGD stand im Zentrum des Abwehrkampfes im Raume Potsdam. GenMaj. Scholze war vorn bei seinen Panzergrenadieren in Stellung, wie er dies seit 1941 in Rußland getan hatte. Als die HKL überrannt wurde, gab er sich selbst den Tod.

An diesem 28. 4. 1945 arbeitete General Weidling einen Ausbruchsplan aus und bereitete schon den Ausbruchsbefehl vor, um nach dessen Genehmigung durch Hitler sofort damit starten zu können. Der Plan lautete:

»Die Besatzung von Berlin bricht in drei KGr. beiderseits der Heerstraße aus. Die Havelbrücken südlich Spandau sind unter allen Umständen zu halten, um den ausbrechenden KGr. die Absetzbewegungen zu ermöglichen. Die Aufstellung:

Kampfgruppe I:
9. FJD mit unterstellter Kampfgruppe E. Rechts und links die 18. PGD mit der Masse der noch vorhandenen Panzer und Sturmgeschütze.

Kampfgruppe II:
Restverbände der Waffen-SS mit SS-Dienststellen und Polizeieinheiten. Bei dieser KGr. werden der Führer und sein Gefolge am Ausbruch teilnehmen. Für die Sicherheit des Führers ist SS-Brigadeführer Mohnke verantwortlich, der zugleich Kampfgruppenführer ist.

Kampfgruppe III:
Division ›Müncheberg‹ und Division ›Nordland‹. Kampfgruppe Bärenfänger übernimmt die Nachhut.«

Dieser Plan, so vertraute General Weidling seinen Offizieren an, bot die einzige Aussicht, das Leben vieler Berliner auch jetzt noch zu retten, die beim Weiterkämpfen in der Reichshauptstadt mit Sicherheit ihr Leben verlieren würden.

Die Berliner Innenstadt war am Abend dieses 28. 4. noch immer fest in deutscher Hand. Alle Außenbezirke hingegen waren schon von der Roten Armee besetzt, mit Ausnahme des Grunewaldes. Am Abend erließ Generaloberst Bersarin, OB der 5. sowjetischen Stoßarmee, einen Befehl an die sowjetischen Streitkräfte und gleichzeitig an die Einwohner von Großberlin:

»Befehl Nr. 1 des Chefs der sowjetischen Besatzung der Stadt Berlin:
Heute bin ich zum Chef der Besatzung und zum Stadtkommandanten von Berlin ernannt worden. Die gesamte administrative und politische Macht geht laut Vollmacht des Kommandos der Roten Armee in meine Hände über.

N. Bersarin, Generaloberst.«

Am Abend dieses 28. 4. befahl General Weidling alle Abschnitts-
kommandeure für 23.30 Uhr in die Reichskanzlei. Er wollte sie zur
Hand haben, wenn sein Ausbruchsvorschlag akzeptiert wurde, um
sogleich losschlagen zu können. Er selbst betrat kurz vor 22.00 Uhr
die Reichskanzlei. Als erster wurde er aufgefordert, seinen Bericht
zur Lage zu geben. Er berichtete, daß die Rote Armee weitere
Verstärkungen in die Stadt geschafft hätte und daß es den
Kampfgruppen nicht gelungen sei, die Feindeinbrüche zu beseitigen. Am Schluß seines Vortrages trat Weidling entschlossen
einen Schritt vor und wandte sich nun ausschließlich an Hitler:

»Mein Führer«, eröffnete er diesen wichtigsten Punkt, »Ihre
Truppen können den Kampf um Berlin höchstens noch 48 Stunden
lang durchhalten. Dann ist unsere Munition verschossen, und wir
müssen kapitulieren. Deshalb erlaube ich mir, Ihnen den Vorschlag zu machen, den Truppen den Ausbruch aus Berlin befehlen
zu wollen. Allein dieser Ausbruch rechtfertigt noch unseren Einsatz. Er macht dem furchtbaren Leiden der Bevölkerung in der
Stadt ein Ende.«

Danach trug er nüchtern und sachlich die einzelnen Phasen des
Ausbruchs der drei Kampfgruppen vor und demonstrierte das
Gesagte an einer großen Karte. Wortlos hörte Hitler ihm zu.
General Krebs, Bormann und Goebbels standen um den Karten-
tisch herum. Hitler blickte auf und sah General Weidling prüfend
an.

»Mein Führer«, begann Weidling noch einmal, »ich verpflichte
mich mit meinem Kopf dafür, daß Sie gesund und wohlbehalten
aus Berlin herauskommen. Geben Sie den Befehl zum Ausbruch!
— Sie retten damit Berlin!«

Es war Dr. Goebbels, der den Plan sofort kategorisch ablehnte
und von Feigheit sprach und Verantwortungslosigkeit. General
Weidling erwiderte, daß er, Goebbels, als Reichsverteidigungskommissar von Berlin nichts getan habe und daß er die Stadt mit
ihren Millionen Menschen unvorbereitet ins Feuer geschickt habe.

In dieser Phase war es General Krebs, der die Situation, die
eskalierte und zum offenen Ausbruch von Feindseligkeiten geführt
hätte, entspannte, indem er zwischen Weidling und Dr. Goebbels
trat und das Wort ergriff:

»Mein Führer, der Plan des Herrn General Weidling ist nach
militärischen Gesichtspunkten einwandfrei und realisierbar. Sie,

mein Führer, wollen entscheiden, ob die Besatzung von Berlin ausbrechen oder in der Reichshauptstadt weiterkämpfen soll.«

Hitler entschied nach langem Nachdenken: »Wenn schon das Ende kommt, dann in der Reichskanzlei! Es gibt für mich keinen Kompromiß! Eine Gefangennahme schon gar nicht! Ich bleibe in Berlin!«

General Weidling verließ wenig später den Führerbunker, stieß im Vorraum auf seinen Chef des Stabes, Oberst Rofior, und ging mit diesem zu den versammelten Kommandeuren hinüber, die im Adjutantenbunker warteten.

»Meine Herren«, eröffnete er die Unterrichtung der Generale und Kampfgruppenführer, »ich habe soeben die größte Niederlage meines Lebens erlitten. Es bleibt uns nichts erspart. Der Führer hat den Ausbruch verboten.«

Nach einer kurzen Pause gab General Weidling die Kampfanweisungen für den 29. 4. 1945 aus. Er ernannte Brigadeführer Mohnke zum Kommandeur aller im Stadtzentrum liegenden Truppen.

Kurz vor Mitternacht dieses 28. 4. 1945 heiratete Hitler seine Verlobte Eva Braun. Die Familie Goebbels, Bormann, Burgdorf, Hewel, Frau Christian, Hitlers Sekretärin, die vorher noch das Testament Hitlers aufgenommen hatte, Axmann und Oberst von Below waren anwesend. Dr. Goebbels und Martin Bormann waren die Trauzeugen.

In der Nacht zum 29. 4. berieten Goebbels, Bormann und Hitler über die Zusammensetzung der neuen Reichsregierung, denn Hitler hatte sich entschlossen, mit seiner Frau gemeinsam aus dem Leben zu scheiden. Hitler bat Goebbels, das Amt des Reichskanzlers zu übernehmen. Dann ließ er die Bombe platzen, als er verfügte, daß Großadmiral Karl Dönitz mit den Geschäften eines Reichspräsidenten beauftragt werden sollte. Damit war die entscheidende Sitzung im Morgengrauen des 30. 4. 1945 zu Ende.

Als Hitler Dr. Goebbels befahl, mit seiner Familie die Reichshauptstadt zu verlassen, widersetzte sich dieser Hitlers Befehl.

In der Nacht zum 30. 4. unterschrieb Hitler sein Testament. Dr. Goebbels, der nach Hitlers Befehl, Berlin zu verlassen, ebenfalls sein Testament hatte schreiben lassen, tat dies zur gleichen Stunde. Lorenz, der Vertreter von Reichspressechef Dietrich, Oberst von

Below und SS-Standartenführer Zander, Bormanns Adjutant, erhielten je ein Exemplar des Testamentes, mit der Weisung, den Ausbruch aus Berlin zu wagen und zu versuchen, Großadmiral Dönitz zu erreichen und diesem die Dokumente zu übergeben.

Der letzte Einsatz

In der letzten Lagebesprechung mit Hitler am 29. 4. 1945 trug General Weidling vor, daß die Versorgung der Truppe mit Munition und Verpflegung praktisch zusammengebrochen sei. Die Versorgungsabwürfe von sechs Tonnen hatten nur etwa 20 Panzerfäuste enthalten, die einzige Waffe, mit der die Grenadiere und Hitlerjungen der feindlichen Panzerflut trotzen konnten. Weidling erklärte, daß die Lage aussichtslos sei.

Noch einmal kam es zu einer Kontroverse zwischen ihm und Dr. Goebbels. Reichsleiter Bormann packte Goebbels am Arm und zog ihn zurück. Weidling wandte sich noch einmal direkt an Hitler.

»Mein Führer! Ich darf in Zusammenfassung meines Berichtes ergänzen, daß mit aller Wahrscheinlichkeit die Schlacht um Berlin morgen beendet sein wird.«

Hitler wandte sich fragend an Brigadeführer Mohnke. Dieser bestätigte General Weidlings Prognose.

General Weidling erklärte noch einmal, daß ein Ausbruch immer noch Aussicht auf Erfolg böte. Nunmehr genehmigte Hitler den Ausbruch jener Kampfgruppen, die keine Munition mehr hatten. Alle anderen sollten bis zum Verschuß der letzten Munition kämpfen.

Am Morgen des 30. 4. 1945 stürmten die sowjetischen Schützen-Regimenter 380, 674 und 756 durch die Trümmer der Innenstadt zum Reichstagsgebäude. Die Sergeanten Jefgorow und Kantarija erkletterten die Kuppel desselben und hißten um 14.25 Uhr die Rote Fahne. Der Kampf um die Reichskanzlei und um das Regierungsviertel war in vollem Gange.

Nach dem Mittagessen, das Hitler mit seiner Frau Eva und den Sekretärinnen Frau Junge und Frau Christian sowie der Diätköchin, Fräulein Manziali, einnahm, rief Hitler seinen Adjutanten Günsche zu sich und befahl ihm, genügend Benzin zur Verbrennung seiner eigenen und der Leiche seiner Frau bereitzustellen. Als Erklärung sagte er:

»Ich wünsche nicht, nach meinem Tode in einem russischen Panoptikum ausgestellt zu werden.« (Siehe Kempka, Erich: Die letzten Tage mit Adolf Hitler.)

Danach hörte Hitler den letzten Lagebericht von Brigadeführer Mohnke. Dieser Bericht zeigte, daß sowjetische Sturmtruppen am Potsdamer Platz, am Anhalter Bahnhof und im Tiergarten standen, daß aber die Waffen-SS noch immer kämpfte und daß Teile des LVI. PzK die 8. sowjetische Gardearmee, General Tschuikow, aufhielten. Danach unterzeichnete Hitler seinen letzten Führerbefehl, in dem er General Weidling das Einverständnis zum Ausbruch gab, falls es zu einem akuten Munitionsmangel komme.

Gegen 14.30 Uhr erschoß sich Hitler und zerbiß gleichzeitig eine Zyankalikapsel. Seine Frau Eva starb ebenfalls durch Zyankali.

Dr. Stumpfegger stellte den Tod der beiden fest. Dann trugen Stumpfegger und Linge, Hitlers Kammerdiener, die in eine Felddecke gehüllte Leiche Hitlers hinaus. Martin Bormann trug Eva Hitler. Kempka nahm ihm die Leiche der Frau ab und trug sie mit Günsche hinaus. Im Artilleriefeuer der Russen wurden beide Tote drei Meter rechts neben dem Bunkerausgang niedergelegt, mit Benzin übergossen, und als Günsche einen mit Benzin getränkten angezündeten Lappen auf die Leichen warf, züngelten sofort die Flammen empor.

Die Verbrennung dauerte bis in die Abendstunden. Währenddessen hatte Dr. Goebbels die Generale Burgdorf und Krebs, Brigadeführer Mohnke und Martin Bormann zu einer Lagebesprechung gebeten. Das Ergebnis dieser Besprechung war, daß General Krebs, als Beauftragter des neuen Reichskanzlers Goebbels, zu General Schukow fahren sollte, um über freien Abzug zu verhandeln.

General der Polizei Rattenhuber hatte nach Erlöschen des Feuers die Knochenüberreste Hitlers und seiner Frau durch einige Polizeimänner und Hitlers Kammerdiener Linge zusammenscharren und an der Wand des Wohnhauses von Kempka beisetzen lassen.

General Krebs fuhr als Parlamentär zu General Schukow. Er kam erst vor Mitternacht zurück und berichtete, daß dieser die bedingungslose Kapitulation verlange. Die Gefangenen und Verwundeten würden nach der Genfer Konvention behandelt.

Nunmehr wurde alles zum bereits vorher besprochenen Ausbruch vorbereitet, der am 1. 5. ab 21.00 Uhr erfolgen sollte. Am Nachmittag des 30. 4. hatten gegen 17.00 Uhr Reichsleiter Bormann und General Krebs einen Funkspruch an das OKW absetzen lassen:

> »Großadmiral Dönitz. — Anstelle des bisherigen Reichsmarschalls Göring setzt der Führer Sie, Herr Großadmiral, als seinen Nachfolger ein. Schriftliche Vollmachten unterwegs. Ab sofort sollen Sie sämtliche Maßnahmen verfügen, die sich aus der gegenwärtigen Lage ergeben.«

Am Abend dieses 30. 4. erschien im GefStand von General Weidling ein Melder von Brigadeführer Mohnke aus dem Führerbunker. Er überbrachte ein Schreiben, in dem General Krebs ihn bat, sofort zur Meldung in die Reichskanzlei zu kommen. Als General Weidling das Arbeitszimmer Hitlers erreichte, wurde er von General Krebs empfangen, der ihn wortlos in den Raum zog. Der General erblickte auf Hitlers Platz Dr. Goebbels. Außerdem war nur noch Reichsleiter Bormann im Raum. General Krebs setzte den Verteidigungskommandanten von Berlin darüber ins Bild, daß Hitler Selbstmord begangen hatte und daß Sowjetmarschall Schukow davon unterrichtet worden sei.

General Weidling erfuhr, daß der neue Reichskanzler Dr. Goebbels sein würde, daß Großadmiral Dönitz Reichspräsident, Reichsleiter Bormann Außenminister, Dr. Seyss-Inquart Innenminister und Generalfeldmarschall Schörner Kriegsminister werden würden. Er erkannte, daß Dr. Goebbels sein Spiel noch immer nicht verlorengab und daß dieser Mann keiner bedingungslosen Kapitulation zustimmen werde. Er selbst brachte unmißverständlich zum Ausdruck, daß die Russen nur eine bedingungslose Kapitulation akzeptieren würden. Goebbels wurde so lange von Krebs und Bormann bestürmt, bis er sich einverstanden erklärte, daß General Weidling die Kapitulation einleitete.

Der von Hitler genehmigte und von General Weidling vorbereitete Ausbruch wurde angehalten. General Krebs, Oberst von Duvfing und Oblt. Neilandis, als Dolmetscher für Russisch, erreichten am 1. 5. gegen 03.00 Uhr die sowjetischen Linien. Von dort aus wurden sie zum Schulenburgring 2 gefahren, wo Armeegeneral Tschuikow sein HQ aufgeschlagen hatte.

Während sie hier die Kapitulation einleiteten, kämpften die Soldaten der PD »Müncheberg« immer noch. GenMaj. Mummert, in den letzten Kampftagen in Berlin noch dreimal verwundet, befand sich in den vordersten Stellungen und kämpfte im Nahkampf gegen vorrollende Feindpanzer.

Im Keller des Reichssicherheitshauptamtes hatten sich die letzten Gruppen des Sturm-Batl. »Charlemagne« verschanzt. Hier und im Bereich der Saarlandstraße, entlang der Bahnlinie vom Anhalter Bahnhof bis zum Potsdamer Platz, hielten sie noch immer die vorstürmenden sowjetischen Kampfgruppen nieder.

Am 1. 5. gegen 19.00 Uhr wurde Brigadeführer Krukenberg zur Reichskanzlei befohlen. Mit seinen Begleitern erfuhr er durch Brigadeführer Mohnke von Hitlers Tod und von der Weigerung der Russen, mit General Krebs zu verhandeln. Krukenberg erhielt Weisung, sich mit seinen Männern zum Ausbruchsversuch bereitzuhalten, der in der Nacht zum 2. 5. stattfinden sollte.

Am 1. 5. 1945 ging dann gegen 20.00 Uhr folgender Befehl von Brigadeführer Mohnke an die GefStände aller KGr. der von ihm verteidigten Zitadelle:

»Der Führer ist tot. Jeder Soldat ist seines Fahneneides entbunden. Die Stadt wird morgen mittag 14.00 Uhr russisch sein. Der Feind hat auf bedingungsloser Kapitulation beharrt. Das Schicksal der deutschen Truppen ist also nach der Waffenruhe völlig von seiner Willkür abhängig.

Ein Freikorps unter Führung des letzten Kommandeurs der Leibstandarte ›Adolf Hitler‹, bestehend aus kampfkräftigen Freiwilligen aller Verbände, wird unverzüglich gebildet und in der kommenden Nacht den gewaltsamen Ausbruch durchführen. —

Die Einheiten des Freikorps sammeln an den befohlenen Plätzen bis 20.00 Uhr und ziehen von dort in die Bereitstellungen.«

Nach Rückkehr von Oberst von Duvfing erfuhr General Weidling von den Verhandlungen General Krebs' mit den Russen. General Krebs selbst war dort zurückgeblieben.

Nunmehr faßte auch Weidling den Entschluß zur Aufgabe des Kampfes und ließ durch einen Funktrupp Verbindung mit dem sowjetischen Oberkommando aufnehmen. Dann ließ er, »an alle«, funken:

»Hier ist das LVI. Panzerkorps!
Wir bitten, das Feuer einzustellen!
Um 05.00 Uhr Berliner Zeit entsenden
wir Parlamentäre auf die Potsdamer
Brücke. Erkennungszeichen:
Weiße Flagge vor rotem Licht!
Wir bitten um Antwort.«

Sofort nach Erhalt dieses Funkspruchs ließ sich Armeegeneral
Tschuikow mit Marschall Schukow verbinden. Dieser erteilte ihm
die Genehmigung, und am 2. 5. 1945 um 01.00 Uhr überschritt
Oberst Duvfing die russischen Linien und wurde zum Schulenburgring geführt. Dort stand er wenig später General Tschuikow
gegenüber, und dieser fragte nur:

»Bedingungslose Kapitulation, ja oder nein?«

»Ja«, erwiderte Oberst von Duvfing.

In der Reichskanzlei herrschte in der Nacht zum 2. 5. 1945
fieberhafte Tätigkeit. Die Kampfgruppen in der Zitadelle sammelten zum Ausbruch. Zehn Gruppen waren von Brigadeführer
Mohnke gebildet worden. Sie sollten im Abstand von 30 Minuten
zueinander ab 23.00 Uhr den Ausbruch wagen. Ziel war es, über
Wedding nach Nordwesten durchzubrechen. Bei Schwerin sollten
sich diese Gruppen wieder sammeln und geschlossen nach Plön
weiterziehen, wo Großadmiral Dönitz saß.

Die erste Gruppe, geführt von Mohnke, in Stärke von 20 Mann
und vier Frauen, brach um 23.00 Uhr auf. Sie kam zunächst gut
durch, bis sie um 01.00 Uhr des 2. 5. vor Erreichen der U-Bahn-
Station Mitte auf ein eisernes Tor stießen, das den U-Bahn-Schacht
hermetisch abschloß. Diese Tür wurde ihnen nicht geöffnet. So
schwenkten sie ab und suchten sich einen neuen Weg über die
Spree links der Weidendammer Brücke.

Die Gruppe mit Bormann, Naumann, Dr. Stumpfegger und
Erich Kempka war etwa zur gleichen Zeit bei der Weidendammer
Brücke auf eine sowjetische Sperre gestoßen. Eine dritte Gruppe
mit Arthur Axmann kam hier zur zweiten Gruppe. Der letzte
Panzer der Div. »Nordmark«, der die Gruppe bis hierher begleitet
hatte, wurde nun von russischer Pak abgeschossen. Von diesem
Augenblick an blieb Bormann spurlos verschwunden. Lediglich
Arthur Axmann und Günter Weltzien sagten aus, daß sie auf die

beiden Toten Dr. Stumpfegger und Martin Bormann gestoßen seien. Daß dies wirklich so war, wurde erst im Jahre 1973 bestätigt, als man anhand eines Zahnvergleichs eines am Lehrter Bahnhof gefundenen Totenschädels diesen als von Martin Bormann stammend identifizierte.

Von den zehn Gruppen kam keine einzige geschlossen durch. Lediglich der Kampfgruppe des Wachregimentes »Großdeutschland« unter Führung von Major Lehnhoff gelang im Stalinorgel- und Panzerfeuer der Durchbruch und Ausbruch in den Raum Oranienburg, wo die KGr. mit fünf Panzern und noch 68 Mann eintraf. Dort mußten die Panzer wegen Benzinmangels gesprengt werden. In vier Gruppen aufgeteilt, schlugen sich diese Soldaten in Richtung Elbe und Schleswig-Holstein durch.

Am Mittag des 2. 5. 1945 erließ Generalissimus Stalin einen Tagesbefehl an die Rote Armee:

»Die Truppen der 1. Belorussischen Front, unter dem Befehl des Marschalls der Sowjetunion Schukow, haben im Zusammenwirken mit den Truppen der 1. Ukrainischen Front, unter dem Befehl des Marschalls der Sowjetunion Konjew, nach hartnäckigen Straßenkämpfen die Zerschmetterung der deutschen Heeresgruppe in Berlin vollendet und heute, am 2. 5. 1945, Berlin, die Hauptstadt Deutschlands, das Zentrum des deutschen Imperialismus und den Herd der deutschen Aggression, vollständig besetzt.

Die Berliner Garnison, die die Stadt verteidigte, hat heute um 15.00 Uhr (Moskauer Zeit) mit dem Leiter der Verteidigung Berlins, General der Artillerie Weidling und seinem Stab an der Spitze, den Widerstand eingestellt, die Waffen niedergelegt und sich gefangen gegeben . . .

Heute, am 2. Mai 1945, um 23.30 Uhr salutiert die Hauptstadt unserer Heimat, Moskau, der 1. Belorussischen und der 1. Ukrainischen Front mit 24 Artilleriesalven aus 324 Geschützen — zu Ehren dieses historischen Ereignisses, der Eroberung Berlins.

Ewiger Ruhm den Helden, die in den Kämpfen für Freiheit und Unabhängigkeit unserer Heimat gefallen sind.«

Noch schwiegen zwar nicht an allen Fronten die Waffen, aber mit Hitlers Tod und dem Fall von Berlin waren die Tage gezählt, die der Krieg noch dauern würde. Was einzig und allein noch zählte, war die Rettung deutscher Menschen aus dem Osten. Nur dafür wurde noch weitergekämpft.

Die Regierung Dönitz

Verlegung nach Plön

Aus seinem HQ in Bernau, nördlich Berlin, fuhr der OB der Kriegsmarine, Großadmiral Dönitz, am 16. 4. 1945 zur Lagebesprechung ins FHQ. Hier erfuhr Dönitz, daß Hitler am Vortage angeordnet hatte, daß im Falle einer Trennung von Nord- und Süddeutschland durch Feindoperationen ihm, Dönitz, für den Nordraum und GFM Kesselring für den Südraum Vollmachten für die Verteidigung gegeben würden. Dazu wurde die Aufstellung einer Außenstelle »A« — für den Nordraum — und »B« — für den Südraum — befohlen. Allerdings hatte Hitler sich die Befehlsgewalt für die Führung der Operationen an allen Fronten vorbehalten.

Als Großadmiral Dönitz zwei Tage darauf, am 18. 4., zur Lagebesprechung in den Führerbunker kam, war der sowjetische Durchbruch immer noch nicht in der gefürchteten Weise erfolgt. In einem Gespräch mit GFM Keitel erfuhr Dönitz, daß »ein Angriff sich festgefahren habe, wenn er nicht bis zum dritten Tage zum entscheidenden Durchbruch geführt hat«.

Mit dem Chef des OKW besprach der ObdM, daß der Führungsstab der Außenstelle »A« unter Führung von GenLt. Kinzel so rasch wie möglich aufgestellt werden sollte, um die Voraussetzungen für die Führung durch diesen Stab vorsorglich zu schaffen und die übrigen Teilstäbe von vornherein straff zusammenzufassen.

Als Großadmiral Dönitz am 19. 4. von der Lagebesprechung im FHQ ins Lager »Koralle« bei Bernau zurückkehrte, befahl er zu 23.30 Uhr die Verlegung seines Stabes nach Dahlem.

Am frühen Morgen des 20. 4. wurde die Dienstwohnung des Großadmirals in Bernau erreicht, wo eine befehlsmäßige Führungsstelle eingerichtet wurde. Ein im Garten abgestellter Funkwagen diente als Funkstelle. Von hier aus fuhr Großadmiral Dönitz auch am 20. 4. in Begleitung seines Adjutanten, KKpt. Lüdde-Neurath, zur Führerlagebesprechung in den Führerbunker der Reichskanzlei. An diesem Abend setzte Hitler den Befehl über die Verteidigung des Nordraumes in Kraft.

Am 21. 4. 1945 fand gegen Nachmittag ein letztes Treffen zwischen Dönitz und Hitler statt. Da Berlin in den nächsten 24 Stunden wahrscheinlich eingeschlossen sein würde, entließ Hitler Dönitz zur Durchführung seiner Aufgaben als Befehlshaber des Nordraumes.

Um 02.00 Uhr des 22. 4. erfolgte dann die Verlegung. Durch eine Lücke im bis jetzt nur sehr losen Umklammerungsring um Berlin verließ der Truppenkonvoi in nordwestlicher Richtung die Stadt. Flüchtlingszüge und Wehrmachtskolonnen wurden passiert, und gegen 11.00 Uhr war Plön in Holstein, das neue HQ des ObdM, erreicht, das aus einigen Baracken bestand. Seit Wochen hatte die Seekriegsleitung alles vorbereitet. Hier verfügte Großadmiral Dönitz über gute Funk- und Drahtverbindungen und konnte so alle Befehlsstellen im Nordraum unverzüglich erreichen.

Für die Aufgaben zu Lande wurden Dönitz als Reichskommissar für den zivilen Sektor der Bremer Gauleiter Wegener, für die militärischen Landoperationen GenLt. Kinzel zugeteilt.

»Daß die in der Anordnung Hitlers vorgesehene Verteidigung des Nordraumes praktisch nicht durchführbar war, erkannte ich bald in aller Klarheit, aufgrund der in Plön sofort angestellten Untersuchungen. Aber meine Ernennung versetzte mich doch in die Lage, auch die zivilen Dienststellen und Staatsorgane, soweit erforderlich, für die Weiterleitung der über Land aus Ostpreußen und ganz Ostdeutschland kommenden Flüchtlingstrecks zu koordinieren.«

Am 23. 4. bat GA Dönitz die Gauleiter von Mecklenburg, Schleswig-Holstein und Hamburg zu sich nach Plön. Der Gauleiter von Hamburg, Kaufmann, erschien nicht. Er strebte, das wurde sehr bald klar, eine eigenmächtige Übergabe der Stadt an die Engländer an. Dies war jedoch zu dem Zeitpunkt, da die Flüchtlinge über See zu Zehntausenden nach dem Westen kamen, unmöglich. Für diese Flüchtlinge waren Schleswig-Holstein und Hamburg das Ziel. In Schleswig-Holstein lag Kiel, Stützpunkt und Ausgangsort beinahe aller Transportdienste der Kriegsmarine in der Ostsee und Sitz der dazu gehörenden Befehlsorganisation. Wenn Hamburg fiel, würde den englischen Truppen auch Schleswig-Holstein zufallen. Dadurch aber würden jene Häfen verlorengehen, die für die Rückführungsoperationen einfach notwendig waren.

»Demnach konnte eine vorzeitige, selbständige Kapitulation von Hamburg nur mit dem Verlust einer nicht abschätzbaren Zahl an Flüchtlingen und deutschen Soldaten aus dem Ostraum bezahlt werden.« (Siehe: Karl Dönitz: »Zehn Jahre und zwanzig Tage«.)

Der Kampfkommandant von Hamburg, GenMaj. Wolz, erhielt durch GA Dönitz ein Panzervernichtungs-Batl. zugeführt, das unter Befehl von KKpt. Peter Erich Cremer aus U-Boot-Männern aufgestellt worden war.

Am 23. 4. abends erhielt GA Dönitz aus der Reichskanzlei Nachricht, daß Göring zu putschen versucht und Hitler ihn seines Postens enthoben hatte. GenOberst Ritter von Greim sollte neuer OB der Luftwaffe werden.

Das Oberkommando der Wehrmacht wurde nach Rheinsberg verlegt, und am 28. 4. fuhr Großadmiral Dönitz dorthin, um sich persönlich über die Lage an der Ostfront zu orientieren. Dort traf er mit Himmler zusammen, der nach der Lagebesprechung im Gespräch mit Dönitz die Nachfolgeschaft Hitlers zur Sprache brachte. Himmler, der gerade seine Geheimverhandlungen mit dem Grafen Bernadotte geführt hatte und an diesem 28. 4. entlarvt wurde, fragte Dönitz, ob dieser ihm zur Verfügung stehen würde, wenn er als Hitlers Nachfolger ihn mit einer Staatsfunktion betrauen würde. GA Dönitz erwiderte, daß es jetzt vor allem darauf ankomme, ein Chaos zu vermeiden, das nur weiteres Blut kosten würde, und daß er sich jeder legalen Regierung zur Verfügung stellen werde.

Der 30. 4. brachte dem HQ von GA Dönitz eine weitere Überraschung. Ein mit völlig neuem und niemand anderen bekanntem Schlüsselmaterial ausgerüsteter Marine-Funktrupp meldete aus Berlin:

»Neuer Verrat im Gange. Laut Feindrundfunk hat Reichsführer SS Himmler über Schweden Kapitulationsangebot gemacht. Führer erwartet, daß Sie gegen alle Verräter blitzschnell und stahlhart vorgehen.

Bormann.«

Oben: Die deutsche Führung wird in Arrest genommen. Von links: Reichsminister Albert Speer, Großadmiral Dönitz und Generaloberst Alfred Jodl.
Unten: Das deutsche Oberkommando und Großadmiral Dönitz' Amtssitz in Flensburg (Mai 1945).

Oben: 23. Mai 1945: Die deutsche Reichsregierung wird verhaftet.
Unten: Generalmajor Erich Dethleffsen wird abgeführt.

Rechts: In Hamburg wird Reichsminister Arthur Seyss-Inquart von Truppen der 53. Infanterie-Division aufgespürt.

Unten: Ein Rotarmist hißt auf der Spitze des zerschossenen Reichstagsgebäude die rote Fahne als Siegesbanner.

Links: 2. Weltkrieg 1945: Die Wehrmacht kapituliert.
Rechts: Erschießungen und Hinrichtungen.

Himmler, der sich in Lübeck aufhielt, konnte ein Chaos heraufbe-
schwören, das alle weiteren Rettungsaktionen in Frage stellte.
Deshalb bat Dönitz ihn um ein Treffen, und Himmler stimmte zu.

Als der Großadmiral gegen Mittag des 30. 4. nach Lübeck zu
Himmler fahren wollte, wurde er vom Chef der Seekriegsleitung,
Admiral Meisel, und von Gauleiter Wegener gebeten, eine Wache
nach Lübeck in die Polizeikaserne mitzunehmen, weil sich Himmler dort mit einem dichten Ring von SS-Leuten umgeben hatte.

Es gehe nicht an, führte Admiral Meisel aus, daß der Groß-
admiral lediglich von seinem Schäferhund bewacht dorthin reise.
GA Dönitz erklärte sich mit einer Wache aus U-Boot-Männern des
Batl. Cremer einverstanden.

In der Polizeikaserne in Lübeck, wo Himmler wie der zukünftige
Führer des Reiches bereits residierte, ließ er Dönitz zuerst geraume
Zeit warten, ehe er sich dazu herabließ, den Großadmiral zu
empfangen. GA Dönitz ging sofort auf sein Ziel los. Er fragte, ob
die Nachricht zutreffe, daß er, Himmler, über den Grafen Bernadotte Verbindung mit den Alliierten aufgenommen habe. Himmler
verneinte dies entschieden.

Großadmiral Dönitz kehrte gegen 18.00 Uhr nach Plön zurück.
Dort erstattete ihm der Marineoberbefehlshaber Ostsee, General-
admiral Kummetz, über die Lage der laufenden Seetransporte
Bericht. Anschließend besprach sich Dönitz mit Rüstungsminister
Speer. Gegen Abend trat der Adjutant von Dönitz, KKpt. Lüdde-
Neurath, ein und legte einen Funkspruch vor, der aus dem Führer-
bunker in Berlin kam. Er war nach dem nicht zu knackenden
Marine-Sonderschlüssel verschlüsselt und lautete:

»FRR Großadmiral Dönitz.
Anstelle des bisherigen Reichsmarschalls Göring setzt der
Führer Sie, Herr Großadmiral, als seinen Nachfolger ein.
Schriftliche Vollmacht unterwegs. Ab sofort sollen Sie sämt-
liche Maßnahmen verfügen, die sich aus der gegenwärtigen
Lage ergeben.

Bormann.«

Großadmiral Dönitz wurde von dieser Mitteilung überrascht. Als
er den Funkspruch gelesen hatte, war er sicher, daß er diesen
Auftrag übernehmen mußte. Er schrieb darüber:

»Ich hatte in den letzten Tagen befürchtet, daß das Fehlen einer verantwortlichen, zentralen Befehlsinstanz ein Chaos herbeiführen würde, welches noch Hunderttausende von Menschen ohne Sinn und Zweck ins Verderben stürzen könnte. Ich glaubte, diesem Zustand durch schnelles Handeln und durch Anordnungen, die für alle verbindlich waren, zu steuern.«

Die erste drohende Gefahr, die GA Dönitz klar erkannte, war Heinrich Himmler, der sich ihm gegenüber noch am Nachmittag dieses Tages als kommendes Staatsoberhaupt aufgespielt hatte. Es galt, diesen Mann unschädlich zu machen.

Dönitz beauftragte nach Erhalt dieses Telegramms seinen Adjutanten, Himmler nach Plön zu bitten. Lüdde-Neurath telefonierte mit der Polizeikaserne in Lübeck. Doch Himmler lehnte ab. Darauf ließ sich Dönitz selbst mit Himmler verbinden und erklärte, daß sein Kommen notwendig sei. Diesmal sagte Himmler zu.

Gegen Mitternacht traf der Reichsführer SS begleitet von sechs schwerbewaffneten SS-Offizieren in Plön ein. Während die Bewaffneten draußen vor der Tür blieben, bat GA Dönitz Himmler in sein Arbeitszimmer. Er selbst setzte sich hinter den Schreibtisch, auf dem, unter Papieren verborgen, griffbereit eine entsicherte Pistole lag. Dönitz war der festen Entschlossenheit, Himmler zu töten, wenn dieser zu erkennen gab, daß er ein Chaos verursachen wollte, indem er die Macht an sich zu reißen versuchte.

Der Großadmiral reichte Himmler mit den Worten »Bitte lesen Sie!« den Funkspruch mit seiner Ernennung zum Staatsoberhaupt.

Himmlers Gesicht drückte eine ganze Skala von Empfindungen aus, als er den Inhalt las. Dann stand er auf, legte den Funkspruch auf die Tischplatte zurück und sagte:

»Lassen Sie mich in Ihrem Staate der zweite Mann sein!«

›Jetzt kommt die Entscheidung!‹ durchzuckte es Dönitz.

Seine Stimme war fest und drückte unbeugsame Entschlossenheit aus, als er antwortete: »Das kommt nicht in Frage! Ich habe keine Verwendung für Sie!«

Heinrich Himmler stand wie versteinert. Dann beugte er sich vor dieser felsenfesten Entschlossenheit und verließ den Raum.

»Ich hatte nun Freiheit zu weiterem Handeln«, notierte GA Dönitz. »In derselben Nacht noch bekamen GFM Keitel und GenOberst Jodl Befehl, zu mir nach Plön zu kommen. Für meine weiteren Maßnahmen wollte ich mir so schnell wie möglich ein persönliches Bild von der militärischen Lage machen.« (Siehe Karl Dönitz a. a. O.)

Am Vormittag des 1. 5. 1945 ging ein zweiter Funkspruch aus der Reichskanzlei in Plön ein. Er war nur kurz:

»FFR Großadmiral Dönitz (Chefsache).
Testament in Kraft. Ich werde so schnell wie möglich zu Ihnen kommen. Bis dahin m. E. Veröffentlichung zurückstellen.

Bormann.«

Am Nachmittag dieses 1. 5. 1945 traf dann noch ein dritter Funkspruch aus dem FHQ in Plön ein:

»FFR Großadmiral Dönitz (Chefsache).
Führer gestern 15.30 Uhr verschieden. Testament vom 29. 4. überträgt Ihnen das Amt des Reichspräsidenten, Reichsminister Dr. Goebbels das Amt des Reichskanzlers, Reichsminister Bormann das Amt des Parteiministers, Reichsminister Seyss-Inquart das Amt des Reichsaußenministers. Das Testament wurde auf Anordnung des Führers an Sie, Feldmarschall Schörner und zur Sicherstellung für die Öffentlichkeit aus Berlin herausgebracht. Reichsleiter Bormann versucht noch heute zu Ihnen zu kommen, um Sie über die Lage aufzuklären. Form und Zeitpunkt der Bekanntgabe an Truppe und Öffentlichkeit bleibt Ihnen überlassen.

Eingang bestätigen. Goebbels — Bormann.«

Großadmiral Dönitz hatte in der zwischen dem zweiten und dritten Telegramm verstreichenden Zeit bereits am Nachmittag eine Rundfunkansprache und einen Tagesbefehl an die Wehrmacht aufgesetzt.

In der Rundfunkmeldung am Abend des 1. 5. 1945 um 22.30 Uhr heißt es zu den Ereignissen:

»Aus dem Führerhauptquartier wird gemeldet, daß unser Führer Adolf Hitler heute nachmittag in seinem Befehlsstand in der Reichskanzlei, bis zum letzten Atemzug gegen den Bolschewismus kämpfend, für Deutschland gefallen ist. Am 30. April hat der Führer Großadmiral Dönitz zu seinem Nachfolger ernannt.«

Die Rundfunkansprache von Großadmiral Dönitz am selben Abend nach den Meldungen lautete im Auszug:

»Der Führer hat mich zu seinem Nachfolger bestimmt. Im

Bewußtsein der Verantwortung übernehme ich die Führung des deutschen Volkes in dieser schicksalsschweren Stunde. Meine erste Aufgabe ist es, deutsche Menschen vor der Vernichtung durch den vordrängenden bolschewistischen Feind zu retten. Nur für diesen Zweck geht der militärische Kampf weiter. Soweit und solange die Erreichung dieses Zieles durch die Briten oder Amerikaner behindert wird, werden wir auch gegen sie weiter verteidigen und weiter kämpfen müssen. Die Angloamerikaner setzen dann den Krieg nicht mehr für ihre eigenen Völker, sondern allein für die Ausbreitung des Bolschewismus in Europa fort.«

In seinem Tagesbefehl an die Wehrmacht sagte GA Dönitz:

»Der Führer hat mich zu seinem Nachfolger als Staatsoberhaupt und als Obersten Befehlshaber der Wehrmacht bestimmt. Ich übernehme den Oberbefehl über alle Teile der deutschen Wehrmacht mit dem Willen, den Kampf gegen die Bolschewisten so lange fortzusetzen, bis die kämpfende Truppe und die Hunderttausenden von Familien des deutschen Ostraumes vor der Versklavung oder Vernichtung gerettet sind. Gegen Engländer und Amerikaner muß ich den Kampf so lange fortsetzen, wie sie mich in der Durchführung des Kampfes gegen den Bolschewismus hindern.«

Als KKpt. Lüdde-Neurath im Auftrage von GA Dönitz nach dem ehemaligen Außenminister Frhr. von Neurath suchte, weil dieser das Außenministeramt in der neuen Regierung Dönitz erhalten sollte, erschien noch am 1. 5. Reichsaußenminister von Ribbentrop, der sich in der Nähe von Plön aufhielt, bei GA Dönitz und erklärte, daß er der rechtmäßige und geeignetste Außenminister sei. Dönitz lehnte von Ribbentrop ab und bat Graf Schwerin-Krosigk zu sich. Dönitz bat ihn, sich als Vorsitzender eines zu bildenden Kabinetts zur Verfügung zu stellen. Von Schwerin-Krosigk, der bereits in der Regierung von Papen und von Schleicher Reichsfinanzminister gewesen war, bat um 24 Stunden Bedenkzeit. Er kam am 2. 5. ins HQ von Dönitz und erklärte sich bereit, dieses Amt anzunehmen.

In der Nacht zum 1. 5. waren auch GFM Keitel und GenOberst Jodl in Plön eingetroffen. Großadmiral Dönitz, der anstelle von Keitel sehr gern GFM von Manstein zum neuen Chef des Oberkommandos der Wehrmacht wünschte, konnte von Manstein jedoch nicht erreichen. So blieben Keitel und Jodl, die obersten Chefs der Führungsstellen der Wehrmacht, im Dienst.

Ebenfalls ins neue HQ nach Plön bestellt wurden GFM Schörner, der Reichsprotektor für die Tschechoslowakei, Frank, Reichskommissar Dr. Seyss-Inquart für die Niederlande, Reichsbevollmächtiger für Dänemark, Dr. Best, der OB für Dänemark, Gen-Oberst Lindemann, ferner noch Reichskommissar Terboven und GendArt. Boehme für Norwegen. Es kam GA Dönitz in bezug auf diese besetzten Fremdgebiete vor allem darauf an, dort jedes unnötige Blutvergießen zu verhindern und alle Kriegshandlungen zu vermeiden. Dies ist ihm auch hundertprozentig gelungen.

Die Teilkapitulationen

Am 2. 5. 1945 erfuhr die neue Reichsregierung über den Rundfunk von der Kapitulation in Italien. Am selben Tag hatten die Engländer Schleswig-Holstein in ihre Hand gebracht. Nun hing es nur noch von der englischen Zustimmung ab, ob Soldaten und Flüchtlinge aus dem Osten nach Schleswig-Holstein hineingelassen wurden. Dies zwang GA Dönitz zum Handeln. Er gab Befehl, die Kapitulationsverhandlungen, wie sie in einem vorsorglich vorbereiteten Plan vorgesehen waren, aufzunehmen. Dazu wurde Generaladmiral von Friedeburg ins HQ von Feldmarschall Montgomery in Marsch gesetzt. Er sollte eine Teilkapitulation für den nordwestdeutschen Raum anbieten. In Begleitung von Konteradmiral Wagner und GenLt. Kinzel fuhr er los.

Generalmajor Wolz erhielt durch das OKW Weisung, am 3. 5. um 08.00 Uhr einen Parlamentär zu den Engländern zu entsenden, der die Übergabe von Hamburg vereinbaren und das Nahen der Delegation von Friedeburgs ankündigen sollte.

In dieses hektische Treiben hinein erfolgte am 2. 5. 1945 auch die Ankunft von GFM Ritter von Greim, der von Hanna Reitsch nach Plön geflogen worden war.

Am Abend des 2. 5. bestellte GA Dönitz Generaladmiral von Friedeburg zur Levensauer Hochbrücke über dem Kaiser-Wilhelm-Kanal, nahe Kiel. Als Dönitz mit KKpt. Lüdde-Neurath und Reichsminister von Schwerin-Krosigk dort eintrafen, war von Friedeburg bereits zur Stelle. Dönitz forderte ihn auf, General Montgomery die rein militärische Teilkapitulation für den gesamten norddeutschen Raum anzubieten, unter besonderem Hinweis auf die Flüchtlings- und Rückführungsprobleme. Erreicht werden sollte unter allen Umständen, daß durch die Kapitulation die Rückführungen aus dem Osten zu Lande und zur See nicht behindert werden durften.

Mit seiner Begleitung fuhr GA Dönitz nach Flensburg-Mürwik weiter. Am Morgen des 3. 5. erhielt Dönitz einen Funkspruch von GFM Kesselring, daß dieser — entgegen anfänglicher Widerstände — die von der HGr. Südwest, GenOberst von Vietinghoff, erklärte Kapitulation mit seinem Namen decke und um Dönitz' Zustimmung bat, für seinen Frontabschnitt im Südwesten selbständig mit dem Westgegner verhandeln zu können. Diese Zustimmung wurde sofort erteilt, weil man »über jeden Raum, in den die Amerikaner und nicht die Russen einmarschierten, erfreut« sei.

In Mürwik angekommen, wurde GA Dönitz mit seiner Begleitung von KptzS. Wolfgang Lüth, dem letzten Kommandeur der Marineschule Flensburg-Mürwik, begrüßt und zum Wohnschiff »Patria« geleitet, wo Dönitz noch den Reichsminister für die besetzten Ostgebiete, Rosenberg, sprach.

KptzS. Lüth räumte am 3. 5. sein eigenes Standortgebäude, um dort die Arbeitsräume für den Reichspräsidenten, für die Regierung Dönitz und das OKW einrichten zu können. Reichskommissare, Wehrmachtsbefehlshaber und Kommandeure von Heer, Luftwaffe und Marine gaben sich hier am 3. 5. 1945 die Türklinken in die Hände. Den ganzen Tag über warteten Dönitz und sein Stab auf die Rückkehr von Generaladmiral von Friedeburg. Dieser kehrte erst kurz vor Mitternacht zurück und erstattete dem Großadmiral Bericht. Er trug vor, daß Feldmarschall Montgomery die Teilkapitulation nicht abgelehnt habe.

Um 09.00 Uhr des 4. 5. hielt GenAdm. von Friedeburg vor allen verbliebenen führenden Persönlichkeiten des Reiches Vortrag. Neben GA Dönitz waren Graf Schwerin-Krosigk, GFM Keitel, GenOberst Jodl und Oberstleutnant i. G. Brudermüller, Jodls Adjutant, anwesend. Von Friedeburg erklärte, daß Feldmarschall Montgomery die Teilkapitulation annehme, wenn auch Dänemark und Holland darin eingeschlossen würden. Er forderte weiterhin, daß keine deutschen Kriegsschiffe versenkt werden dürften. Aber er hatte auch zu erkennen gegeben, daß er den Übertritt von Soldaten und Flüchtlingen nicht verwehren werde.

Da diese Forderungen Montgomerys die Kompetenzen von Gen-
Adm. von Friedeburg überstiegen, habe er gebeten, Großadmiral
Dönitz Bericht erstatten zu können.

Am Ende dieser Morgenbesprechung gab GA Dönitz den Befehl
an das OKW, ein Verbot gegen die Vernichtung von Waffen aller
Art zu erlassen. Der Chef der Skl erhielt Anweisungen, das
Stichwort »Regenbogen«, mit dem alle Schiffe der Kriegsmarine
versenkt werden sollten, nicht in Kraft treten zu lassen. Generaladmiral von Friedeburg erhielt die Vollmacht, die Forderungen
Montgomerys anzunehmen und die Teilkapitulation zu unterzeichnen.

GenAdm. von Friedeburg flog ins HQ Montgomerys und
unterzeichnete am 4. 5. 1945 um 18.30 Uhr die Kapitulationsurkunde »der gesamten deutschen Streitkräfte in Holland, Nordwestdeutschland, einschließlich aller Inseln und Dänemark«.

Auf britischer Seite unterzeichnete Feldmarschall Montgomery
allein. Deutscherseits setzten GenAdm. von Friedeburg, GenLt.
Kinzel und die GenMaj. Wagner, Poleck und Friedel ihre Unter-
schriften unter dieses Dokument. Die Kapitulation sollte am 5. 5.
um 08.00 Uhr in Kraft treten. Um dies sicherzustellen, erging ein
Befehl des OKW zur Durchführung der Kapitulation im Nordraum
an die dortige Truppe:

»Ab 5. 5. 45, 08.00 Uhr deutscher Sommerzeit, Waffenruhe
gegenüber den Truppen des Feldmarschalls Montgomery. Sie
umfaßt alle Verbände des Heeres, der Kriegsmarine, der Luftwaffe
und der Waffen-SS im Bereich der Niederlande, Friesland, einschließlich der Westfriesischen und Ostfriesischen Inseln und Hel-
goland, Schleswig-Holstein und Dänemark. Sofort an sämtliche
unterstellten Truppen bekanntgeben. Eingang des Befehls nach-
prüfen. Truppe bleibt mit ihren Waffen in Stellung. In See befindliche Transportbewegungen der Kriegsmarine laufen weiter.
Keinerlei Zerstörungen, Schiffsversenkungen und Kundgebungen.
Sicherung aller Vorräte. Gehorsam und Disziplin mit eiserner
Strenge aufrechterhalten. Weitere Befehle folgen. gez. Keitel.«
(Siehe: OKW FührStab. B. Nr. 003 007/45.)

Generaladmiral von Friedeburg flog aus dem HQ Montgomerys
direkt nach Reims in das HQ von General Eisenhower weiter, um
auch im Westen, gegenüber den US-Truppen, eine Teilkapitulation
zu erzielen. Erst wenn man diese erreichte, war sichergestellt, daß

so lange gegen die Rote Armee gehalten werden konnte, bis alle deutschen Soldaten und Flüchtlinge aus dem Osten nach dem Westen geschafft werden konnten.

Aber in Reims redete von Friedeburg vor tauben Ohren. Am Morgen des 6. 5. traf Generalleutnant Kinzel in Mürwik ein und erstattete GA Dönitz Bericht über die mit General Eisenhower geführten Verhandlungen. Eisenhower stimmte nicht zu. Er forderte die bedingungslose Kapitulation auch gegenüber der russischen Front. Alle Truppen hätten dort stehenzubleiben, wo sie sich befänden, und die Waffen niederzulegen. Alle Kriegs- und Handelsschiffe sollten dies gleichfalls tun. Ein Eingehen auf diese Forderungen Eisenhowers am Mittag des 6. 5. 1945 hätte das deutsche Heer im Osten sofort den Russen ausgeliefert. Die Truppe im Osten hätte einen solchen Befehl, stehenzubleiben und sich den Russen gefangen zu geben, nie befolgt, sondern versucht, nach Westen durchzubrechen. Damit aber wären sie Freiwild geworden und hätten einfach erschossen werden können.

Generaloberst Jodl wurde von Dönitz gebeten, nach Reims zu fliegen und Eisenhower zu erklären versuchen, warum eine Teilkapitulation auch gegenüber den Amerikanern angestrebt wurde. Jodl erhielt Weisungen mit auf den Weg, daß bei einer neuerlichen Weigerung Eisenhowers er eine Gesamtkapitulation in zwei Etappen vorschlagen sollte. Der erste Termin sollte als Datum zur Feuereinstellung dienen und der zweite Termin erst das Recht auf freie Bewegung beenden. Die Zeitspanne zwischen diesen beiden Terminen sollte so groß wie möglich angestrebt werden, um noch möglichst viele Soldaten zu retten.

GenOberst Jodl erhielt Vollmachten, die ihn auch dazu berechtigten, eine Gesamtkapitulation zu unterzeichnen. Dies aber erst dann, wenn er die Teilkapitulation nicht erreicht und vorher GA Dönitz über den Inhalt der Gesamtkapitulation unterrichtet hatte.

Am 6. 5. flog GenOberst Jodl nach einer abschließenden Besprechung mit GA Dönitz und Graf Schwerin-Krosigk nach Reims. Er verhandelte dort den ganzen Tag und ließ gegen 00.00 Uhr zum 7. 5. einen FT-Spruch nach Mürwik absetzen, in dem er Dönitz folgendermaßen unterrichtete:

»General Eisenhower besteht darauf, daß wir heute noch unterzeichnen. Andernfalls werden die alliierten Fronten auch gegenüber denjenigen Personen geschlossen werden, die sich einzeln zu ergeben versuchen, und alle Verhandlungen werden abgebrochen. Ich sehe keinen Ausweg, als Chaos oder Unterzeichnung. Erbitte sofortige drahtlose Bestätigung, ob ich Vollmacht habe, die Kapitulation zu unterzeichnen. Sie kann sofort wirksam werden. Feindseligkeiten werden dann am 9. Mai, 00.00 Uhr aufhören.

Jodl.«

Danach standen GA Dönitz nach der Unterzeichnung des Kapitulationsvertrages in der ersten Stunde des 7. 5. noch etwa 48 Stunden Zeit zur Verfügung. Er ließ daher gegen 01.00 Uhr des 7. 5. seine Zustimmung zur Gesamtkapitulation nach Reims übermitteln.

Keine zwei Stunden später, am 7. 5. 1945, um 02.41 Uhr, wurde die Kapitulation der deutschen Wehrmacht durch die Unterschrift von GenOberst Jodl in Reims vollzogen. Um 10.55 Uhr war GA Dönitz im Besitz des genauen Wortlautes der Kapitulationsbedingungen, die sofort über Draht- und Funkverbindungen an alle Teilstreitkräfte der Wehrmacht übermittelt wurden. Um 12.45 Uhr verkündete Minister Schwerin von Krosigk über den Sender Flensburg des Reichsrundfunks den Waffenstillstand. Damit wollte die provisorische Reichsregierung den Feindmeldungen zuvorkommen, was ihr auch gelang.

Die Bekanntmachungen der bedingungslosen Kapitulation an das deutsche Volk endeten mit dem Satz: »Möge Gott uns im Unglück nicht verlassen und unser schweres Werk segnen.«

In den Kapitulationsbestimmungen Eisenhowers war auch eine nochmalige »offizielle und feierliche Unterzeichnung der Gesamtkapitulation in Karlshorst« vorgesehen. Diese wurde auf direktes Drängen der Sowjets inszeniert und fand am 8. 5. 1945 in Karlshorst statt. Unter diese militärische Kapitulationsurkunde, die in englischer, russischer und deutscher Sprache abgefaßt war, unterzeichneten für das Oberkommando der Wehrmacht von Friedeburg, Keitel und Stumpff. Für den Obersten Befehlshaber der Alliierten Expeditionsstreitkräfte Air Marshal Tedder, für das Oberkommando der Roten Armee Marschall Schukow. Als Zeugen waren zugegen: der Oberkommandierende der Ersten franz. Armee, General de Lattre-Tassigny, und der Kommandierende General der Strategischen Luftstreitkräfte der Vereinigten Staaten, General Spaatz.

In den beiden letzten Tagen, die nach der Unterzeichnung der Gesamtkapitulation in Reims noch zur Rettung zur Verfügung standen, wurde alles, was schwamm, eingesetzt. Die 1. Abt. der Skl ließ am Abend des 7. 5. ein Blitzfernschreiben durchgeben, das an alle im Einsatz befindlichen Schiffe über Funk weitergegeben wurde und das auch die 9. und 10. Sicherungs-Division erreichte, welche die Rückfahrten betreuten:

»1) Infolge der durch die Kapitulation veränderten Lage müssen sämtliche See- und Sicherungsstreitkräfte sowie Handelsschiffe bis zum 9. 5., 01.00 Uhr die Häfen Kurlands und Hela verlassen haben. Schiffe und Boote bis an die Grenze des Fassungsvermögens mit Menschen und kleinstem Gepäck verladen. Zielhäfen sind Kiel, Eckernförde und Neustadt. Zwischenlaufen dänischer Häfen aufgrund der Lageentwicklung ausgeschlossen.
2) Kriegs- und Handelsschiffe auf Ostmarsch, deren Wiederauslaufen aus den Osthäfen nach Beladen mit Menschen bis 01.00 Uhr nicht gewährleistet ist, machen kehrt und laufen Flensburg an.
3) In Marsch gesetzte Geleite mit Zahl der geretteten Menschen, getrennt nach Truppen, Verwundeten, Flüchtlingen, zeitgerecht melden. — MOK Ost, Führungsstab F 1, 68 OP.«
(Siehe: 1. Skl, Teil D, PG 31798 und PG 31801.)

Nur wenige Stunden vorher waren ein KR-Blitz-Fernschreiben um 18.00 Uhr und ein Funkspruch auf allen Ostseewellen an alle abgesetzt worden:

»Transport deutscher Menschen aus dem Osten mit höchster Beschleunigung durchführen. — 1. Skl (Siehe: B.Nr. 1076/45 Skl).«

Als letzter Funkspruch wurde am 8. 5. 1945 an alle Einheiten, die sich in See befanden, folgender Klartext abgesetzt:

»An alle!
7. 5. vorläufige Unterzeichnung Kapitulation in Reims.
8. 5. Unterschreiben Keitel, Stumpff, Friedeburg in Berlin.

Endgültige deutsche bedingungslose Kapitulation. Danach Waffenruhe an allen Fronten am 9. 5. 00.00 Uhr — ObdM, 1. Skl.«

Bis zuletzt fuhren Handels- und Kriegsschiffe aus dem Osten nach Westen. Die deutschen Torpedoboote und Zerstörer liefen noch am Abend des 8. 5. 1945 ein letztesmal nach Hela zurück, um so viele wie möglich an Verwundeten und Flüchtlingen sowie Soldaten abzuholen. Es waren die Einheiten »Karl Galster« (Z 20), »Friedrich Ihn« (Z 14), »Hans Lody« (Z 10), »Theodor Riedel« (Z 6), Z 25, T 17, T 19, T 23 und T 28, die dem Aufruf des Führers der Zerstörer, Vizeadmiral Kreisch, gefolgt waren:

»Beeilt euch! Rettet!«

Allein T 28 übernahm 2000 Mann des Grenadier-Regimentes 61, TA 23 rettete 1237 Mann einer Sturmgeschütz-Brigade. Von diesen wenigen genannten Einheiten wurden in der letzten Nacht noch einmal 21 000 Menschen nach dem Westen gefahren.

Die Gesamt-Transportleistungen der Kriegs- und Handelsmarine im Rücktransport aus den Häfen Königsberg, Pillau, Danzig, Gotenhafen und Hela nach dem Westen betrugen vom 23. 1. bis zum 8. 5. 1945:

679 541 Flüchtlinge,
345 477 Verwundete und
181 775 Soldaten.

Im Pendelverkehr zu den Abflußhäfen, wo sie auf Handelsschiffe geleitet und in die Heimat gefahren wurden, transportierte die Kriegsmarine:

498 485 Flüchtlinge,
154 291 Verwundete und
 79 355 Soldaten.

Von der Pommernküste wurden in den Westen gefahren:

136 579 Flüchtlinge,
 10 340 Verwundete und
 33 634 Soldaten.

Ab dem 29. 4. 1945 wurden aus Vorpommern–Mecklenburg

25 000 Flüchtlinge,
7 000 Verwundete und
30 000 Soldaten in die Heimat geschafft.

Aus Libau gelangten vom 1. 5. 1945 an

7 000 Verwundete und
18 000 Soldaten in die Heimat.

Damit betrugen die Gesamt-Transportleistungen der Kriegs- und Handelsmarine in den wenigen Monaten des Jahres 1945 2 022 602 Menschen.

Samuel E. Morrison, der Chef der amtlichen US-History of the United States Naval Operations in World War II, sagte dazu:

»Die Rückführungen aus der Ostsee sind sicherlich die gewaltigste Rückführung in der modernen Geschichte, voll der größten Gefahren und Schwierigkeiten.«

Es besteht bei allen Experten nicht der leiseste Zweifel daran, daß ein Großteil dieser Geretteten — wäre der Krieg beispielsweise im Januar 1945 beendet worden — nicht mehr in die Freiheit gelangt wäre. Ebenso wäre es jenen Divisionen der Wehrmacht ergangen, die zu dieser Zeit teilweise noch tief auf fremdem Boden standen.

Daß die Rückführungen gelangen, ist den deutschen Seeleuten der Kriegs- und Handelsmarine zu danken, an ihrer Spitze dem Seetransportchef für die Wehrmacht, Konteradmiral Engelhardt. Daß nicht noch Hunderttausende, ja möglicherweise über eine Million Soldaten und Flüchtlinge mehr den Weg in die Freiheit gehen durften, geht auf das Konto der US-Führung in Europa, die — anders als Feldmarschall Montgomery — auf der bedingungslosen Kapitulation an allen Fronten beharrte und so das angestrebte Ziel der provisorischen deutschen Reichsregierung, noch bis zum 15. Mai Zeit zu gewinnen, die in der Tschechoslowakei stehende 1. Panzerarmee zu retten und ebenso sämtliche in Ostpreußen und Kurland stehenden deutschen Verbände, vereitelte.

Bereits am 5. 5. 1945 wurde nach den Beratungen von Großadmiral Dönitz mit Graf Schwerin von Krosigk und Reichsminister
Speer eine geschäftsführende Reichsregierung aufgestellt. Die Ge-
samtleitung sowie die Führung der Geschäfte eines Reichsaußenministers und Finanzministers wurden Graf Schwerin von Krosigk
übertragen. Innen- und Kulturminister wurde Dr. Stukkardt,
Reichswirtschafts- und Produktionsminister Albert Speer, Reichsminister für Ernährung, Landwirtschaft und Forsten Dr. Backe,
Reichsarbeits- und Sozialminister Dr. Seldte, Reichsverkehrs- und
Postminister Dr. Dorpmüller.

Diese vorläufige Kabinettsliste wurde auch Feldmarschall Montgomery und General Eisenhower übergeben. Daß diese Regierung
in absehbarer Zeit nicht aktiv werden konnte, war klar, doch jeder
der Ressortminister begann unverzüglich damit, Pläne zur Steue-
rung der Not und zur Versorgung der deutschen Bevölkerung zu
erstellen.

Großadmiral Dönitz hatte Himmler am 6. 5. aller Ämter enthoben. Er sagte dazu:

»Daß ich ihn gehen ließ, bereute ich, als ich in der folgenden
Zeit von KZ-Greueln hörte. Ich war der Ansicht, daß diese Dinge
eine deutsche Angelegenheit seien, daß wir selbst alles, was an
Unmenschlichem geschehen war, zu klären hatten und die Schuldigen zur Verantwortung ziehen sollten.

Graf Schwerin von Krosigk und ich waren uns in der Betrachtung dieses Problems einig. Er legte mir alsbald eine Anordnung
vor, wonach das Reichsgericht die Untersuchung und Aburteilung
aller dieser Greueltaten durchzuführen habe. Ich sandte den Text
dieser Planung mit einem eingehenden Bericht an General Eisenhower und bat darum, das Reichsgericht für diese Aufgabe ar-
beitsfähig zu machen.

Bei einem Gespräch, das ich mit dem amerikanischen Botschafter Murphy, dem politischen Berater Eisenhowers, hatte, wies ich
nochmal ausdrücklich auf diesen Antrag hin und bat ihn um Hilfe.
Er sagte mir auch eine Unterstützung zu. Ich hörte aber nichts
mehr von dieser Angelegenheit.« (Siehe Karl Dönitz, a. a. O.)

Dr. Goebbels, der ja von Hitler als neuer Reichskanzler vorgesehen war, hatte bereits am Abend des 1. 5. 1945 seine sechs Kinder von einem Arzt durch Einspritzen von Gift töten lassen. In der Nacht zum 2. 5. 1945 hatte sich dann Dr. Goebbels erschossen, während Frau Magda Goebbels, wie Eva Hitler, eine Zyankalikapsel zerbissen hatte. Dies erfuhren die Männer der 1. Ausbruchsgruppe, als sie gegen 02.00 Uhr morgens am 2. 5. auf den Trupp unter Führung von Bormann stießen, bei dem sich auch SS-Hauptsturmführer Schwägermann befand, der bis zum Schluß bei Dr. Goebbels geblieben war.

Dies hatte GA Dönitz davon befreit, auch Goebbels verhaften zu lassen, denn mit Goebbels in einer provisorischen Regierung hätte diese bei den Alliierten keine Chance gehabt.

Heinrich Himmler aber war von der Bildfläche verschwunden. Er war in der Uniform eines Feldwebels des Heeres in einem Lüneburger Kriegsgefangenenlager untergebracht. Als dort aber am 23. 5. seine Identität festgestellt wurde, gab er sich auf die gleiche Weise wie sein Führer den Tod, indem er die Giftkapsel zerbiß.

Dr. Dorpmüller, der sich bereit erklärte, das Verkehrs- und Transportwesen in Deutschland binnen sechs Wochen wieder zu normalisieren, wenn man ihm die Spezialtruppen und Pioniere der Straßenbau-Bataillone aus den Kriegsgefangenenlagern überlasse und die OT mit Material zur Verfügung stellen würde, wurde von der Alliierten Kontrollkommission immer wieder vertröstet. Minister Backe und sein Staatssekretär Riecke, die auf dem Ernährungssektor wichtige Voraussetzungen zur Vermeidung einer Hungerkatastrophe und zum Tode Tausender Deutscher durch Hunger ausgearbeitet hatten, kamen ebenfalls nicht zum Zuge. Es bestand überhaupt nicht die Absicht der Alliierten, in Deutschland wieder normale Zustände einkehren zu lassen.

Als am 15. 5. 1945 Dr. Backe von den Alliierten Anweisung erhielt, ins US-HQ zu fliegen, schienen sich seine und der provisorischen Reichsregierung Hoffnungen zu erfüllen. Für alle erschien dieser Flug nach Reims als Anfang des Wiederaufbaus. Zwei Tage darauf wurde auch Dr. Dorpmüller nach Reims befohlen. Damit schien klar: Die Amerikaner und Engländer wollten der provisorischen Reichsregierung letzte Direktiven für ihre Arbeit geben.

Die Wahrheit sah jedoch ganz anders aus. Beide Herren wurden auf dem Rollfeld in Reims festgenommen und hinter Stacheldraht geschafft. Dr. Dorpmüller, ein alter Mann, starb, nachdem er zu Tode erkrankt nach Malente-Gremsmühlen entlassen worden war, dort am 5. 7. 1945. Dr. Backe wurde als Kriegsverbrecher unter Anklage gestellt und nahm sich im Gefängnis das Leben.

Für Großadmiral Dönitz, der seine Aufgabe nunmehr als beendet ansah, stellte sich jetzt die Frage nach der Auflösung des Kabinetts. Ganz Deutschland — mit Ausnahme der Enklave in Flensburg-Mürwik — wurde vom Gegner regiert. Es gab für die Regierung Dönitz kein selbständiges Handeln mehr. Dennoch riet Graf Schwerin von Krosigk von einem Rücktritt ab, weil nach seiner Meinung der Reichspräsident und seine behelfsmäßige Regierung die Reichseinheit darstellten. In der bedingungslosen Kapitulation hatte ausdrücklich nur die deutsche Wehrmacht kapituliert. Der deutsche Staat hatte also nicht aufgehört zu bestehen. Wenn Dönitz auch als Staatsoberhaupt daran gehindert werde, Regierungshandlungen zu vollziehen, so ändere es — nach der Meinung von Schwerin von Krosigk — nichts daran, daß er dennoch deutsches Staatsoberhaupt sei.

Dies sei auch von den drei Feindmächten anerkannt worden, als sie ausdrücklich von ihm — Dönitz — eine Vollmacht für die drei Chefs der deutschen Wehrmachtsteile, die die Kapitulationsverhandlungen unterzeichneten, anerkannten.

Großadmiral Dönitz ließ sich überzeugen, daß er jetzt keinesfalls mit der Reichsregierung zurücktreten dürfe. Geschähe dies, hätte der Gegner freie Hand und konnte erklären, daß nach dem Weglaufen der Reichsregierung er einzelne Regierungen für die Besatzungsgebiete einrichten müsse. Wenn die Reichsregierung zurücktrat, dann hätte sie nach der Meinung der Fachleute damals in politischer Beziehung zumindest formell die Handhabe zur Spaltung Deutschlands gegeben. Sie tat dies nicht.

»Es mußte also im Mai 1945 mein Bestreben sein, das mir nun einmal zugefallene Amt bis zur Durchführung von Wahlen oder bis zu einer gewaltsamen Entfernung durch die Alliierten zu behalten.« (Siehe Karl Dönitz, a. a. O.)

Die nach der Gesamtkapitulation in Mürwik erschienene Alliierte Kontroll-Kommission unter Führung des US-Generals Rooks und des englischen Brigadiers Foord, der sich später der russische

Vertreter anschloß, war zunächst zurückhaltend, dennoch bahnte sich zwischen ihr und der provisorischen Reichsregierung ein reger Geschäftsverkehr an. Am 13. 5. wurde Großadmiral Dönitz für 12.00 Uhr auf das Wohnschiff »Patria«, den Sitz der Kommission, gebeten. General Rooks unterrichtete ihn über die bevorstehende Verhaftung von GFM Keitel. Bei dieser Gelegenheit wies Dönitz nachdrücklich darauf hin, daß in Deutschland so rasch wie möglich wieder geordnete Verhältnisse einkehren müßten und daß die Reichsregierung dies tun könne und müsse.

Generalfeldmarschall Keitel wurde 30 Minuten später verhaftet und hatte noch Gelegenheit, sich von GA Dönitz zu verabschieden.

Das zweitemal wurde GA Dönitz an Bord der »Patria« gebeten, als General Rooks und Mr. Murphy, der Berater Eisenhowers, ihm Fragen über seine Legitimation als Staatsoberhaupt stellten. GA Dönitz wies auf die Funksprüche und Telegramme hin und wurde gebeten, diese abschriftlich Mr. Murphy zugehen zu lassen.

Im Dienstzimmer von GA Dönitz fand kurz vor dem Eintreffen des russischen Stabes der Kommission schließlich noch eine dritte Besprechung statt. Diesmal sprach Dönitz ausschließlich zur innerdeutschen Lage und zu den ihm notwendig erscheinenden Maßnahmen zur Ingangsetzung des öffentlichen Lebens. Er wies eindringlich auf die sich damals bereits abzeichnenden Gefahren der Ost-West-Konflikte, durch die Spaltung Deutschlands, hin.

Nachdem gegen Abend des 17. 5. der russische Stab der Kontroll-Kommission unter Führung von GenMaj. Truskow in Flensburg eingetroffen war, gab es keine persönlichen Zusammenkünfte mehr mit Vertretern der Kontroll-Kommission. Es war von Interesse, die ausgesuchte Höflichkeit der russischen Vertreter der Kommission zu erleben und gleichzeitig damit in der sowjetischen Presse und im Rundfunk die Haßtiraden zu lesen und zu hören, die sich gegen die Regierung Dönitz richteten. Für den aufmerksamen Beobachter bestand kein Zweifel mehr daran, daß die Sowjets eine für alle Zonen gemeinsame Regierung unter keinen Umständen dulden würden.

Die russische Propagandamaschinerie heizte sich mehr und mehr auf und forderte immer lauter die Liquidierung der Reichsregierung. Danach rechneten die Mitglieder dieser Regierung seit dem 19. 5. 1945 stündlich mit ihrer Verhaftung.

Am 22. 5. erhielt Dönitz' Adjutant, KKpt. Lüdde-Neurath, einen Anruf aus dem Stab von General Rooks. GA Dönitz wurde aufgefordert, am nächsten Morgen um 09.45 Uhr mit GenOberst Jodl und Admiral von Friedeburg auf der »Patria« zu erscheinen.

Als die drei Deutschen am anderen Morgen das Fallreep der »Patria« erreichten, warteten dort schon die Pressefotografen. Der sonst zum Empfang bereitstehende Oberleutnant und der präsentierende Posten aber waren verschwunden.

Die drei Repräsentanten Deutschlands wurden in die Bar der »Patria« geführt, die als Verhandlungsraum hergerichtet war. Nachdem sie hier fünf Minuten gewartet hatten, betraten General Rooks, Brigadier Foord, GenMaj. Truskow und die Dolmetscher den Raum. Beide Gruppen ließen sich an je einer Längsseite des großen Tisches nieder.

General Rooks ergriff das Wort. Er sagte, er habe aus dem Alliierten HQ von General Eisenhower Befehl erhalten, ihn, Großadmiral Dönitz, die deutsche Reichsregierung und das OKW zu verhaften. In seiner kurzen Rede erklärte Rooks, daß diese Verhaftung in Übereinstimmung Eisenhowers mit dem sowjetischen Oberkommando erfolge. Als er abschließend den Reichspräsidenten fragte, ob dieser ihm noch etwas zu sagen habe, erwiderte Dönitz:

»In dieser Lage erübrigt sich jedes Wort.«

Mit einem Begleitoffizier fuhren die Verhafteten zur Marineschule Flensburg-Mürwik zurück. Sie hatten bis Mittag Zeit zum Packen erhalten. Vor dem Gebäude gingen Dönitz und von Friedeburg noch auf und ab, und von Friedeburg erklärte, daß er die Entehrungen nicht mitmachen werde. Großadmiral Dönitz widersprach, denn zu diesem Zeitpunkt glaubte er noch daran, daß sich der Gegner an die Genfer Konvention halten werde.

Gegen 11.00 Uhr, lange Zeit vor der vereinbarten Frist, die den Gefangenen gesetzt worden war, erschien ein englischer Captain mit einigen Soldaten auf der Bildfläche, die GA Dönitz zur Eile antrieben und dabei das Trauerhaus Lüth derart durchstöberten, daß Frau Lüth weinend die Flucht ergriff. (KptzS. Lüth wurde in der Nacht des 14. 5. 1945 im Park der Marineschule von einem deutschen Posten versehentlich erschossen, als er, angerufen, die Parole nicht wußte.)

Unter starker Bewachung wurden schließlich die Männer zum

Polizeipräsidium Flensburg gefahren, wo eine Leibesvisitation stattfand, »bei der nichts undurchforscht blieb«. (Siehe Lüdde-Neurath a. a. O.) Gleichzeitig wurde in Abwesenheit der Inhaber das Gepäck durchstöbert, wobei Füllhalter, Fotos und andere Gegenstände spurlos verschwanden. Großadmiral Dönitz wurden der Marschallsstab und der Interimsstab gestohlen.

Nach einstündiger Wartezeit in der Halle des Polizeipräsidiums wurden dann auch unter schwerer Bewachung Reichsminister Graf Schwerin von Krosigk mit den Mitgliedern der geschäftsführenden Reichsregierung und GenOberst Jodl mit den Offizieren des OKW eingeliefert.

Die geschäftsführende Reichsregierung war bereits um 10.00 Uhr von Soldaten der 11. brit. PD verhaftet worden. Diese hatten das Regierungsgebäude mit Panzern umstellt, waren unter Leitung von Brigadier Churcher, dem britischen Stadtkommandanten von Flensburg, mit schußbereiten Maschinenpistolen und Handgranaten in den Sitzungsraum eingedrungen und hatten mit Rufen wie »Hände hoch!« und »Hosen runter!« die Mitglieder der Reichsregierung überrascht. Danach wurden alle auf dem Hof zusammengetrieben, wo sie mit erhobenen Händen im Kreuzfeuer der Fotografen standen, bis ihre Zimmer durchwühlt und alle Wertgegenstände daraus gestohlen waren. GenOberst Jodl prägte für diese Fehlleistung eines im Felde bewährten britischen Panzerverbandes die zutreffende Bezeichnung »organisierte Plünderung«.

Generaladmiral von Friedeburg, der letzte Oberbefehlshaber der Kriegsmarine, nahm in seiner Wohnung Gift. Seine Leiche selbst wurde noch von den britischen Soldaten gefleddert. In einem Brief vom 26. 5. 1945 äußerte sich GA Dönitz zu diesen Vorkommnissen. Er sei an dieser Stelle in vollem Wortlaut zitiert:

»Der Großadmiral   Den 26. 5. 1945

An den Oberbefehlshaber der 21. englischen Armeegruppe
Herrn
Generalfeldmarschall Sir Reginald Montgomery.
Herr Generalfeldmarschall!
Ich sehe mich gezwungen, Ihnen folgendes mitzuteilen:
Nach meiner Verhaftung durch Ihrem Oberbefehl unterstellte Truppen am 23. 5. 1945 in Flensburg mußte ich mich einer,

jeder Rücksicht auf meinen Dienstgrad entehrenden Leibesvisitation unterziehen. Gleichzeitig wurde mein Privatgepäck durchsucht. Es wurden diesem außer einer Reihe von Wertgegenständen auch mein Marschallsstab entnommen, den ich in der Überzeugung, daß dieses Ehrenzeichen eines Soldaten meiner Stellung auch vom siegreichen Gegner geachtet werden würde, bewußt in meinem Privatgepäck gelassen hatte. Ich habe weder für die entnommenen Wertsachen, noch für den Marschallsstab und den mir ebenfalls bei der Leibesvisitation abgenommenen Interimsstab irgendeine Quittung erhalten.

Da ich sicher bin, daß von Ihnen, Herr Generalfeldmarschall, irgendwelche Verstöße gegen ehrenvolles Verhalten und die Unantastbarkeit privaten Eigentums nicht geduldet werden, bringe ich Ihnen diese diffamierenden Vorkommnisse zur Kenntnis und bin überzeugt, daß auf diesem Wege die Rückgabe des Marschalls- und Interimsstabes und der entnommenen Privatsachen an mich erfolgen wird.

Ich bin mit vorzüglicher Hochachtung!   gez. Dönitz.«

Großadmiral Dönitz sollte sich getäuscht haben. Es gab weder eine Antwort, noch wurden ihm die Privatsachen zurückgegeben. Einzig für die einfach nicht zu ignorierende Leichenfledderung, begangen an dem in den Tod getriebenen Generaladmiral von Friedeburg, ist später eine offizielle Entschuldigung erfolgt.

Die deutsche Reichsregierung war nicht mehr. Sie war nicht zurückgetreten, sondern von den Alliierten verhaftet und damit gewaltsam aus dem Amt entfernt worden.

Großadmiral Karl Dönitz, der letzte deutsche Reichspräsident, wurde in Nürnberg vor Gericht gestellt. Ihm wurde der Prozeß gemacht, nach einem Statut, das im August 1945 von Rechtswissenschaftlern und Juristen in London formuliert wurde. Es gab den Alliierten, nun war auch Frankreich mit dabei, eine neue Rechtssatzung, nach welcher Kriegsverbrechen bestraft werden konnten. Neue Begriffe wurden in das Völkerrecht eingeführt, ein Strafrecht mit rückwirkender Kraft eingesetzt.

Im Mai 1946 fand die Verhandlung gegen die beiden deutschen Großadmirale Raeder und Dönitz in Nürnberg statt. Am 31. 8. 1946 sprach Großadmiral Dönitz sein Schlußwort, nachdem der

Chefankläger Justice Jackson ihn als »Hitlers Erben in der Niederlage« beschimpft hatte, »der ein Rudel seiner U-Boot-Männer anwies, den Krieg zur See mit der gesetzlosen Wildheit des Dschungels zu führen«. Dönitz sagte:

»Mögen Sie über die Rechtmäßigkeit des deutschen U-Boot-Krieges urteilen, wie es Ihnen Ihr Gewissen gebietet. Ich halte diese Kriegführung für berechtigt und habe nach meinem Gewissen gehandelt. Ich müßte das genauso wieder tun . . .

Als letzter Oberbefehlshaber der deutschen Kriegsmarine und als letztes Staatsoberhaupt fühle ich mich dem deutschen Volk gegenüber verantwortlich für alles, was ich tat und ließ.«

Bei den Urteilsverkündungen wurde siebenmal der Spruch »Death by hanging« durch Lordrichter Lawrence verkündet, ehe der Name »Karl Dönitz« aufgerufen wurde. Der Spruch des Lordrichters fiel in die Stille:

»Angeklagter Karl Dönitz, gemäß den Punkten der Anklageschrift, unter welchen Sie für schuldig befunden wurden, verurteilt Sie der Internationale Militärgerichtshof zu zehn Jahren Gefängnis.«

Lordrichter Lawrence fügte noch hinzu: »Diese Strafe steht nicht im Zusammenhang und ist nicht verhängt worden wegen Regelwidrigkeiten in der Führung des Seekrieges und des U-Boot-Krieges.«

Mit Handschellen gefesselt, wurde von nun an auch der Häftling Dönitz zu den Sprechboxen geführt, wenn er Besuch empfing. Die Verurteilung erfolgte also nicht wegen jener Delikte, die man dem Großadmiral angehängt und die Justice Jackson so drastisch vorgestellt hatte, sondern »wegen Anzettelung und Führung eines Angriffskrieges«. Wie ein Kapitän zur See — das war Dönitz zu Beginn des Zweiten Weltkrieges und dazu ein kleiner, kaum bekannter Seeoffizier — einen Angriffskrieg angezettelt haben könnte, das wurde von diesem Gericht nicht erörtert, weil es sich einfach zu lächerlich angehört hätte.

Der Zweite Weltkrieg war zu Ende.

Die Schuldigen waren bestraft!

„Der Wehrwolf"   An allen Orten, den 25.4.45
Oberbayern

W a r n u n g

an alle Verräter und Liebediener des Feindes:

Der oberbayerische Wehrwolf warnt vorsorglich alle diejenigen, die
dem Feind Vorschub leisten wollen oder Deutsche und deren Angehörige bedrohen oder schikanieren, die Adolf Hitler die Treue hielten.

Wir warnen! Verräter und Verbrecher am Volk büßen mit ihrem Leben
und dem Leben ihrer ganzen Sippe.

Dorfgemeinschaften, die sich versündigen am Leben der Unseren,
oder die weiße Fahne zeigen, werden ein vernichtendes Haberfeld-
treiben früher oder später erleben.

Unsere Rache ist tödlich!
=================================

                              „D e r   W e h r w o l f "
                                     Oberbayern

421

Der letzte Wehrmachtbericht des Zweiten Weltkrieges

Aus dem Hauptquartier des Großadmirals / den 9. Mai 1945

Das Oberkommando der Wehrmacht gab bekannt:

In Ostpreußen haben deutsche Divisionen noch gestern die Weichselmündung und den Westteil der Frischen Nehrung tapfer verteidigt / wobei sich die 7. Division besonders auszeichnete. Dem Oberbefehlshaber, General der Panzertruppen von Saucken, wurden in Anerkennung der vorbildlichen Haltung seiner Soldaten die Brillanten zum Ritterkreuz des Eisernen Kreuzes verliehen.

Auch an der Südost- und Ostfront von Brünn bis an die Elbe bei Dresden haben alle höheren Kommandobehörden den Befehl zum Einstellen des Kampfes erhalten. Eine tschechische Aufstandsbewegung – sie umfaßt ganz Böhmen und Mähren – kann die Durchführung der Kapitulationsbedingungen in diesem Raum gefährden. Meldungen über die Lage bei den Heeresgruppen Löhr, Rendulic und Schörner liegen beim Oberkommando zur Stunde noch nicht vor.

Tapfer haben die Verteidiger der Atlantikstützpunkte / unsere Truppen in Nord-Norwegen und die Besatzungen der ägäischen Inseln in Gehorsam und Disziplin die Waffenehre des Deutschen bewahrt.

Seit Mitternacht schweigen nun an allen Fronten die Waffen. Auf Befehl des Großadmirals hat die Wehrmacht den aussichtslos gewordenen Kampf eingestellt. Damit ist das fast sechsjährige ehrenhafte Ringen zu Ende. Es hat uns große Siege, aber auch schwere Niederlagen gebracht.

Als vorgeschobenes Bollwerk fesselten unsere Armeen in Kurland unter dem bewährten Oberbefehl des Generaloberst Hilpert monatelang überlegene sowjetische Schützen- und Panzerverbände und erwarben sich in besonders großen Schlachten unvergänglichen Ruhm. Sie haben jede vorzeitige Übergabe abgelehnt. In voller Ordnung wurden mit den nach Westen noch ausfliegenden Flugzeugen nur Verletzte und später zahlreiche Kuriere abtransportiert. Die Stäbe und Offiziere verblieben bei ihren Truppen. Um Mitternacht wurde von deutscher Seite entsprechend den unterzeichneten Bedingungen, der Kampf und jede Bewegung eingestellt.

Die Verteidiger von Breslau, die über zwei Monate lang den Angriffen der Sowjets standhielten, erlagen in letzter Stunde nach heldenhaftem Kampf der feindlichen Übermacht.

Die deutsche Wehrmacht ist am Ende einer gewaltigen Übermacht ehrenvoll unterlegen. Der deutsche Soldat hat, getreu seinem Eide, im besten Einsatz für sein Volk für immer Unvergeßliches geleistet. Die Heimat hat ihn bis zuletzt mit allen Kräften unter schwersten Opfern unterstützt. Die einmalige Leistung von Front und Heimat wird in einem späteren Urteil der Geschichte ihre endgültige Würdigung finden. Den Leistungen und Opfern der deutschen Soldaten zu Wasser, zu Lande und in der Luft wird auch der Gegner die Achtung nicht versagen. Jeder Soldat kann deshalb die Waffen aufrecht und stolz aus der Hand legen und in der schwersten Stunde unserer Geschichte tapfer und zuversichtlich an die Arbeit gehen für das ewige Leben unseres Volkes.

Die Wehrmacht gedenkt in dieser schweren Stunde ihrer vor dem Feind gebliebenen Kameraden. Die Toten verpflichten zu bedingungsloser Treue, Gehorsam und Disziplin gegenüber dem aus zahllosen Wunden blutenden Vaterland.

Dönitz

13. 4. 75

QUELLEN- UND LITERATURVERZEICHNIS

Ahlfen, Hans von: Der Kampf um Schlesien, München 1961

Ahlfen, Hans von und *Niehoff, Hermann:* So kämpfte Breslau, München 1959

Alman, Karl: Panzer vor, Rastatt 1966

ders.: Sprung in die Hölle, Rastatt 1964

ders.: Mit Eichenlaub und Schwertern, Rastatt 1971

Anders, Wladyslaw: Hitler's Defeat in Russia, Chicago 1953

Andronikow A. G. und *Mostowenko, V. D.:* Die roten Panzer, München 1963

Antonow, A. S.: Der Panzer, Berlin-Ost 1959

Arutjunow, A. S.: Die Ostpommern-Angriffsoperation Februar—März 1945 (siehe Shilin, P. A.)

Barbaschin, I. P.: Die Oberschlesische Operation (siehe Shilin, P. A.)

Barbaschin I. P. und *Malachow, M. M.:* Die Wiener Angriffsoperation (siehe Shilin, P. A.)

Barkmann, Ernst: Mit dem Panther im Osten und Westen, I. Ms.

Bauer, Prof. Eddy: Der Panzerkrieg, Bonn 1965

Baumann, Hans: 35. ID 1939—1945, Linz 1955

Benary, Albert: Die Berliner Bären-Division/Geschichte der 257. ID, 1939—1945, Bad Nauheim 1955

Beyersdorff, Ernst: Geschichte der 110. ID, Bad Nauheim 1965

Breithaupt, Hans: Geschichte der 30. ID 1939—1945, Bad Nauheim 1955

Busse, Theodor: Die letzte Schlacht der 9. Armee, i. Ms. ZS

Buxa, Werner: Weg und Schicksal der 11. ID, Bad Nauheim 1963

Cartier, Raymond: Der Zweite Weltkrieg, Bd. I und II, München 1967

Carius, Otto: Tiger im Schlamm, Neckargemünd 1960

Conze, Werner: Geschichte der 291. ID, Bad Nauheim 1953

Dahms, Helmuth G.: Geschichte des Zweiten Weltkriegs, Tübingen 1965

Dieckhoff, Gerhard: 3. PGD, Göttingen 1960

Dieckert, Kurt und *Grossmann, Horst:* Der Kampf um Ostpreußen, München 1960

Dönitz, Karl: Zehn Jahre und zwanzig Tage, Bonn 1958

Eremenko, A. I.: Tage der Bewährung, Berlin-Ost 1961

Erickson, John: The Soviet High Command, London 1962

Fey, Willi: Panzer im Brennpunkt der Fronten, München 1960

Fretter-Pico, Maximilian: Mißbrauchte Infanterie, Frankfurt/M. 1957

ders.: Verlassen von des Sieges Göttern, Wiesbaden 1969

Friessner, Hans: Verratene Schlachten, Hamburg 1956

Fuller, J. F.: Der Zweite Weltkrieg 1939—1945, Wien 1952

ders.: Erinnerungen eines freimütigen Soldaten, Berlin 1939

Gareis, Martin: Kampf und Ende der 98. ID, Tegernsee 1965

Görlitz, Walter: Der Zweite Weltkrieg, Stuttgart 1951/52

ders.: Der Deutsche Generalstab, Frankfurt/M. 1950

Grams, Rolf: 14. Panzerdivision, Bad Nauheim 1957

Greiner, Heinz: Kampf um Rom — Inferno am Po, Neckargemünd 1968

Guderian, Heinz: Erinnerungen eines Soldaten, Neckargemünd 1960

Halder, F.: Kriegstagebuch, Stuttgart 1962—1964

Haupt, Werner: Heeresgruppe Mitte 1941—1945, Dorheim 1968

ders.: Berlin, Hitlers letzte Schlacht, Rastatt 1964

ders.: Heeresgruppe Nord, 1941—1945, Dorheim o. J.

ders.: Kriegsschauplatz Italien, Stuttgart 1977

Hillgruber-Hümmelchen: Chronik des Zweiten Weltkriegs, Frankfurt/M. 1966

Hölter, Hermann: Armee in der Arktis, München 1977

Hoppe, Harry: Die 278. ID in Italien, Bad Nauheim 1953

Hossbach, Friedrich: Infanterie im Ostfeldzug, Osterode 1951

Hubatsch, Walther: 61. ID, Bad Nauheim 1961

ders. und *Hillgruber, Schramm:* Das Kriegstagebuch des Oberkommandos der Wehrmacht, Frankfurt/M. 1961—63

Jacobsen, Dr. H. A.: Der Zweite Weltkrieg in Chroniken und Dokumenten, Darmstadt 1959

ders. und *Rohwer, Dr. J.:* Entscheidungsschlachten des Zweiten Weltkrieges, Frankfurt/M. 1960

Jenner, Martin: 216./272. ID, Bad Nauheim 1964

Kalinov, Kyrill D.: Sowjetmarschälle haben das Wort, München 1960

Kaltenegger, Roland: Deutsche Gebirgsjäger im Zweiten Weltkrieg, Stuttgart 1977

Kardel, H.: Geschichte der 170. ID, Bad Nauheim 1953

Keilig, Wolf: Das Deutsche Heer 1939—1945, Bad Nauheim 1955

ders.: Rangliste des Deutschen Heeres, Bad Nauheim 1955

Kern, Erich: Die letzte Schlacht, Preußisch Oldendorf 1972

ders.: Generalfeldmarschall Ferdinand Schörner, Preußisch Oldendorf 1976

Kesselring, Albert: Soldat bis zum letzten Tag, Bonn 1953

Kissel, Hans: Die Panzerschlachten in der Puszta, Neckargemünd 1960

Kjellberg, Sven, H.: Rußland im Krieg 1920—1945, Zürich 1945

Klatt, Paul: 3. Gebirgs-Division, Bad Nauheim 1958

Klietmann, Dr. K.-G.: Die Waffen-SS, Osnabrück 1965

Knobelsdorff, Otto von: Geschichte der 19. PD, Bad Nauheim 1958

Koller, Karl: Der letzte Monat, Mannheim 1949

Korkodinow, P. D.: Die Prager Operation (siehe Shilin, P. A.)

Korotkow, I. S.: Die Zerschlagung der Ostpreußengruppierung der Deutsch-Faschistischen Truppen (siehe Shilin, P. A.)

Krätschmer, E. G.: Die Ritterkreuzträger der Waffen-SS, Göttingen 1955

Kühn, Volkmar: Torpedoboote und Zerstörer im Einsatz 1939—1945, 3. Aufl. Stuttgart 1977

ders.: Deutsche Fallschirmjäger im Zweiten Weltkrieg 1939—1945, 3. Aufl. Stuttgart 1976

Kühn, Volkmar und *Kleine, Egon:* Tiger — Die Geschichte einer legendären Waffe 1942—1945, Stuttgart 1976

Kurowski, Franz: Die Panzer-Lehr-Division, Bad Nauheim 1964

ders.: Von den Ardennen zum Ruhrkessel, Herford 1965

ders.: Armee Wenck, Neckargemünd 1967

ders.: Deutsche Offiziere in Staat, Wirtschaft und Wissenschaft, Herford 1967

ders.: Der Luftkrieg über Deutschland, Düsseldorf 1977

ders. und *Tornau, Gottfried:* Sturmartillerie — Fels in der Brandung, Herford, 1965

dies.: Sturmartillerie — Die dramatische Geschichte einer Waffe, 2. Aufl. Stuttgart 1978

Lasch, Otto: So fiel Königsberg, München 1958

Lemelsen, Joachim: 29. Division, Bad Nauheim 1960

Liddell Hart, Basil H.: Jetzt dürfen sie reden, Stuttgart 1950

Lüdde-Neurath, Walter: Regierung Dönitz, Göttingen 1950

Mabire, Jean: Berlin im Todeskampf 1945. Preußisch Oldendorf 1977

Malachow, M. M.: Die Verteidigungsoperation am Plattensee (siehe Shilin, P. A.)

Manstein, Erich von: Verlorene Siege, Bonn 1954

Manteuffel, Hasso von: Die Schlacht in den Ardennen, Frankfurt/M. 1960

ders.: Die 7. PD im Zweiten Weltkrieg, Uerdingen 1965

Montgomery, Bernard: Von der Normandie zur Ostsee, Hamburg 1949

Munzel, Oskar: Gepanzerte Truppen, Herford 1965

Murawski, Dr. Erich: Der Deutsche Wehrmachtsbericht 1939—1945, Boppard 1967

Nehring, Walther K.: Die Geschichte der deutschen Panzerwaffe 1916—1945, Berlin 1969

Panzermeyer (Kurt): Grenadiere, München 1978

Parotkin, I. W. und *Fokin, N. A.:* Die Weichsel-Oder-Operation (siehe Shilin, P. A.)

Patton, George: Krieg, wie ich ihn erlebte, Bern 1950

Philippi, Alfred und *Heim, F.:* Der Feldzug gegen Sowjetrußland, Stuttgart 1962

Ploetz, A. G.: Geschichte des Zweiten Weltkrieges, Würzburg 1960

Podzun, Hans-Henning: Das Deutsche Heer 1939, Bad Nauheim 1953

Pohlmann, Hartwig: Geschichte der 96. ID, Bad Nauheim 1959

Popjel, Nikolaj K.: Panzer greifen an, Berlin-Ost 1964

Posnjak, W. G.: Die Berliner Operation (siehe Shilin, P. A.)

Rauchensteiner, Manfred: 1945 — Entscheidung für Österreich, Graz 1976

Rendulic, Dr. Lothar: Gekämpft — Gesiegt — Geschlagen, Heidelberg 1952

ders.: Soldat in stürzenden Reichen, München 1965

Scheibert, Horst: PGD »Großdeutschland« und ihre Schwesterverbände, Dorheim 1970

Schelm, Walter: Von den Kämpfen der 215. ID, Stuttgart 1955

Schmidt, August: Geschichte der 10. Division — 10. PGD, Bad Nauheim 1963

Schmidt-Richberg, Erich: Der Endkampf auf dem Balkan, Heidelberg 1955

Schroeder, Jürgen: Geschichte der 32. ID, Bad Nauheim 1956

Seemen, Gerhard von: Die Ritterkreuzträger 1939—1945, Dorheim 1976

Senger und Etterlin, Frido von: Krieg in Europa, Köln 1960

Senger und Etterlin, Dr. F. M.: 24. PD, vormals 1. Kavalleriedivision, Neckargemünd 1962

Shilin, P. A.: Die wichtigsten Operationen des Großen Vaterländischen Krieges 1941—1945, Berlin-Ost 1958

Spaeter: Geschichte des Panzerkorps »Großdeutschland«, Duisburg-Ruhrort 1958/59

ders.: Die Brandenburger — eine deutsche Kommandotruppe — zbV 800, München 1978

Steiner, Felix: Die Freiwilligen, Göttingen 1958

Stoves, Rolf O.: 1. Panzer-Division 1939—1945, Bad Nauheim 1962

Studtnitz, Hans-Georg: Als Berlin brannte, Stuttgart 1963

Telpuchowski, Boris S.: Die sowjetische Geschichte des Großen Vaterländischen Krieges 1941—1945, Frankfurt/M. 1961

Teske, Hermann: Bewegungskrieg, Heidelberg 1955

Thorwald, Jürgen: Es begann an der Weichsel, Stuttgart 1949

ders.: Das Ende an der Elbe, Stuttgart 1950

ders.: Wen sie verderben wollen, Stuttgart 1952

Tippelskirch, Kurt von: Geschichte des Zweiten Weltkrieges, 1939— 1945, Bonn 1951

Tornau, Gottfried und *Kurowski, Franz:* Sturmartillerie — Fels in der Brandung, Herford 1965

Trevor-Roper, H. R.: Hitlers letzte Tage, Hamburg 1947

Wagener, Carl: Heeresgruppe Süd 1941—1945, Dorheim o. J.

ders.: Ausbruch der 1. Panzerarmee aus dem Kessel von Kamenez-Podolsk, Zs.

Warlimont, Walter: Im Hauptquartier der deutschen Wehrmacht 1939—1945, Frankfurt/M. 1962

Wehren, Wolfgang: Geschichte der 16. PD, Bad Nauheim 1958

Werth, Alexander: Rußland im Krieg, München 1965

Westphal, Siegfried: Heer in Fesseln, Bonn 1950

ders.: Erinnerungen, Mainz 1975

Wilmot, Chester: Der Kampf um Europa, Braunschweig 1949

Zavlalow, Aleksandr S.: Die Angriffsoperationen der Roten Armee in Ostpommern, Moskau 1960

Zimke, Earl F.: The German Northern Theater of operations 1940— 1945, Washington 1960

DANKSAGUNG DES AUTORS

An Zeitschriften wurden alle verfügbaren deutschen, englischen und amerikanischen militärwissenschaftlichen Ausgaben ausgewertet.

Von etwa 1200 Soldaten der ehemaligen Deutschen Wehrmacht aus Heer, Luftwaffe und Marine wurden zum Teil größere Beiträge, persönliche Tagebücher, Divisions-, Korps-, Armee- und Heeresgruppen-Befehle, Kriegstagebücher, Tagesbefehle, Meldungen, Briefe, Vorträge und unveröffentlichte Manuskripte aller Art zur Verfügung gestellt.

Der besondere Dank des Autors gilt dem Bundesarchiv — Zentralnachweisstelle, Kornelimünster, dem Militärgeschichtlichen Forschungsamt, Freiburg i. Brg., der Zentralbibliothek der Bundeswehr, Düsseldorf, Herrn BiblDir. Dr. Sack, und der Ordensgemeinschaft der Ritterkreuzträger.

Folgenden ehemaligen Kriegsteilnehmern, von denen eine größere Zahl bereits zur Großen Armee abberufen wurde, hat der Autor in Sonderheit für Rat und Tat, für Bild- und Textbeiträge zu danken:

Hauptmann a. D. Heinz Angelmaier
Oberst Bern von Baer
Oberscharführer a. D. Ernst Barkmann
Generalleutnant a. D. Fritz Bayerlein
Generalleutnant a. D. Helmut Beukemann
Oberfeldwebel a. D. Hermann Bix
Major a. D. Sepp Brandner
Oberfeldwebel a. D. Rudolf Brasche
Oberst a. D. Albert Brux
General der Infanterie a. D. Theodor Busse
Leutnant a. D. Otto Carius
Leutnant a. D. Heinz Deutsch

Großadmiral a. D. Karl Dönitz
General der Panzertruppe a. D. Heinrich Eberbach
Generalleutnant a. D. Frhr. Maximilian von Edelsheim
Generalleutnant a. D. Gerhard Engel
Konteradmiral a. D. Konrad Engelhardt
Hauptmann a. D. Albert Ernst
Oberstleutnant a. D. Georg Feig
Major a. D. Gerhard Fischer
Major a. D. Peter Frantz
Generaloberst a. D. Johannes Frießner
Obergefreiter a. D. Friedrich Glaser
Generalleutnant a. D. Heinz Greiner

Generalmajor a. D. Franz
  Griesbach

Herr Johannes Grimminger

Generalmajor a. D. Ludwig
  Heilmann

General der Panzertruppe a. D.
  Traugott Herr

Brigadegeneral a. D. Friedrich-
  August Frhr. v. d. Heydte

Obergefreiter a. D. Fritz Hiller

Generalmajor a. D. Günther
  Hoffmann-Schoenborn

Oberstleutnant a. D. Heinz
  Hogrebe

Generaloberst a. D. Hermann
  Hoth

Oberfeldwebel a. D. Franz
  Juschkat

Oberst a. D. Arthur Jüttner

Generalmajor a. D. Hans-
  Joachim Kahler

Oberstleutnant a. D. Bruno
  Karczewski

Generalleutnant a. D. Paul Klatt

General der Panzertruppe a. D.
  Otto von Knobelsdorff

General der Gebirgstruppe a. D.
  Rudolf Konrad

Oberstabsarzt a. D. Dr. Carl
  Langemeyer

Generalmajor a. D. Willi
  Langkeit

General der Gebirgstruppe a. D.
  Hubert Lanz

Frau Anna Lemelsen

Generalleutnant Heinz-Georg
  Lemm

Generalfeldmarschall a. D. Erich
  von Manstein

General der Panzertruppe a. D.
  Hasso von Manteuffel

Generalleutnant a. D. Dr. Karl
  Mauss

Standartenführer a. D. Johan-
  nes-Rudolf Mühlenkamp

Brigadegeneral a. D. Alfred
  Müller

General der Panzertruppe a. D.
  Walther K. Nehring

Oberfeldwebel a. D. Ludwig
  Neigl

General der Infanterie a. D.
  Hermann Niehoff

Generalmajor a. D. Horst
  Niemack

Unteroffizier a. D. Georg
  Nietert

Oberfeldwebel a. D. Rainer
  Ollesch

Generalmajor a. D. Hermann
  von Oppeln-Bronikowski

Leutnant a. D. Heinz Petereit

Stabsgefreiter a. D. Josef
  Polle

General der Fallschirmtruppe
  a. D. Bernhard-Hermann
  Ramcke

Oberst im Generalsrang a. D.
  Günther Reichhelm

Hauptmann a. D. Heinz
  Remmert

Generaloberst a. D. Dr. Lothar
  Rendulic

Generalmajor a. D. Max
  Sachsenheimer

Frau Milly Schaub

Oberst a. D. Gerhard Schirmer

Feldwebel a. D. Anton Schmitt

Unteroffizier a. D. Franz
  Schmitz

Oberfeldwebel a. D. Josef
  Schneider

Generalmajor a. D. Karl-Lothar
  Schulz
Hauptmann a. D. Friedel
  Sevenich
Oberst a. D. Martin Steglich
Generalmajor a. D. Friedrich-
  Karl von Steinkeller
Generaloberst a. D. Kurt
  Student
Leutnant a. D. Hans Sturm
Oberst a. D. Hermann
  Teske
Oberst Gottfried Tornau
Generalleutnant a. D. Heinrich
  Trettner
Generalleutnant a. D. Martin
  Unrein
Oberleutnant a. D. Wilhelm
  Vielwerth

General der Panzertruppe a. D.
  Walter Wenck
General der Kavallerie a. D.
  Siegfried Westphal
Oberstleutnant a. D. Alois
  Wickelmaier
Generalleutnant a. D. Wend
  von Wietersheim
Major a. D. Dr. Maximilian
  Wirsching
Generalmajor a. D. Hermann
  Wolz
Major a. D. Konrad Zeller
Hauptmann a. D. Herbert
  Zimmermann
Oberfeldwebel a. D. Siegfried
  Zimmermann
Oberfeldwebel a. D. Otto
  Zodrjewski

PERSONENREGISTER

Abraham, GendInf. 20
Ahlfen, GenMaj. v. 135, 178, 181
Airey, Gen. 101
Alexander, GFM 80, 102
Allen, GenMaj. 59
Anderson, Gen. 37
Anton, GenLt. 238
Antonow, Gen. 54
Arndt, GenLt. 347
Audorsch, GenLt. 159
Auleb, Gen. 116
Axmann, Reichsjugendführer 363, 391

Backe, Dr. 413 ff.
Badoglio, Gen. 81
Bagramjan, Armeegeneral 233
Balck, GendPzTr. 17, 189 ff., 198, 212, 229 ff.
Bärenfänger, GenMaj. 389
Batow, Gen. 132
Bayerlein, GenLt. 25 ff., 32, 36, 43 ff., 64 ff.
Becker, Oberst 298
Behaim, Major 221 f.
Behr, Oberst Baron v. 84
Below, Gen. 121
Below, Oberst v. 391 ff.
Benningsen, Major 321 ff.
Benthack, GenMaj. 104
Bentivegni, GenLt. v. 237
Bercken, GenLt. v. 276
Berg, Oblt. 241
Berlin, GendArt. 370
Bernadotte, Graf 378 ff.

Bersarin, GenOberst 389
Besslein, SS-ObStubaFhr. 182
Best, Dr. 405
Betts, BrigGen. 24
Biedermann, Major 225
Bieler, Oberst 370, 372
Birnbacher, KKpt. 73
Birnbaum, FKpt. 99
Bittrich, GendWaffenSS 209, 224
Bix, Ofw. 292 ff.
Blanc, FKpt. v. 246
Blaskowitz, GenOberst 25 ff., 30 f., 38, 43, 63
Block, GendInf. 138, 153
Blumentritt, GendInf. 43
Bodenhausen, GenLt. Frhr. v. 237
Boehme, GendArt. 405
Boekh-Behrens, GenMaj. 298
Bogdanow, Gen. 121, 303
Bohemann, KabSekretär 382
Böhlke, GenLt. 84
Böhme, GendGebTr. 78
Bols, GenMaj. 48
Bordihn, GenLt. 312
Bormann, Reichsleiter 338, 391, 394, 397, 400, 402 ff.
Bracht, Hptm. v. 95
Bradel, Oberst 208 ff., 221 ff., 230
Bradley, Gen. 24, 26, 40 ff., 45, 48, 50 ff., 315 f., 324 ff., 328 ff.
Brandes, Major 288
Brandner, Major 241 ff.
Braun, Eva 383, 391

433

ORTSREGISTER

445

Sachbuch-Bestseller als Heyne-Taschenbücher

E. E. Vardiman
Nomaden
7077 / DM 9,80

Gerda Hagenau
**Verkünder
und Verführer**
7078 / DM 7,80

Thomas Jeier
**Die letzten Söhne
Manitous**
7079 / DM 6,80

Ernst F. Jung
Sie bezwangen Rom
7081 / DM 8,80

Erich von Däniken
Beweise
7082 / DM 7,80

Jürgen vom Scheidt
Singles
7083 / DM 4,80

Wolfgang Leonhard
**Die Revolution
entläßt ihre Kinder**
7090 / DM 9,80

Jürgen Wölfer
Handbuch des Jazz
7091 / DM 6,80

Julius Hackethal
Sprechstunde
7093 / DM 5,80

Carl W. Weber
Die Spartaner
7094 / DM 9,80

Luis E. Navia
Abenteuer Universum
7095 / DM 7,80

Herbert Gottschalk
**Lexikon
der Mythologie**
7096 / DM 14,80

Gerhard Konzelmann
Die großen Kalifen
7097 / DM 8,80

Ernst Herrmann
**Am Himmel das Kreuz
des Südens**
7098 / DM 7,80

M. Christopher
**Geister, Götter,
Gabelbieger**
7099 / DM 7,80

Thomas Jeier
Die Eskimos
7100 / DM 7,80

Julius Hackethal
**Keine Angst
vor Krebs**
7101 / DM 5,80

Ch. Ping/D. Bloodworth
**Das chinesische
Machtspiel**
7102 / DM 7,80

Erich von Däniken
Im Kreuzverhör
7103 / DM 6,80

A. E. Johann
**Wo ich die Erde
am schönsten fand**
7104 / DM 8,80

Dee Brown
**Im Westen ging
die Sonne auf**
7105 / DM 9,80

Werner Ekschmitt
**Das Gedächtnis
der Völker**
7106 / DM 10,80

Rolf Palm
Die Sarazenen
7107 / DM 9,80

Jürgen Wölfer
**Die
Rock- u. Popmusik**
7108 / DM 6,80

Max Niehaus
Ballett-Faszination
7109 / DM 8,80

Wilhelm v. Schramm
**Der Geheimdienst in
Europa 1937–1945**
7110 / DM 8,80

**Wilhelm Heyne Verlag
München**